D0862711

PLAN DE ATAQUE

BOB WOODWARD
PLAN
DE ATAQUE
CÓMO SE DECIDIÓ
INVADIR IRAQ

Traducción de Marta Pino
e Isabel Fuentes García

bronce

Título original: Plan of Attack

© Bob Woodward, 2004
© Simon & Schuster
 Rockefeller Center
 1230 Avenue of the Americas
© de la traducción, Marta Pino e Isabel Fuentes García, 2004
© Editorial Planeta, S. A., 2004
 Diagonal, 662-664, 08034

Ilustración del interior: Associated Press, Dayna Smith (The Washington Post), Eric Draper
(The White House), Frank Johnston (The Washington Post), James A. Parcells (The
Washington Post), Jeff Mitchell (Reuters), Kevin Lamarque (Reuters), Mark Humphrey
(Associated Press), Mike Segar (Reuters), Ray Lustig (The Washington Post), Remy de la
Mauviniere (Associated Press), Rich Lipski (The Washington Post), Richard Drew (Associated
Press), Shawn Thew (Agence France-Press), Tina Hager (The White House), Todd Cross
(The Washington Post)

ISBN 84-8453-151-1
ISBN 0-7432-5547-X editor Simon & Schuster, edición original

Editorial Planeta Colombiana S. A.
Calle 73 Nº 7-60 Bogotá, D. C.

Colombia: www.editorialplaneta.com.co
Venezuela: www.editorialplaneta.com.ve
Ecuador: www.editorialplaneta.com.ec

ISBN: 958-42-1033-5

Primera reimpresión (Colombia): agosto de 2004
Impresión y encuadernación: Printer Colombiana S. A.
Impreso en Colombia - Printed in Colombia

A Elsa

Nota del autor

Mark Malseed, licenciado en arquitectura por la Universidad de Lehigh en 1997, fue mi asistente durante la escritura de *Bush en guerra* y optó por seguir conmigo durante la redacción del presente libro, la siguiente entrega de la saga sobre Bush. He tenido la inmensa fortuna de que me ayudara a tiempo completo en las labores periodísticas, la escritura, la investigación y la concepción de este libro. Mark ha progresado espectacularmente en todos los aspectos, y muy especialmente como editor capaz de sintetizar, clarificar el sentido y encontrar las palabras y el ritmo adecuados para cada historia. Es una fuente de sabiduría en todo lo que se encuentra entre la literatura y la geografía, pasando por los temas de actualidad. Es además un mago de los ordenadores y de Internet, uno de esos jóvenes para los que las habilidades técnicas son una especie de sexto sentido. Aunque todavía mantiene cierta terquedad natural, sus características más destacadas son un profundo sentido de la imparcialidad y una insistencia en que reflejáramos con precisión lo que la gente había dicho, querido decir y hecho. La nuestra es una amistad que ha crecido con el tiempo y que valoro mucho. La última vez fue para mí un colaborador. Esta vez ha sido un socio.

Nota para los lectores

El objetivo de este libro es ofrecer la primera crónica detallada y con información de primera mano de lo que sucedió tras el telón sobre cómo y por qué el presidente George W. Bush, sus asesores y sus aliados decidieron lanzar una guerra preventiva contra Iraq para derrocar a Saddam Hussein.

La información de este libro procede de más de 75 personas clave directamente implicadas en los hechos, incluidos miembros del gabinete de guerra, personal de la Casa Blanca y funcionarios de diversos niveles de los departamentos de Estado y de Defensa y de la Agencia Central de Inteligencia (CIA). Estas entrevistas se llevaron a cabo de forma extraoficial, lo que significa que me estaba permitido usar en el libro la información que me daban, pero no identificar las fuentes de las que procedía. Entrevisté a mis fuentes principales en cierto número de ocasiones, a veces dejando pasar mucho tiempo entre entrevistas, de modo que pudiera preguntarles sobre nueva información que había obtenido. Entrevisté además al presidente Bush de forma oficial durante más de tres horas y media durante dos días, el 10 y 11 de diciembre de 2003. También entrevisté oficialmente al secretario de Defensa, Donald Rumsfeld, durante más de tres horas en otoño de 2003.

Muchas de las citas directas de diálogos, fechas, horas y otros detalles de esta historia proceden de documentos como, por ejemplo, apuntes personales, agendas, cronologías, actas oficiales y extraoficiales, transcripciones de conversaciones telefónicas y memorandos.

Allí donde se atribuyen a un determinado personaje juicios o sentimientos he obtenido esa información bien directamente de la propia persona, bien de un colega que tenía un conocimiento de primera mano de la situación o bien del registro escrito.

Pasé más de un año investigando y entrevistando para obtener este material. El trabajo periodístico comenzó en los eslabones más bajos de la cadena de la información, con muchas fuentes que no aparecen mencionadas en este libro pero que estaban dispuestas a compartir algún detalle secreto.

El proceso de toma de decisiones que llevó a la guerra de Iraq —que se concentró en 16 meses, de noviembre de 2001 a marzo de 2003— es probablemente el mejor prisma para entender quién es George W. Bush, cómo actúa y cuáles son los temas que le preocupan.

He intentado, hasta allí donde he sido capaz, descubrir lo que sucedió realmente y aportar algunas interpretaciones y algún que otro análisis esporádico. Quería acercar al lector lo más posible a la cadena de decisiones que condujo a la guerra.

Mi propósito es narrar todas las estrategias, reuniones, llamadas telefónicas, sesiones de planificación, motivos, dilemas, conflictos, dudas y emociones al vivo que tuvieron lugar. Las partes más difíciles de plasmar en toda historia son los momentos trascendentales de los debates y los puntos de inflexión y decisiones clave que se mantienen en secreto durante años y que no se revelan al público hasta que los presidentes y los demás implicados han abandonado sus cargos. En esta historia se reflejan muchos de esos momentos, aunque soy consciente de que no los he encontrado todos.

BOB WOODWARD,
1 de marzo de 2004, Ciudad de Washington

Prólogo

El presidente George W. Bush agarró por el brazo a su secretario de Defensa, Donald H. Rumsfeld, justo cuando acababa una reunión del Consejo de Seguridad Nacional en la Casa Blanca el miércoles 21 de noviembre de 2001. Era la víspera del día de Acción de Gracias, setenta y dos días antes de los atentados terroristas del 11 de septiembre y tan sólo el undécimo mes de la presidencia Bush.

«Necesito verte», le dijo el presidente a Rumsfeld. El gesto afectuoso dejaba entrever que había algún importante asunto presidencial que requería ser discutido en la más absoluta intimidad. Bush era consciente de que hacer un aparte con el secretario de Defensa era un gesto un tanto dramático. Los dos hombres se fueron a una de las pequeñas oficinas adyacentes a la Sala de Situación, cerraron la puerta y tomaron asiento.

«Quiero que... —comenzó el presidente y, como hacía a menudo, se detuvo y volvió a comenzar la frase de forma distinta—. ¿Qué tipo de plan de guerra tienes para Iraq? ¿Qué opinas del plan de guerra para Iraq?»

Rumsfeld dijo que no creía que el plan de guerra para Iraq estuviera actualizado. No representaba las tesis del general Tommy Franks, el comandante de la región, y, por supuesto, añadió Rumsfeld, ciertamente tampoco reflejaba sus propias ideas. El plan era, básicamente, Tormenta del Desierto II Plus, afirmó, queriendo decir que se trataba de poco más que una versión mejorada de la enorme fuerza de invasión empleada por Bush padre en 1991 durante la guerra del Golfo. «Me tienen preocupado todos nuestros planes de guerra», añadió el secretario. Dejó escapar algunas de las frustraciones y consternación que había ido acumulando. Llevaba meses revisando los 68 planes secretos de guerra y de contingencia que tenía el departamento y que cubrían zonas de todo el mundo.

Bush y Rumsfeld formaban una pareja verdaderamente extraña. Bush, de cincuenta y cinco años, era un hombre grande y fornido, que miraba desde sus pequeños y penetrantes ojos castaños y se movía de forma rápida y jovial, a veces casi impulsiva. Centrado, directo y práctico, aunque no dotado para la oratoria, había ocupado un cargo público por primera vez hacía tan sólo nueve años, cuando fue elegido gobernador de Texas, y era un novato que había llegado muy rápido a la presidencia. Rumsfeld, de sesenta y nueve años, había sido elegido por primera vez congresista por el distrito decimotercero de Illinois, en las afueras de Chicago, hacía treinta y nueve años. Pequeño, con una apostura casi juvenil y un pelo peinado hacia atrás que comenzaba a ralear, Rumsfeld era un hombre intenso que parecía concentrado al mirar a través de sus gafas trifocales. Podía mostrar una sonrisa enorme, contagiosa, que se apoderaba por completo de su rostro o, por el contrario, transmitir con su expresión impaciencia, condescendencia incluso, aunque ante el presidente siempre se mostraba respetuoso y deferente.

En su tono semiprofesional, Rumsfeld le explicó a Bush que el proceso de diseñar planes de guerra era tan complejo que llevaba años. Los planes de guerra actuales tendían a reflejar conceptos desfasados, le dijo al presidente, y no tenían en cuenta en absoluto que una nueva administración, con objetivos diferentes, había llegado al poder. El mismo proceso de elaboración de planes de guerra se hallaba en un estado deplorable. Estaba haciendo lo posible por arreglarlo.

—Vamos a empezar con esto —dijo Bush entonces a Rumsfeld—. Y haz que Tommy Franks estudie qué se debe hacer para proteger Norteamérica, derrocando a Saddam Hussein si es necesario. —Añadió—: ¿Podemos poner en marcha ese proceso sin que sea de dominio público?

—Claro, los estoy revisando todos —contestó Rumsfeld. La revisión global de los planes de guerra aportaría la coartada perfecta—. No hay un solo comandante que no sepa lo que opino de los planes y que los estoy actualizando todos. —Había hablado con todos los comandantes regionales principales, los generales de cuatro estrellas y los almirantes del Pacífico, Europa y Latinoamérica, además de con el propio Mando Central (CENTCOM) de Franks, que abarcaba Oriente Medio, el sur y centro de Asia y el Cuerno de África.

—No hables con nadie más sobre lo que estás haciendo —fue la otra petición del presidente.

—Sí, señor —contestó Rumsfeld. Pero sería útil saber con quién podría hablar cuando el presidente hubiera compartido sus ideas con algunas personas más—. Es particularmente importante que pueda hablar con George Tenet —dijo el secretario. Tenet, director de la CIA, sería clave en toda labor de consecución de información e imprescindible para articular cualquier operación encubierta en Iraq.

—Lo tendré en cuenta —respondió el presidente, dando a entender que, más adelante, Tenet y otros podrían entrar en el proyecto. Pero no por ahora.

Dos años después Bush declaró en una serie de entrevistas que no quiso que otros conociesen el secreto porque cualquier filtración hubiera generado «una enorme ansiedad en el escenario internacional y mucha especulación en casa. Sabía lo que pasaría si la gente creía que estábamos preparando un potencial plan de guerra para Iraq».

El trabajo del trío Bush-Rumsfeld-Franks permaneció en secreto durante meses, y cuando, al año siguiente, algunos detalles llegaron a los medios de comunicación, Rumsfeld y otros en la administración, tratando de alejar cualquier sensación de urgencia, afirmaron que se trataba de planes de contingencia e insistieron en que no se habían puesto sobre la mesa del presidente planes de guerra.

Si hubiera trascendido su trabajo, se hubiera desatado una tormenta, y el presidente lo sabía. «Fue un momento en que las apuestas estaban muy altas y en el que la gente podría haber tenido la sensación de que la guerra se decidía demasiado pronto tras la decisión afgana —las órdenes de Bush de realizar una operación militar en Afganistán como respuesta al 11 de septiembre—; parecería como si yo estuviera ansioso por ir a la guerra. Y no estoy ansioso por ir a la guerra. —Insistió—: La guerra es siempre mi última opción.»

Al mismo tiempo, dijo Bush, comprendía que el mero acto de poner a Rumsfeld en marcha para diseñar nuevos planes de guerra para Iraq podía ser el primer paso para llevar a la nación a una guerra contra Saddam Hussein. «Así es», recordó Bush.

Sin embargo, quizá no se había dado cuenta de que los nuevos planes de guerra y su proceso de elaboración generaban un impulso propio que los acababa convirtiendo en líneas políticas de la administración, especialmente cuando se involucraban personalmente tanto el secretario de Defensa como el presidente.

La historia de las decisiones de Bush que llevaron a la guerra en Iraq es una crónica de continuos dilemas, pues el presidente seguía a la vez dos direcciones políticas distintas. Estaba planificando la guerra y a la vez realizaba gestiones diplomáticas encaminadas a evitarla. A veces, la planificación de la guerra ayudaba a la diplomacia; en muchas otras ocasiones la contradecía.

Desde la conversación de aquel día en la oficina junto a la Sala de Situación, Rumsfeld comprendió lo mucho que Iraq le importaba a Bush. «Debió de comprenderlo —recordaba el presidente— porque sabía que yo hablaba muy en serio.»

Rumsfeld se quedó con la impresión de que Bush no había hablado con nadie más. En realidad, no fue así. Esa misma mañana el presidente había contado a Condoleezza Rice, su asesora de seguridad nacional, que tenía pensado poner a Rumsfeld a trabajar sobre Iraq. Para Rice, el 11-S había convertido Iraq en una prioridad de segundo orden. El presidente no le explicó por qué quería recuperar ahora el tema ni qué había sido lo que le había motivado a dar a Rumsfeld esas órdenes.

Durante las entrevistas, el presidente afirmó que no recordaba si había hablado con el vicepresidente Dick Cheney antes de hacer aquel aparte con Rumsfeld. Pero sin duda era consciente de la postura que sostenía Cheney. «El vicepresidente, después del 11-S, tenía muy claro que Saddam Hussein representaba una amenaza para la paz —dijo—. Y no cedió en su visión de que Saddam era un peligro real. Veo a Dick muy a menudo y mi relación... Recuerde que puesto que no está presentándose a ningún cargo ni está preocupado por afianzar su propio futuro político, está siempre por aquí. Y por eso lo veo bastante a menudo. De hecho, nos vemos constantemente. Por eso no recuerdo el momento exacto de una determinada reunión que tuviera o no con él.»

En la larga ruta hacia la guerra de Iraq, Dick Cheney fue uno de los principales impulsores de la acción bélica. Desde los ataques terroristas, se había centrado intensamente en la amenaza que representaban para Norteamérica Saddam y la red Al Qaeda de Osama Bin Laden, la responsable de los ataques del 11-S. Para algunos de sus colegas, Cheney sufría una especie de «fiebre», casi una inquietante obsesión. Para Cheney, encargarse de Saddam era la máxima prioridad.

La nación estaba muy intranquila en noviembre de 2001, todavía conmocionada por los ataques del 11-S y bombardeada sin cesar con alarmantes alertas nacionales que avisaban de posibles amenazas de más ataques terroristas. El ántrax que había aparecido en cartas en Florida, Nueva York y Washington había matado a cinco personas. Pero el ataque conjunto de los paramilitares de la CIA y el ejército contra el régimen gubernamental de los talibanes y contra los terroristas de Al Qaeda refugiados en Afganistán estaba logrando un éxito extraordinario y, hasta cierto punto, inesperado. Las fuerzas apoyadas por Estados Unidos controlaban ya la mitad de Afganistán, y miles de talibanes y miembros de Al Qaeda habían huido de la capital, Kabul, hacia el sur para intentar alcanzar la frontera de Pakistán. En un despliegue espectacular de tecnología norteamericana, la CIA, que llevaba millones de dólares invertidos en el país durante muchos años de contactos encubiertos con las tribus afganas, además de los comandos militares de las fuerzas especiales del ejército estadounidense, ayudaron a fijar los objetivos de los bombardeos de precisión y parecieron decidir la guerra en apenas unas semanas. Fue un tiempo tanto de peligro como de euforia para Bush, su gabinete de guerra, sus generales y todo su país.

Cuando regresó al Pentágono, en Virginia, al otro lado del río Potomac, a tres kilómetros de la Casa Blanca, Rumsfeld pidió inmediatamente a la Junta de Jefes de Estado Mayor que enviara un mensaje de alto secreto al general Franks pidiéndole «una estimación del comandante». La estimación del comandante consistía en una revisión del estado actual del plan de guerra para Iraq en la que Franks explicaba qué se podía hacer para mejorarlo. El general dispondría de una semana para preparar el material antes de presentarlo formalmente ante Rumsfeld.

Franks, de cincuenta y seis años de edad, había servido en el ejército desde los veinte. Había participado en la guerra de Vietnam y en la guerra del Golfo de 1991. De 1,90 metros de estatura y con un suave acento tejano, se exaltaba rápido y tenía fama de ser un oficial que gritaba a sus subordinados. Pero a la vez era una especie de reformador inconformista que a veces se lamentaba de la forma de actuar plomiza y carente de imaginación de los militares.

Los setenta y dos días que habían transcurrido desde el 11-S habían sido brutales para Franks. No se disponía ni siquiera de un borrador de plan de guerra para Afganistán y el presidente había exigido una intervención militar rápida. Rumsfeld había sido uno de los más firmes partidarios de la política de «botas sobre el terreno», es decir, del envío de fuerzas de tierra norteamericanas al país. Sin embargo, las primeras botas norteamericanas sobre el terreno habían sido las de un equipo paramilitar de la CIA el 27 de septiembre, tan sólo dieciséis días después de los ataques terroristas, lo que había puesto a Rumsfeld bajo una enorme presión. Todavía pasarían veintidós días más hasta que los primeros comandos de las fuerzas especiales de Estados Unidos llegaran a Afganistán. A Rumsfeld cada uno de esos días se le había hecho tan largo como un mes, incluso como un año. Le habían puesto como excusas que los helicópteros estaban averiados, que se habían cortado las comunicaciones, que el tiempo no permitía los vuelos... Conforme aumentaba su ira, presionaba cada vez más a Franks para que las tropas llegasen a Afganistán de una vez.

«No lo entiendo —había dicho Rumsfeld—. ¿Por qué no lo hacemos ya?» Pronto el secretario se comenzó a inmiscuir en las decisiones operativas de bajo nivel, exigiendo detalles y explicaciones.

Según el propio Franks le explicó a otros en aquellos momentos, le había dicho a Rumsfeld: «Señor secretario, alto. Esto no va a funcionar. Si quiere, puede despedirme, pero o bien soy el comandante al mando o bien no lo soy, y usted puede confiar en mí o no confiar en mí. Y si no confía, es que este puesto no es el adecuado para mí. Así que dígame qué vamos a hacer, señor secretario.»

La versión de Rumsfeld sobre estos hechos es: «No cabe duda de que al principio nos costó un poco entendernos.»

Los dos tuvieron una discusión muy sincera que se convirtió

en un punto de inflexión en su relación. Ambos evitaron la confrontación. Rumsfeld, que en sus años universitarios había practicado la lucha libre, sabía valorar a alguien que tenía la suficiente confianza en sí mismo como para saber revolverse desde una posición de inferioridad y quizá incluso derribarle, lanzarle sobre la lona durante unos instantes. Acordaron tratar de trabajar en equipo. Rumsfeld, por mucho que pensara en reemplazarlo, necesitaba a Franks. Desde un punto de vista puramente práctico, era muy complicado despedir al general en jefe justo al comienzo de una guerra contra el terrorismo cuya duración y complejidad eran todavía desconocidas, en medio de una campaña en Afganistán que había tenido un comienzo esperanzador pero cuyo desenlace era todavía incierto y justo antes de embarcarse en una misión llena de incógnitas en Iraq.

Después de que fuera obvio que las campañas de la CIA y las operaciones militares en Afganistán iban a tener éxito, Rumsfeld declaró que Franks era su hombre. Los militares siempre han tenido la capacidad de adaptarse a sus superiores, una capacidad que tiene que ver tanto con la sumisión como con la supervivencia. Franks se adaptaría otra vez. Rumsfeld podía ser duro, desagradable y despiadado, pero Franks decidió no tomárselo como algo personal. Rumsfeld tenía muchas cualidades admirables. El ejército necesitaba modernizarse, y todas las declaraciones de Rumsfeld sobre «transformación» y sobre hacer que las fuerzas armadas entrasen en el siglo XXI le parecían muy acertadas a Franks. Sí, Rumsfeld era terco. Y probablemente hacía más de diez años que nadie presionaba o incluso discutía con los generales y almirantes —entre ellos el propio Franks— como lo hacía el secretario. Así que cuando Rumsfeld decía «¡No estoy de acuerdo!», «¿Por qué se hace así?» o «¡Arreglémoslo!», los militares se sentían atacados y comenzaban a hiperventilar. Sin embargo, Franks no. Él estaba dispuesto a cambiar las cosas. Puede que ése no fuera su estilo de mando, pero era un desafío intelectual, así que decidió considerar las preguntas y presiones de Rumsfeld como un estímulo. Las tareas que les aguardaban eran duras y encajaban con lo que Franks creía que necesitaba el país. A las informaciones que hablaban de constantes roces y tensiones, Franks replicó mucho después diciendo: «Sandeces. Él [Rumsfeld] hacía que las cosas se movieran, y eso me encantaba.»

La misma víspera del miércoles de Acción de Gracias en que Bush encomendó a Rumsfeld la misión relativa al plan de guerra contra Iraq, el general de división de las Fuerzas Aéreas Victor E. «Gene» Renuart Jr., director de operaciones del general Franks en el Mando Central, con sede en Tampa (Florida), estaba ocupado organizando y supervisando los movimientos militares y los ataques de la guerra de Afganistán, un país a 8 000 kilómetros y nueve zonas horarias y media de distancia. Renuart, de cincuenta y un años, era un piloto de combate con una calva incipiente, una inteligencia despierta y un máster en psicología. Era quien ataba todos los cabos y lo organizaba todo para Franks. No había tenido ni un solo día libre desde el 11-S, y los gruesos volúmenes encuadernados en los que tomaba apuntes durante las eternas reuniones a las que asistía y en los que anotaba inacabables listas de tareas que tenía que hacer se multiplicaban a su alrededor. El asistente ejecutivo de Renuart llamaba a cada uno de los últimos volúmenes «El libro negro de la muerte», pues contenía tantos encargos, órdenes y objetivos que el pequeño cuaderno se había convertido en un asesino.

Renuart recibió una llamada por la línea directa que le comunicaba con su homólogo en el Pentágono, el teniente general de los marines Gregory S. Newbold, director de operaciones o J-3 de la Junta de Estado Mayor. Newbold era el oficial de operaciones de mayor rango del Pentágono, el contacto con los combatientes y una fuente muy fiable sobre lo que se estaba cociendo.

—¡Eh! —dijo Newbold con su mejor tono de «atento a lo que te digo»—. Tengo un reto realmente difícil para ti. El secretario va a pedirte que empieces a revisar tu planificación para Iraq... y le des una nueva estimación del comandante.

—¿Te estás quedando conmigo? —contestó Renuart—. Ahora mismo aquí estamos un poco ocupados con otras cosas. ¿Estás seguro de lo que dices?

—Bueno, sí. Te va a caer. Así que prepárate.

El plan de guerra contra Iraq vigente, Op Plan 1003, tenía unas doscientas páginas, con más de veinte anexos sobre logística, espionaje y operaciones terrestres, aéreas y marítimas que sumaban otras seiscientas páginas más. Según este plan, Estados Unidos tardaría aproximadamente siete meses en poder iniciar las operaciones militares, pues ése sería el plazo que se tardaría en trasladar una fuerza de 500 000 hombres a Oriente Medio. Renuart fue a ver al general Franks, quien había recibido tan sólo una leve indicación de que en Washington se había discutido sobre el plan de guerra contra Iraq. Renuart tenía ahora más detalles. «¿Qué tal, jefe? —dijo Renuart, y le contó que estaba al caer una petición formal de una nueva estimación del comandante—. Será que nos pongamos a ello.»

Franks no podía creerlo. Estaban en medio de una guerra, Afganistán, ¿y ahora querían planes detallados para otra en Iraq? «¡Maldita sea! —exclamó Franks—. ¿En qué demonios están pensando?»

Capítulo uno

A principios de enero de 2001, antes de que George W. Bush tomara posesión de su cargo, el vicepresidente electo Dick Cheney envió un mensaje al secretario de Defensa saliente, William S. Cohen, un republicano moderado que había trabajado en la administración Clinton.

«Nos hace mucha falta que se informe al presidente electo sobre algunos temas», dijo Cheney. Añadió que quería «un debate en profundidad sobre Iraq donde oír diversas opiniones». El presidente electo no debía participar en la típica gira enlatada por el mundo que se les ofrecía a los presidentes recién llegados. El primer tema por tratar debía ser Iraq. Cheney había sido secretario de Defensa durante la guerra del Golfo de 1991 y albergaba un profundo sentimiento de haber dejado el trabajo a medias. Además, en esos tiempos, Iraq era la única nación que Estados Unidos bombardeaba regularmente, aunque transcurrieran grandes intervalos entre los ataques.

Las fuerzas armadas estadounidenses llevaban trabadas en una frustrante y no declarada guerra de baja intensidad contra Iraq desde la guerra del Golfo, cuando Bush padre y una coalición apoyada por las Naciones Unidas habían expulsado a Saddam Hussein y su ejército de Kuwait, país que había invadido. Estados Unidos supervisaba que no hubiera incursiones iraquíes en las dos zonas de exclusión aérea, impidiendo que los iraquíes pudieran atravesar con helicópteros o aviones esos espacios, que comprendían aproximadamente el 60 por ciento de todo el territorio del país. Cheney quería asegurarse de que Bush comprendiera las cuestiones militares y de otra índole de ese potencial polvorín.

Otro elemento que cabía tener en cuenta era la política vigente, heredada de la administración Clinton. Aunque no muchos lo sabían, la línea fundamental de esa política era el «cambio de régimen». Una ley aprobada en 1998 por el Congreso y firmada por el presidente Bill Clinton autorizaba la concesión de hasta 97 millones de dólares en asistencia militar para las fuerzas de oposición iraquíes «a fin de derrocar al régimen encabezado por Saddam Hussein» y «apoyar el establecimiento de un gobierno democrático».

La mañana del miércoles 10 de enero, diez días después de la toma de posesión, Bush, Cheney, Rumsfeld, Rice y el secretario de Estado designado, Colin L. Powell, fueron al Pentágono para reunirse con Cohen. Después, Bush y su equipo bajaron hasta el Tanque, el recinto seguro donde se celebraban las reuniones de la Junta de Estado Mayor.

Bush entró tranquilamente, caminando como en *La leyenda del indomable* y agitando ligeramente los brazos, un punto gallito pero incapaz de ocultar que se sentía incómodo.

Dos generales le informaron sobre si se respetaban las zonas de exclusión aérea. La operación Vigilancia Norte hacía respetar la zona de exclusión aérea en el 10 por ciento más septentrional de Iraq para proteger a la minoría kurda. Unos cincuenta aparatos de Estados Unidos y del Reino Unido habían patrullado la zona durante ciento sesenta y cuatro días del año anterior. Prácticamente en todas las misiones, el sistema de defensa aérea iraquí había abierto fuego contra ellos o había amenazado con hacerlo, incluso con misiles tierra-aire. Los aparatos estadounidenses habían devuelto el fuego o bombardeado con cientos de misiles y bombas a los iraquíes, sobre todo artillería antiaérea.

En la operación Vigilancia Sur, la mayor de las dos, Estados Unidos patrullaba prácticamente toda la mitad sur de Iraq, casi hasta las afueras de la propia Bagdad. Los pilotos que sobrevolaban la región habían penetrado en el espacio aéreo iraquí unas 150 000 veces durante la última década y casi 10 000 durante el último año, unas cifras increíbles. A pesar de cientos de ataques, no se había perdido ni un solo piloto norteamericano.

El Pentágono tenía cinco grados de respuesta cuando los iraquíes disparaban sobre un avión estadounidense. Los contraataques aéreos eran automáticos; los más serios, que implicaban múltiples ataques contra objetivos importantes o contra emplazamientos fuera de las zonas de exclusión aérea, requerían como mínimo notificación y a veces aprobación directa del presidente. El forzar el cumplimiento de las zonas de exclusión aérea era peligroso y caro. Se arriesgaban reactores que costaban muchos millones de dólares para bombardear baterías antiaéreas de 57 milímetros. Y Saddam tenía almacenes enteros llenos de esas baterías. Como línea política, ¿iba la administración Bush a continuar con la política de dar a Saddam poco más que unos suaves golpecitos de advertencia en el pecho? ¿Había algún tipo de estrategia nacional tras todo aquello o se trataba sólo de un sistema estático de represalias?

Si un piloto norteamericano era derribado, debía seguirse un plan de operaciones llamado Tejón del Desierto. Estaba diseñado para interferir en la capacidad iraquí de capturar al piloto, atacando la capacidad de mando y de control de Saddam en el centro de Bagdad. En el plan se incluía una progresiva intensificación del ataque si un piloto estadounidense era capturado. Otro plan de operaciones llamado Trueno del Desierto era el que debía seguirse si los iraquíes atacaban a los kurdos del norte.

En aquella sala se lanzaron de un lado a otro acrónimos y nombres de planes de operaciones, muchos de los cuales les resultaban familiares a Cheney, Rumsfeld y también a Powell, que había pasado treinta y cinco años en el ejército y había sido presidente de la Junta de Estado Mayor de 1989 a 1993.

El presidente electo Bush hizo algunas preguntas prácticas sobre cómo funcionaban las cosas, pero no dio ninguna muestra de hacia dónde se encaminaban sus deseos.

El personal de la Junta del Estado Mayor había colocado un caramelo de menta frente a cada una de las sillas. Bush desenvolvió el suyo y se lo echó a la boca. Luego comenzó a mirar el caramelo de Cohen y emitió un gesto como si dijera «¿Te lo vas a comer?». Cohen le indicó que no, así que Bush alargó la mano y se hizo con él. Hacia el final de la reunión informativa de hora y cuarto, el presidente de la Junta de Estado Mayor, el general del ejército Henry «Hugh» Shelton, se dio cuenta de que Bush estaba mirando su caramelo, así que se lo dio también.

Cheney escuchaba lo que se decía, pero estaba cansado y cerró los ojos, cabeceando ostensiblemente un par de veces. Rumsfeld, que estaba sentado al otro extremo de la mesa, prestó mucha atención, a pesar de que continuamente pedía a los que estaban hablando que lo hicieran más alto o que subieran el tono.

«Desde luego, es un gran comienzo —le comentó uno de los miembros de la junta en privado a un colega después de la sesión—. El vicepresidente se quedó dormido y el secretario de Defensa está sordo.»

Cohen, que abandonaría el cargo de secretario de Defensa en diez días, creía que la nueva administración comprendería pronto la realidad sobre Iraq. No iban a encontrar mucho apoyo, si es que lo encontraban, entre los demás países de la región para una intervención potente contra Saddam, lo que dejaba tan sólo la posibilidad de lanzar en solitario un ataque a gran escala. ¿Qué podían lograr con los ataques aéreos? No mucho, según él. Iraq era muy traicionero. Cohen creía que el nuevo equipo, una vez lo hubiera pensado bien, buscaría alguna forma de «reconciliación» con Saddam, pues Cohen estaba convencido de que el dictador estaba aislado y había sido contenido de forma efectiva.

En entrevistas concedidas casi tres años después, Bush dijo que antes del 11-S «nuestra política no me gustaba». No tenía demasiado impacto sobre Saddam ni contribuía a derrocarle. «Antes del 11-S, de todas formas, un presidente podía ver una amenaza y contenerla o enfrentarse a ella de diversas maneras, sin miedo a que ésta se materializase en nuestro propio suelo.» Saddam no era todavía una prioridad.

Pocos días después Bush recibió una segunda sesión informativa fundamental. El director de la CIA, George Tenet, y su adjunto para operaciones, James L. Pavitt, presentaron a Bush, Cheney y Rice el llamado informe de secretos. Durante dos horas y media, los dos repasaron lo bueno, lo malo y lo feo de las operaciones secretas, explicaron los medios más nuevos de vigilancia y escucha e informaron del «quién» y el «cómo» de la gente en la nómina secreta.

Una vez ordenada, evaluada y analizada toda la información, Tenet y Pavitt acordaron que existían tres amenazas principales para la seguridad nacional de Estados Unidos. Una era Osama Bin Laden y su red terrorista Al Qaeda, que operaba desde su santuario en Afganistán. El terrorismo de Bin Laden constituía «una amenaza tremenda» que debía considerarse «inmediata», les dijeron. No cabía ninguna duda de que Bin Laden iba a atacar intereses estadounidenses de alguna forma. Lo que no estaba claro era ni dónde ni cómo pensaba hacerlo. El presidente Clinton había autorizado a la CIA mediante cinco órdenes distintas a tratar de desarticular y destruir a Al Qaeda.

La segunda principal amenaza era la creciente proliferación de armas de destrucción masiva químicas, biológicas y nucleares. Se trataba de un peligro de primer orden, dijeron. En tercer lugar estaba la pujanza de China, especialmente de su ejército, pero este problema estaba todavía entre cinco y quince años de distancia.

Iraq apenas fue mencionado. Tenet no tenía en su punto de mira a Iraq como sí tenía a Bin Laden o Al Qaeda.

El decimoséptimo día de la presidencia de Bush, el lunes 5 de febrero, Rice presidió un comité de altos cargos en el que participaron Cheney, Powell y Rumsfeld. El director adjunto de la CIA, John E. McLaughlin, acudió en nombre de Tenet. El propósito era revisar la política relativa a Iraq y las opciones diplomáticas, militares y de servicios secretos disponibles. Entre las primeras tareas para cada alto cargo y su departamento se encontraría examinar y evaluar cómo se podía aumentar la capacidad de reunir información sobre las armas de destrucción masiva que se sospechaba que Iraq poseía.

Al menos sobre el papel, Naciones Unidas imponía una serie de sanciones al régimen de Saddam. El comité de altos cargos reconoció que Saddam había ganado la batalla de las relaciones públicas y había convencido a la comunidad internacional de que las sanciones estaban empobreciendo a su gente sin impedirle a él gastar cuanto dinero quisiera para mantenerse en el poder.

Powell repuso al momento que necesitaban hacer que Naciones Unidas revisase las sanciones. Se debían volver más estrictas en lo relativo a materiales que Saddam pudiera utilizar con fines militares o para su programa de armas de destrucción masiva. En paralelo se podrían suavizar las sanciones sobre bienes destinados a la población civil.

Otra cuestión eran las inspecciones en busca de armas en territorio iraquí que la ONU había autorizado tras la guerra del Golfo para asegurarse de que Saddam ya no poseía armas de destrucción masiva. Los inspectores habían ayudado a desmantelar los programas químicos y biológicos de Iraq, así como también su sorprendentemente avanzado programa de armas nucleares. Sin embargo, la sospechosa forma en que Iraq había registrado la destrucción de las municiones y el descubrimiento de ciertos complicados mecanismos de ocultación dejaban muchas preguntas por resolver. En 1998, Saddam había obligado a los inspectores a salir del país y la cuestión era qué se podía hacer para que regresaran. Nadie tenía una respuesta adecuada.

¿Cuál debía ser la política hacia los grupos de oposición iraquíes que existían tanto dentro como fuera de Iraq? ¿Cuándo y en qué condiciones se les debían facilitar armas o suministrarles cualquier otro tipo de ayuda letal? ¿Quién debía encargarse de hacerlo, la CIA o Defensa? Una vez más, nadie tenía la respuesta acertada.

Rice pidió que se revisaran las zonas de exclusión aérea. ¿Para qué servían? ¿Cuáles eran los costes y los riesgos? ¿Cuáles los beneficios?

El propio Bush estaba preocupado por la vigilancia que se ejercía en las zonas de exclusión aérea. Al final, aunque fuera por pura suerte, los iraquíes lograrían derribar un avión. Bush recordó más adelante: «Le ordené al secretario de Defensa que volviera a ello y desarrollara una opción más sólida en caso de que necesitáramos desplegar armas poderosas en Iraq para liberar a un piloto.»

El resultado final fue un plan que conllevaba realizar menos misiones de vuelo y llevarlas a cabo de un modo menos previsible. Con ello, los pilotos estarían más seguros. Si se disparaba a un avión, la respuesta tendría repercusiones estratégicas más graves que hasta entonces, pues se atacarían instalaciones militares importantes para Saddam.

El viernes 16 de febrero dos docenas de bombarderos británicos y norteamericanos destruyeron unos veinte centros de mando y estaciones de radar iraquíes, algunas apenas a unos kilómetros del extrarradio de Bagdad. Un general de la Junta de Jefes de Estado Mayor había informado a Rice de antemano y ella, a su vez, había informado al presidente de que Saddam estaba a punto de unir algunos puestos de mando y de control claves con cables de fibra óptica subterráneos muy difíciles de alcanzar. Debían destruirse antes de que se completara la operación. Los ataques formaban parte de la vigilancia rutinaria de las zonas de exclusión aérea. Era el mayor ataque de los últimos dos años.

Por difícil que parezca, nadie en el Pentágono ni en la Casa Blanca había pensado en asegurarse de que Rumsfeld estuviera al corriente. Durante el primer mes, la primera línea de su oficina todavía no estaba organizada, «era un caos total y completo», por usar las palabras de un funcionario de la Casa Blanca. Muchos de los cargos civiles más importantes del departamento, entre ellos el de subsecretario, todavía no se habían nombrado o confirmado. En el seno del Pentágono, además, no se había valorado lo cerca de Bagdad que estaba uno de los emplazamientos. Saddam, o su gabinete de seguridad, habían sufrido un ataque de pánico al creer que Estados Unidos estaba lanzando un ataque a gran escala. Las sirenas de alarma antiaérea se habían encendido en Bagdad y habían devuelto a Saddam brevemente a la CNN, recordándole a la Casa Blanca y al Pentágono que Saddam tenía también voto en estos tiroteos: podía responder, o podía desencadenar un conflicto a gran escala.

Rumsfeld, furioso, declaró que se había subvertido la cadena de mando. Según la ley, el mando militar pasaba del presidente directamente a él, como secretario de Defensa, y de él al general Franks en el CENTCOM. El papel de la Junta de Estado Mayor, según la ley, era el de asesorar, comunicar y supervisar. Él debía ser el responsable de tratar con la Casa Blanca y con el presidente en cuestiones operativas. Y punto. «Soy el secretario de Defensa —le recordó a un oficial—. Estoy en la cadena de mando.»

El 1 de marzo el comité de altos cargos se reunió de nuevo, y se le encomendó a Powell la tarea de diseñar un plan y una estrategia para hacer que las sanciones de la ONU se centraran en el control de armamento. Powell sabía que los franceses y los rusos, que tenían sustanciosos intereses en Iraq, estaban haciendo todo lo posible para que se declarara que Iraq ya había cumplido con lo que se le exigía y se levantaran las sanciones. Pero muy al contrario, el Pentágono no quería que se cambiara ni se suavizara nada. Rumsfeld y otros de Defensa advertían repetidamente sobre los bienes de doble uso, equipo que podía parecer inocente pero que podría usarse para contribuir a los programas armamentísticos de Iraq o modificarse a tal efecto.

«Mira lo que están comprando —se quejó Rumsfeld a Powell en un momento dado—. Están comprando estos camiones volquete. Pueden quitarles el cilindro hidráulico que empuja la caja del camión hacia arriba y usarlo como lanzadora para un cohete. ¿Es que quieres venderles lo que necesitan para construir las rampas con las que lanzar misiles contra nosotros o contra Israel?»

«¡Por el amor de Dios! —dijo Powell—. ¡Si necesitas un cilindro para construir una rampa de lanzamiento no te compras un camión que vale doscientos mil dólares para conseguirlo!»

Otro punto importante para Rumsfeld eran los denominados TEP (Transportes de Equipo Pesado) que estaban comprando los iraquíes. Se trataba de camiones lo suficientemente potentes como para transportar un tanque. De Inteligencia había llegado una fotografía aérea que mostraba que los iraquíes estaban reforzando algunos de los camiones, lo que llevaba a la conclusión de que la revisión de las sanciones conduciría a que desarrollara clandestinamente una flota de transportes de tanques. A Powell le parecía que Rumsfeld estaba dando a entender que, en cualquier momento, todo Oriente Medio podía ser invadido por olas de tanques iraquíes.

«¡Venga ya!», exclamó Powell. Cada vez se sentía más escéptico. A continuación se produjo una acalorada discusión que llevó a uno de los debates más extraños que sostuvo dentro del gobierno.

Rumsfeld también se había quejado de las zonas de exclusión aérea: «Los iraquíes están disparando a nuestros aviones de forma rutinaria. ¿En qué otro momento de nuestra historia hemos dejado a la gente que nos dispare de ese modo?», inquirió.

«¿Y qué alternativa tenemos?», preguntó Powell. ¿Qué pretendía él? Nadie encontró una alternativa. Rumsfeld continuó mostrándose descontento, y al final dijo que la administración estaba jugando «al gato y al ratón».

«De acuerdo, ¿y usted a qué quiere jugar?», le preguntó Powell. La discusión se centró en ese momento en la petición que el presidente había hecho de un mejor plan militar en caso de que un piloto fuera derribado. ¿Existía algún «big bang» que pudiera hacer que los iraquíes dejasen de disparar a los pilotos estadounidenses? ¿Había algún medio de causar un impacto estratégico que debilitara al régimen y al tiempo enviara a Saddam el mensaje de que la cosa iba en serio?

Nadie puso sobre la mesa una alternativa formal.

Que alguien que hubiera sido secretario de Defensa, u ocupado cualquier otro cargo en el gabinete, volviera veinticinco años después para desempeñar el mismo trabajo era algo absolutamente sin precedentes. Era otra oportunidad para jugar la misma mano de cartas. Rumsfeld estaba decidido a hacerlo mejor esta vez.

Por toda una serie de motivos, algunos de los cuales se remontaban a décadas atrás y otros a tan sólo unos meses, Rumsfeld iba a presionar mucho. Y quizá más que presionar. Rumsfeld no sólo era partidario de la claridad y el orden, sino que insistía en ellos. A tal fin gestionaba personalmente los procesos, conocía todos los detalles, formulaba preguntas y daba forma a los informes que se enviaban al presidente y, a través de ellos, a las decisiones finales. La cuestión que siempre se planteaba era: ¿qué necesita saber el presidente y qué espera el presidente que sepa su secretario de Defensa? En otras palabras, Rumsfeld quería un control prácticamente total.

En parte, este deseo partía de su experiencia y sus profundas frustraciones en el período de 1975-1976, cuando era secretario de Defensa del presidente Gerald Ford. Rumsfeld ostentó el cargo durante sólo catorce meses porque Ford no ganó por derecho propio la presidencia en las elecciones de 1976. Con tan sólo cuarenta y cuatro años de edad en aquel entonces encontró el Pentágono difícil y casi intratable.

En 1989, unos doce años después de dejar el Pentágono, Rumsfeld reflexionó sobre las dificultades del cargo cuando cenamos juntos un día en mi casa. Yo estaba escribiendo un libro sobre el Pentágono, y estaba entrevistando a todos los anteriores secretarios de Defensa y a otros de los más importantes líderes militares. El luchador de Princeton no se había ablandado. Faltaban sólo diez días para la toma de posesión presidencial de su viejo rival en el Partido Republicano, George H. W. Bush. En la década de los sesenta y los setenta, Rumsfeld había sido una estrella en el Partido Republicano y buena parte de sus miembros, incluido el propio Rumsfeld, creyeron que algún día sería presidente. Rumsfeld creía que Bush padre era débil, que le faltaba madera, que había basado su personalidad política en ser alguien que estaba cerca y disponible. Esa noche, mientras los dos cenábamos en mi cocina, no mostró amargura, quizá solamente una sensación de haber dejado escapar la oportunidad. El tema que nos ocupaba era el Pentágono y se ciñó a él.

El trabajo de secretario de Defensa era «ambiguo», afirmó Rumsfeld, pues sólo existía «una delgada capa de control civil». Dijo que era «como tener en una mano un aparato eléctrico y en la otra el enchufe y pasarse todo el rato corriendo para buscar un lugar en el que conectarlo». Añadió: «No puedes hacer un trato que dure. Nadie puede darte nada más que su punto de vista en un momento dado.» Ni siquiera el secretario podía hacer más.

Nunca había tiempo suficiente para comprender los grandes problemas, comentó, añadiendo que el Pentágono estaba diseñado para encargarse de temas en tiempos de paz, como la decisión política de si mover o no un portaaviones. En una guerra real, ésas serían cuestiones puramente militares, y llegó a afirmar que en caso de guerra, el país casi necesitaría una organización diferente del Pentágono.

Rumsfeld recordó cómo los altos cargos civiles y militares de mayor rango, unos quince, habían ido a su oficina en el Pentágono alrededor de las 18.30 horas una tarde. Necesitaban decidir qué tipo de tanque debía comprar el ejército. Discutían si comprar el que tenía un motor Chrysler o el que tenía un motor de la General Motors. «Debe decidirlo usted, nosotros no podemos», le dijeron. Ya estaba redactado el comunicado de prensa con la decisión, con los espacios en blanco para rellenarlos según se escogiera uno u otro. Según me contó él mismo, Rumsfeld comenzó a ir arriba y abajo por su despacho, diciéndoles a todos que «deberían colgarles por los pulgares y por los huevos». Levantando la voz, les gritó: «¡Imbéciles! ¡Estúpidos!» Eran incapaces de pensar. Al final acabarían sin que el Congreso les comprase ningún tanque porque «¡El edificio está dividido!». Inevitablemente, el Congreso se enteraría de que había divisiones. Así que se negó a decidir y la nota de prensa fue abandonada en un cajón. Costó tres meses más, pero les forzó a tomar una decisión «unánime».

«En lucha libre si alguien no sabe cómo luchar, se hará daño. Si sabes cómo moverte, te llevarás de recuerdo un ojo morado. Lo mismo sucede en Defensa», declaró.

Rumsfeld había trabajado duro tras el telón en la campaña de Bush en el año 2000 en temas muy importantes, y al principio estaba interesado en ser el director de la CIA de la nueva administración, pues había concluido que eran los servicios secretos los que más necesitaban una revisión. Habló con el que una vez fuera su asistente y ahora amigo, Ken Adelman, que había sido director de control de armamentos durante la administración Reagan. Adelman le dijo a bocajarro a Rumsfeld que la CIA no era el trabajo adecuado para él. «Es un lugar horrible y se devoran entre ellos —comentó—. Además, creo que no es realista. Déjame que te cuente cómo sería. Estás en la Sala de Situación y vas a estarte allí sentado y decir: "Bien, nuestra información muestra esto y aquello, pero no voy a dar ninguna recomendación política."» Se supone que el director de la CIA debe estar por encima de la política. «No te pega para nada ese puesto. Puede que engañes a los demás pero no a ti mismo, de ninguna manera.» Rumsfeld no iba a poder evitar dar sus propias recomendaciones. «No creo que debas meterte en un trabajo donde te piden que desarrolles un papel que no puedes desempeñar.»

Cuando los principales candidatos no pasaron las entrevistas o rechazaron el trabajo, Bush, y también Cheney, que había sido adjunto a Rumsfeld cuando éste había trabajado de jefe de gabinete para el presidente Ford, se volvieron hacia él como elección sorpresa.

A modo de ilustrar cómo funciona Washington es bueno saber que cuando Bush hijo estaba considerando a Rumsfeld para el puesto de secretario de Defensa, el vicepresidente electo Cheney, que dirigía el equipo de transición, pidió la opinión confidencial de Brent Scowcroft, que había sido asesor de seguridad nacional tanto para Ford (1974-1977) como para Bush padre (1989-1993).

Tal y como Cheney sabía que iba a pasar, Scowcroft le dijo que Rumsfeld era muy reservado. Scowcroft comentó que no le parecía algo necesariamente pernicioso, pero que hacía muy difícil, sino imposible, saber qué pensaba. «Nunca da pistas. Hace preguntas y lanza dudas pero raramente dice: "Creo que lo que tenemos que hacer es esto."» Por supuesto, la descripción también se ajustaba perfectamente a Cheney, que quería a su antiguo jefe en Defensa.

Antes de que Rumsfeld se convirtiera en el secretario de Defensa de George W. Bush mantuvo una charla con el presidente electo. Era una especie de prueba. Durante los ocho años de la presidencia de Clinton, las pautas de respuesta del país ante una amenaza o un ataque habían sido lo que Rumsfeld denominaba como «retirada reflexiva». Él dijo que creía que la nueva administración Bush, muy al contrario, debía ser «tendente a la ofensiva» y Bush se había mostrado de acuerdo.

Rumsfeld apenas llevaba dos meses en el cargo cuando elaboró un borrador de memorándum de tres páginas titulado «Pautas para el envío de tropas estadounidenses». Le llevó la cuarta versión del borrador al presidente y se puso a describirlo detalladamente. Trataba de una serie de cuestiones que había que contestar antes de comprometerse en una acción militar: ¿era la acción propuesta realmente necesaria? ¿Era la acción propuesta factible? ¿Valía la pena?

Rumsfeld defendía no llamarse a engaño. Un pasaje avanzaba los problemas a los que deberían enfrentarse: «Al hacer una clara declaración de los fundamentos de la acción, evítese hablar de su conveniencia. Puede resultar útil al principio para ganar apoyos, pero puede ser letal más adelante.» También escribió: «Los líderes de Estados Unidos deben ser brutalmente honestos con ellos mismos, con el Congreso, con el público y con los aliados. —Y añadió—: ¡Es mucho más fácil meterse en algo que salir de algo!»

El presidente se mostró receptivo ante Rumsfeld, pero durante los primeros meses de su segunda estancia en el Pentágono descubrió que el lugar estaba en peores condiciones de lo que había imaginado.

Conforme las discusiones sobre la política relativa a Iraq continuaban en el nivel del gabinete y en el segundo nivel (en el comité conocido como «comité de adjuntos»), el apoyo a los grupos de oposición iraquíes pasó al centro del debate. Se trataba tanto de aquellos fuera del país, como el Congreso Nacional Iraquí, dirigido por el polémico Ahmed Chalabi, como de otros grupos que operaban en el interior de Iraq. Chalabi, un matemático educado en Estados Unidos que había abandonado Bagdad en 1958, cuando todavía era un niño, se había convertido en el favorito de los altos cargos del departamento de Defensa, quienes veían en él y en su organización en el exilio con sede en Londres una potencial fuerza insurgente. El departamento de Estado y la CIA contemplaban a Chalabi con escepticismo. Creían que era demasiado elegante, demasiado polémico, que no había tenido ningún contacto con los horrores de la vida bajo Saddam, y sabían, además, que Jordania tenía cursada una orden de detención contra él por fraude bancario.

Dentro del comité de adjuntos, en el que estaban el adjunto a Defensa, Paul D. Wolfowitz, y el número dos del departamento de Estado, Richard L. Armitage, se produjo un debate apasionado acerca de hasta qué punto y a qué ritmo se debía apoyar a la oposición. ¿En qué momento les suministraría armas Estados Unidos? ¿Hasta qué punto se iban a apoyar desde fuera de Iraq operaciones letales si la oposición quería ir al interior y llevarlas a cabo allí? ¿Quién se encargaría de entrenar a la oposición, Defensa o la CIA? A pesar de que Armitage había apoyado la idea de rearmar a la oposición afgana, a Chalabi no le entusiasmaba.

Armitage, de cincuenta y seis años de edad, es el mejor amigo, mejor asesor y más acérrimo defensor público de Powell. Se graduó en la Academia Naval en 1967 y sirvió durante cuatro campañas en Vietnam, finalizando su carrera naval en 1973, después de haber enseñado allí contrainsurgencia. En la década de 1980, tanto él como Powell habían trabajado para el secretario de Defensa Caspar Weinberger, Armitage como su asistente para asuntos de seguridad internacional (el minidepartamento de Estado del Pentágono) y Powell como su principal asistente militar. Los dos hablaban por teléfono tantas veces al día que sus propios colaboradores los veían como si fueran adolescentes siameses enganchados por la cadera que necesitan compartirlo todo con el otro.

El objetivo común de todos los adjuntos era aumentar la presión que se estaba ejerciendo sobre Saddam y tratar de crear fisuras y desacuerdos dentro del régimen. Pero la cuestión era cómo hacerlo y hasta qué punto podrían explotarse una vez creadas. Los adjuntos no lograban ponerse de acuerdo sobre ello. El 1 de junio el comité de altos cargos le pidió al Consejo de Seguridad Nacional en pleno que adoptara una línea política que ayudara a los iraquíes a ayudarse a sí mismos. Uno de los participantes describió esa política como «removerlo todo un poco a ver qué pasa».

Sin embargo, esa política a medias tenía el peligro de que Saddam podría reaccionar. Podría atacar a los kurdos en el norte o ir de nuevo a por la población chiíta del sur. Podría atacar a uno de sus vecinos, a Israel o de nuevo a Kuwait. O podría disparar misiles Scud contra Israel, Arabia Saudí o Kuwait. No existían respuestas fáciles.

Entre el 31 de mayo y el 26 de julio de 2001, el asesor de seguridad nacional adjunto, Stephen J. Hadley, convocó a los demás adjuntos en cuatro ocasiones para trabajar en la política sobre Iraq. Hadley, de cincuenta y cuatro años de edad, era un abogado inteligente que había trabajado para Cheney en Defensa y que, como todos sabían, tenía tendencia a trabajar demasiado. Como adjunto de Rice presidía el comité de adjuntos. El 1 de agosto el grupo elaboró un documento de alto secreto dirigido al comité de altos cargos, titulado «Una estrategia para la liberación». En él se proponía una estrategia de presión a Saddam en una serie de fases. Se proponía desarrollar las herramientas y las oportunidades para aumentar esa presión, y explicaba cómo aprovechar las distintas oportunidades que se irían presentando. El plan se basaba de forma fundamental en la oposición iraquí.

El documento incluía unos apéndices confidenciales que detallaban las acciones que podían emprenderse tanto en el terreno diplomático (sanciones económicas e inspecciones de armas de la ONU) como en el militar (zonas de exclusión aérea y planes de contingencia por si un piloto fuera derribado), así como aquellas que podían poner en marcha tanto la CIA como otros organismos para apoyar, reforzar y potenciar la oposición iraquí.

El proceso de trabajo transversal entre las agencias había dado como resultado un montón de documentos, pero ningún plan ni ninguna acción que facilitaran el cambio de régimen. Esto condujo a una serie de discusiones entre los altos cargos y los adjuntos sobre las circunstancias en las que se podía recurrir directamente a las fuerzas armadas. Powell denominó a este proceso: «Supongamos que tuviéramos que atacar Iraq o derrocar a Saddam.» A pesar de que en el Pentágono pasaban muchas cosas que jamás llegaron a los oídos de los altos cargos, Powell se enteró de lo suficiente, tanto oficial como extraoficialmente, a través de sus viejos contactos militares, de su radio macuto entre los generales.

El padre intelectual y el mayor defensor de la idea de derrocar a Saddam era Paul Wolfowitz, el subsecretario de Defensa. Doctor en ciencias políticas, de cincuenta y ocho años de edad, con cabello canoso largo y espeso y unos modales casi rabínicos, Wolfowitz era un halcón de ideas radicales. Las razones para quitar de en medio a Saddam eran, simplemente, que era necesario e iba a ser relativamente sencillo.

Wolfowitz creía que era posible enviar a las tropas a capturar y ocupar los pozos petrolíferos del sur de Iraq (mil pozos que producían aproximadamente dos tercios de todo el crudo de Iraq) y establecer así una cabeza de puente. Todos los pozos estaban en un radio de unos 100 kilómetros de la frontera de Kuwait. «No hay nada que nos impida hacernos con ellos», declaró. La propuesta se llamó «estrategia de enclave». Desde el enclave se daría apoyo a la oposición a Saddam, alrededor de la cual se reuniría el resto del país para derrocar al dictador.

Powell pensó que Wolfowitz estaba hablando como si 25 millones de iraquíes fueran a ir corriendo a ponerse del lado de una oposición apoyada por Estados Unidos. En su opinión se trataba de una de las propuestas más absurdas y estratégicamente descabelladas que había oído jamás.

Pero Wolfowitz era como un martillo que no cesaba. Él y su grupo de neoconservadores se frotaban las manos con sus propias ideas, que presentaban como «propuestas de borrador».

Powell sacudía la cabeza y seguía diciendo: «Esto es una locura.» No estaba claro dónde estaba el interruptor para detener aquello, ni tan siquiera si tal interruptor existía. Así que el secretario de Estado buscó la oportunidad de hablar directamente con el presidente.

—No deje que nadie le empuje a hacer nada hasta que esté usted preparado —aconsejó Powell a Bush— o hasta que crea que hay motivos reales para hacerlo. Esto no es tan sencillo como lo están presentando. Tómese su tiempo para verlo. No deje que nadie le empuje a ello.

—No se preocupe —contestó el presidente—. Se trata de un caso de buena planificación de contingencia. Sé lo que están haciendo y no tengo ninguna prisa por buscarme problemas.

Todavía alarmado por si el plan se ponía en marcha, Powell sacó de nuevo el tema de un ataque o incursión rápida en Iraq ante el presidente en otra ocasión:

—No debe dejar que le empujen a hacerlo. —Urgió al presidente a que se lo tomara con calma.

—Lo he comprendido —contestó el presidente—. Lo sé.

Bush nunca vio un plan formal para un ataque rápido, según él mismo recordaba. «Puede que la idea flotara alrededor como si fuera una pepita interesante que mascar», dijo. Fuera como fuera, el concepto y sus dudosos cimientos conceptuales fueron una constante y creciente preocupación para Powell.

El 10 de agosto reactores británicos y estadounidenses bombardearon tres emplazamientos de defensa antiaérea en Iraq, los ataques más importantes desde febrero. Ni siquiera aparecieron en portada de ningún periódico. *The Washington Post* publicó un artículo al día siguiente en la página 18, calificando los ataques como una incursión de «alcance relativamente limitado», nada fuera de lo habitual. «Los ataques de ayer parecen indicar que continuará la pauta de la era Clinton de atacar las defensas iraquíes más o menos cada seis meses.»

La mayoría del trabajo en Iraq se detuvo durante agosto mientras Bush y sus principales asesores se tomaron unas vacaciones. Nunca se llegó a enviar al presidente ninguna recomendación formal sobre la política para Iraq.

Las profundas divisiones y tensiones en el gabinete entre Powell, el negociador moderado, y Rumsfeld, el activista de línea dura, hacían que no fuera a formularse ninguna política real hasta que el presidente no interviniera o los acontecimientos decantaran la situación hacia un lado u otro.

Nadie lo comprendió mejor que Rice. De cuarenta y seis años de edad, tenía un doctorado en ciencias políticas y había enseñado en Stanford, donde había ascendido hasta el puesto de rectora. Como experta en Rusia, había formado parte del Consejo de Seguridad Nacional durante la presidencia de Bush padre. Agraciada y alta, con una sonrisa extrovertida, había forjado una buena relación con George W. Bush durante la campaña de 2000, en la que trabajó como primera asesora de política exterior. No está casada y no tiene familia inmediata; parecía como si siempre estuviera lista en su oficina del Ala Oeste de la Casa Blanca por si el presidente la llamaba, o acompañándole en sus viajes al extranjero, o en los fines de semana en Camp David o en su rancho de Texas. Era el tejido conector que unía al comité de altos cargos. Su prioridad principal era atender al presidente y sus necesidades.

Capítulo dos

Los atentados terroristas del 11 de septiembre de 2001 contra Nueva York y Washington, que mataron a cerca de tres mil personas, alteraron y definieron la presidencia de Bush. No exageraba Bush cuando dictaba esa noche en su diario que «Hoy ha tenido lugar el Pearl Harbor del siglo xxi». En algunos aspectos, los atentados fueron todavía más devastadores. En lugar del Hawai de 1941, que por entonces no era un estado de la unión, los objetivos habían sido los centros de poder de la patria. En lugar de Japón, los ataques estaban dirigidos por un enemigo tenebroso que no tenía país ni ejército visible. Peor todavía para Bush, el director de la CIA, Tenet, le había advertido expresamente de la inmediatez y el peligro de la amenaza de Bin Laden. Al centrarse en problemas nacionales y en un gigantesco recorte de impuestos, Bush había ignorado a grandes rasgos el problema del terrorismo. «No sentía que fuera algo urgente —reconoció el presidente más tarde durante una entrevista—. No era algo que me hiciera hervir la sangre.»

Los terroristas que atacaron el Pentágono estrellaron un avión contra el edificio que estaba en el lado opuesto al del despacho de Rumsfeld, con lo cual abrieron un sobrecogedor boquete y mataron a 184 personas. A las 14.40 horas de ese día, con el polvo y el humo inundando el centro de operaciones, mientras intentaba comprender qué estaba pasando, Rumsfeld expuso ante su personal, según las notas de uno de sus ayudantes, la posibilidad de ir a por Iraq como represalia. En esas notas, Saddam Hussein es S.H., y UBL, Usama (Osama) Bin Laden. Estas notas muestran que Rumsfeld había meditado sobre «atacar a S.H. a la vez, no sólo a UBL» y había pedido al abogado del Pentágono que hablara con Paul Wolfowitz sobre la «conexión iraquí con UBL». Al día siguiente, en el círculo más interno del gabinete de guerra de Bush, Rumsfeld preguntó si los ataques terroristas no presentaban una «oportunidad» para lanzarse sobre Iraq.

Cuatro días más tarde, en un exhaustivo debate celebrado en Camp David, ninguno de los asesores principales del presidente recomendó atacar Iraq como primer paso en la guerra contra el terrorismo, ni siquiera el vicepresidente Cheney, que probablemente comprendió hacia dónde iban los pensamientos de Bush y dijo: «Si vamos a por Saddam Hussein ahora, dejaremos de ser los buenos de la película.» Sin embargo, Cheney admitió las profundas preocupaciones en torno a Saddam y dijo que no descartaba ir a por él en algún momento futuro. Colin Powell estaba rotundamente en contra de atacar Iraq como respuesta al 11 de septiembre. No veía ningún vínculo real entre Saddam y el 11-S. Los miembros de la coalición internacional que rápidamente se estaba formando abandonarían rápidamente el tren si se producía tal ataque, afirmó Powell. «Lo verían como si les hubiéramos dado el cambiazo porque no se comprometieron a eso», dijo sin rodeos el secretario de Estado. Estaba apretando a fondo los frenos.

El jefe de gabinete de la Casa Blanca, Andrew H. Card, dijo que Iraq no debía ser uno de los objetivos más importantes al principio. Tenet también recomendó que el objetivo inicial para las fuerzas armadas fuera Afganistán, no Iraq.

Una rápida votación mostró que iban cuatro a cero contra atacar Iraq. Si se incluía la abstención de Rumsfeld, hubiera sido un cuatro a cero a uno. Powell encontró la abstención de Rumsfeld muy interesante. «¿Qué querrá decir?», se preguntó. Rumsfeld tenía esa manera de hacer preguntas —¡preguntas, preguntas y más preguntas!— y nunca revelar su propia postura.

Como anterior presidente de la Junta de Jefes de Estado Mayor, Powell fue muy directo con uno de sus sucesores, el general del ejército Hugh Shelton, en una conversación privada que mantuvieron tras la reunión del Consejo de Seguridad Nacional. Powell había puesto unos ojos como platos a Shelton cuando Rumsfeld había calificado la posibilidad de Iraq como una «oportunidad».

«¡Qué demonios! ¿En qué piensan esos tipos? —le preguntó

Powell a Shelton—. ¿No podemos cogerlos y volverlos a meter en la caja?»

Shelton prometió que lo estaba intentando. El único acérrimo defensor de la opción de atacar Iraq en esos momentos era Wolfowitz, que creía que la guerra en Afganistán iba a ser arriesgada e incierta. Wolfowitz estaba preocupado por los 100 000 soldados norteamericanos que habría que desperdigar en las traicioneras montañas afganas en apenas seis meses. Iraq, en cambio, era un régimen frágil y opresivo que podía quebrarse fácilmente y que contaba con una oposición deseosa de derrocar a Saddam. Estimaba que había entre un 10 y un 50 por ciento de posibilidades de que Saddam estuviera implicado en los ataques del 11-S, una extraña conclusión que reflejaba las profundas sospechas que tenía pero que no se basaba en ninguna prueba real.

La tarde siguiente, el domingo 16 de septiembre, Bush le dijo a Rice que el primer objetivo de la guerra contra el terrorismo iba a ser Afganistán. «Por ahora no nos dedicaremos a Iraq —anunció el presidente—, dejaremos lo de Iraq para más tarde. Pero al final vamos a tener que volver a ello.»

El 17 de septiembre el presidente firmó la orden Pearl, de alto secreto, que autorizaba nuevas operaciones militares y de la CIA contra el terrorismo en todo el mundo. Afganistán era la prioridad número uno. Se le dijo a Rumsfeld que debía continuar con sus planes de guerra para Iraq, pero que no debían convertirse en una de las principales prioridades.

En una entrevista que realizó casi un año más tarde, el presidente Bush declaró que en el período que siguió inmediatamente al 11 de septiembre, «hubo algunos que debatieron sobre Iraq. En este punto eso es obvio. Es decir, tampoco es que me hicieran falta informes sobre el tema —añadió—. Don, muy inteligentemente, y yo estaba de acuerdo con él, estaba buscando otros lugares donde pudiéramos demostrar que la guerra contra el terrorismo era verdaderamente global». Rumsfeld también quería tropas de tierra en Afganistán, no sólo misiles de crucero y bombarderos lanzados desde muy lejos. «Aquí estaba el hombre que insistía una y otra vez en poner botas sobre el terreno para cambiar la psicología de cómo los norteamericanos contemplaban la guerra», comentó el presidente.

Bush creía que Clinton había sido partidario de no asumir

nunca riesgos. Había usado misiles de crucero para atacar a Bin Laden en Afganistán en 1998 después de que Al Qaeda hubiera bombardeado dos embajadas norteamericanas en el este de África. Durante la guerra de Kosovo, había limitado la implicación norteamericana a una campaña aérea, todavía asustado por la desastrosa misión en Somalia en 1993, donde 18 soldados estadounidenses murieron en una desastrosa batalla urbana.

El presidente Bush dijo: «Rumsfeld quería asegurarse de que las fuerzas armadas estaban activas en otras regiones. Mi argumento era que el grado de dificultad debía ser relativamente pequeño para asegurarnos el éxito en la primera batalla.»

Dos años después del 11-S, durante una entrevista en su oficina en la residencia de la Casa Blanca, el presidente Bush afirmó: «El 11 de septiembre cambió mucho mi forma de pensar sobre mis responsabilidades como presidente. El 11 de septiembre hizo que la seguridad del pueblo americano fuera lo primero... un deber sagrado para el presidente. Es el principal deber de un presidente, porque si el presidente no se encarga de ello, ¿quién va a hacerlo?»

Cambió su actitud hacia «la capacidad de Saddam Hussein para causar daño», y declaró que «todas sus terribles características se tornaron mucho más amenazadoras. Mantener a Saddam dentro de su caja comenzó a parecerme cada vez menos factible». Saddam era un «loco», en palabras del presidente. «Había usado sus armas de destrucción masiva en el pasado. Había desestabilizado la región.» Saddam había invadido Irán en la década de los ochenta y Kuwait en los noventa. Bush añadió: «En Iraq tienes muy pocas opciones si te limitas a jugar el juego de la contención.»

Cheney, el conservador de línea dura de sesenta y un años de edad, ya se había logrado forjar un puesto especial en la administración y tenía mucha influencia en el presidente. Era el vicepresidente del currículum: jefe de gabinete para el presidente Ford cuando sólo tenía treinta y cuatro años; luego diez años como congresista por Wyoming, su estado natal; brevemente fue el número dos del partido republicano en la Cámara antes de que Bush padre lo escogiera como secretario de Defensa en 1989. Muchos republicanos pensaban que era el miembro de su partido que mejor cualificado estaba para aspirar a la presidencia, y el propio Cheney se había planteado presentarse en 1996. Pero la recaudación de fondos y el escrutinio de los medios le parecieron de mal gusto, así que en 1995 consiguió el puesto de director general de Halliburton, la gran empresa tejana de energía y petróleo. Allí trabajó hasta que Bush lo escogió para ser su compañero electoral en el verano de 2000 con estas palabras: «Si las cosas van bien, voy a necesitar tu consejo, y si van mal, lo voy a necesitar mucho más.»

No estaba claro cómo una figura tan prominente, con instintos de alto ejecutivo y el hábito de mandar y ser obedecido, iba a encajar en la nueva administración Bush, puesto que como vicepresidente no iba a tener ninguna responsabilidad operativa, departamento o agencia. No obstante, aparecieron dos papeles que pudo desempeñar.

Tras la reñida elección, en la que el tándem Bush-Cheney ganó sólo después de un recuento de treinta y seis días en Florida y una decisión del Tribunal Supremo, la sabiduría política popular —lo que a Cheney le gustaba denominar «la sabiduría embotellada de Washington»— sostenía que Bush debía proceder con prudencia. Técnicamente, era un presidente de minoría, puesto que Al Gore había conseguido 500 000 votos más que él. Pero Bush le dijo a Cheney que no iban a plegar velas ni a actuar como el típico presidente elegido por minoría. «Desde el mismísimo día en que entramos en el edificio —dijo una vez Cheney en privado—, la noción de una presidencia comedida porque se había tratado de una elección muy reñida... nos duró quizá treinta segundos. No nos lo planteamos en absoluto. Teníamos un programa, nos presentamos con ese programa, habíamos ganado las elecciones, así que fuimos a toda máquina.» A Cheney le encantaba esta forma de afrontar la situación. No le gustaba ir con medias tintas en cuestiones en las que creía firmemente.

El primer tema fue una enorme rebaja fiscal. Como vicepresidente, Cheney era presidente del Senado y tenía el poder constitucional de deshacer los empates. Puesto que el Senado estaba dividido a medias entre republicanos y demócratas, técnicamente Cheney tenía el voto decisivo. Así pues, Cheney estuvo implicado muy de cerca en las negociaciones que se llevaron a cabo tras el telón para el primer recorte de impuestos de Bush. En una reunión a puerta cerrada la mañana del 4 de abril de 2001 se hizo con una de las pequeñas toallitas de papel amarillo pálido de la oficina del senador Trent Lott con las palabras «Líder de la mayoría» impresas en ellas y escribió tres números:

1,6, 1,425 y 1,25.

La propuesta de recorte de impuestos de Bush era de 1,6 billones de dólares, el número que ofrecían un grupo de demócratas del Senado era de 1,25 billones. Con un bolígrafo azul, Cheney dibujó un gran círculo alrededor de 1,425; era un compromiso, la primera vez que la administración hacía una concesión. Finalmente, Bush logró 1,35 billones.

Cheney había sido una figura clave de la administración en las largas y confidenciales negociaciones para lograr que el senador republicano de Vermont, James Jeffords, votara a favor del recorte tributario. No sólo la administración perdió el voto de Jeffords, sino que éste abandonó el partido republicano y se convirtió en un independiente, con lo cual dio a los demócratas el control temporal del Senado. La negociación con el legislativo no era precisamente uno de los puntos fuertes de Cheney.

Bush y Cheney acordaron otro papel para el vicepresidente. Dada la experiencia de Cheney en asuntos de seguridad nacional, que se remontaba al gobierno de Ford y que incluía sus años en el Comité de Inteligencia de la Cámara y como secretario de Defensa, Bush dijo que de la lista de cosas que quería que hiciera Cheney, una de las primeras era dedicarse a la Inteligencia. En los primeros meses de la nueva administración, Cheney fue visitando todas las agencias de inteligencia, la CIA, la Agencia de Seguridad Nacional, que interceptaba las comunicaciones, y la Agencia de Inteligencia Militar del Pentágono. Estaba decidido a ponerse al día rápidamente de todo lo que había pasado en los ocho años que habían transcurrido desde que abandonó el gobierno. Bush también pidió a Cheney que estudiara la vulnerabilidad de la nación frente al terrorismo, primordialmente frente a amenazas biológicas y químicas. En verano del año 2001, Cheney había contratado a un almirante retirado, Steve Abbott, para supervisar un programa orientado a tomarse la defensa del territorio nacional más en serio.

Con total conocimiento y apoyo del presidente, Cheney se convirtió en el autoproclamado portavoz de los peores escenarios posibles. Aunque no era un cargo formal, él miraba siempre el lado más oscuro, las peores y más terribles situaciones. Por experiencia y por temperamento era el encargo ideal para Cheney. Sentía que debía estar preparado para pensar lo impensable. Se trataba de una forma de ser efectivamente el segundo al mando: apartar una serie de temas, convertirse en el mayor experto en ellos y luego presionar al primero al mando para que adoptara tu punto de vista.

Cheney creía que la administración Clinton había fracasado en sus respuestas a los actos terroristas, ya desde los primeros atentados contra el World Trade Center en 1993, y que había habido desde entonces una pauta de respuestas débiles: no se había llevado a cabo ninguna represalia efectiva por el atentado con bomba contra las Torres Khobar, las instalaciones militares norteamericanas en Arabia Saudí, y no se había respondido con la contundencia necesaria a los atentados contra las embajadas en el este de África en 1998 ni contra el ataque en 2000 contra el *USS Cole*.

Tras el 11-S quedó claro para Cheney que la amenaza del terrorismo había cambiado y crecido enormemente. Dos cosas iban a tener que cambiar. En primer lugar, debían rebajarse las exigencias de pruebas. Para defenderse, Estados Unidos no debía necesitar ninguna prueba irrefutable, ninguna pistola humeante. En segundo lugar, no era suficiente con defenderse. También había que atacar.

La amenaza más seria con la que se enfrentaba Estados Unidos era que una arma nuclear, biológica o química llegara a manos de terroristas dentro de las fronteras del país. Y, en su opinión, se tenía que hacer cualquier cosa para evitarlo.

Ese 21 de noviembre en el que se llevó a Rumsfeld a un aparte Bush había decidido que había llegado el momento de centrarse en Iraq. «Quiero saber qué opciones tenemos —recordaba Bush—. Un presidente no puede tomar decisiones racionales a menos que entienda las posibilidades reales de lo que puede pasar. Así, al tratar con Don Rumsfeld de este tema, lo que yo quería decirle en ese momento era que me enseñara qué tenía preparado en caso de que fuéramos a entrar en acción. Y ya habíamos hecho antes este tipo de ejercicio [en Afganistán].»

Bush dijo que sabía que era un paso muy importante y que conllevaba preparar a la nación y al mundo para la guerra. «No sé lo que le comporta al Pentágono responder a una petición, puesto que nunca he estado allí. Supongo que Don Rumsfeld se estaba asegurando de que se trabajara duro y de que el proceso no se eternizara.» El presidente conocía bien a su hombre.

Capítulo tres

Después del miniexabrupto de Franks el 21 de noviembre, cuando le habían llegado noticias de que Rumsfeld quería una estimación del comandante sobre el plan de guerra contra Iraq, el general se calmó pronto. «Vamos a hacerlo lo mejor que sepamos», le dijo a Renuart, su jefe de operaciones. Sabía que su equipo estaba sometido a una inmensa presión, que la carga de trabajo era sobrecogedora y que les colmaba las veinticuatro horas del día debido a la guerra en Afganistán. «No te preocupes demasiado. Simplemente haremos lo que podamos —dijo Franks, y añadió tranquilizadoramente—: Ni siquiera me imagino que lo vayamos a hacer pronto.»

Pero Rumsfeld tenía órdenes y no estaba dispuesto a perder tiempo. El presidente estaba centrado en el plan de guerra contra Iraq, y cuando el presidente se centraba en algo, Rumsfeld también. La mayor parte del año había buscado, algunos dirían que dando palos de ciego, la forma de contestar a la pregunta de cómo se iba a luchar en la próxima guerra. Su estrategia de defensa de 71 páginas publicada ese otoño no había contestado realmente esa pregunta. Sin embargo, el método de Rumsfeld —sus constantes preguntas, interrogatorios e interminables evaluaciones y reevaluaciones— ya había desenterrado inmensos problemas. Ya había dado con un filón meses antes, cuando había comenzado a pedir ver los planes de guerra y de contingencia, que contenían los detalles específicos de las acciones militares que se aplicarían en caso de guerra.

«Déjenme ver el plan de guerra contra Corea», ordenó Rumsfeld poco después de ser nombrado secretario. Muchos señalaban al aislado, brutal y militarista régimen de Corea del Norte, encabezado por Kim Jong Il, como uno de los futuros potenciales puntos calientes y como la amenaza más peligrosa. Kim tenía ya, o estaba peligrosamente a punto de tener, armas nucleares.

Así que los planificadores informaron a Rumsfeld del Op Plan 5027, el plan de contingencia de alto secreto para el caso de guerra con Corea del Norte.

«Me quedé de piedra», recordó Rumsfeld más tarde en una entrevista. Era un plan que llevaba años sin actualizarse, centrado en la logística de llevar un gran número de tropas a la región. El plan tampoco había tenido en cuenta que Estados Unidos tenía un nuevo presidente, Bush, y un nuevo secretario de Defensa. Sus ideas y estrategias eran diferentes. Se quedó horrorizado.

¿Tenía o no Corea del Norte armas nucleares? Rumsfeld lo quería saber. Estaba claro como el agua que eso iba a comportar una diferencia gigantesca en caso de guerra. ¿Suponía el plan que había armas nucleares o no? Los planificadores de guerra y los informadores del Pentágono no tenían respuesta. ¿Suponían que los norcoreanos estaban a un año de distancia de tener la bomba? ¿Dos años? De nuevo no obtuvo ninguna respuesta real.

Más adelante recordó que había hecho muchas preguntas: «¿Qué ha sucedido con su capacidad militar? ¿Ha aumentado o disminuido desde que se realizó el plan?»

El vicealmirante Edmund P. Giambastiani, que había mandado un submarino nuclear y en esos momentos era el principal asistente militar de Rumsfeld, reconocía que el plan no aportaba ninguna opción ni solución intermedia. La elección era, en sus palabras: «¿Quieres usar la retórica o prefieres traer 75 mazas para machacar a ese mosquito?» Se trataba de elegir entre diplomacia o guerra total.

«Lo que quiero es que el próximo sábado —ordenó Rumsfeld, a quien le gustaba convocar a la gente en sábado— vengan los que diseñan los planes de guerra y de contingencia y me informen de todas las suposiciones de los principales planes de contingencia, no de los planes; quiero ver las suposiciones.»

Así pues, un sábado a principios de agosto de 2001 el presidente de la Junta de Estado Mayor y el director del equipo de planes operativos y todos sus jefes de sección aparecieron en la oficina de Rumsfeld.

De los 68 planes de guerra, menos de diez eran grandes planes completamente desarrollados como los que existían para Corea,

Iraq y algunos pocos puntos más especialmente conflictivos. El resto eran planes de contingencia más pequeños para la evacuación de la población civil o para defender áreas clave como el canal de Panamá. Después de pasar horas repasando cuatro o cinco, el almirante Giambastiani, que se suponía que debía de hacer que el tren del Pentágono, es decir, Rumsfeld, fuera siempre puntual, afirmó: «Vamos a pasarnos aquí una semana si seguimos a este ritmo. Debe usted quedarse con la idea.»

Y Rumsfeld se quedó con la idea. La solución básica de la mayoría de los planes era trasladar una parte sustancial de la maquinaria militar norteamericana —y en algunos casos una significativa porción de la capacidad de transporte de infraestructuras y logística estadounidenses— a la región en cuestión, fuera Asia u Oriente Medio, y mantenerlo allí durante muchos meses para hacer frente a la guerra.

«Bien, yo no comparto ese punto de vista», replicó en un momento dado cuando alguien trató de defender los fundamentos de la planificación.

Rumsfeld recordó la escena dos años después. «Yo estaba allí sentado, en esa habitación de allí —y señaló a través de su gran oficina del Pentágono hacia su sala de reuniones—, así que yo estaba allí sentado y esa gente no podía creerlo. Nos llevó la mayor parte del día. Y luego un coronel comenzaba a repasar las suposiciones y yo las discutía y hablábamos sobre ellas.» Otros asistentes describieron la reunión diciendo que más bien se trató de un interrogatorio en el que Rumsfeld fue señalando que los coroneles y los demás presentes no habían aislado en realidad las suposiciones de los planes y que desconocían lo que quería la nueva administración. «Y entonces venía el siguiente tipo y volvíamos uno tras otro a lo mismo.»

«Me estaban ofreciendo lo que tenían en las estanterías.» Y se trataba de estanterías viejas y polvorientas que, en algunos casos, no se habían tocado en cuatro o cinco años. Las últimas pautas que se les habían dado formalmente a los planificadores databan de mediados de los noventa. «Además, a pesar de todo, ni siquiera se había discutido aquí», recordaba Rumsfeld con desdén, señalando al despacho del secretario.

«Más todavía, teníamos una nueva estrategia de defensa para entonces —comentó Rumsfeld, refiriéndose a su concepto de frenar las agresiones contra intereses estadounidenses, demostrando la capacidad de derrotar rápidamente los ataques—. Por supuesto, los viejos planes no se ajustaban en absoluto a esa visión. Así que tuvimos que arreglarlos todos.

»Yo dije: "Miren, tenemos que hacer dos cosas. Le debemos al país y al presidente planes de guerra y de contingencia que reflejen nociones actuales. Y la única manera de lograrlo es comprimir drásticamente el proceso de elaboración y recortarlos desde los años que lleva ahora realizar un plan hasta un plazo razonable, de forma que se puedan ir actualizando según las suposiciones del momento."»

Había una convergencia entre las prisas de Rumsfeld para la elaboración de los planes de guerra y las lecciones del 11-S según él las interpretaba. En una entrevista concedida cuatro meses después del 11-S declaró que «la clave de todo esto es que no puedes enfrentarte al terrorismo defendiéndote». Lo había aprendido cuando había trabajado seis meses como enviado a Oriente Medio del presidente Reagan, en 1983-1984. «No puedes defender todos los lugares, en todo momento, contra todo posible ataque. Es simplemente imposible hacerlo, pues ellos cambian constantemente de técnica y de momento, y tienes que ir a por ellos. Tienes que hacer que sean ellos los que se sientan acosados, y eso quiere decir que debes adelantarte a su ataque.»

Esto fue cuatro meses y medio antes de que Bush enunciara formalmente su doctrina preventiva. Rumsfeld pensaba en un futuro en el que Estados Unidos debía estar listo para golpear primero.

Rumsfeld iba a afinar y poner a punto todos los resortes de la maquinaria de guerra. «Lo que hice fue ir literalmente a todos los comandantes responsables de áreas geográficas y decirles: "Sacadlos, echémosles un vistazo, pongamos un orden de prioridades, y comprimamos el ciclo de elaboración de modo que puedan hacerse en un período de tiempo mucho más corto."» Eso conllevaba empezar por las suposiciones, «que es algo que la mayoría de la gente no hace. La mayoría comienza con un plan existente y empieza a retocarlo».

No iba a haber más retoques, no más microcambios. «Dije que íbamos a comenzar con las suposiciones y luego íbamos a establecer prioridades, y cada uno de los comandantes empezaría entonces a trabajar en sus planes. Y la manera en la que iban a trabajar en ellos era viniéndome a ver cada seis u ocho semanas.» Iba a controlar que hicieran los deberes.

«Así —continuó Rumsfeld—, el grueso de trabajo que la gente tenía que hacer, que era muchísimo, no empezaría hasta que lo básico estuviera bien fijado.» El grueso del trabajo eran los cuadros y horarios detallados de los movimientos de las tropas implicadas, la logística y las comunicaciones necesarias para reunir un ejército a miles de kilómetros de distancia.

Rumsfeld declaró: «No sé si fue [George] Marshall u otro el que dijo que si trazas correctamente la estrategia, luego hasta un teniente puede elaborar el plan. Si sabes lo que estás haciendo y adónde quieres llegar.» Bien, él lo sabía, y daba a entender que los demás, en realidad, no.

«Puedes avanzar mucho trecho en la dirección correcta sin complicar a la gente a tu alrededor y sin hacerles perder el tiempo. Simplemente, me rompe el corazón ver a buena gente, gente con talento, trabajando muy duro en algo que, cuando lo ves, dices: "¡Dios mío! Nunca debimos ir en esa dirección."»

La dirección en que Rumsfeld quería ir estaba muy clara, y era muy preciso al describirla. «La única forma de hacer bien estas cosas consiste en aumentar el riesgo, en ponerlo sobre el tapete y analizarlo, en lugar de tratar de mitigarlo hasta reducirlo a un nivel bajo en el que ya no tiene ningún sentido equilibrarlo.» Él estaba dispuesto a asumir riesgos usando menos fuerzas, o al menos, quería saber exactamente cuáles eran las desventajas de reducir el número de tropas.

En las esferas inferiores, las de los coroneles, nadie estaba dispuesto a asumir riesgos. Su tendencia era añadir otra división a un plan, unos 20 000 soldados, sólo para ir sobre seguro. «Así que, a bajo nivel, se soluciona de esa manera. Pero si se trata a nivel superior, se afronta de una forma completamente distinta.»

Después de que la sesión de revisión del sábado hubiera acabado, Rumsfeld pronunció su veredicto: «Esto es una barbaridad, una locura. —Los planes de guerra estaban diseñados de forma incorrecta—. O bien es la paz mundial o bien es la tercera guerra mundial. O bien el interruptor está encendido o bien está apagado. —Sus órdenes eran diáfanas—. Nosotros no vamos a hacerlo así.»

A pesar de que estaba tratando de arreglar todos los principales planes de guerra y de contingencia, después de que el presidente preguntara sobre el plan para Iraq, Rumsfeld lo puso en la vía rápida. «En cierto momento se volvió mucho más intenso —dijo—, y tenía la prioridad más alta.»

La mañana del lunes después del día de Acción de Gracias, el 26 de noviembre, el presidente recibió en el Jardín de las Rosas de la Casa Blanca a Heather Mercer y Dayna Curry, dos activistas dedicadas al reparto de ayuda humanitaria que habían sido rescatadas por fuerzas estadounidenses en Afganistán. Durante una larga sesión de preguntas y respuestas, los periodistas le preguntaron sobre Iraq y Saddam.

—Para probar al mundo que no está desarrollando armas de destrucción masiva debería permitir el retorno de los inspectores —dijo Bush.

—Si no lo hace, ¿cuáles serán las consecuencias?

—Eso depende de... —contestó el presidente—. Ya se las encontrará.

«Readmita a los inspectores, dice el presidente a Iraq; no añade "o de lo contrario..."», rezaba al día siguiente el titular de la portada de *The New York Times*.

Esa mañana, seis días después de la petición del presidente sobre el plan de guerra para Iraq, Rumsfeld voló para ver al general Franks en el cuartel general del CENTCOM en Tampa. Después de saludar a todo el mundo, echó a todo el personal de Franks, así como a sus propios ayudantes de la sala, diciéndole incluso a su propio asistente militar, el vicealmirante Giambastiani: «Ed, necesito que salgas.»

Cuando estuvieron solos le dijo Rumsfeld a Frank: «Saca el plan para Iraq y veamos en qué situación estamos.» El plan para Iraq existente, el mastodóntico documento secreto Op Plan 1003, diseñaba un ataque y una invasión de Iraq para derrocar el régimen de Saddam Hussein. «No empecemos sin que antes yo vea las suposiciones que se han hecho —sugirió—, porque necesitamos cuestionar y debatir todo lo que se ha hecho en ese aspecto.» Un foco adicional era lo que sabían sobre el estado actual de las fuerzas armadas iraquíes. ¿Qué eran capaces de hacer? ¿Qué se sabía de su entrenamiento? ¿Hasta qué punto estaban dispuestas a luchar por Saddam?

Rumsfeld afirmó que el presidente, hasta donde él sabía, no deseaba hacer nada de inmediato, pero sería prudente comenzar a trabajar.

El plan existente era un batiburrillo de cosas. A Rumsfeld le pareció engorroso; todo en él apuntaba a una repetición de la guerra del Golfo de 1991. Pedía una fuerza de unos 500 000 hombres, incluyendo seis divisiones del ejército y de los marines sobre el terreno, y básicamente sólo contemplaba un escenario: una acción de Saddam similar a su invasión de Kuwait en 1990 que requiriera una respuesta masiva pero que a la vez permitiera un largo período de tiempo para lograr el despliegue de las tropas antes de comenzar la ofensiva militar. Los intrincados calendarios confirmaban que llevaría unos siete meses transportar y desplegar las fuerzas en la región antes de iniciar el ataque contra Iraq. Era, en opinión de Franks, el típico amasijo de torpe despliegue masivo de poder militar plagado de tanques y de enormes bombas propio de épocas pasadas. Era exactamente el tipo de cosa que hacía salir de sus casillas a Rumsfeld.

El Op Plan 1003 vigente había sido aprobado por última vez en 1996 y una actualización de 1998 había recorrido todos los entresijos del proceso de aprobación en el Pentágono excepto el último, pues no había sido firmada por el entonces secretario de Defensa, William Cohen.

Rumsfeld y Franks pasaron una hora repasando el plan, el proceso de planificación, las suposiciones y el pensamiento caduco que había tras ellos.

«Vamos a reunir a un grupo que sea capaz de pensar de forma completamente diferente —ordenó Rumsfeld—. Nuestro plan militar es muy tradicional, así que vamos a levantar las restricciones y a pensar en posibles formas de resolver este problema.»

Tras la reunión, Rumsfeld y Franks aparecieron ante los medios de comunicación para informar sobre la guerra que continuaba en Afganistán bajo la denominación de operación Libertad Duradera. Franks le sacaba una cabeza a Rumsfeld y le hacía sombra desde el punto de vista físico. Pero no cabía duda alguna de quién era el jefe. La guerra en Afganistán estaba esencialmente ganada, al menos en su primera fase. Las populares predicciones de un lodazal al estilo de Vietnam se habían derrumbado, al menos por el momento, y Rumsfeld estaba de un humor boyante.

«¡Esto es fantástico! ¡Tengo un puntero láser! —exclamó Rumsfeld, esbozando una sonrisa, cuando le dieron lo último en tecnología de presentaciones—. ¡Vaya, por Dios!» No sólo había hecho que se batieran en retirada los talibanes y Al Qaeda, sino también, hasta cierto punto, los medios de comunicación, y lo estaba disfrutando a fondo.

—¿Cuánto de todo esto es realmente una sorpresa? —preguntó un reportero, refiriéndose al rápido desenlace en Afganistán.

—Creo que lo que estaba teniendo lugar en las primeras fases fue exactamente lo que habíamos planificado —declaró Rumsfeld—. Parecía como si no estuviera pasando nada. De hecho, parecía que estuviéramos metiéndonos en un... —Y pidió a la sala que lo dijeran todos a coro—: Vamos, todos juntos ahora... ¡lodazal!

Hubo algunas risas dispersas.

Rumsfeld pasó entonces a uno de sus temas favoritos: las apariencias son engañosas. «Parece ahora que las cosas están saliendo bastante bien, al menos superficialmente. —Y añadió—: Justo igual que durante las primeras fases parecía superficialmente que las cosas no estaban saliendo demasiado bien. Y yo sólo quiero reiterar que lo que dijimos al principio sigue siendo correcto, que éste va a ser un período muy difícil.» Las ciudades afganas todavía no eran seguras. «Todavía no ha acabado, y va a llevar algún tiempo.» Afganistán era inestable. Bin Laden y el mulá Omar, el líder talibán, todavía seguían libres. «Hay gente que morirá debido a los riesgos y peligros que hay allí.»

Rumsfeld era consciente de que, en realidad, no había existido ningún plan para Afganistán, sino que lo habían creado tras el 11 de septiembre bajo grandes presiones e incertidumbres. Iraq iba a ser diferente. No le iban a coger con la guardia baja, sin estar preparado y con los deberes por hacer.

Cuatro días después, el 1 de diciembre, un sábado, Rumsfeld envió a Franks a través del presidente de la Junta de Estado Mayor una orden de planificación de alto secreto, pidiéndole que fuera a verle con la estimación del comandante para construir la base de un nuevo plan de guerra para Iraq. En dos páginas, la orden decía que Rumsfeld quería saber cómo Franks dirigiría las operaciones militares para derrocar a Saddam, eliminar cualquier amenaza de posibles armas de destrucción masiva y ahogar su supuesto apoyo al terrorismo. Ésta era la orden formal para que se pusiera a pensar de forma diferente.

Se suponía que el Pentágono debía darle a Franks treinta días para entregar su estimación, un borrador y un concepto para algo nuevo, tan sólo un primer esbozo. «Tenía un mes y le quitamos veintisiete días», recordaba el general de los marines Pete Pace, vicepresidente de la Junta de Jefes de Estado Mayor y uno de los favoritos de Rumsfeld. Franks debía presentarse a informar en persona de los resultados sólo tres días después.

En el departamento de Estado, el adjunto de Powell, Rich Armitage, se había enterado de que *The New York Times* estaba preparando un artículo para el sábado 1 de diciembre. Le contaron que el artículo iba a decir que Powell mantenía una posición débil respecto a Iraq y que Rumsfeld era partidario de la línea dura. Probablemente, iba a ser uno de esos artículos que se basan en las declaraciones, filtraciones e inferencias atribuidas a «altos cargos de la administración».

Un artículo que hace ese tipo de atribución suele llevar un sello semioficial, no exactamente igual que una declaración oficial, pero no en contra de lo que se percibe que es el interés del presidente. Sin embargo, tales artículos pueden resultar muy frustrantes porque no está siempre claro si alguien había hablado desde la Casa Blanca o desde otro departamento o agencia, ni tan sólo si se trataba de un «alto cargo».

Armitage decidió meterse en el artículo del *Times* de una forma un tanto dramática y proteger el flanco de Powell haciendo declaraciones oficiales. Eso le añadía al artículo un peso inusual, no sólo porque el alto cargo podía ser citado por su nombre, sino porque era el número dos del departamento y, además, el mejor amigo del número uno. Armitage declaró al *Times* que el presidente Bush había emprendido un calculado esfuerzo para usar la inercia acumulada («el impulso de Afganistán») a fin de intentar obligar a Saddam Hussein a readmitir a los inspectores. Los inspectores, que operaban al amparo del tratado firmado tras la guerra del Golfo de 1991, habían sido efectivamente expulsados por Saddam en 1998. Siempre se sospechaba que el departamento de Estado de Powell tenía tendencias subversivas, al menos una tendencia a estar en el lado moderado o «paloma» cuando empezaba a haber ruido de sables, así que Armitage quería dejar claro que el departamento había comprendido el mensaje. «El presidente lo dijo, así que eso es todo: ha vuelto —citaba el artículo a Armitage—. No creo que nadie dude de que un Iraq con armas de destrucción masiva es una amenaza para sus vecinos y finalmente también para nosotros, así que haremos lo que sea necesario para anular esa amenaza.»

Los comentarios de Armitage, junto con algunos comentarios oficiales de Rice, aparecieron en portada en *The New York Times* el 1 de diciembre, bajo un modesto titular a una columna que rezaba: «EE. UU. presionará a Iraq para que permita a la ONU buscar armas prohibidas.» Por lo que concernía a Armitage, era una muy buena historia que sofocaba, por el momento, la idea de que Powell fuera blando. Armitage, cuya cabeza calva y pecho de barril le hacían parecer un cruce entre Daddy Warbucks y un campeón de la World Wrestling Federation, tenía el don de recurrir tras el telón a un lenguaje mucho más expresivo. Más tarde, en privado, dijo que el artículo venía a decir: «¡Ah!, y los del departamento de Estado también participan en el juego. También quieren cazar a esos cabrones.» Esto era básicamente cierto, pero Powell y Armitage querían hacerlo más adelante y de una forma que mantuviese la coalición internacional contra Saddam Hussein que había apoyado la guerra del Golfo de 1991. La baza del departamento de Estado para resolver problemas como el de Iraq es la diplomacia, y su partida son las negociaciones y el diálogo, no la guerra.

Un impaciente Rumsfeld quería la primera presentación formal del plan de guerra contra Iraq de Franks tres días después, el 4 de diciembre, en el Pentágono. Debía hacerse en el mayor de los secretos. Franks preguntó a quién podía traer a las reuniones. Rumsfeld contestó que el general de división Renuart, el director de operaciones de Franks, podía asistir a todas las reuniones e incluso acompañarlos a la Casa Blanca para las reuniones del Consejo de Seguridad Nacional con el presidente. Renuart había dirigido un escuadrón de cazas durante la guerra del Golfo y había volado en 34 misiones de combate él mismo. Antes de convertirse en el J-3 de Franks había pasado un año en Arabia Saudí dirigiendo la supervisión de la zona de exclusión aérea del sur, así que era el que conocía de forma más directa la región y la información de inteligencia sobre Iraq.

«Mire, si Gene está disponible, por mí puede traerlo a cualquier acto», le dijo Rumsfeld a Franks.

Así pues, el 4 de diciembre Franks y Renuart llegaron a la oficina de Rumsfeld en el Pentágono. Franks comenzó diciendo que en un plazo tan corto todo lo que había sido capaz de hacer había sido retocar el Op Plan 1003. Lo había adelgazado hasta un contingente de tropas de 400 000 soldados, que se debían reunir en seis meses, después de haber recortado 100 000 hombres y un mes del plan inicial.

«Éste es el estado de la planificación a día de hoy —le dijo Franks a Rumsfeld y a unos pocos ayudantes. A pesar de que lo había repasado con Rumsfeld la semana anterior en Tampa, ésta era la primera vez que lo exponía ante otros—. Nos vamos a encontrar todos con muchas dificultades con este plan.»

«Y nadie se encontrará con más dificultades que Rumsfeld», pudo haber añadido.

El motivo por el cual el plan era importante, resaltó Franks, era porque era todo lo que tenían. Como sabían, normalmente se tardaban dos o a veces incluso tres años en elaborar un plan de guerra. Así que tenían que trabajar en los márgenes del Op Plan 1003 sin destrozarlo porque podrían verse obligados a ejecutarlo de improviso. «No sabemos cuándo pueden derribar un caza en la operación Vigilancia Sur —dijo—. No sabemos cuándo podemos encontrar un vínculo entre Al Qaeda y los servicios de inteligencia y el régimen iraquíes.» No podían limitarse a tirar el Op Plan 1003 a la basura y afirmar que no les servía. Si el presidente se levantaba una mañana —digamos mañana mismo— y por cualquier motivo decidía entrar en guerra con Iraq, ése era el único plan efectivo que tenían. «No me gusta esta opción, pero eso no es lo que importa. Lo que importa es que es lo que tenemos ahora mismo.»

Franks y Rumsfeld se miraron. Ya habían acordado que en el futuro las cosas iban a avanzar mucho más allá de este punto.

—Me parece que eso va a llevar mucho tiempo —dijo Rumsfeld.

—Correcto, señor secretario —respondió Franks—. Va a llevar mucho tiempo hacerlo.

—No estoy seguro de que se necesite ejercer tanta fuerza después de lo que hemos visto en Afganistán —comentó Rumsfeld, refiriéndose a lo que esa guerra había demostrado que podían lograr las armas de precisión con guía láser, así como los avances en inteligencia, vigilancia y reconocimiento. Los nuevos Predators (pequeños aviones no tripulados que transmitían imágenes de vídeo en tiempo real) podían mantenerse en vuelo durante veinticuatro horas y tenían la capacidad de disparar dos misiles Hellfire. Rumsfeld miró a los cuadros—. No estoy seguro de que éste sea el camino que se deba seguir.

—No le discutiré eso —contestó Franks—. Yo tampoco lo creo, pero es lo que tenemos —repitió.

Ignoraban de cuánto tiempo iban a disponer para desplegar las tropas, les recordó Rumsfeld. No podían saber qué podría desencadenar una decisión presidencial. Este plan suponía que iban a tener seis meses. Rumsfeld quería algunas alternativas y opciones, sobre todo en la línea de pensamiento diferente que le había ordenado seguir a Franks. ¿Cómo podían minimizar el tiempo transcurrido entre el momento en el que el presidente se pudiera ver forzado a tomar la decisión de ir a la guerra y el instante en que podrían comenzar de forma efectiva las operaciones militares? ¿Y si no había tiempo suficiente para desplazar un gran contingente de tropas? ¿Cuál era el plazo de tiempo mínimo para reunir en la zona tropas suficientes para conseguir los objetivos deseados?

Franks no tenía respuesta para esas preguntas. Por supuesto, había aprendido lo importante que era conocer las suposiciones de cada plan. Estaba sumido en el proceso de identificarlas y podría, en un futuro muy cercano, exponerlas todas.

La misión que se debía cumplir en una guerra en Iraq estaba muy clara: cambiar el régimen, derrocar a Saddam, eliminar las amenazas relacionadas con él, es decir, las armas de destrucción masiva, los vínculos con el terrorismo y el peligro que representaba para sus vecinos, particularmente para Israel. No era una orden fácil. Una de las realidades con las que había que contar era el nivel de efectivos norteamericanos desplegados en la región en esos momentos. En total había un batallón de 500 soldados en Kuwait. Había también dispuesto en la zona equipo para otros mil efectivos militares. Y eso era todo. Normalmente había en la región unos doscientos aviones, unos cien de ellos en la base aérea Prince Sultan en Arabia Saudí como parte de la operación Vigilancia Sur y en Turquía como parte de la operación Vigilancia Norte. Aproximadamente otros cien aviones estaban en portaaviones situados en la región.

Rumsfeld quería la más reciente y precisa información sobre las fuerzas armadas iraquíes. Éstas se habían visto sustancialmente reducidas desde la guerra del Golfo. Pero ¿hasta qué punto? ¿Cuáles eran las consecuencias de esa reducción?

Esta vez le dieron a Franks ocho días para regresar con más información. El 12 de diciembre, él y Renuart volvieron al Pentágono para darle a Rumsfeld su actualización. Este proceso se conocía como la segunda versión de la estimación del comandante, y se mantenía tan secreta como era posible para cumplir así con los firmes deseos de Bush de evitar filtraciones. Franks se enfrentó a dos preguntas clave: ¿había forma de ser más eficiente y amasar una mayor fuerza militar en menos tiempo? ¿Podían usarse menos fuerzas para cumplir los objetivos?

Rumsfeld creía que la respuesta a ambas preguntas era afirmativa, pero tenía otras muchas preguntas que formular.

«¿Será visible todo el montaje?», preguntó. ¿Qué partes de un despliegue militar cada vez mayor en Oriente Medio podían pasar desapercibidas? ¿Habría algunas cosas, los movimientos de equipos o tropas, que irían por debajo de la línea de flotación y no serían vistas ni percibidas públicamente? Por supuesto que sí, y Rumsfeld y Franks lo sabían.

¿Qué podían hacer para incrementar el componente invisible de la operación?, preguntó Rumsfeld. ¿En qué cosas podían salirse con la suya sin que se diera cuenta Saddam?

Franks pidió ir con mucho tiento en los acontecimientos grandes. Si se llevaban a cabo acciones del estilo de grandes movimientos de tropas o despliegue de portaaviones, sin duda serían vistas y todos acabarían leyendo sobre ellas en los periódicos.

¿Cuáles serían las partes que costarían menos dinero?, preguntó Rumsfeld. Siempre estaba pendiente de los costes. ¿Existían partes que tuvieran un coste bajo?

Y entonces tuvo una idea más: «Debes considerar acciones que se puedan llevar a cabo incluso tan pronto como abril o mayo.» Y eso estaba sólo a cuatro o cinco meses de distancia.

Esa sugerencia dejó sin aliento a Renuart. Primero, Rumsfeld había dado a entender que no había ninguna prisa y luego todo lo contrario. La idea de comenzar una nueva guerra contra Iraq en primavera era abrumadora.

«Sí, señor —respondió Franks—, lo revisaremos todo y volveremos con un nuevo planteamiento.» Se marchó frustrado. Siempre se planteaba como objetivo llegar a cada reunión con una propuesta cien por cien satisfactoria. Era un imposible, por supuesto, pero presionaba a Renuart y al equipo de planificadores para conseguirlo. Quería que estuvieran siempre un paso por delante en el proceso de pensamiento, solventando y contestando las cuestiones que el plan planteaba antes de que Rumsfeld se las formulase a él.

Franks es madrugador, de los que se levantan a eso de las tres o las cuatro de la mañana, a pesar de no entrar a trabajar habitualmente hasta las siete. Una mañana estaba apretando mucho a su equipo y Renuart trató de suavizar la situación con una broma. «Jefe, tenga en cuenta que nosotros venimos a trabajar a las seis y estamos comenzando a pensar ahora, y usted nos lleva ya un par de horas de ventaja.»

Sólo le dieron otra semana a Franks antes de que Rumsfeld lo volviera a convocar en el Pentágono el 19 de diciembre para la tercera versión. Una vez más Rumsfeld no se dio por satisfecho con el trabajo realizado, no «le llenaba», tal como a veces expresaba su sentimiento de insatisfacción.

Más adelante, Rumsfeld recordó durante una entrevista en su despacho del Pentágono: «Tiendo a hacer muchas preguntas a la gente con la que trabajo y suelo dar muy pocas órdenes. Este lugar es tan grande y complicado y hay tanto que todavía no sé que tanteo y tanteo y tanteo, y presiono y pregunto por qué no se hizo esto o aquello, o por qué no debería hacerse eso otro, pero generalmente siempre con un signo de interrogación al final.»

Sin duda, Rumsfeld era consciente de que cuando el secretario de Defensa pregunta «¿Por qué no se hizo esto?» o «¿No debería haberse hecho esto otro?» o muestra incluso la más ligera disconformidad, tiene la misma fuerza que una orden, incluso si lleva un sincero signo de interrogación al final. Las preguntas de Rumsfeld no son meras reflexiones, enunciadas en una especie de contexto abstracto o desde una neblinosa sensación de maravilla. No es probable que interpretara mal su autoridad en las fuerzas armadas: el secretario es el jefe, y punto. Tampoco es probable que no comprendiera la fuerza de su personalidad dominante. Estaba haciéndoles avanzar y, como él afirmó, se tenía que dirigir desde arriba porque los planificadores de menor nivel se limitarían a resolver los problemas ampliando el número de fuerzas y el plazo para el despliegue. Él estaba dispuesto a correr mayores riesgos a cambio de estar listo más rápido, y como secretario, era precisamente la persona que podía asumir la responsabilidad por ese aumento del riesgo y justificarlo ante el presidente.

—El presidente desea que venga usted a Crawford —le dijo Rumsfeld a Franks tras la última reunión. Bush iba a pasar las fiestas en su rancho de 650 hectáreas en Crawford (Texas).

—No iré a menos que vaya usted también —repuso Franks, medio en broma pero sabiendo que Rumsfeld defendía ferozmente la cadena de mando.

—Bueno, ya veremos —repuso Rumsfeld.

Después, Rumsfeld confesó que todo aquello tenía un propósito. «He leído mucha historia en mi vida y decidí desde muy pronto, no sé si lo saqué de la historia, pero decidí que era fundamental que si yo iba a ser un vínculo efectivo entre el presidente de Estados Unidos y el comandante al mando de las operaciones, éste conociera mi relación con el presidente y el acceso que tenía a él, y su interés, y cómo se siente, y su lenguaje corporal en diferentes situaciones, y sabía que era eso lo que tenía que comunicarle a Tom Franks y, a través de él, a toda su gente. Así pues, empecé a pasar mucho tiempo con Tom Franks, y empezamos a cenar y a hablar por teléfono. Hablábamos de esto y de aquello, y decidí que eso era absolutamente esencial si íbamos a poner vidas en peligro. Que hubiera un canal directo y sincero del presidente a mí y de mí a él, y de él a mí y de mí al presidente. Me tomé muchas molestias para hacer que estuviera en contacto con el presidente tantas veces como me fue posible y en algunas ocasiones en las que yo no estuve presente.»

Rumsfeld habló con el presidente y llamó luego a Franks para darle una orden sorprendente: «El presidente quiere que vaya usted allí solo.»

Capítulo cuatro

A finales de noviembre, el Servicio Secreto de Inteligencia británico, el MI6, comunicó a Washington el resultado de una compleja operación que estaba llevando a cabo en Pakistán bajo lo que denominaba bandera falsa. En esta operación de bandera falsa, parte de una campaña encubierta para impedir la difusión de la tecnología nuclear y de las armas atómicas, los agentes británicos fingían estar vinculados a extremistas o a un país islámico radical para conseguir contactar con los que estaban dispuestos a pasarles secretos tecnológicos. Pakistán, que poseía armas nucleares y un programa relativamente sofisticado, era un foco de temor, pues desde allí las armas nucleares podrían extenderse a otras naciones musulmanas y, lo que resultaba todavía peor, quizá también a la red de Osama Bin Laden.

Un diseñador de armas nucleares pakistaní se había ofrecido a vender el diseño básico de una bomba nuclear a la bandera falsa del Servicio Secreto de Inteligencia. Sirviéndose de la cobertura falsa para hacer que el científico se sintiera cómodo, los británicos lograron sacarle todavía más información. Llegados a cierto punto, los científicos sacaron un diseño mucho más sofisticado para un arma nuclear y, según los británicos, el diseño era escalable. Reflejaba un profundo conocimiento de la tecnología de las armas nucleares. En él se incluía la información necesaria para construir una rudimentaria arma radiológica o «bomba sucia». Se trataba de una arma terrible pero relativamente simple, que podía construirse con material altamente radiactivo como barras de combustible de reactor usadas, envolviéndolas con explosivos convencionales. Si se lograba hacer explotar, el artefacto distribuiría material radiactivo a lo largo de varios bloques de una ciudad o quizá incluso más, y tendría unos efectos psicológicos desastrosos.

Para colmo, otro informe de Inteligencia decía que Bin Laden había estado presente en una reunión donde uno de sus asociados había traído un bote que, supuestamente, contenía material radiactivo y lo sacudió amenazadoramente en el aire para demostrar que Al Qaeda iba muy en serio tras un artefacto nuclear. Cuando los equipos paramilitares de la CIA invadían Afganistán, el santuario de Bin Laden, encontraron un diagrama para confeccionar una bomba sucia y otros documentos sobre armas nucleares. A pesar de que se trataba de diseños primitivos y de que no contenían suficientes detalles como para construir el arma, los documentos mostraban hacia dónde se dirigían las intenciones de la organización terrorista. El propio Bin Laden había dicho recientemente a un periodista pakistaní que poseía armas químicas y nucleares «como elemento de disuasión».

Cuando encajó todas las piezas del puzzle, el presidente sintió un escalofrío.

«George —le dijo Bush a Tenet—, quiero que vayas allí y consigas lo que necesitas.» Súbete a un avión y ve inmediatamente a Pakistán. Sáltate todas las escalas.

A las pocas horas, Tenet estaba a medio camino del otro extremo del mundo. Es un hombre grande, voluminoso, con una voz estentórea y algo áspera, que tiende a hacer suyo el espacio que ocupa. Fue a ver al director del Servicio de Inteligencia pakistaní con la intención de desatar sobre él todos los males del infierno. Tras un vuelo de dieciséis horas, Tenet era una furia desencadenada. Ya de por sí un hombre poco inclinado al comedimiento, sedujo y amenazó a partes iguales.

«¡No puedo decirle a mi presidente —increpó Tenet al director pakistaní— que no hay ningún artefacto nuclear en Estados Unidos! ¡Si lo hay y explota, será culpa suya!»

Tenet se reunió con el presidente pakistaní, el general Pervez Musharraf, para transmitirle el mismo mensaje y tratar de abrirle los ojos lo máximo posible al recatado, occidentalizado y angloparlante general. Las autoridades pakistaníes había detenido a varios de sus científicos y, tras los interrogatorios, habían conseguido averiguar que al menos uno de ellos se había reunido con miembros de Al Qaeda.

Tenet insistió en que los pakistaníes se dedicaran al caso veinticuatro horas al día, siete días a la semana, que exploraran cada pista, que no dejaran ni una piedra sin remover, ni un científico sin interrogar.

La noche del 1 de diciembre Tenet volaba de vuelta a Washington. Cinco servicios de inteligencia, incluidos los saudíes, fueron alertados de la posibilidad de que un artefacto nuclear de algún tipo, desde una bomba sucia hasta una cabeza nuclear de fisión con todas las de la ley, estuviera fuera de control. Los saudíes extremaron las precauciones en sus fronteras e incrementaron el uso de instrumentos de detección de radiaciones.

Esta información causó un efecto sensacional en Bush. No quería quedarse corto en su reacción. Se planificó una nueva alerta nacional antiterrorista para el lunes, previniendo vagamente de que la «cantidad y nivel de las amenazas están por encima de lo normal» y que se podía producir un ataque «en las próximas semanas». El vicepresidente Cheney se marchó a un emplazamiento seguro fuera de Washington y tuvo que celebrar sus reuniones con los dignatarios extranjeros de visita a través de videoconferencias seguras.

Dos reporteros de *The Washington Post* consiguieron enterarse de la historia de la posible bomba atómica o bomba sucia, y escribieron un artículo que iba a ser publicado el 2 de diciembre, en el que explicaban algunos de los detalles. Con Tenet fuera del país, un altísimo cargo de la CIA me llamó a casa pocas horas antes de que la historia fuera impresa para pedirme que la retrasáramos.

De Musharraf, el alto cargo dijo: «Le hemos presionado mucho. Estamos apretándole las tuercas. —Añadió—: Acabamos de alcanzar el punto en que [los pakistaníes] están comenzando a colaborar con nosotros. Un artículo como ése provocaría que se encerraran en su concha, lo verían como un intento de presionarlos a través de los medios de comunicación.» Declaró que la información era incompleta. «Lo que tenemos son más bien indicaciones, no pruebas concluyentes.»

Les Downie, el editor ejecutivo de *The Washington Post*, habló con el alto cargo de la CIA y decidió retener el artículo.

Varios días más tarde *The Washington Post* publicó la historia sin ninguna referencia al viaje de Tenet. Fue el editorial del martes 4 de diciembre, bajo un titular a dos columnas que rezaba: «EE. UU. teme que Bin Laden pase a lo nuclear; la preocupación por la "bomba sucia" afecta a la seguridad.» Cuatro meses después el alto cargo de la CIA dijo que la agencia «no había encontrado lo que temíamos en Afganistán, pero ¿estaba en alguna otra parte? No creo que hayamos llegado todavía al fondo de este asunto».[1]

Este temor nunca se desvaneció, y el director y su Consejo de Seguridad Nacional tuvieron que enfrentarse a la posibilidad de un ataque de tal escala que convirtiera al 11-S en una mera nota a pie de página en la historia de nuestra época. En este contexto era muy difícil determinar qué reacción era razonable y cuál exagerada. Después de todo, antes del 11-S no hubiera parecido posible que alguien secuestrara aviones de pasajeros para usarlos como misiles, estrellarlos contra edificios y matar a miles de personas. Tenet afirmó que tras la guerra del Golfo los inspectores de armas descubrieron que Saddam estaba desarrollando ocho vías distintas para conseguir una arma nuclear, todas primitivas e inadecuadas, pero todas igual de amenazadoras.

En vísperas de Navidad, cuando el ritmo en Washington suele ralentizarse, un pequeño pero intenso abogado estaba trabajando horas y horas en el despacho 276 del Old Executive Office Building, junto a la Casa Blanca. Era una sala oscura y modesta con una chimenea con repisa que tenía mucha historia. Una vez la utilizó Theodore Roosevelt cuando era secretario asistente para la Marina y luego Franklin Roosevelt cuando ocupó el mismo puesto. El actual ocupante mantenía cuidados registros y notas con exquisita caligrafía. Podría considerársele parte de una pequeña categoría dentro de los funcionarios de Washington, la de los hombres discretos, siempre presentes tras el telón. Pero era también una de las piezas clave del sistema de seguridad nacional de Bush. I. Lewis Libby hijo era un hombre formal, de aspecto algo solemne, al que todo el mundo, por algún motivo perfectamente incongruente, llamaba «Scooter».

Libby tenía tres cargos oficiales. Era jefe de gabinete del vicepresidente Cheney, era también asesor de seguridad nacional del vicepresidente y, por último, era asistente del presidente Bush. Era

---

1.   Éste fue el inicio de la operación que en 2004 descubrió la venta clandestina de tecnología nuclear realizada por el director del programa nuclear pakistaní, Abdul Qadeer Khan, quien más adelante confesó haber ayudado a Irán, Corea del Norte y Libia.

una tríada de puestos que nunca antes había ocupado una sola persona. Scooter era, en sí mismo, un centro de poder y, en consecuencia, un factor que multiplicaba la fuerza de las ideas y programa de Cheney.

Libby era un protegido de Paul Wolfowitz, para el que había trabajado en los ochenta, cuando Wolfowitz era asistente del secretario de Estado, y de nuevo en los noventa, cuando fue subsecretario político para Cheney en el Pentágono. Entre los temas que Libby había manejado en el Pentágono se contaban las armas químicas y biológicas de Saddam Hussein.

En su papel actual, Libby era una de las dos personas que no formaban parte del comité de altos cargos y que asistían a las reuniones del Consejo de Seguridad Nacional con el presidente y a las reuniones aparte de los altos cargos que presidía Rice (la otra persona era el adjunto a Rice, Stephen Hadley).

Desde su privilegiada posición, Libby había contemplado y participado en el debate y el desarrollo de la política de seguridad nacional del presidente. Puesto que Cheney no tenía ninguna responsabilidad operativa directa respecto a las fuerzas armadas, la diplomacia o los servicios secretos —ni, de hecho, respecto a ninguna otra cosa—, ni el vicepresidente ni Libby se tenían que meter en las crisis o disputas diarias, a menos, por supuesto, que decidieran hacerlo por voluntad propia. Ambos podían intentar ocuparse de las grandes decisiones y los grandes temas políticos. Después de todo, como sabía Libby, lo único que Cheney podía dar eran consejos, tanto al Consejo de Seguridad Nacional como, lo que era más importante, al presidente.

Libby, como buen abogado, comprendía el valor de la prudencia, de la paciencia y del silencio. Tanto Cheney como Libby eran maestros en el arte de quedarse callados, cerrándose completamente en sí mismos durante una discusión o una entrevista. Su estilo chocaba a sus colegas y a veces lograba descentrarlos. Libby era también un experto en eludir preguntas sobre su propia posición, devolviendo una pregunta por otra: ¿y eso qué quiere decir? ¿En qué sentido se usa la palabra «decisión»?

Se había graduado en Yale en 1972, sólo cuatro años después de Bush y nueve años después de lo que lo hubiera hecho Cheney si no hubiera dejado los estudios. A diferencia de sus jefes, Libby se había graduado con excelente. Había escrito una novela poco conocida, *The Apprentice (El aprendiz),* una historia de aventuras sobre algunos temas eróticos ambientada en el Japón de principios del siglo XX que *The New York Times Book Review* había alabado por su «delicada prosa y apasionantes descripciones».

A Libby le gustaba sumergirse en los detalles, como la estructura y las características de las diversas tribus de Iraq o incluso en las propias tácticas militares. Durante la crisis del Golfo de 1990, Wolfowitz y Libby habían propuesto desplegar comandos de operaciones especiales en el oeste de Iraq para proteger a Israel y mantenerla fuera de la guerra. A Cheney, el secretario de Defensa, le había gustado la idea, pero al comandante del CENTCOM, el general Norman Schwarzkopf, no le había interesado. Libby se consolaba recordando que durante la guerra Schwarzkopf se vio obligado a usar una cuarta parte de su poder aéreo para asegurar la parte occidental de Iraq. Si el general les hubiera hecho caso...

En los días que siguieron a los atentados terroristas del 11-S, *The New York Times* publicó una historia en portada sobre el debate que existía en la administración Bush respecto a si ir a por Iraq en la primera ola de ataques militares de la guerra contra el terrorismo. Bajo el titular «Los asesores de Bush, divididos en cuanto al alcance de las represalias», el artículo afirmaba que Powell se oponía, mientras que Wolfowitz y Libby apoyaban la invasión de Iraq. Era muy extraño ver su nombre en el periódico, y eso le hizo sentirse increíblemente incómodo. Los periodistas no le habían llamado para realizar declaraciones y sintió que la filtración era «escandalosa». Trató de decirle a otros que la historia «no era cierta». Cuando le preguntaron si era «totalmente falsa», respondió, midiendo el lenguaje como sólo los abogados saben hacerlo: «No es completamente falsa, pero no es cierta.» No había hablado sobre Iraq en la gran reunión del Consejo de Seguridad Nacional propiamente dicha, pero, como él mismo dijo, «hubo algunos corrillos en los márgenes».

Libby fue a ver a Armitage.

—Estoy acostumbrado a ver el nombre de Powell en letra impresa —dijo Libby—. No me gusta ver mi nombre junto al suyo, particularmente en este contexto. Y yo no tengo ningún caballo en esa carrera.

—¿Quiere que le diga eso al secretario? —le preguntó Armitage.

—Se lo ruego.

—Lo haré —convino Armitage—. Lo repetiré tal y como me lo ha dicho. Pero no se trata de una pelea personal. Se trata de negocios. Sobre cómo llevamos los negocios de la nación, Scooter.

—No se trata de quién tiene ganas a Iraq y de quién no las tiene —dijo Libby—, sino de lo que es posible y de lo que no lo es.

Libby había sostenido que lo más acertado era mantener inicialmente el centro de atención sobre Afganistán, pero ahora, con la guerra de Afganistán yendo bien, creía que si se iba a diseñar la guerra contra el terrorismo de manera amplia y adecuada, de una manera u otra se tenía que hacer frente al tema de Iraq. En su opinión, era imposible acabar con el terrorismo, como comentó en privado, «sin encarar el tema de Iraq». Y en ese sentido, sí que tenía un caballo muy importante en la carrera.

Como exigían sus cargos y por inclinación natural, vigilaba con suma atención cuanto hacía el presidente, fijándose en cómo su lenguaje corporal y sus palabras pedían planes de guerra para Iraq, prestando atención a las preguntas que hacía, a su actitud, a su tono. Quizá no se trataba tanto de que el presidente hubiera decidido ir a la guerra, sino que había decidido que se debía resolver el problema de Iraq de un modo o de otro. Se estaban diseñando importantes planes militares, lo sabía. Concluyó, aunque era una opinión en la que no coincidía con Cheney, que el presidente estaba bastante decidido a derrocar a Saddam Hussein. Fue un importante punto de inflexión.

Capítulo cinco

La mañana del viernes 28 de diciembre el presidente se levantó a las cinco en su rancho de Crawford y pasó un rato con su mujer, Laura. La casa era pequeña, muy moderna, casi austera, al estilo rural, y se elevaba a orillas de un lago artificial. Excepto por los diversos boatos que conllevaba la presidencia —seguridad y criados que cocinan y sirven— podría tratarse de una elegante casa de fin de semana de una pareja adinerada. Bush acababa de leer *Theodore Rex*, de Edmund Morris, un retrato brillante del presidente Teddy Roosevelt y su diplomacia del «gran garrote» de principios del siglo XX. Una lectura superficial de aquel texto de 555 páginas, incluso si la realizaba alguien como el propio Bush, dado a saltarse párrafos, bastaba para comprender el mensaje de aquella obra: Teddy Roosevelt dominó y definió su época, ejerciendo el poder presidencial de forma enérgica, actuando, insistiendo en conseguir resultados y haciéndolo con un estilo personal que era optimista y exuberante, seguro hasta el punto de resultar autoritario y arrogante. Lo que hubiera hecho Bush un día cualquiera hubiera sido salir a correr cuatro o cinco kilómetros, pero esperaba a un visitante que iba a llegar temprano.

El presidente fue a un edificio especial de su rancho del tipo conocido como ICIS (Instalación Compartimentada de Información Sensible), donde le podían informar en persona o bien a través de enlaces de vídeo seguros. La sesión informativa de inteligencia de esa mañana entre Navidad y Año Nuevo incluía información de alto secreto sobre lo que en código se conocía como Matrix, los últimos informes sobre amenazas y actividades terroristas. El octavo apartado de los diecinueve que aparecían en el documento de catorce páginas describía una comunicación interceptada en una área en Afganistán en la que, al parecer, todavía subsistía la red terrorista de Osama Bin Laden, Al Qaeda. Una persona que no se identificaba decía que «a su debido tiempo llegarán buenas noticias», dando a entender que había planes en marcha para nuevos ataques. Era precisamente el tipo de información ambigua pero preocupante que la inteligencia norteamericana había conseguido interceptar en los meses anteriores a los ataques del 11 de septiembre. Fuera cual fuera el significado de aquellas frases, el informe era aleccionador y contribuyó a establecer el tono de la reunión que tendría lugar a continuación.

El general Tommy Franks y el general de división Renuart se reunieron con el presidente en la sala diseñada para las videoconferencias seguras. En las pantallas estaban Cheney desde su casa de vacaciones en Wyoming, Rumsfeld desde su lugar de retiro en Taos (Nuevo México) y Rice, Powell y Tenet desde Washington.

Al presidente le gustaba verles las caras a los miembros de su gabinete de guerra.

Franks, que acababa de estar en Afganistán, ofreció un resumen de las operaciones que se estaban desarrollando allí. Puesto que se había ganado la primera fase de la campaña en Afganistán, los miembros del gabinete de guerra le mostraron el respeto que se reconocía a un general victorioso. Alguien, quizá un resto de la red de Bin Laden o del depuesto régimen talibán, había disparado un misil tierra-aire a su helicóptero, pero había fallado.

«Franks —dijo Bush—, lo último que me hace falta es que se haga usted matar.»

Powell se limitó a subrayar secamente que eran los capitanes, los coroneles y los oficiales de rango inferior los que tenían que asumir riesgos, no los generales de cuatro estrellas.

Franks fue rápidamente al tema principal de la reunión: el plan de guerra para Iraq.

«Señor presidente —empezó Franks—, nos queda todavía mucho trabajo por hacer, pero déjeme mostrarle en qué punto estamos ahora mismo.» Le entregó al presidente una copia en papel de veintiséis diapositivas informativas. Cada una de ellas llevaba impreso en un rojo brillante «Alto Secreto/Polo Step»[1] (el departa-

---

1. Confidencial y con acceso sumamente restringido. La categoría «Polo Step» se creó expresamente para codificar el grado más alto de confidencialidad en la planificación de la guerra de Iraq. (*N. de la t.*)

mento especial de información para los planes militares operativos). El acceso a ese departamento estaba limitado a aquellos que forzosamente debían conocer la información. En algunos aspectos era el departamento más delicado, y las veintiséis páginas presentaban algunos de los trabajos secretos más importantes que se llevaban a cabo en el gobierno. Se habían enviado copias confidenciales por ordenador a Cheney, Powell, Rice y Tenet. Como si fuera para subrayar más todavía lo obvio, en la primera diapositiva y en la primera página ponía en negrita: PLANIFICACIÓN DE ALTO SECRETO.

El plan reflejaba la nueva forma de pensar que tan repetidamente le había exigido Rumsfeld a Franks. Era nada menos que un concepto completamente nuevo para una guerra contra Iraq, una guerra que podría ser ejecutada como un ataque preventivo. La operación al estilo Tormenta del Desierto estaba todavía en el estante con la etiqueta Op Plan 1003, pero todavía exigía 400 000 efectivos militares y casi seis meses para desplegar las tropas de forma efectiva. No podía esperarse sorprender al enemigo operando de ese modo.

Franks afirmó que en la guerra de Afganistán había tratado de apartarse del clásico plan militar de una campaña aérea de bombardeos masivos seguidos de operaciones en tierra. En su lugar había desarrollado lo que él denominaba «líneas de operaciones», acciones que podían llevarse a cabo de forma independiente y a menudo al mismo tiempo. Puesto que no había bases en Afganistán ni en sus alrededores, se había visto obligado a basarse en las Fuerzas de Operaciones Especiales, las pequeñas unidades de comandos de élite. La guerra de Afganistán había demostrado que las Fuerzas de Operaciones Especiales podían usarse de forma muy efectiva para, por ejemplo, colocar localizadores láser que guiaran las bombas lanzadas desde los aparatos de las Fuerzas Aéreas o de la Marina, de forma que éstas alcanzaran sus objetivos con precisión milimétrica. Se trataba de una integración de fuerzas de tierra y aire que sobrepasaba con mucho todo lo visto en operaciones militares anteriores. De este modo, ahora la noción de una campaña aérea y una campaña terrestre separadas quedaba descartada. Iba a haber una sola campaña integrada.

Moviéndose a través de los cuadros, Franks explicó que, como parte de la estimación del comandante solicitada por el secretario Rumsfeld el 1 de diciembre, había presentado tres versiones al secretario el 4, el 12 y el 19 de diciembre. El secretario había indicado que se debía ir más allá de la planificación tradicional.

Las líneas de operación serían la clave. Eran los componentes de las acciones que las fuerzas armadas, la CIA e incluso los diplomáticos podían llevar a cabo para aumentar la presión sobre Iraq. Estaban intentando crear un conglomerado que no fuera tan sólo una operación militar, sino que abarcara todos los elementos del poder de la nación. Cada línea de operación estaría separada de las demás, pero consideradas en conjunto crearían una masa crítica que ayudaría a reducir el volumen de poder de combate convencional que se iba a necesitar. Aunque no todas tenían ni mucho menos la misma importancia, era una forma de definir la capacidad de Estados Unidos. Explicó que las siete líneas de operación eran:

1. Operaciones cinéticas o «fuegos operativos», que incluirían las tradicionales campañas de bombardeos, pero también el uso de misiles de crucero Tomahawk disparados desde buques o aviones, además de sistemas tierra-tierra de largo alcance como los sistemas tácticos de misiles (TACMS),[2] que disparaban un misil semibalístico a una distancia de entre 160 y 290 kilómetros. En conjunto, se trataba de alcanzar puntos en lo más profundo del territorio enemigo con armas de precisión.

2. Combate no convencional utilizando las Fuerzas de Operaciones Especiales, que penetrarían hasta lo más profundo de Iraq. Realizarían, por ejemplo, incursiones letales para impedir el lanzamiento de misiles Scud a Israel o Arabia Saudí. De nuevo, Afganistán había demostrado las enormes posibilidades que tenían la velocidad y el secreto.

3. Maniobras operativas, las tradicionales operaciones terrestres de fuerzas convencionales, que serían llevadas a cabo por el ejército y las divisiones de marines.

4. Operaciones de influencia, consistentes en la diseminación de información y en un amplio abanico de operaciones psicológicas y de engaño.

5. Apoyo a los grupos opositores en todo Iraq, incluyendo a los kurdos en el norte y a los chiítas del sur, o incluso a los grupos

2. Acrónimo de *Tactical Missile System. (N. de la t.)*

desafectos dentro del propio ejército. Se haría mediante una coordinación total con la CIA. El apoyo podía incluir cualquier aspecto, desde armas hasta ayudar a los grupos de oposición a mejorar su capacidad para recopilar información útil y realizar operaciones estratégicas de reconocimiento y de sabotaje.

6.   Todos los aspectos político-militares de la diplomacia, incluyendo operaciones mixtas civiles y militares para colaborar con el pueblo una vez los principales combates hubieran concluido.

7.   Asistencia humanitaria a la población iraquí.

Éstas eran las medidas que podían aplicarse, dijo Franks, dejando claro que se trataba de un primer borrador y que las líneas de operaciones podían expandirse y refinarse.

Pero ahora venía lo que consideraba el mayor paso adelante. Planeaba disponer aquellas líneas de operaciones contra lo que denominaba «sectores» de capacidad o vulnerabilidad del régimen iraquí. Con ello se refería a los centros de gravedad del gobierno de Saddam.

Franks había identificado nueve hasta entonces:

1.   Los dirigentes, el verdadero círculo íntimo de Saddam y sus dos hijos, Uday y Qusay.

2.   La seguridad interna y los servicios secretos del régimen, incluyendo el cuerpo de guardaespaldas de la Organización de Seguridad Especial (OSE); la red de mando, control y comunicaciones.

3.   Infraestructuras de armas de destrucción masiva.

4.   Producción de misiles, mantenimiento y capacidad de entrega.

5.   Las divisiones de la Guardia Republicana y la Guardia Republicana Especial que protegían Bagdad.

6.   Territorios y zonas dentro de Iraq sobre los que podía ejercerse presión, como el área kurda del norte, que era de hecho autónoma.

7.   El ejército oficial iraquí.

8.   La infraestructura comercial y económica iraquí, y la infraestructura diplomática en el extranjero, que incluía a agentes iraquíes que operaban desde sus embajadas.

9.   La población civil.

Franks presentó entonces un gráfico en forma de eje de coordenadas con «sectores» de poder del régimen listados sobre el eje superior horizontal y las líneas de operaciones listadas en el eje vertical. En total, el eje mostraba 63 casillas: siete líneas de operaciones multiplicadas por nueve sectores de poder.

Pequeños dibujos de explosiones o estallidos indicaban dónde podía usarse efectivamente cada particular «línea de operación» contra los «sectores» vulnerables del régimen.

Por ejemplo, el bombardeo cinético podía ser especialmente efectivo contra: los dirigentes (1), los servicios de seguridad interna (2), las divisiones de la guardia republicana (5) y el ejército oficial iraquí (7), pero obviamente no podía emplearse contra la población civil (9). Las operaciones de influencia, por otra parte, podían usarse con eficacia en la infraestructura comercial, económica y diplomática iraquí. Podrían incluso utilizarse contra los dirigentes y, sin duda, contra el ejército oficial, que no era tan leal a Saddam como la guardia republicana.

Si se quiere derribar un régimen, una campaña de bombardeos sólo puede ayudar hasta cierto punto, afirmó Franks. En este caso tenía que conseguirse que la gente sintiera una necesidad irresistible de librarse de Saddam. Y para ello serían fundamentales las operaciones de influencia e información.

Las Fuerzas de Operaciones Especiales podían utilizarse para capturar los campos petrolíferos del sur con un número relativamente pequeño de tropas y para tomar zonas con pocas defensas en el oeste de Iraq e impedir así el lanzamiento de misiles Scud. Las Fuerzas de Operaciones Especiales también podían entrar en el norte, en territorio kurdo, y, mediante el apoyo de la CIA a los grupos de oposición y quizá también a líderes del ejército descontentos, y disponer las condiciones necesarias para que la oposición interna ayudara en las acciones contra el régimen.

Franks dijo que necesitaba comprender mejor la relación entre aquellas líneas de operaciones y los sectores de vulnerabilidad del enemigo. Era un concepto cambiante que todavía estaba en desarrollo.

En conjunto, Franks explicó que esta aproximación podía evitar el largo y lento despliegue de un número enorme de tropas en la región, de modo que se pudiera emprender el ataque con menos tropas y de forma menos previsible. Por otra parte, si las operaciones comenzaban demasiado pronto, podría suceder que no contaran con fuerzas suficientes.

Al presidente le gustó mucho el concepto de que la fuerza se podía aplicar selectivamente y ser enfocada hacia uno u otro de los diferentes sectores. Vio que era posible crear y capitalizar las vulnerabilidades iraquíes de forma más eficiente si se combinaban el poder militar y de otro tipo de manera adecuada.

En una entrevista, dos años después, Bush se acordaba concretamente de «los pequeños dibujos de estallidos» que había en el eje de coordenadas, pero no de los detalles.

Franks regresó a la diapositiva marcada como Alto Secreto/ Polo Step sobre el apoyo necesario desde bases en otros países para llevar a cabo una guerra. ¿Qué podían esperar de forma realista? Presentó tres opciones: una coalición amplia, una coalición reducida o una guerra unilateral.

La primera opción, la coalición amplia, requería el apoyo de tres países limítrofes con Iraq al sur y al oeste (Kuwait, Arabia Saudí y Jordania) y de Turquía en el norte, que tenía una frontera con Iraq de 160 kilómetros. Haría falta, además, colaboración de cuatro estados pequeños del golfo, Bahrain, Qatar, Emiratos Árabes Unidos y Omán. Y, por supuesto, la ayuda del Reino Unido. Era una opción de máximos que requeriría una diplomacia delicada y efectiva que generara los acuerdos necesarios. Como contrapartida, una coalición tan grande haría posible que las líneas de operaciones se ejecutaran de forma simultánea.

Franks afirmó que con este grado de apoyo extranjero necesitaría solamente 105 000 soldados estadounidenses para comenzar la guerra. El flujo de tropas continuaría según este concepto inicial hasta alcanzar un nivel de 230 000 soldados entre los sesenta y noventa días después de haberse iniciado la operación.

Cualquier pérdida de esos necesarios apoyos internacionales haría que los sectores de vulnerabilidad debieran atacarse de forma secuencial, con lo cual aumentaría el riesgo de la operación y el tiempo necesario para disponer de los efectivos necesarios. Por ejemplo, el impacto en la operación de la falta de apoyo por parte de Arabia Saudí y Turquía sería enorme.

Franks comentó que para un ataque bilateral con la participación del Reino Unido iban a necesitar al menos cuatro países que sirvieran de base y cedieran su espacio aéreo para las operaciones: Kuwait, Bahrain, Qatar y Omán.

En una operación unilateral, sin fuerzas británicas, Franks indicó que se seguiría necesitando a Kuwait, Qatar y Omán, es decir, los mismos excepto Bahrain.

«Señor presidente, si queremos sacar adelante algo así, entonces lo que vamos a tener que hacer es empezar a posicionar y desplegar tropas», dijo Franks. Rumsfeld y él habían acordado durante el pasado mes que era necesario «mejorar gradualmente nuestra posición», tal como afirmó Franks delicadamente. Estados Unidos tenía miles de efectivos en Oriente Medio, pero estaban comprometidos en otras misiones.

Para apoyar la operación Vigilancia Sur de la zona de exclusión aérea, Franks dijo que se mantenía una pequeña fuerza operativa en Kuwait de apenas 500 soldados, un batallón. Estaban allí para proteger a Kuwait en el caso de que Saddam decidiera volver a invadir el país y, siendo francos, también para ser una especie de detonador que asegurara que si Saddam atacaba, inmediatamente entraría en combate con fuerzas estadounidenses. Ese mismo batallón y otras 500 personas de personal de apoyo también se dedicaban a entrenar a los kuwaitíes.

«Inmediatamente, o muy pronto, tendríamos que tener al menos tres veces más tropas en Kuwait, en total unos 3 000 soldados», dijo Franks. El secretario Rumsfeld se había mostrado de acuerdo, comentó, y estaban a punto de iniciar el proceso necesario para llevarlas allí.

«¡Perfecto!», exclamó el presidente. No se vería como una provocación ni tampoco daría la impresión de que se estaba comprometiendo a la nación. Sería una mera rotación de entrenamiento.

«Vamos a tener que jugar a dos bandas», anunció Franks. Dado que Estados Unidos estaba en conflicto con Afganistán, Saddam podía malinterpretar o no percibir la acumulación de efectivos. En esa misma categoría de ir avanzando pero sin comprometer a la nación a una guerra, Franks dijo que quería trasladar a Kuwait algunos de los equipos preposicionados del ejército que estaban a 500 kilómetros al sur, en el pequeño emirato de Qatar. Con ello se conseguiría, en primer lugar, que el equipo estuviera inmediatamente disponible; las tropas eran fáciles de trasladar por vía aérea, pero el equipo incluía muchos elementos que llevaba su tiempo transportar. Franks afirmó que los marines también disponían de equipo preposicionado que podía acercarse más a Kuwait. No sería visto y, por lo tanto, nadie repararía en ello. Desde el punto de vista político, nadie prestaría demasiada atención al movimiento de unos barcos y camiones, planteó.

En segundo lugar, puesto que sacarían el equipo de sus instalaciones en Qatar, dijo Franks, «me gustaría invertir unos doscientos millones de dólares en aquellas instalaciones y convertirlas en un centro de mando y de control que por fuera no parezca más que unos almacenes pero que por dentro sea muy diferente».

Franks dijo cautelosamente que no se había decidido nada sobre ello debido a lo cara que resultaba la conversión, pero que estaba hablando con Rumsfeld sobre ello.

El presidente parecía receptivo.

«Reflexiones sobre los plazos» era el título de la siguiente diapositiva.

«Señor presidente —intervino Franks—, no sabemos si usted querrá hacer esto ni cuándo querrá hacerlo, pero sea cuando y como fuere, antes deberemos haber hecho una serie de cosas.»

Desde luego, la CIA tenía que haber puesto a sus chicos en posición dentro de Iraq. En Afganistán, el enlace entre los equipos paramilitares de la CIA sobre el terreno y las Fuerzas de Operaciones Especiales de las fuerzas armadas había sido fundamental. De hecho, la guerra de Afganistán la habían comenzado solamente 115 agentes de la CIA y 300 de las Fuerzas de Operaciones Especiales sobre el terreno. En cuanto a Iraq, Franks mencionó que haría falta entre 120 y 180 días para que la CIA pudiera estar activa en la región.

«Para ser efectivo con las operaciones de influencia debemos comenzar de inmediato —dijo Franks—, no tanto porque vayamos a invadir Iraq sino para comenzar a aguijonear al régimen iraquí, a su servicio de inteligencia, por ejemplo, y a sus embajadas en todo el mundo.»

En el frente diplomático llevaría al menos 30 días llegar a los jefes de Estado de Kuwait y Turquía y de todos los demás países y decirles «¿Estáis con nosotros o contra nosotros?», tomando así prestada la famosa frase con la que el presidente había desafiado a las demás naciones tras el 11-S.

El trabajo de aumentar las tropas y trasladar el equipo preposicionado hasta Kuwait requeriría sesenta días. Construir un cuartel general en Qatar llevaría también sesenta días.

En organizar y preparar toda la Tercera División de Infantería, la unidad que ya estaba parcialmente desplegada, se tardaría hasta noventa días, lo imprescindible para llevar a Kuwait todo lo necesario y estar listos para el combate. Trasladar el apoyo logístico necesario para mantenerla en combate llevaría entre sesenta y noventa días si se hacía de forma rápida y, por lo tanto, visible para todo el mundo; para hacerlo poco a poco y en secreto se tardaría más tiempo.

Una lectura cuidadosa de la lista de Franks fijaría una posible fecha del inicio de los combates entre cuatro y seis meses a partir de entonces, previsiblemente entre abril y junio de 2002.

«Señor presidente —dijo Franks—, comprendemos que una decisión de este tipo no debe tomarse hasta el último momento. Pero hay algunas decisiones que iremos a pedirle que tome y que nos permitirán disponer las condiciones necesarias para que podamos tener capacidad operativa.»

Franks tenía una docena de ellas y las expuso.

1. Construir la capacidad interagencial de inteligencia.
2. Comenzar las operaciones de influencia.
3. Conseguir el apoyo de la nación anfitriona.
4. Trasladar el equipo preposicionado y el cuartel general del CENTCOM.
5. Hacer avanzar a la división principal.
6. Crear una línea de suministro sostenible.
7. Trasladar el mando aéreo alterno y el centro de control a Qatar, de modo que no tuvieran que basarse en el centro principal de la base aérea Prince Sultan en Arabia Saudí.
8. Desplegar la Brigada Expedicionaria de los Marines, que sería la principal fuerza de los marines en la zona.
9. Disponer los necesarios Combat Search and Rescue (CSAR) y los aviones de inteligencia, vigilancia y reconocimiento en la región.
10. Trasladar un tercer grupo de combate con portaaviones a la zona.
11. Desplegar el resto del equipo de los marines, de modo que estuviera disponible para otras unidades además de la Brigada Expedicionaria de los Marines.

12. Preposicionar aviones en todo el mundo, de forma que el denominado puente aéreo estuviera disponible para transportar hombres y equipo.

Considerados uno a uno, se trataba de pasos prudentes que iban incrementando su magnitud. Considerados en conjunto, disponían el escenario adecuado para la guerra.

«Señor presidente, éstas son las suposiciones que creemos que hemos hecho», dijo Franks, cumpliendo la exigencia de Rumsfeld de que las suposiciones se pusieran sobre la mesa lo antes posible. Quería tratar de identificar todos los factores que no podían controlarse, o que el Pentágono, la CIA y el departamento de Estado debían procurar controlar. Según Franks, en cuanto a Iraq, se había asumido que:

1. Las naciones anfitrionas de la región estarían dispuestas de alguna forma a permitir, al menos, la operación unilateral.

2. Iraq poseía armas de destrucción masiva, así que Estados Unidos debería tener un plan para luchar en un campo de batalla potencialmente contaminado.

3. Una guerra en Iraq sería la principal empresa de Estados Unidos y tendría prioridad en la asignación de recursos, incluido el hecho de tomar misiles de crucero de otros territorios de operaciones. Otras contingencias en otros lugares del mundo podían contenerse, aunque, si se tenía que elegir, deberían esperar.

4. Algunos grupos de oposición iraquí apoyarían a las fuerzas armadas estadounidenses o cooperarían con ellas de algún modo.

5. Iraq podía atacar Israel, de modo que había que crear las condiciones necesarias para defenderse frente a esa posibilidad.

6. La operación de Afganistán denominada Libertad Duradera y la guerra global contra el terrorismo aportarían una cobertura bajo la cual podían producirse movimientos de tropas que pasarían desapercibidos; esas operaciones no iban a detenerse o disminuir.

7. El CENTCOM tendría al menos una fuerza de 105 000 soldados en la región antes de empezar las operaciones de combate.

8. El departamento de Estado promovería la creación de un amplio y creíble gobierno provisional, tal como se había hecho en Afganistán a través de la conferencia de Bonn de ese mismo mes.

El departamento de Estado debería encargarse de que las Naciones Unidas u otros países colaboraran en este punto. Las fuerzas armadas no eran el instrumento adecuado para la construcción de naciones, según Franks.

9.   Los demás estados de la región no intervendrían en el conflicto.

10.   El CENTCOM tendría suficientes municiones.

11.   Los países de la OTAN aportarían tanto bases como autorizaciones para cruzar su espacio aéreo, aunque existía la preocupación de que Francia, Italia, Alemania o Bélgica se negasen.

12.   La flota civil de reserva ayudaría a transportar tropas y material.

Esta ingeniosa lista dejó claro ante el presidente y ante todos los demás qué se esperaba o se requería exactamente de la región, del departamento de Estado, de la CIA, de Europa y del propio presidente. En una entrevista cerca de dos años después, a Rumsfeld le enseñaron una lista de estas suposiciones. Dijo que estaba de acuerdo y se acordaba de la mayoría, que no recordaba unas cuantas, ayudó a clarificar muchas y, por supuesto, discutió el redactado de otras muchas.

«Debe exponer suposiciones que consistan en cuestiones que o bien no puede controlar usted mismo o bien no pueden controlarse en absoluto —declaró—. En otras palabras, algunas de ellas son externas al departamento, así que debían estar allí para que otras personas las vieran, y luego había otras que eran simplemente incontrolables.»

Rumsfeld quería que todo el mundo se embarcase en la planificación de la guerra y, si era necesario, en la guerra, haciéndose las mínimas ilusiones posibles. La lista le hizo saber al presidente que las fuerzas armadas esperaban ciertas cosas y que el éxito de la operación dependía de que otros cumplieran las condiciones explicitadas. Al mismo tiempo, podía interpretarse como una lista de exigencias.

Finalmente, en la página 26, Franks preguntó qué iban a hacer entonces.

«Cuando llegue el momento, señor presidente, en que quiera o crea que debe tomar esta opción —afirmó Franks con extrema cautela—, tiene usted que permitirnos aumentar la actividad de

INTHUM (Inteligencia Humana) en el país. Repasando de nuevo una a una las acciones que se deben emprender antes de la guerra, tenemos que desarrollar y hacer ganar consistencia a los grupos de oposición en el seno de Iraq. Debemos comenzar esta operación de influencia, y debemos comenzar a potenciar tanto nuestras tropas de tierra como nuestra capacidad aérea bajo la cobertura de la operación de Afganistán y de la vigilancia de las zonas de exclusión aérea. Por último, queremos comenzar ahora a mover el equipo desde las zonas de almacenaje de preposición en Qatar a fin de hacer sitio para trasladar allí el cuartel del CENTCOM.»

«Don, tenemos que ponernos en marcha con algunas de esas cosas», contestó el presidente. A Franks le dijo: «Este trabajo es muy bueno. Siga dándole vueltas.»

Parecía que Rumsfeld había querido intervenir en dos o tres ocasiones durante la exposición de Franks, pero la tecnología le había convertido solamente en una remota figura en una pantalla en la que había otras. «Sí, señor, señor presidente —dijo Rumsfeld—. Tom y yo conversaremos sobre estos aspectos.» Por supuesto, añadió, no estaban recomendando ninguna fecha para el inicio de las operaciones.

«Tom y yo discutiremos esto más a fondo y le propondré algunas recomendaciones», añadió. Franks era el que estaba exponiendo, pero Rumsfeld era la voz del departamento de Defensa.

El presidente dijo que veía que existía la posibilidad de conseguir progresos reales sin exponer a tantas personas como en anteriores operaciones de combate. También había economías de escala, recordó. También comprendía que había algunas cosas que debían ponerse en marcha de inmediato. Se quedó bastante impresionado con la información que hacía referencia a la CIA, pues había visto cómo las conversaciones secretas entre la CIA y los grupos de oposición y líderes en Afganistán, particularmente la Alianza del Norte, habían acelerado el curso de la guerra.

Tenet le hizo frenar diciéndole que Iraq era muy distinto. La CIA había mantenido relaciones con los diversos grupos de oposición de Iraq (los kurdos en el norte y los chiítas en el sur) a lo largo de los años, y la historia de esas relaciones ya era demasiado conocida. Las consecuencias fueron desastrosas, pues se abandonaron a su suerte tanto a grupos como a individuos particulares. Había sucedido tantas veces, afirmó Tenet, que los iraquíes ya no se fiaban de ellos. Hasta que no vieran que Estados Unidos se comprometía firmemente con el país, no colaborarían en la lucha. Así que podemos elaborar toda esta serie de planes, dijo, pero no van a fructificar hasta que no vean que hay un compromiso tangible por parte de Estados Unidos. Ese compromiso podía adoptar la forma de armas, o de entrenamiento, o de una fuerte presencia militar norteamericana, y todo ello requería inversión.

Bush anunció a Powell y Rumsfeld que tendrían que trabajar en la parte política. «Tenemos que trabajarnos a las naciones de la región —declaró el presidente—. Desarrollad una estrategia sobre la mejor forma de hacerlo.»

Rice tenía una pregunta: ¿qué pasaría si Saddam retiraba sus tropas hacia Bagdad y resistía allí a ultranza, creando una fortaleza en la que habría que luchar calle a calle?

«Eso es algo en lo que nos tendremos que centrar durante la planificación a fin de evitar que suceda», contestó Franks.

Cheney tenía una preocupación principal: «Vamos a tener que estudiar muy en serio cómo protegernos de las armas de destrucción masiva, tanto en el campo de batalla como en la retaguardia.»

«Sí, señor —reconoció Franks. Luego, dirigiéndose al presidente, añadió—: Ahora necesitaremos hablar alguna ocasión más con usted sobre la evolución de este gran plan, o sobre los vínculos de este gran plan con lo que usted conoce, señor presidente, como Tejón del Desierto.» Bush ya había sido informado sobre Tejón del Desierto, una operación que le permitía ordenar un pequeño ataque en cuatro horas, utilizando o bien aviones de las fuerzas aéreas o bien unos cincuenta misiles de crucero Tomahawk de los buques de guerra desplazados al golfo Pérsico. Ahora podía escoger entre diversos grados de ataque, lo que ponía a su disposición una sustancial serie de ataques sobre objetivos iraquíes de importancia militar, entre ellos los lugares en los que se sospechaba que los iraquíes fabricaban sus misiles.

Justo antes de las diez de la mañana Bush, con la ropa informal que suele vestir en su rancho (tejanos, camisa y botas), y Franks, con sus botas altas de combate y su boina, salieron juntos a dar una breve rueda de prensa.

«Acabamos de salir de una videoconferencia con el equipo de seguridad nacional —declaró el presidente— para hablar sobre su viaje y sobre lo que está sucediendo en Afganistán.» No mencionó el que había sido el tema central de la videoconferencia, Iraq, y nadie le preguntó. Todas las preguntas trataron sobre Bin Laden, Afganistán y la reciente quiebra de Enron, la empresa energética con sede en Texas.

Cuando le preguntaron sobre el nuevo año que se avecinaba, Bush proclamó: «Espero que 2002 sea un año de paz. Pero también soy realista.»

Bush y Franks caminaron hacia la Governor's House, la pequeña casa de invitados del rancho, donde el presidente firmó una ley de financiación para Defensa y pregrabó su discurso radiofónico semanal.

«Vamos, Tommy —dijo Bush—, vente en mi camioneta y demos una vuelta por el rancho.» Y Bush procedió a ofrecerle a Franks una larga visita guiada por la propiedad.

Cuando hubieron acabado, se detuvieron en la casa principal para ver a Laura Bush. Tanto Franks como Laura son de Midland (Texas), e incluso habían ido al mismo instituto, aunque no se conocían. El presidente invitó a Franks y a Renuart a quedarse a comer.

«No, señor presidente, debo regresar», dijo Franks. Era el comandante de una guerra que terminaba en Afganistán y ya parecía que otra estaba en camino.

En el vuelo de vuelta a Tampa, Renuart protestó y le dijo a Franks que debería haberse quedado a comer. Él tenía hambre, no había comida en el avión y hubiera preferido comer con el presidente. «Jefe —le dijo Renuart—, nos vamos a morir de hambre en el viaje de vuelta.»

Así que se alimentaron de refrescos y cacahuetes y compartieron su entusiasmo. Les había gustado mucho que el presidente pareciera comprender los problemas derivados de la complejidad y los plazos de la operación, y que hubiera visto que no era algo que pudiera prepararse de un día para otro.

«Creo que lo ha pillado», comentó Renuart.

«Es un comienzo», replicó Franks.

«Como presidente, quiero saber qué opciones tengo», afirmó Bush dos años más tarde durante una entrevista al explicar con qué espíritu había acudido a aquella primera reunión sobre los planes de guerra para Iraq. Conocía bien a su secretario de Defensa, y Rumsfeld no habría seguido adelante si no hubiera estado satisfecho con el progreso logrado. «Habían avanzado hasta un punto en el que se sentía cómodo poniendo a Franks en primer plano», recordó Bush. Así que había querido formarse él mismo su propia impresión de Franks.

«Estoy intentando pensar qué preguntas inteligentes puedo formularle a un comandante que acaba de realizar un trabajo impresionante en Afganistán. Estoy buscando la lógica tras los planes. Estoy observando cuidadosamente su lenguaje corporal», recordaba Bush. Hizo hincapié en el lenguaje corporal, los ojos, la actitud. Era más importante que parte de los contenidos. Era también el motivo por el que había querido que Franks estuviera en Crawford y no fuera otra cara en la pared de pantallas.

«¿Será esto lo bastante bueno como para ganar?», recordaba haberle preguntado a Franks, inclinándose hacia adelante en su silla y adelantando la mano con un movimiento oblicuo para ilustrar la escena.

«Desde luego que sí», había contestado Franks, pero el plan todavía podía mejorarse más.

«No estábamos listos para ejecutarlo entonces —reconoció el presidente—. Ni siquiera estábamos cerca, quiero decir.» Pero salió de aquella reunión con dos cosas en la cabeza: «Saddam es una amenaza. Esto es una opción.»

Capítulo seis

A principios de 2002, el director de la CIA, George Tenet, tenía mucha influencia sobre el presidente. Su programa de operaciones secretas para desplegar equipos paramilitares en Afganistán había aportado los contactos y las estrategias necesarios para derrocar a los talibanes del poder. Tenet había mejorado de forma radical el proceso de recopilación de información y había hecho que los agentes de la CIA estuvieran más de diez veces mejor preparados, haciendo con ello posibles todas aquellas operaciones secretas.

Con cuarenta y ocho años de edad, Tenet era el único miembro de la administración Clinton que Bush había retenido en su equipo de seguridad nacional. Había ascendido en el mundo de los servicios secretos, primero como miembro del Comité de Inteligencia del Senado y, más tarde, como miembro del Consejo de Seguridad Nacional de Clinton encargado de los asuntos de inteligencia. Clinton le había nombrado adjunto al director de la CIA en 1995 y luego director en 1997.

Nervioso, centrado y con un talento excepcional para las presentaciones, Tenet, hijo de inmigrantes griegos, era consciente de la importancia de las relaciones personales y, por ello, dedicaba tiempo a las personas importantes en su vida profesional o personal. «Todo es siempre un mano a mano, todo», afirmó en una ocasión. Se mantenía informado del pasado y la familia de los jefes de los servicios de inteligencia extranjeros más importantes, y les preguntaba a menudo sobre ello. De vez en cuando, Tenet desayunaba en la Casa Blanca con Karl Rove, el principal asesor político del presidente, y bromeaba diciendo que compartiría con Rove secretos que ni siquiera Rice tenía autorización para conocer.

Y lo que era más importante aún, había creado un fuerte

vínculo con el presidente Bush, a quien informaba personalmente en el Despacho Oval la mayoría de los días a las ocho de la mañana. «Me gusta —reveló Bush— y confío en él, lo que es todavía más importante.» Tenet dijo una vez que él se tenía que hacer valer ante dos electorados distintos: «Número uno, el presidente. Número dos, las 17 000 personas que trabajan en la CIA.»

Incluso antes del 11-S Tenet había comprendido que Iraq iba a ser una de las principales preocupaciones de la administración Bush. Uno de los puestos de la CIA del tipo que no sale en los periódicos pero que resulta absolutamente clave iba a ser el de director del Grupo de Operaciones Iraquíes, la persona que dirigiría las operaciones secretas contra Saddam. Tenet dejó claro a la cadena de mando en la agencia que para ese puesto quería a un tipo duro y sin corazón.

Saul[1] era una auténtica estrella dentro de los servicios clandestinos de la CIA, el Directorado de Operaciones, departamento que dirigía las operaciones secretas. Con cuarenta y tres años, pelo ralo, una barba perfectamente cortada y una constitución sólida como una boca de incendios, había trabajado durante años en puestos secretos muy delicados como agente al cargo y operador senior en delegaciones de la CIA en todo el mundo. Nacido en una pequeña ciudad de Cuba, su padre se había visto envuelto en uno de los más espectaculares fracasos de la CIA de todos los tiempos: el fiasco de bahía Cochinos, en el que los patrocinadores de la CIA habían abandonado en la playa a 1 200 exiliados cubanos. Como le contaba a sus colegas: «Yo estoy aquí como consecuencia de una operación secreta de la CIA que salió mal.»

A finales de los noventa, en un esfuerzo para que la CIA entrenara más agentes y para aumentar los rigores de la entrada en la agencia, Tenet decidió asignar a los agentes más prometedores para que dirigieran las instalaciones secretas de entrenamiento de la CIA en Williamsburg (Virginia), conocidas como la Granja. Saul fue nombrado director del curso y también dio clases, enseñando las prácticas del oficio a unos doscientos cincuenta agentes. Luego, en el período 2000-2001, le dieron el fantástico cargo de asistente ejecutivo del adjunto de Tenet, John McLaughlin. Desde allí, Saul

---

1.   Un apodo. No uso los verdaderos nombres de los agentes secretos de la CIA.

tuvo acceso a todos los secretos y pudo ver cómo funcionaba la política en la CIA desde dentro.

Tras esa experiencia de un año al más alto nivel, Saul estaba buscando un trabajo en los cuarteles de la CIA en Langley. Por razones familiares, como que sus hijos iban al instituto, tenía que quedarse en el área de Washington. Dentro de la División de Oriente Próximo de la CIA, que se encargaba de Oriente Medio, Israel, Afganistán, Irán e Iraq —algunas de las naciones más violentas y conflictivas del orbe—, estaba vacante el puesto de director del Grupo de Operaciones Iraquíes. No es que fuera un puesto con muchos pretendientes. Se consideraba un cargo que acababa con la carrera del que lo ostentaba. Dentro de la misma división, a Operaciones Iraquíes se le conocía como «la casa de los juguetes rotos». En su mayor parte, la plantilla estaba formada por agentes novatos del Directorado de Operaciones, empleados problemáticos y viejas glorias que sólo estaban esperando que llegase la jubilación.

Saul pidió el trabajo. Creía que la administración Bush se tomaría en serio el tema de Iraq. Había oído algunos rumores. Comenzó como director del Grupo de Operaciones Iraquíes el 4 de agosto de 2001.

El Consejo de Seguridad Nacional le preguntó a la CIA qué podía hacer en Iraq. La petición no fue «¿Pueden derrocar a Saddam?» o «¿Pueden dar apoyo a una invasión militar?», sino que fue «¿Cómo ven ustedes Iraq?», «¿Qué pueden hacer allí?» o «¿Cómo contemplarían la posibilidad de llevar a cabo acciones secretas en el interior de Iraq?».

De modo que Saul empezó a empaparse de lo que había sucedido en el pasado. Nombró como su adjunto a uno de los profesores senior de la Granja, que había trabajado en asuntos relacionados con Iraq en el Directorado de Operaciones desde la guerra del Golfo de 1991.

Saul comprendió rápidamente que los problemas de la casa de los juguetes rotos no se limitaban al personal en plantilla. Las operaciones que se habían llevado a cabo en el pasado parecían un manual sobre cómo fracasar realizando misiones secretas absolutamente estúpidas. Era un catálogo de trabajos desastrosos: demasiado poco, demasiado tarde, demasiado improvisado, demasiada poca planificación, demasiado poco realismo. Lo cómico se mezclaba con lo terrorífico.

Durante la administración Nixon, Iraq se había convertido en un peón en el juego de la guerra fría. En 1972, Saddam Hussein, que ya era el hombre fuerte del país, aunque todavía no el dictador absoluto, firmó un Acuerdo de Amistad con la Unión Soviética. Para dar jaque mate a la influencia soviética en Oriente Medio, el presidente Nixon ordenó a la CIA que le diera en secreto cinco millones de dólares a los kurdos, que consistían en unas cuarenta tribus montañesas que contaban en total con unos veinticinco millones de personas distribuidas en cinco países: Irán, Turquía, Siria, entonces la Unión Soviética y el noreste de Iraq.

Los kurdos iraquíes iban a conseguir cinco millones de dólares para suministros y armas. Israel, Gran Bretaña e Irán (entonces dirigido por el sha Mohammed Reza Pahlavi, que mantenía una relación amistosa con Estados Unidos) aportaron otros siete millones de dólares de ayuda secreta. Hacia 1973, el secretario de Estado, Henry Kissinger, recomendó aumentar la financiación secreta porque Iraq se había convertido en el principal cliente soviético en Oriente Medio y el régimen baasista bajo Saddam, según el propio Kissinger escribió en sus memorias, «seguía financiando organizaciones terroristas de lugares tan lejanos como Pakistán» y era una fuerza que trataba de bloquear las posibilidades de paz entre los árabes y los israelíes. El sha de Irán aumentó su aportación económica a 30 millones, prometiendo 75 al año siguiente.

En muchos aspectos, el apoyo de la CIA a los kurdos era sobre todo un favor al sha. La CIA informó que los kurdos, que según algunas fuentes tenían unas fuerzas de 100 000 hombres, mantenían ocupados a dos tercios del ejército iraquí, un logro sensacional incluso aunque sólo fuera parcialmente cierto. La clave estuvo en la artillería pesada que aportaba el sha. Sin embargo, en 1975, el sha llegó a un acuerdo con Saddam, retiró el apoyo a los kurdos y detuvo los envíos de armas de la CIA. Los angustiosos llamamientos personales de los kurdos a la CIA y a Kissinger no recibieron jamás respuesta. La operación encubierta se colapsó y Saddam hizo una masacre entre los kurdos.

Tras la guerra del Golfo de 1991, el presidente George H. W. Bush firmó una orden presidencial en la que se autorizaba a la CIA a derrocar a Saddam. La CIA había dado dinero a prácticamente todos los grupos de oposición a Saddam, entre ellos a los iraquíes exiliados en Europa. También había financiado a los prisioneros iraquíes capturados durante la guerra del Golfo y que se habían negado a regresar a Iraq. Y el presidente exhortó públicamente a los iraquíes a que «tomaran el asunto en sus propias manos» y derribaran a Saddam. Cuando los kurdos en el norte y los musulmanes chiítas en el sur se rebelaron contra Saddam, Bush no les dio ningún tipo de apoyo militar. El resultado fue una nueva masacre.

Durante la administración Clinton, la CIA continuó dando palos de ciego, apoyando diversas iniciativas contra Saddam. Una de las operaciones absurdas que habían acabado como un juguete roto consistió en bombardear Bagdad con folletos que se burlaban de Saddam el día de su cumpleaños. En 1996, los servicios de seguridad de Saddam se infiltraron en un grupo de ex oficiales iraquíes que planeaban un complot con apoyo de la CIA, y unos ciento veinte ex oficiales fueron ejecutados. Hacia 1998, cuando la CIA propuso una nueva operación secreta, el Congreso la rechazó y autorizó, en cambio, el gasto de 97 millones de dólares para apoyar públicamente a los grupos de oposición iraquíes.

Saul reunió a un grupo de experimentados agentes secretos y analistas del Directorado de Inteligencia para que revisaran lo acontecido en el pasado. Algunos habían trabajado en temas relacionados con Iraq entre doce y quince años, otros en operaciones secretas en los Balcanes. La pregunta básica era: ¿qué opinamos de las operaciones secretas en Iraq?

La CIA de las películas está, según la mitología moderna, plagada de guerreros fanáticos y voluntarios que arden en deseos de enfrentarse a misiones arriesgadas e imposibles. Sin embargo, Saul llegó a una conclusión que iba en contra de los estereotipos de la agencia. «Las operaciones secretas no van a derrocar a Saddam Hussein», resumió. La CIA debía enfrentarse al hecho de que Saddam, que llevaba en el poder desde 1979, había construido un órgano de seguridad que cumplía a la perfección los objetivos de protegerle y de evitar posibles golpes de estado. La Organización Especial de Seguridad iraquí estaba al cargo de su seguridad personal; le acompañaba una Guardia Presidencial, y la Guardia Republicana Especial protegía los palacios presidenciales y otros edificios gubernamentales de la capital. Todos ellos, además, recibían el apoyo de cuatro servicios de inteligencia. En la práctica, docenas de divisiones del ejército iraquí estaban dispuestas para detener a los que tramasen un cambio de régimen.

El gobierno iraquí operaba con un solo propósito: mantener a Saddam Hussein vivo y en el poder. El espionaje interno, las sospechas programadas, las duplicidades en los cargos y la autoridad y las responsabilidades segmentadas hacían que Saddam estuviera en el centro de todo.

Se iba a necesitar toda la fuerza del gobierno de Estados Unidos para derrocar a Saddam, concluyó Saul. Al contemplar la política general estadounidense descubrió una flagrante contradicción. A través de Naciones Unidas, Estados Unidos trabajaba para contener y frenar a Saddam con sanciones económicas y otras medidas diplomáticas; a través de la CIA estaba tratando de derrocarle. «¡Qué estupidez!», exclamó Saul. Esa política esquizofrénica, que con un brazo trataba de contener y con el otro trataba de derrocar, no iba a funcionar nunca. La única forma de tener éxito era que la CIA apoyase una invasión militar total de Iraq. Ése era el único modo posible de conseguir el éxito. La agencia había sido la vanguardia en Afganistán, pero en Iraq debería desempeñar un papel de apoyo. La misión y el objetivo eran demasiado difíciles. Era casi imposible atravesar el muro que Saddam había edificado a su alrededor sin operaciones militares y sin una invasión.

La mañana del 11 de septiembre de 2001 Saul y algunos más de su equipo estaban de camino al Old Executive Office Building, adyacente a la Casa Blanca, para informar a los principales cargos del Consejo de Seguridad Nacional sobre algunas de estas conclusiones. Mientras estaban cruzando un puente que conectaba Virginia con el distrito de Columbia, oyeron en la radio noticias de los atentados terroristas y de la evacuación del complejo de la Casa Blanca. «¡Oh, mierda! —dijo Saul—, demos media vuelta y volvamos a casa.» Casi se cruzaron con el director Tenet, que estaba acelerando hacia la CIA desde el centro de Washington, donde había desayunado.

Durante los primeros meses tras el 11-S, Iraq no fue una de las prioridades, a pesar de que el vicepresidente Cheney pidió a la CIA que le informaran de lo que podían hacer. El 3 de enero de 2002 Saul, Tenet, el director adjunto de la División de Oriente Próximo y dos agentes secretos que habían trabajado en misiones en Iraq fueron a ver al vicepresidente y a Scooter Libby.

Saul no moderó en absoluto su mensaje. Le contó a Cheney que las operaciones secretas no bastarían para derrocar a Saddam.

La CIA no era la solución. Si para algo estaba bien organizado el régimen del dictador era para detener los golpes de estado, les explicó. Saddam se había hecho con el poder precisamente mediante un golpe. Para mantenerse en él tuvo que reprimir otros golpes. El tipo sabía perfectamente lo que era un golpe de estado. «Si eres un militar iraquí y tienes las municiones que hacen falta para lanzar un golpe de estado, se asegurará de que no tengas combustible para mover tus tanques. Si tienes combustible, no tendrás munición. Nadie se mantiene en el poder lo suficiente como para lanzar un golpe de estado».

«Si lo intentamos nosotros, estaremos enfrentándonos al régimen precisamente allí donde es más fuerte. Saddam hará pedazos a los conspiradores, los descuartizará miembro a miembro si es necesario. Sólo una operación militar y una invasión estadounidenses con apoyo de la CIA tienen posibilidades reales de echar a Saddam», propuso Saul. La agencia había repasado las lecciones que se habían aprendido en las operaciones realizadas en Iraq en el pasado, dijo, y, francamente, el prestigio de la CIA estaba por los suelos. «Tenemos un grave problema de credibilidad.» Los kurdos, los chiítas, los ex oficiales del ejército y, probablemente, la mayoría de la gente relevante de Iraq sabían que la CIA tenía la tendencia a embarcar a la tripulación y luego abandonar el barco. Para volver a confiar en Estados Unidos, las potenciales fuerzas contrarias a Saddam Hussein tenían que ver una determinación seria y decidida por parte de Estados Unidos. Los preparativos para una invasión a gran escala eran lo único que enviaría ese tipo de mensaje.

Saul le hizo ver a Cheney los problemas que representaba ir a las Naciones Unidas y hablar de negociaciones y de contención, mientras que en secreto se decía a los saudíes y a los jordanos que Estados Unidos iba a cambiar el régimen mediante operaciones encubiertas. Necesitaban una política nacional única que todo el mundo apoyase y que todo el mundo explicase de la misma forma.

«Y habrá bajas, debe estar preparado para ello», explicó Saul.

Cheney dio a entender que lo comprendía.

Además, dijo Saul, habían cometido errores en el pasado respecto a cómo habían manejado a los agentes. Las formas de conducir las operaciones —de proteger a las fuentes, de escapar, de comunicarse, de pagar— debían ser mucho más sofisticadas de lo que lo habían sido hasta entonces.

Otra lección fue que la CIA no podía mantener un programa de operaciones secretas durante un período muy prolongado de tiempo. El régimen descubriría a algunas de las personas que hubieran reclutado y las haría desaparecer. De modo que debían moverse de prisa.

Cheney estaba acostumbrado a que todo el que acudía a su despacho a informarle hiciera declaraciones y promesas ambiciosas sobre lo que su departamento o agencia podía conseguir. El mensaje de la CIA era exactamente el opuesto. Afirmaban que no podían hacer el trabajo que les pedían, lo cual era aleccionador y muy poco habitual.

Los altos cargos de la CIA le dieron entonces el mismo mensaje al presidente.

«¿No podemos hacerlo mediante operaciones secretas?», preguntó el presidente.

La respuesta fue negativa.

«¡Maldición!», recordaba haber pensado el presidente. Al parecer no iba a ser posible ganar con un golpe a traición.

Cuando la CIA expuso sus reticencias a una política esquizofrénica que avanzaba hacia la guerra mientras continuaba las negociaciones en la ONU, Bush replicó simplemente que así es como iba a ser.

«Sé que les he puesto en una situación difícil —reconoció el presidente—. Sé que es duro, pero es el rumbo que hemos trazado. Y debemos seguir manejando todos estos elementos a la vez.»

Para Condoleezza Rice, éste era uno de los dilemas más duros: trabajar en dos direcciones y tener que actuar y hablar de forma convincente y enérgica en ambas. Comprendió que la diplomacia coercitiva implicaba convivir con disonancias e inconsistencias. La CIA dejó claro que para reclutar fuentes dentro de Iraq tendrían que decir que Estados Unidos iba en serio y que iba a utilizar sus fuerzas armadas. El lenguaje corporal del presidente dio a entender que había comprendido el mensaje, pero no se comprometió a nada.

Cuando le contaron a Powell todo esto, concluyó que lo que sucedía es que la CIA no quería fastidiarla otra vez. A veces, Tenet disfrazaba un poco sus afirmaciones, diciendo que las operaciones secretas sin ningún apoyo de otro tipo tenían sólo entre un 10 y un 20 por ciento de posibilidades de éxito. En realidad, parecía que quisiera decir un cero por ciento. La CIA no tenía ninguna infraestructura consolidada en el interior y no había forma de llegar a Saddam, a menos que se llevara a cabo una operación militar. Powell se dio cuenta de que en cuanto alguien dice que no puede hacer algo, pero ¡oh, sorpresa!, puede apoyar a los demás si entran en el país, lo que sucede es que se crea de hecho un nuevo foco de presión a favor de la guerra.

Capítulo siete

Tras la sesión informativa al presidente en el rancho de Crawford del 28 de diciembre, Rumsfeld ordenó a Franks que volviera al cabo de diez días con un plan que pudiera aplicarse de inmediato. Se fijó una nueva reunión para el 9 de enero, pero no llegó a celebrarse. Rumsfeld y Franks hablaron a través de una línea de teléfono segura. Franks había puesto un supletorio en su teléfono que permitía que uno de sus ayudantes principales, un capitán de la Marina, escuchara y tomara notas para redactar luego un informe de la conversación. De esta forma se produjeron miles de páginas que reflejaban conversaciones secretas al más alto nivel. Las notas de lo que se dijo aquel día reflejan que Rumsfeld quería que en la siguiente reunión se diera respuesta a las siguientes cuestiones:

— ¿Qué medidas se tomarían si Iraq usaba armas de destrucción masiva?

— ¿Exactamente hasta qué punto se había degradado el ejército iraquí desde la guerra del Golfo en 1991?

— ¿Exactamente qué uso deseaba hacer Franks de los países vecinos cuando se refería a derechos de base y preparativos?

— ¿Cuáles eran realmente los objetivos que había ahí fuera ahora mismo, tanto a nivel estratégico como táctico?

— Considerar el gráfico con el eje de coordenadas de las líneas de operaciones frente a los sectores de vulnerabilidad que se había usado con el presidente, y fijar los objetivos prioritarios. ¿Cuáles eran los objetivos relevantes? ¿Cuánto tiempo llevaría causar el efecto deseado en esos objetivos?

— ¿Habría algún cambio en los calendarios y horarios si los

medios de guerra no convencionales y los servicios secretos lograban apuntar cuáles eran los objetivos?

— Si se pudieran destruir simultáneamente docenas de objetivos clave, ¿pondría eso en apuros al régimen, causando su desmoronamiento y evitando con ello la necesidad de una guerra larga que usara un alto número de tropas? Si se poseyera una base de datos con informaciones obtenidas por los servicios secretos, ¿podría usted señalar los objetivos cruciales para acelerar la caída de Saddam Hussein?

Franks pasó la lista a unos pocos miembros de confianza de su equipo. «Jefe, ¡maldita sea!», exclamó Renuart. Era sobrecogedor, era imposible.

«Muy bien, chicos —le dijo Franks a Renuart y a los demás—, tenemos que hacernos cargo. Así es como están las cosas, de modo que será mejor que si hay que discutir sea en la dirección en la que tenemos que ir todos.» En otras palabras, no había que convertir a Rumsfeld en el malo sólo porque había hecho un montón de preguntas. Franks dejó claro que él iba a tener que acomodarse a Rumsfeld, y todos los demás también. Tendrían que adaptarse al estilo del secretario de Defensa. Cada vez que se volvía a reunir con Franks, el secretario levantaba algunas piedras más y encontraba todavía más preguntas agazapadas bajo ellas. Y no parecía que las cosas fueran a cambiar a corto plazo.

En una entrevista le mostré a Rumsfeld la lista de preguntas que había planteado. Se rió y comentó que la lista estaba incompleta. Dijo que «ni siquiera se acercaba» a la mitad de las preguntas que tenía llegados a ese punto.

Puesto que Rumsfeld seguía lo que él llamaba un proceso de «planificación por versiones» —lo que a fin de cuentas quería decir que nada estaba nunca completamente acabado—, Franks desarrolló su propio proceso paralelo de elaboración de versiones. En sus cuarteles de Tampa se reunía con regularidad con Renuart y otras quince personas que ocupaban cargos clave. Además, contaba con un grupo de planificadores militares a los que Renuart llamaba «cerebros del calibre cincuenta», jóvenes mayores, tenientes coroneles, coroneles, comandantes y capitanes de la Marina con una excelente formación en temas estratégicos.

Se nombró «designadores de objetivos» a un grupo de expertos en operaciones del J-3 y especialistas en inteligencia del J-2, el Directorado de Inteligencia. Se encargaban de examinar los objetivos y establecer las prioridades. Se les encerraba en una habitación de la parte de atrás y no se les debía ver ni oír hasta que pudieran responder a las preguntas de Rumsfeld sobre objetivos.

En un momento dado, el equipo de Franks se planteó la cuestión de qué se podría conseguir con la mitad de las tropas y la mitad del plazo. Esta cuestión se amplió en un intento de calcular qué podía compensar la reducción de fuerzas y tiempo. ¿Qué podía equilibrarlo? Mejor información de inteligencia, armas de precisión, atacar a Iraq en múltiples frentes, las Fuerzas de Operaciones Especiales y las operaciones de información fueron algunas de las opciones que se manejaron.

Pero ¿tendrían un impacto real las operaciones de información? ¿Acaso se podían sustituir tropas por propaganda efectiva? Nadie estaba seguro.

¿Cómo se podían aprovechar al máximo los grupos opositores, especialmente los kurdos en el norte? ¿Qué capacidades reales podían aportar los kurdos a un plan de guerra? ¿Y qué impacto político podría tener su implicación en Turquía, donde vivía un gran número de kurdos, puesto que los turcos verían el surgimiento de una fuerza kurda en Iraq, por no hablar de un estado kurdo, como una amenaza?

Al final, los planificadores acordaron provisionalmente que las Fuerzas de Operaciones Especiales podían penetrar en el norte de Iraq, que era prácticamente autónomo de Bagdad, y crear allí una fuerza de unos 10 000 luchadores kurdos. Era un objetivo factible y, además, era un número lo suficientemente bajo como para no despertar susceptibilidades en Turquía.

Franks hacía sesiones de «lluvia de ideas» con sus planificadores día tras día, limitándolas a unas pocas horas cada vez porque al cabo de un rato se les freían las neuronas. Quería asegurarse de que muy poca gente conociera todas las líneas de operaciones. Un pequeño grupo estaba asignado para trabajar en las operaciones de información, otro en los fuegos operativos y otros en el resto de líneas. Dio órdenes de que los grupos no hablasen entre ellos. Cada uno tenía asignado un compartimiento secreto distinto con su propia contraseña. Sólo Renuart y unos pocos más, aparte de él mismo, conocían todos los compartimientos y tenían una visión global del estado del plan.

Conforme avanzaban, Franks y Renuart comenzaron a ver dónde confluían las líneas de operaciones y se reforzaban las unas a las otras. Por ejemplo, las Fuerzas de Operaciones Especiales y la parte aérea de los fuegos operativos atacaban el mismo objetivo.

Powell, el orgulloso ex general y ahora diplomático jefe, estaba preocupado por lo que veía y oía. Había servido en dos campañas en Vietnam como oficial de baja graduación y allí había vivido el fracaso muy de cerca. Los generales no habían contado la verdad a los líderes políticos, que a su vez no habían sido lo suficientemente escépticos respecto a lo que les contaban los generales. Como presidente de la Junta de Estado Mayor, en vísperas de la guerra del Golfo de 1991, se había sentado en su despacho del Pentágono, la sala 2E878, reflexionando sobre la famosa cita de Robert E. Lee: «Está bien que la guerra sea tan terrible, pues de lo contrario nos podría gustar demasiado.» El general confederado conocía bien el horror de la guerra. Ahora, en 2001, en Washington y en el Pentágono, en la Casa Blanca e incluso en su propio departamento de Estado, la guerra parecía algo antiséptico, y a veces demasiado semejante a un juego fantástico.

Powell tenía un conocimiento profundo, íntimo, de que en la guerra acaban luchando críos, incluso adolescentes, que iban a morir por las decisiones que se tomaran en Washington. El escalafón superior de la administración Bush estaba ostensiblemente carente de alguien que hubiera vivido el combate. Bush había servido en las fuerzas aéreas de la Guardia Nacional de Texas, pero nunca había entrado en combate. Cheney nunca había estado en el ejército, a pesar de haber sido secretario de Defensa durante la guerra del Golfo. Rumsfeld había sido piloto de combate de la Marina en los años cincuenta, pero no en tiempo de guerra. Rice y Tenet carecían por completo de experiencia militar. Sólo él había entrado en combate.

Durante su etapa como presidente de la Junta de Estado Mayor, había formulado vagamente una especie de Doctrina Powell. Se solía decir que él afirmaba que el ejército debía usar una fuerza aplastante para garantizar el éxito en cualquier operación que implicase el uso de la fuerza. Sentía que le habían caricaturizado y que le habían definido como el Guerrero Reticente, poco dispuesto a arriesgarse, ansioso por evitar enfrentamientos militares limitados. De hecho, su doctrina era un poco más sutil: las fuerzas armadas debían usar una fuerza decisiva para conseguir objetivos políticos. Aun así, se había declarado culpable de ser el Guerrero Reticente en sus memorias, que se convirtieron en bestseller al ser publicadas en 1995, *My American Journey*. Se había encontrado con demasiada gente dispuesta a apretar el gatillo sin asegurarse de si se hacía con la fuerza suficiente y por un objetivo político necesario, un objetivo que contara con el apoyo del Congreso y del pueblo.

Powell tenía otro problema con el que enfrentarse. Tras casi un año como secretario de Estado no había conseguido entablar una relación personal con el presidente Bush. Se sentían incómodos el uno con el otro. En el trasfondo de su relación se transpiraba una sensación de competencia, un pulso de bajo voltaje que estaba siempre presente. Powell había pensado en presentarse a la presidencia en 1996. Tenía encuestas de aprobación estratosféricas, que demostraban que era el hombre más admirado del país. Por motivos personales y tras calcular que la política estadounidense no ofrecía garantías decidió no presentarse. Pero había sido la gran esperanza, el antiguo general y héroe de guerra, una voz moderada que no se quiso presentar en 2000 cuando sí lo hizo Bush.

Como secretario, se encontró a menudo con que la Casa Blanca le marginaba, le ponía en el «congelador» o en el «frigorífico», como le gustaba decir en broma a Armitage. La semana antes de los ataques del 11-S la revista *Time* sacó en portada lo que parecía un artículo con el visto bueno de la Casa Blanca destinado a bajarle los humos a Powell. Titulado «¿Dónde estás, Colin Powell?», el artículo afirmaba que Powell estaba aislado, fuera de sintonía con los políticos de línea dura de la administración, que eran los que estaban marcando las pautas en política exterior.

Powell le preguntó a Richard N. Haass, un moderado de la política exterior republicana que era director de planificación política en el departamento de Estado, qué opinaba del artículo de *Time*.

«Apesta —dijo Haass—. Sólo habría sido peor si hubiera mostrado que usted estaba al mando. Entonces sí que le habrían fastidiado por completo.»

Powell se echó a reír a carcajadas.

De hecho, la política exterior de la administración era bastante caótica antes del 11-S. El presidente estaba centrado en temas nacionales y tributarios, y no había directrices claras.

Powell se dio cuenta, además, de que Bush había escuchado respetuosamente durante la sesión informativa calificada de Polo Step en Crawford, había hecho algunas preguntas respecto a algunos detalles concretos, pero, en opinión de Powell, no había indagado demasiado. Bush no estaba profundizando.

Preocupado por lo que se estaba planeando y por cómo se estaba haciendo, Powell acudió al general Franks. No había conocido a Franks cuando estuvo en el Ejército, pues le sacaba casi diez años, pero ambos pertenecían a la red extraoficial que forman los generales y ex generales. Así que Powell mantuvo varias conversaciones confidenciales con Franks. Era un contacto por la puerta trasera, que se saltaba la cadena de mando y que podía resultar peligroso para ambos, especialmente para Franks, que quizá tendría que informar a Rumsfeld de la existencia de tales conversaciones aunque sólo fuera para protegerse a sí mismo. Powell, que había sido presidente de la Junta de Estado Mayor cuando se diseñó el Op Plan 1003 original, le explicó a Franks lo preocupado que estaba por si las fuerzas armadas se veían empujadas a aceptar una fuerza menor de la necesaria. «No permitas que te dejen en una posición demasiado vulnerable sólo por probar una teoría nueva», le previno. El cambio —la noción que Rumsfeld impulsaba como «transformación»— podía ser positivo, pero el realismo era la mejor baza de cualquier plan militar. Hablar de un contingente de sólo 105 000 soldados, una quinta parte de los previstos en el viejo Op Plan 1003, era ridículo, estaba fuera de toda lógica. Para Powell, las instrucciones que le habían dado a Franks se limitaban a: «Haz que sea pequeño, lo más pequeño que puedas sin que deje de funcionar.»

Franks dejó claro que, ante todo, él era oficial de las fuerzas armadas y no tenía la menor intención de perder una guerra en su turno de guardia.

El 17 de enero de 2002 Franks y Renuart llegaron para presentar a Rumsfeld la cuarta versión de su plan.

Franks dijo de entrada que habían realizado, conjuntamente con el personal de los servicios secretos, una evaluación de la potencia del ejército iraquí, comparándola con la de hacía doce años, antes de la guerra del Golfo. Las sanciones económicas habían ralentizado el mantenimiento del equipo, informó Franks, y había evitado que modernizaran sus fuerzas, con lo cual se había diluido de forma notable su capacidad ofensiva.

En números: mientras que antes de la Tormenta del Desierto había siete divisiones de la Guardia Republicana, ahora quedaban seis, una reducción del 15 por ciento. El ejército regular tenía antes 27 divisiones y actualmente sólo contaba con 17, un descenso del 35 por ciento. La flota de aviones tácticos se había reducido de 820 a 310, un recorte del 60 por ciento. Muchos aparatos iraquíes no eran más que carcasas aparcadas porque se habían agotado las piezas de recambio. Los misiles tierra-aire se habían reducido de 100 a 60. La marina iraquí siempre había sido un poco de risa, con sólo entre 15 y 20 barcos, pero ahora se había reducido hasta sólo contar con dos o tres.

El apoyo al régimen de Saddam, dijo Franks, era inversamente proporcional a la percepción que el pueblo iraquí tuviera del compromiso que Estados Unidos adquiría para ayudarlos. Cuanto más se implicara Estados Unidos, menos dispuesto estaría el pueblo de Iraq a apoyar al régimen. Este importante argumento se basaba menos en pruebas sólidas aportadas por los servicios de inteligencia que en prejuicios sobre qué debía sentir la gente hacia un dictador despiadado. La escasez de fuentes de información estadounidenses dentro de Iraq hacía que las pruebas sobre la opinión pública iraquí o sobre su probable reacción ante una invasión norteamericana fueran muy escasas. Se asumía que los iraquíes se subirían al carro si parecía que Estados Unidos iba a atacar a Iraq de verdad. Fueran cuales fuesen sus méritos, el argumento contribuyó a hacer que la opción de la guerra ganara impulso, pues implicaba que el mero hecho de dar los primeros pasos hacia la guerra y de demostrar la determinación de embarcarse en ella harían que ganarla fuera mucho más sencillo. Y, como todos sabían, había pocas cosas que le gustaran más al presidente que mostrarse como un líder decidido.

Franks explicó, incorporando a su plan las conclusiones de la CIA sobre que era prácticamente imposible derribar a Saddam sólo mediante operaciones secretas, que ninguno de los elementos opositores al régimen era capaz de operar con suficiente autonomía como para poder derrocar al régimen. Si se quería echar a Saddam, sería necesario hacer intervenir al ejército estadounidense.

En la diapositiva 13, Franks dijo que si se aceptaban las suposiciones sobre la degradación de las fuerzas armadas iraquíes y se comprendía la capacidad que tenían de desplazar tropas, el tiempo necesario para una invasión podía verse comprimido de forma significativa siguiendo el nuevo plan que él estaba desarrollando. Una vez el presidente tomara una decisión, Franks dijo que necesitaría sólo unos 45 días para desplegar las fuerzas iniciales necesarias. Luego se llevarían a cabo operaciones aéreas durante otros 45 días. Finalmente, alrededor del día 90, estarían listos para comenzar las operaciones terrestres. La guerra terrestre podía prolongarse hasta 150 días si se quería reemplazar de forma decisiva el régimen. Durante esta fase se irían trasladando más efectivos hasta un total de 245 000 soldados.

Franks afirmó que en el nuevo plan el énfasis se pondría en los sectores de poder del régimen: los dirigentes, la entrega de armas de destrucción masiva, la Guardia Republicana, la Guardia Republicana Especial, la seguridad interna, etcétera.

Siguiendo la vía más farragosa basada en el viejo Op Plan 1003 se tardarían hasta seis meses en reunir ese contingente. Ello permitiría conducir simultáneamente las operaciones aéreas y terrestres. Y entonces sólo llevaría 90 días atacar, aislar y sustituir al régimen.

En la diapositiva 23, Franks subrayó de nuevo que fuera cual fuese la opción tomada resultaría imprescindible el apoyo de las bases en Kuwait, Qatar, Omán y el Reino Unido, así como que muchas otras naciones de la región concedieran permisos para sobrevolar su espacio aéreo.

¿Y cuáles debían ser los próximos pasos? Esa cuestión se planteaba en la diapositiva número 24, la última. Franks dijo que quería comprobar esas opciones en juegos de guerra para asegurarse de que no le estaba vendiendo la moto a Rumsfeld. Un juego de guerra serviría para comprobar si todo aquello era factible. También necesitaba servirse del proceso interagencias (departamento de Estado, CIA y otros) para desarrollar tareas específicas y realizar una planificación y un estudio más detallados de las diversas opciones.

Rumsfeld le pidió a Franks que volviera a ver al presidente en unas tres semanas para hablar sobre los preparativos que debían emprenderse.

Paul Wolfowitz, que tenía conocimiento de lo debatido en esas sesiones informativas, creía que sería posible dividir el régimen en áreas clave incluso antes del inicio de las operaciones terrestres.

Franks y sus planificadores se mostraban escépticos. En el pasado, los bombardeos no habían conseguido hacer que Saddam se tambalease, y el dictador parecía creerse capaz de superar cualquier campaña de bombardeos.

«Me gustaría que repasase alguno de esos conceptos», dijo Rumsfeld. El secretario parecía estar de acuerdo en la importancia de usar una fuerza suficiente. Pero ¿qué había de la vulnerabilidad estratégica durante una campaña larga, prolongada y muy centrada en combates en tierra? ¿No necesitaban una fuerza capaz de alcanzar los objetivos propuestos de un modo decisivo y en un período de tiempo relativamente corto? Si no lo hacía, podían verse envueltos en la dinámica de enfrentamientos de un combate prolongado mientras, en paralelo, se producía un previsible deterioro del apoyo internacional.

«Noventa días es demasiado tiempo —dijo Franks—. El número de tropas que acabo de darle también es demasiado grande.» Él estaba trabajando en las líneas de operaciones para conseguir algo mejor. El plan estaba diseñado para un ataque unilateral de Estados Unidos. Todavía no habían considerado ni hecho el trabajo de campo para ver qué fuerzas podían aportar otros países. Ni siquiera sabían lo que era razonable esperar de ellos.

El plan pedía un frente único, una ofensiva por tierra a través del sur de Iraq, partiendo desde Kuwait y avanzando hacia Bagdad. Franks planteó la posibilidad de abrir un segundo frente en el norte, atacando desde Turquía.

Rumsfeld les pidió que siguieran trabajando en la opción que sólo contemplaba el frente meridional, pero que le expusieran cómo se podría articular el despliegue de tropas a través de Turquía.

Franks tenía ya respuesta para la asombrosa pregunta que Rumsfeld le había planteado el mes anterior sobre qué medidas se podrían adoptar a muy corto plazo, tan pronto como abril o mayo. Las fuerzas de tierra mínimas para empezar seguirían siendo de 105 000, anunció Franks. Se tardaría entre 30 y 45 días en trasladar esas fuerzas a la región. Así que si desea hacer esto en abril necesita comenzar a trasladar tropas a mediados de febrero. Para eso quedaban cuatro semanas.

De vuelta en Tampa durante ese período, Franks se dio cuenta de que el asunto del tiempo, ya se tardasen tres o seis meses en trasladar las fuerzas necesarias a Oriente Medio, era un enorme obstáculo. Algunos civiles del departamento de Defensa creían que sería posible desplegar las tropas en secreto. Franks sabía que la única posibilidad de desplegarlas en secreto con éxito era tener cinco años para hacerlo. No sabía de cuánto tiempo disponían para estar listos, pero no cabía duda de que no podían tardar años. Así pues, los grandes movimientos de divisiones o de portaaviones, todos ellos ingredientes necesarios para la guerra, iban a ser muy visibles. Como parte de las operaciones de influencia, decidió, emprenderían una campaña de engaños calculados. Llamó a esta noción «puntas». Podían enviar más fuerzas y atraer la atención y el interés de los medios, y luego las aguas volverían a su cauce, no pasaría nada y el interés se desinflaría.

La idea era jugar con la mente de Saddam, ir haciendo crecer y decrecer las expectativas de un ataque. Realizarían operaciones que implicaran un alto número de vuelos en Vigilancia Sur. Debía ser muy «cinético», como le gustaba decir a Franks, y luego quedar en nada, no llevar a la guerra. «Quería hacer que hubiera gritos de "viene el lobo" durante el mayor período de tiempo posible», dijo Franks. Gritos dirigidos a Iraq, al mundo, a la opinión pública y a los medios de comunicación.

A Rumsfeld le gustó la idea.

Franks creía que no había forma de evitar las puntas, así que simplemente debían aprovecharse de ellas. Quería acelerar los preparativos tanto como pudiera. Tenían que comenzar a mostrar puntas lo antes posible. Podrían, por ejemplo, desplazar un segundo grupo de combate con portaaviones al golfo Pérsico en quizá cinco o diez días, realizar misiones de la operación Vigilancia Sur desde ambos portaaviones, crear una punta, y luego hacer que uno de los portaaviones se marchase. Y a nada de ello le seguiría una guerra, desconcertando así por completo a Saddam.

Capítulo ocho

Sentado en su pequeño despacho del Ala Oeste con una columna estructural que se elevaba exactamente en el medio, el escritor de discursos presidenciales Michael Gerson revisaba un borrador de ocho páginas del cercano discurso sobre el Estado de la Unión que le había dado al presidente justo antes de Navidad.

Tras el 11-S, Gerson creía que la administración tuvo lo que él llamaba «un momento plástico, aleccionador», una ocasión para educar y explicar. El mundo había cambiado. El presidente debía explicar al país y al mundo lo que estaba sucediendo y cuáles eran sus intenciones. Era un momento óptimo para influir y motivar a la opinión pública, para subrayar una vez más que Norteamérica había descubierto las intenciones del enemigo y que el terrorismo era la amenaza a la que habría que enfrentarse durante los siguientes cincuenta años. Pero el discurso adquiría la máxima potencia al dar detalles.

El presidente había dicho que quería un discurso ambicioso. Iba a definir las nuevas reglas del juego y la dirección que quería emprender en política exterior. Bush sentía, intuía, que el 11-S no sería un incidente aislado. La inundación de alarmas que le llegaban diariamente en el informe Matrix de alto secreto sugería que un nuevo ataque podía ser inminente.

Gerson no tenía acceso a la información secreta más delicada que llegaba al gobierno, pero sí había pasado el tiempo suficiente con el presidente tras el 11-S como para conocer su actitud y humor. El presidente no estaba hablando solamente de hacer frente a amenazas, sino que estaba refiriéndose a una reorientación de la política exterior y de defensa norteamericana. Estaba claro que no era algo similar al período de la segunda guerra mundial, pensaba

Gerson, pues entonces un presidente norteamericano podía permitirse esperar que el enemigo atacara primero y luego responder. Creyó que podría exponer esta fórmula de forma explícita por primera vez en el discurso del Estado de la Unión.

El talante simpático de Gerson, que tiene algo del estereotipo de profesor nervioso y despistado, enmascara un intelecto de primer orden que posee, además, iniciativa y un talento especial para elaborar frases memorables. Se había licenciado en teología en la Universidad de Wheaton, en Illinois, *alma mater* del evangelista Billy Graham, y había trabajado de periodista cubriendo la escena política para *U.S. News & World Report* en abril de 1999, cuando el gobernador Bush —incluso antes de haber hecho siquiera pública su candidatura— lo reclutó personalmente para que escribiera discursos para él. «Quiero que escribas el discurso en el que anuncie mi candidatura, el discurso para la convención y el discurso de la toma de posesión», le había comunicado Bush. Gerson aceptó porque quería contribuir a que el partido republicano tuviera un mensaje que dar en cuestiones de política interior. Así pues, no deja de ser un tanto irónico que Gerson, ahora de treinta y siete años de edad, fuera el escritor de discursos bélicos de un presidente en guerra.

Gerson, que al igual que Bush se autodefinía como un cristiano evangélico y un «conservador compasivo», admiraba la forma en que Bush no se privaba de incluir sus convicciones religiosas y sus conclusiones morales en sus discursos. Gerson había desarrollado un estilo, templado en los numerosos discursos relacionados con el 11-S que había escrito para Bush, que unía los altos conceptos bíblicos con la cultura popular.

Había trabajado duro en el borrador del discurso del Estado de la Unión, había investigado mucho para fundamentarlo. Había mantenido largas charlas con Rice y con su adjunto, Hadley, y había encargado algunos detalles a otros miembros de la plantilla de escritores de discursos de la Casa Blanca. Pidió a David Frum, un respetado autor conservador de su plantilla, que diera con una o dos frases que resumieran los motivos por los que se debía ir a la guerra contra Iraq.

Frum creía que la relación que Bush estaba buscando establecer entre el régimen de Saddam Hussein y el 11-S radicaba en el nexo de estados que patrocinaban el terrorismo y en los terroristas que no guardaban lealtad con ningún Estado. Lo llamó «el eje del odio». En su propuesta puso como ejemplo Iraq. Era una bonita frase que tenía connotaciones con las potencias del Eje de la segunda guerra mundial.

Gerson recordó que cuando Cheney se había unido a la candidatura presidencial en el verano de 2000, había expresado el tema de la conexión entre las armas de destrucción masiva y el terrorismo en las discusiones internas de la campaña. Ése era el verdadero eje, en opinión de Gerson. Así que cambió la frase de Frum «eje del odio» por «eje del mal», ampliando la noción, haciéndola todavía más siniestra, incluso malvada. Era casi como si Saddam fuera un enviado del diablo. La conexión de su régimen con las armas de destrucción masiva y con el terrorismo internacional podía precipitar el Armagedón mundial.

Cuando Rice leyó uno de los primeros borradores, le gustó ver que el presidente iba a plantear la cuestión de la conexión entre las armas de destrucción masiva y el terrorismo. Esta cuestión se había postergado en el discurso de Bush al Congreso el 20 de septiembre de 2001 porque el presidente no quiso asustar todavía más al país. Llamar a la conexión «eje» era inteligente, y llamarle «eje del mal» era inteligentísimo, pensó.

Rice y Hadley conocían la planificación de la guerra secreta contra Iraq que se estaba llevando a cabo, y les preocupaba que al señalar a Iraq como la personificación de esa conexión del «eje del mal» entre las armas de destrucción masiva y el terrorismo fuera a parecer una declaración de guerra.

Rice se mantenía informada de lo que para entonces se había convertido en el juego de salón favorito de Washington: discutir cuándo iba a comenzar la guerra contra Iraq. Quería proteger la planificación de guerra contra Iraq marcada como Polo Step, pero no quería abandonar la noción de analizar el riesgo general que planteaban los terroristas en posesión de armas de destrucción masiva. Así que ella y Hadley sugirieron añadir otros países al eje. Corea del Norte e Irán eran candidatos claros, puesto que ambos apoyaban el terrorismo internacional y estaban buscando hacerse con armas de destrucción masiva.

Al presidente le gustó la idea de que fueran tres países: Iraq, Irán y Corea del Norte.

Hadley mostró a posteriori ciertas reticencias a incluir a Irán. La estructura política de aquel país era muy compleja y, a pesar de que el poder real lo seguían manteniendo los extremistas religiosos y los ayatolás, contaba con un presidente elegido de forma democrática. Rice se mostró de acuerdo en principio con su inclusión en la lista. La preocupaban las posibles críticas de que el presidente no comprendía que Irán era un caso distinto, que poseía un incipiente movimiento democratizador.

Rice y Hadley propusieron que se descartara a Irán. Hadley dijo que sería una provocación no eliminarlo de la tríada.

«No —se negó el presidente—. Quiero que se incluya.» Irán iba a quedarse en la lista. En una entrevista que concedió más adelante, el presidente recordó que lo hizo por motivos muy concretos. «Es muy importante que el presidente de Estados Unidos, llegados a este momento en la historia, hable muy claro sobre los peligros a los que se enfrenta el mundo —dijo—. No cabe ninguna duda sobre ello: Corea del Norte, Irán e Iraq son actualmente las mayores amenazas para la paz.» Irán era un caso único, declaró, porque «hay un movimiento en favor de la libertad en Irán y porque Irán es un país relativamente abierto en comparación con otros países dirigidos por teocracias, por Internet y por la diáspora de iraníes que hay en Estados Unidos.»

«Y el hecho de que el presidente de Estados Unidos se levante y diga que Irán es igual que Iraq y que Corea del Norte (en otras palabras, tienen un problema, los iraníes, sabemos que tienen un problema, hemos oído que tienen un problema), y el presidente está dispuesto a llamarlo por su nombre, es parte de cómo debemos tratar con Irán. Y eso sirve para inspirar a aquellos dentro de ese país que aman la libertad.»

Al preguntarle cómo creía que responderían los iraníes al oír que formaban parte de un «eje del mal», Bush replicó: «Dudo que les disguste a los estudiantes y los reformistas y los luchadores por la libertad dentro de Irán. Creo que más bien les complacerá. Aquí arriba el presidente habla con total claridad sobre la naturaleza de su régimen y sobre la severidad y la represión con las que tiene que convivir. Ahora bien, estoy seguro de que a los dirigentes no les gustó.

»Permítame que me asegure de que comprende lo que acabo de decir sobre el papel de Estados Unidos. Creo que Estados Unidos es el faro por excelencia de la libertad para todo el mundo. Y creo que tenemos la responsabilidad de impulsar la libertad, una responsabilidad tan solemne como la de proteger al pueblo nortea- mericano, puesto que ambas van de la mano. No, es muy impor- tante que usted comprenda eso sobre mi presidencia.»

Le recordé que en verano de 2002, antes de la guerra de Iraq, habíamos hablado de ello cuando él dijo: «Aprovecharé la oportu- nidad de lograr grandes objetivos.»

«No quiero hacerme pesado —dijo—. Sólo digo que la liber- tad no es el regalo de Estados Unidos al mundo. La libertad es el regalo de Dios a todas las personas del mundo. Yo creo en ello. De hecho, yo fui quien escribió eso, o quien lo dijo. No lo escribí, tan sólo lo dije en un discurso. Y se convirtió en parte de la jerga. Y yo lo creo. Y opino que tenemos el deber de liberar a la gente. Mi es- peranza es que no lo tengamos que hacer por la vía militar, pero te- nemos ese deber.»

Le pregunté si tal convicción se traducía en una política que otros países podrían considerar «peligrosamente paternalista».

«A menos que seas la persona que es liberada —declaró, aña- diendo que quería colaborar con otros dirigentes mundiales en su estrategia de liberación, como los líderes de Gran Bretaña, España y Australia—. Tony Blair, José María Aznar, John Howard, todos ellos comparten el mismo celo por la libertad. Tal vez le parezca pa- ternalista a algunas élites, pero ciertamente no les parece paterna- lista a aquellos a quienes liberamos. Aquellos que ganan la libertad valoran ese celo. Y valoran la pasión que lo impulsa.»

Conforme Gerson iba avanzando con los borradores del dis- curso del Estado de la Unión se sentía feliz de que hubieran apos- tado por un lenguaje fuerte. Por tradición, los países peligrosos se habían denominado «naciones canalla» o «Estados canalla». Gerson creía que era una definición demasiado benigna y que subestimaba el problema; era como si se les reprochara a esos países algo leve, como que bebieran demasiado. El «eje del mal» traía ecos de la pro- vocativa declaración que el presidente Ronald Reagan había hecho en 1983, cuando había calificado a la Unión Soviética de «imperio del mal», una frase que había sentado el tono del enfrentamiento durante la guerra fría en los ochenta, en la que Reagan sostuvo que no había ninguna equivalencia moral entre la totalitaria Rusia So- viética y Estados Unidos.

A Bush todavía le dejaba perplejo que hubiera países que produjeran ideologías y gente cuyo objetivo era matar norteamericanos en atentados terroristas. Se preguntaba cómo podía reformar Estados Unidos esas sociedades, y quería abogar por la difusión de la democracia y de los derechos de la mujer en el mundo musulmán. Ningún presidente había afirmado tal cosa antes. Era parte de un cambio en la forma de pensar del presidente y de una transformación en el mundo que Gerson había contemplado tras los ataques del 11-S, en su opinión un cambio tan trascendental como los inicios de la guerra fría. Así pues, se añadieron al discurso frases sobre la difusión de los valores democráticos y de los derechos humanos.

En la suite del vicepresidente, en el segundo piso del Old Executive Office Building, Libby también había estado repasando los primeros borradores. En una versión se había mencionado a Iraq, pero sin referirse al «eje del odio» ni al «eje del mal». Entonces la frase apareció en un borrador en el que se mencionaba sólo a Iraq. A él también le preocupó que la frase diera a entender que la acción era inminente, y estaba a favor de añadir otras naciones como Corea del Norte. También a Siria, con quien Estados Unidos mantenía relaciones diplomáticas, pero Rice y Hadley se opusieron.

Le tocó a Hadley y Gerson lidiar el toro de qué lenguaje debía usarse para referirse a Irán. Formaría parte del eje, pero debía diferenciarse de Iraq. La frase que acabaron acuñando fue: «Irán persigue de forma agresiva estas armas y exporta terror, mientras que unos pocos dirigentes no elegidos democráticamente reprimen las esperanzas de libertad del pueblo iraní.» Hadley creyó que esto era consecuente con la política de la administración de alentar a los reformistas.

Karl Rove, el principal asesor y estratega político de Bush, no intervino directamente en el proceso de decisión de la planificación de la guerra, pero se añadió al proceso en las sesiones de preparación del discurso con el presidente. Él creía que «eje del mal» era una frase memorable, una declaración de que la política exterior de Estados Unidos había cambiado, de que en adelante el país se embarcaría en una gran misión. Era grande, nueva y diferente, creía Rove. La guerra contra el terror se iba a ampliar a los Estados canalla, y la lista sería el tema prioritario en política exterior mientras Bush fuera presidente. Seguro de sí mismo, incluso gallito,

Rove, de cincuenta y dos años de edad, se imaginaba que el Eje sería el legado que Bush le entregaría a su sucesor. No se sabía todavía quién sería ese sucesor, pero Rove confiaba en que Bush estaría en la Casa Blanca hasta el 20 de enero de 2009, después de haber servido dos mandatos.

Sin embargo, desde el punto de vista político, todo esto iba a complicarle la vida al presidente, y también a Rove. La primera cuestión era: «Muy bien, estamos en guerra, ¿no? Entonces ¿por qué quieres bajar otra vez los impuestos?» En todas las guerras anteriores, el presidente y el Congreso habían subido los impuestos. Al final, Bush acabaría queriendo subvencionar las medicinas que necesitaba la tercera edad a través del programa de asistencia para mayores Medicare. ¿Cómo se podía continuar con ello —y con los objetivos políticos habituales— mientras se estaba librando una guerra? La respuesta de Rove era simple: resultaba muy difícil. Su otra respuesta era que el 11-S había dado a Bush la influencia que necesitaba dentro del sistema político.

Poco después del 11-S Bush comentó a Rove: «Igual que la generación de mi padre fue llamada a la segunda guerra mundial, ahora se está llamando a nuestra generación. Estoy aquí por un motivo, y por esto se nos juzgará a todos en el futuro.»

Aproximadamente dos tercios de los norteamericanos creían que Bush era un líder fuerte. Puede que no aprobaran su actuación como presidente, que no estuvieran de acuerdo con sus políticas o que simplemente no les gustara, pero un líder fuerte solía poder sacar adelante su agenda si se lo proponía y la impulsaba con decisión, es decir, si entraba en el juego de la política. Eso incluía campañas, medios, el Congreso y la comunicación.

Con la declaración del eje del mal, Rove creía que Bush le estaba diciendo al país: «No podemos volvernos a dormir.»

Tres o cuatro días antes de que el presidente pronunciara el discurso, la Casa Blanca envió borradores al departamento de Estado para que los revisaran. Powell y Armitage creyeron que el discurso esbozaba una situación demasiado pesimista. Una frase decía que todavía andaban sueltos 100 000 terroristas entrenados. Powell llamó a Rice y le sugirió que ese número no era creíble. Se cambió a «decenas de miles».

Powell, que creía que Reagan había tenido éxito por su optimismo y por el tono elevado y enardecedor de sus discursos, le planteó a Bush el tema del pesimismo del discurso en la cena anual del Club Alfalfa la noche del sábado 26 de enero. Bush hizo que se añadieran algunos párrafos optimistas al final de la alocución.

En los borradores que habían revisado Powell y Armitage, el «eje del mal» incluía tres países. «Mmmm, vamos a tener que explicar esto», dijo Powell a Armitage, pero la frase no les pareció problemática a ninguno de los dos. Para Powell se trataba de una frase inteligente, pero no al nivel de, por ejemplo, «*Ich bin ein Berliner*». ¿Era distinta a otras afirmaciones que le había oído decir a Bush? No. Sólo era un discurso del Estado de la Unión y la frase estaba enterrada en él. Así que Powell se ahorró cualquier otro comentario.

Casi dos años después Rumsfeld declaró en una entrevista que él probablemente no había visto el discurso con antelación. «Sospecho que no lo vi, pero no estoy seguro.» Dijo que no fue hasta más adelante cuando comenzaron a enviarle los discursos presidenciales con antelación suficiente para que pudiera hacer sus comentarios o avanzar cuál sería su reacción. «Hay dos formas de ver las cosas de antemano —afirmó—. Una es que cuando te llega ya está todo hecho, está en el TelePrompTer y tienes que estar listo para comentarlo. La otra es cuando ves el quinto o sexto borrador de los quince que va a haber y tienes la oportunidad de aportar algo.» Dijo que no recordaba nada sobre el eje del mal en los borradores y añadió el extraño comentario de que «ese discurso no pertenecía especialmente a mi área».

El discurso sobre el Estado de la Unión ante la sesión conjunta de las cámaras del Congreso es un ritual que se emite en la televisión nacional y que tiene gran audiencia. Casi 52 millones de norteamericanos vieron el discurso emitido en una franja de máxima audiencia el martes 29 de enero, la audiencia más alta de uno de estos discursos desde el que pronunció en 1998 el presidente Clinton, ofrecido durante el punto álgido del escándalo Lewinsky. Como es costumbre, el presidente Bush invitó a cierto número de personajes distinguidos, que se sentaron junto a la primera dama Laura Bush en la galería de arriba. Entre ellos estaba Hamid Karzai, el nuevo líder interino de Afganistán, que acababa de tomar posesión de su cargo cinco semanas antes.

Bush comenzó congratulándose de la visita de Karzai y de los buenos resultados de la campaña militar norteamericana que había derrocado al régimen talibán, pero lo que de verdad le interesaba era explicar lo que iba a pasar en el futuro. Sus principales objetivos, dijo, consistían en eliminar las amenazas que suponían los terroristas y los regímenes que perseguían tener armas de destrucción masiva. Le dedicó una frase a Corea del Norte, una a Irán y cinco a Iraq.

«Estados como éstos, con sus aliados terroristas, constituyen un eje del mal —declaró Bush— que se arma para amenazar la paz mundial. Al intentar hacerse con armas de destrucción masiva, estos regímenes plantean un peligro grave y cada vez más amenazador.»

Y asumió el siguiente compromiso: «No me limitaré a esperar sin hacer nada mientras el peligro crece.»

El ímpetu de estas frases daba a entender que Iraq, Irán y Corea del Norte estaban, de alguna manera, conchabados entre ellos y trabajaban conjuntamente como lo había hecho el eje Alemania-Italia-Japón durante la segunda guerra mundial. Gerson se sintió responsable de que el concepto no hubiera quedado claro.

La cuestión de impulsar la democracia, el imperio de la ley, la libertad de expresión, la tolerancia religiosa y los derechos de las mujeres en el mundo islámico se habían mitigado un tanto en la versión definitiva del discurso, a pesar de que Bush habló de forma optimista: «Norteamérica se mantendrá siempre firme en cuanto a las exigencias innegociables de la dignidad humana.»

Bush cerró su intervención así: «Firmes en nuestro propósito, seguimos adelante ahora con renovadas fuerzas. Hemos conocido el precio de la libertad. Hemos demostrado el poder de la libertad. Y en este grave enfrentamiento, mis compatriotas norteamericanos, veremos la victoria de la libertad.»

El presidente había pronunciado 63 largos párrafos durante cuarenta y ocho minutos. Rice estaba segura de que los titulares hablarían del deseo de Bush de democratización y cambios políticos en Oriente Medio, pues creía que era algo que ningún otro presidente norteamericano había subrayado jamás.

Sin embargo, los medios se centraron en la expresión «eje del mal». Era un concepto nuevo, sujeto a interpretaciones. ¿Acaso esas naciones mantenían entre ellas alguna relación desconocida hasta entonces? ¿Era ésa la lista de países a los que Bush quería declararles la guerra? El presidente había subido las apuestas. Su lenguaje de vaquero agresivo había puesto a tres países en su punto de mira. El más provocativo era la Némesis de su padre, Saddam Hussein. La Casa Blanca hizo saber que eso no quería decir que la guerra fuera inminente, y sin demasiada convicción trató de hacer ver que el «eje» era en realidad la conexión entre las armas y el terrorismo, no entre los tres países especificados. Pero la fuerza de la frase, con ecos de la segunda guerra mundial y de Ronald Reagan, pudo con todo lo demás.

George Tenet no sacó demasiadas conclusiones de las palabras de Bush. Los escritores de discursos escriben discursos, ése es su trabajo. No veía ningún cambio real de objetivos. La agencia se estaba concentrando en la guerra contra el terrorismo, en Afganistán y en el resto del mundo.

El adjunto de Rumsfeld, Wolfowitz, no había visto el discurso con antelación. Le sorprendió su contenido, pero creía que Bush utilizaba el discurso para adoptar una posición de fuerza. El discurso mostraba que el presidente había prestado atención a algunas de las cuestiones que Rumsfeld y él mismo le habían dicho sobre la conexión entre las armas de destrucción masiva y el terrorismo. Inicialmente, dudaba si tenía sentido unir a los tres países, pero sin una metáfora poderosa nadie hubiera prestado demasiada atención al asunto. Wolfowitz constató otra vez lo importantes que eran los titulares, y comprendió que no se conseguían titulares con discursos académicos. En una cultura que funcionaba con pequeños fragmentos de sonido era necesario ultrasimplificar las cosas. Wolfowitz comprendió pronto que el eje del mal era una especie de hito que marcaría un antes y un después. Bush había definido el problema en términos muy gráficos, casi bíblicos, sin comprometerse públicamente a adoptar ninguna vía de solución concreta.

Dan Bartlett, el director del taller de comunicación de la Casa Blanca, estaba encantado. ¡Qué término! ¡Meramente cuatro sílabas! Bartlett, de treinta años, se había unido a la campaña de Bush para gobernador de Texas en 1994, nada más salir de la universidad, y había trabajado para él desde entonces. Tenía muy claro que el eje del mal se iba a convertir en un sintagma popular, pues tenía una especie de claridad, incluso de atrevimiento, que lo distinguía por encima de las demás. Sólo con ponerlo encima de la mesa se despejaba la confusión. Los sacerdotes guardianes de la política exterior decían a menudo que la diplomacia y la política dependían de los matices, es decir, de la confusión. Bartlett se mofaba de esa idea. No era así. La idea del bien contra el mal funcionaba.

Powell estaba sorprendido por la atención que había recibido el término, y pronto se dio cuenta de que se podía convertir en un programa de acciones para llevar a cabo en un futuro cercano. En la comunidad diplomática hubo muchas protestas, pues aquellas palabras habían disparado la alarma en todo el mundo. Así pues, en una reunión de alto nivel de su departamento dos días después del discurso del presidente sacó el tema. Las palabras del presidente eran en sí mismas declaraciones políticas, dijo Powell. «Eso fue todo, todos lo escuchamos. No hay nada más que discutir ni debatir.» No quería encontrarse con que nadie hiciera ninguna interpretación o salvedad respecto a aquellas palabras, que alguien saliera diciendo algo como «Lo que el presidente quiso decir fue que...».

Las tres naciones aludidas emitieron declaraciones, negándolo todo. «Esta declaración del presidente Bush es estúpida», declaró el vicepresidente de Iraq. Bush leyó un informe sobre la reunión de alto nivel del departamento de Powell que sugería, indirectamente, que quizá el presidente debiera retractarse. Habló con Rice, que iba a dar un discurso el viernes de esa misma semana.

«Sal ahí fuera y repítelo —le instruyó—. Lo decimos muy en serio. No vamos a abandonar el concepto ni vamos a retractarnos.»

El borrador del discurso de Rice en la Conferencia de Acción Política Conservadora, una de las principales citas anuales de los líderes y activistas conservadores, ya estaba escrito, así que llamó a sus redactores con apenas unas horas de margen y les pidió que añadieran frases fuertes sobre los tres países.

Tenía que quedar absolutamente claro, les dijo, y les indicó brevemente por teléfono lo que quería. Los redactores se apresuraron a reformular el discurso, siguiendo muy de cerca lo que Bush había dicho el martes por la noche sobre los países del eje.

Rice agarró el borrador revisado mientras entraba en el coche y lo revisó en el corto trayecto que la separaba de Arlington (Virginia).

«Nuestra nación hará todo lo que esté en su mano para impedir que las naciones más peligrosas del mundo posean las armas más peligrosas», afirmó Rice. Cambió el orden de los países mientras exponía una a una las amenazas que creía que presentaban, listando Corea del Norte primero, luego Iraq y finalmente Irán.

«Como dijo el presidente, no debemos esperar y no esperaremos sin hacer nada mientras el peligro crece», anunció Rice.

Charles Krauthammer, un columnista conservador de *The Washington Post*, comprendió el subtexto del discurso, que calificó de «asombrosamente osado», y añadió que «el discurso, en realidad, trataba sobre Iraq. Si había un debate interno serio dentro de la administración sobre lo que debía hacerse con Iraq, ahora ese debate se ha acabado. El discurso estaba sólo a un paso de ser una declaración de guerra».

Al presidente le gustó el impacto del eje del mal, como reconoció más adelante. «Es como si resonara.» Estaba muy por encima del nivel medio de ruido. «Cuando lo revisé, o cuando fui al *prompter*, no recuerdo que nadie me dijera: "Por cierto, señor presidente, cuando diga eje del mal le va a dar a la prensa el titular de mañana." Era sólo una de esas frases que funcionó.»

Para Bush servía un propósito doble. Por una parte, sonaba duro. Desde Reagan, ningún presidente había blandido tan descaradamente la espada. Por otra parte, el discurso difuminaba sus intenciones al incluir a Corea del Norte y a Irán, dando cobertura adicional a la planificación secreta para Iraq y a la guerra.

Capítulo nueve

Rumsfeld no perdía el tiempo. El viernes 1 de febrero, tres días después del discurso sobre el Estado de la Unión que más adelante diría que «no pertenecía especialmente a mi área», hizo que Franks volviera al Pentágono. Era la quinta versión de la estimación del comandante. Franks le comunicó que ahora tenía un plan para Iraq que podía ejecutarse como una invasión unilateral de Estados Unidos. El Op Plan 1003 se llamaba ahora «Plan de Generación Inicial»: la fuerza que impulsara a ir a la guerra se generaría completamente en la región antes de que comenzara el conflicto bélico.

Los plazos, explicó el general, serían de treinta días para la preparación de los aeródromos y el preposicionamiento del equipo («posibilitadores en el escenario de operaciones»). Luego, durante los sesenta días siguientes desplazarían las tropas a la región. Tras esos noventa días, el contingente sería de unos 160 000 soldados. Comenzarían entonces veinte días de operaciones aéreas agresivas antes de iniciar el asalto por tierra a Iraq. Se tardaría unos 135 días completar las operaciones de combate y pasar a la Fase Cuatro: estabilizar el Iraq ocupado. Durante esa fase llegarían el resto de las tropas, hasta totalizar unos 300 000 efectivos.

Ése era el gran despliegue, menor que el de la operación Tormenta del Desierto pero aun así muy sustancial. Sin embargo, Franks había reducido a la mitad el período necesario antes de entrar en combate, pasando de ciento ochenta a noventa días, una mejora notable.

«Ésa no es la clave, ésa no es la cuestión», explicó Franks. Lo que era realmente importante era en qué punto del despliegue estarían listos para entrar en guerra. Su respuesta era ahora que aproximadamente a los cuarenta y cinco días de haberse iniciado la Fase

Dos, en el momento del período de sesenta días de movimientos de tropas en el que tendrían 105 000 soldados sobre el terreno, aunque todavía no llegarían a los 160 000 que habría al acabar ese plazo.

—Comprendo la matemática que hay tras ello —dijo Rumsfeld—. ¿Cuándo te gustaría comenzar?

—¿Comenzar? —preguntó Franks. Habiendo aprendido directamente del maestro de las preguntas, dio la vuelta a la situación devolviendo otra pregunta—: ¿Qué quiere decir exactamente «comenzar»?

—Bueno, me refería a las fuerzas de tierra —explicó el secretario.

—No quiero que las tropas de tierra sean lo primero que llegue —dijo Franks.

—No, obviamente —contestó Rumsfeld—, preferiríamos usar la fuerza aérea.

—No, señor —dijo el general—, eso tampoco es correcto.

El general quería que todo fuera simultáneo, o casi simultáneo. Eso condujo a que debatieran sobre quién o qué debía ir primero, o segundo, incluso si se estaban esforzando por lograr que la acción fuera simultánea.

También comenzaron a debatir cómo podrían reducir el tiempo necesario para la concentración inicial de tropas —posibilitando un «inicio en carrera»— gracias a las operaciones encubiertas e invisibles que ya estaban en marcha.

Ese seminario sobre cómo diseñar planes de guerra tampoco eludió los «¿y si...?», las cosas que podían torcerse. Uno de estos aspectos podía ser que se fracasara en el intento de controlar las áreas del oeste de Iraq donde supuestamente estaban desplegados los tristemente famosos misiles Scud. Iraq había disparado misiles Scud contra Israel y Arabia Saudí durante la guerra del Golfo. Con ello se produciría una «dislocación estratégica», un acontecimiento tan tremendo que obligaría a cambiar toda la estrategia y modificar todos los plazos. ¿Cómo evitarlo? Una forma sería tomar el control de todo el oeste de Iraq, una cuarta parte del país. El general dijo que una idea era llevar un regimiento de caballería acorazada de 6 000 o 7 000 hombres al oeste a través de Aqaba (Jordania), una ciudad portuaria a unos quinientos kilómetros en el extremo suroeste de Iraq.

Franks afirmó que uno de los mejores comandos de las Fuerzas de Operaciones Especiales había dicho lo siguiente al planteársele esta cuestión: «Un momento, consideremos lo aprendido en Afganistán. ¿Qué pasa si introducimos Fuerzas de Operaciones Especiales en el oeste antes de que Saddam sepa que ha comenzado la guerra?» Al igual que había pasado en 1991, Saddam no iba a creer que la guerra hubiera comenzado hasta que el primer Tomahawk cayera en el centro de Bagdad.

Rumsfeld tenía una línea de comunicación segura con Franks. Hablaban con regularidad, a diario e incluso varias veces en un mismo día. El secretario continuó ametrallando con preguntas al general, subiendo cada vez más el listón de exigencias. Franks contestaba a menudo «no lo sé» o «todavía tengo que pensarlo». O decía «no lo sé todavía», ofreciendo la perspectiva de que en algún momento, aunque no fuera pronto, tendría la respuesta. Rumsfeld era como el taladro de un dentista que nunca se detenía.

A las 8.45 horas del martes 7 de febrero, el presidente se dirigió al Desayuno de Oración Nacional en el Salón de Baile Internacional del hotel Hilton de Washington. El 11 de septiembre seguía muy presente en su pensamiento. «Ninguno de nosotros desea que a nadie le ocurra nunca lo que pasó aquel día —declaró Bush—. Sin embargo, como en toda vida, las penas que no escogemos nos pueden dar una sabiduría y unas fuerzas que no podríamos obtener de ninguna otra forma. Ésta es una idea central en muchos credos y, ciertamente, en la fe que encuentra consuelo y esperanza en una cruz.» En cierto sentido, el 11-S le había dado su presidencia, y parecía estar afirmando que las adversidades más extremas podían acabar dándole a todo el mundo fuerzas renovadas.

«A esta nación le esperan tremendos desafíos, y habrá momentos duros», anunció.

Más adelante, ese mismo día, el presidente se reunió con su Consejo de Seguridad Nacional en la Sala de Situación.

Franks presentó el Plan de Generación Inicial para la guerra contra Iraq. Era la primera vez que Bush veía un plan real que podía ordenar que se llevase a cabo al instante.

Franks había modificado el plan ligeramente desde la presentación que había hecho a Rumsfeld la semana anterior. Con este plan, la guerra contra Iraq todavía tardaría 225 días. Franks utilizaba la expresión «90-45-90», refiriéndose con ella a noventa días de preparativos y desplazamientos de tropas hasta el momento en que la guerra estaría lista para empezar, y cuarenta y cinco días de bombardeos pesados antes de que se iniciara el grueso de las operaciones por tierra. Llamó a este período «fase de engaño» de cinética interna en la que las operaciones aéreas se podían usar para fijar a Saddam y a sus fuerzas en un lugar mientras se seguía aumentando la concentración de fuerzas terrestres. La fase «45» precisaría del trabajo de Operaciones Especiales. Estas fuerzas penetrarían en el interior de Iraq y tomarían los yacimientos petrolíferos del sur para evitar que Saddam les prendiera fuego como había hecho en Kuwait en 1991. Al final de estos cuarenta y cinco días, el total de las fuerzas estaría en la zona (unos 300 000 soldados), se tardarían otros noventa en completar las operaciones de combate necesarias para acabar con el régimen.

La fase final de noventa días incluiría dos cuerpos completos de fuerzas terrestres —quizá seis divisiones— más unos cuerpos militares adicionales en el norte que, idealmente, entraran a través de Turquía, si se podía llegar a un acuerdo con este país.

Franks desplegó entonces un cuadro titulado «Plazos», dividido por meses: marzo, abril, mayo, junio, julio, agosto, septiembre y octubre, que era lo antes que se podía estar listo técnicamente y de forma segura para comenzar los combates. Este cuadro hizo que el calendario de operaciones que había esbozado en Crawford seis semanas antes cobrara un cariz mucho más concreto. La parte superior del cuadro de «Plazos» especificaba los asuntos estratégicos que debían considerarse: cuándo empezaba el período de sesiones de la ONU y otros asuntos diplomáticos; cuándo estaba activo el Congreso, y qué se esperaba que pasase en Afganistán, el otro escenario de operaciones en el que estaba envuelto Franks. «Secretario Rumsfeld, secretario Powell, éstos son sus temas», les dijo.

Debajo del nivel estratégico, Franks tenía su propio programa, en el que se detallaba cuándo trasladaría un portaaviones, cuándo reposicionaría el equipo que había en Qatar y cuándo trasladaría su cuartel general al escenario de operaciones.

Una tercera barra que cruzaba el fondo del cuadro mostraba los ciclos tradicionales de entrenamiento de las fuerzas armadas iraquíes, presentados como si fueran luces de semáforo. Franks había usado un cuadro con colores rojo, amarillo y verde para la operación en Afganistán y al presidente le había gustado. El verde era bueno para Estados Unidos, el amarillo era neutral, y el rojo, malo.

En el período comprendido entre mayo y septiembre, los iraquíes estaban en un estado de alerta superior al habitual porque durante esos meses realizaban maniobras militares. Este período aparecía en rojo en el cuadro. Octubre y noviembre eran amarillos, y diciembre, enero y febrero eran verdes porque el ejército iraquí se entrenaba en pequeñas unidades o individualmente, y no trabajaba en unidades más grandes y cohesionadas.

Otra barra en el cuadro mostraba el clima. La barra estaba verde durante los meses de invierno, de diciembre a marzo, luego amarilla en abril y comenzaba a volverse roja en mayo, durante el calor del verano. También mostraba la visibilidad normal durante cada mes.

A pesar de que octubre y noviembre eran una posible ventana, sin duda las mejores fechas desde el punto de vista militar eran del 1 de diciembre hasta febrero de 2003, comunicó Franks.

Bush se mostró de acuerdo. ¿Quería ello decir que no se podían llevar a cabo operaciones de combate cuando las temperaturas subían?

«Rotundamente no —dijo Franks—. Desde luego, podemos llevar a cabo las operaciones. Pero si me está preguntando por mis preferencias, entonces prefiero que el tiempo nos sea más favorable a que nos sea desfavorable.» Por ejemplo, les gustaría evitar en la medida de lo posible las tormentas de arena que se esperaban para marzo y abril.

«Nunca podemos predecir el momento —dijo el presidente—, si va a ocurrir o cuándo va a ocurrir. Pero comprendo dónde tenemos que concentrar nuestra atención si podemos permitirnos el lujo de que los hechos se avengan a nuestros calendarios.»

Rumsfeld le preguntó a Franks cuándo sería lo más pronto que podría poner todo aquello en marcha.

«Ésa es una pregunta condenadamente buena —replicó Franks—, pero la respuesta no lo es tanto. Quiero decir que depende de todas aquellas suposiciones sobre las que a usted y a mí nos gusta tanto hablar. Si se supone que vamos a tener muchas más puntas de actividad, gastar más dinero ahora y hacer que la nación esté más cerca de comprometerse a una guerra, entonces el calendario tendrá que cambiar.» Añadió que había hecho algunas otras suposiciones sobre cuánto tardaría el departamento de Estado en conseguir derechos para usar las bases, para *staging* y permisos para sobrevolar las zonas de los países de la región, así como de los países de Europa del Este. Todo ello podría cambiar los plazos.

Dado lo que tenían ahora mismo, lo más temprano que podrían empezar era entre noviembre, diciembre y luego hasta finales de febrero, dijo Franks, y para eso quedaba un año.

—¿Se puede ir más tarde? —preguntó Rumsfeld.

—Iremos en cualquier momento en el que el presidente de Estados Unidos nos diga que vayamos —replicó Franks.

—Pero ¿se puede ir más pronto? —apretó Rumsfeld.

—Podemos ir en cualquier momento que elija el presidente —contestó el general.

—Si tuviéramos que hacerlo —preguntó el presidente—, ¿podríamos ir antes?

—Señor presidente, podemos ir antes —contestó finalmente Franks.

—¿Qué implicaría tomar esa decisión?

—Lo que implicaría es que las cosas podrían ponerse feas —dijo Franks.

—Bien, ¿y eso qué quiere decir? —contestó Bush, riéndose.

—Según la línea de tendencia que usamos ahora para la acumulación de tropas —dijo Franks—, para que nuestro engaño funcione como queremos que funcione, el mejor momento parece ser entre noviembre y febrero. Sí, podemos ir en cualquier momento entre ahora y entonces, pero si lo hacemos pronto, una o más de estas líneas de operaciones no va a estar lo suficientemente consolidada. Es decir, vamos a estar por debajo de lo óptimo en algunos puntos.

Comprendieron que «feas» quería decir dos cosas: la guerra podía ser más larga y las bajas estadounidenses mayores.

Entrar más tarde también tenía sus problemas, como, por ejemplo, el clima.

Rumsfeld afirmó que estaban trabajando en otro escenario. Le había pedido al general Franks ver si era posible, usando a la vez una superioridad de fuerzas abrumadora y la simultaneidad de ataques, crear suficiente presión sobre el régimen como para lograr que se quebrase y cayese en poco tiempo. Un golpe de tal calibre podría crear una presión insostenible y romper el régimen en los primeros estadios de la guerra.

La reacción inmediata en la Sala de Situación fue casi un «¡uf!». ¿Era posible hacerlo con un ejército sustancialmente menor y evitar una guerra de 225 días?

Franks se puso rápidamente a valorar la idea. Tenía que ir con cuidado, no podía ignorar los requisitos de la operación, que eran muy reales. El enemigo tendría voz y voto; Saddam podría no quebrarse como habían anticipado, dijo. No podían salir cojeando y con una fuerza menor de la necesaria. Ése había sido precisamente el consejo que le había dado Powell, aunque Franks no lo mencionó.

Franks comentó que todavía quedaba mucho trabajo por hacer. Para las operaciones de estabilización del país que integraban la Fase Cuatro había un montón de trabajo conjunto de las diversas agencias que sería necesario poner en marcha cuando los combates hubieran cesado. Además, si se quería que hubiera una coalición de naciones aliadas, se debía comenzar a trabajar en ello sin demora.

También afirmó que necesitaban determinar qué perfiles de vuelo querían en las operaciones Vigilancia Norte y Vigilancia Sur. Podía ser una buena oportunidad para destruir algunos objetivos importantes y mejorar sustancialmente la posición de partida al inicio de la guerra. Pero ¿hasta qué punto de agresividad querían que se llegase con estas operaciones?, les preguntó. También debía trabajar más en los objetivos en Iraq, determinar cuáles quería que fueran, las prioridades y el material bélico que debía usarse para golpear cada objetivo.

De forma más inmediata, dijo, debían centrarse en las labores preparatorias. Franks consideraba que esto era la «Fase Cero» (de al menos un mes de duración y quizá hasta tres) para preparar los aeródromos y los puertos y trasladar el equipo, el combustible y otros suministros hasta los lugares necesarios. Explicó también la noción de «puntas»: desplazar a la zona un segundo grupo de combate con portaaviones, aumentar los bombardeos de las operaciones Vigilancia Norte y Vigilancia Sur o realizar maniobras en Kuwait para desconcertar a Saddam, quizá incluso haciéndole creer que estaba comenzando la guerra, y luego pararlo todo. Franks planeó muchas, muchísimas puntas, que no eran sino fintas diseñadas para engañar.

Bush comentó que le gustaba la idea de las puntas, pero se preguntaba si no sería más efectivo tener menos puntas pero más grandes. El presidente también estaba preocupado por lo que Saddam podría hacer, por si ofrecía un *casus belli* que forzara una respuesta estadounidense. Podría atacar a los kurdos o invadir Kuwait, por ejemplo. ¿Cómo podríamos lograr una transición hacia una respuesta que pudiéramos luego sostener a lo largo del tiempo necesario?

Franks explicó que la capacidad de respuesta se incrementaría durante toda la Fase Cero, en la que la posición norteamericana mejoraría progresivamente.

Rumsfeld, por primera vez, introdujo el concepto de «conmoción y pavor» ante el presidente. En este punto del proceso, la expresión sólo se refería a lograr tal concentración de fuerzas y llevar a cabo operaciones y bombardeos de «puntas» que por sí solas bastasen para desencadenar el cambio de régimen.

El presidente soltó una risita. Según él, «conmoción y pavor» era una noción pegadiza. ¿Era un truco publicitario?, se preguntó.

Franks había usado unas treinta diapositivas en esa sesión de información. Dijo que la conclusión era que las acciones preparatorias debían continuar. Necesitarían enrolar en la causa a las naciones de la región y ganar su apoyo. «Necesitamos volver y comenzar de verdad a poner algo de carne en este esqueleto que hemos diseñado —propuso el general—. Sabe, señor presidente, le hemos estado ofreciendo conceptos. Tenemos que dedicar un poco de tiempo y esfuerzo en crear algo que sea mejor.»

El presidente no parecía estar ni a favor ni en contra. No estaba diciendo que no podía esperar más, pero tampoco estaba diciendo que lo pararían de momento.

La reunión había durado una hora y diez minutos.

Franks sintió de nuevo que había sido una gran sesión informativa. Tenía un poco de tiempo antes de la guerra. Al subrayar la necesidad de adoptar calendarios realistas y las necesidades de tropas, ni siquiera se había tenido que enfrentar a la pregunta de Rumsfeld de si podían estar listos para abril o mayo. Claramente, Bush había internalizado la magnitud del problema y la necesidad de usar una fuerza potente. No había forma de que pudieran hacerlo por lo barato.

También Powell pensó que la sesión informativa había ido bien. No parecía que nadie estuviera deseando comenzar la guerra. Encontró cierto consuelo en el hecho de que ya no se estuvieran planteando la descabellada idea de intentar capturar los pozos petrolíferos del sur para tratar de establecer una cabeza de puente o enclave dentro de Iraq con una fuerza no superior a 10 000 soldados.

El 12 de febrero Powell testificó ante el comité de Presupuestos del Senado. Adoptó una posición dura respecto a Saddam, destacando que desde 1998 la política estadounidense había consistido en abogar por un «cambio de régimen» en Iraq. «Y estamos contemplando una serie de opciones que podrían lograr ese objetivo», dijo. En una fórmula diseñada para calmar un poco las aguas, Powell añadió que el presidente Bush «no tenía ningún plan encima de la mesa en ese momento para comenzar una guerra contra ninguna nación». La guerra no era inminente.

Al día siguiente, en una rueda de prensa, el presidente dijo respecto a Iraq: «Me reservo todas las opciones posibles y las mantendré todas bien a mano.» Era una cuidadosa manera de no decir nada, dejando todas las opciones abiertas pero sin inducir a error. Se trataba de una cautela que después abandonaría.

Cheney creyó que el plan de guerra tardaba demasiado en estar listo. Cada día que pasaba le daba a Saddam más tiempo para extraer petróleo de los pozos. O para usar sus armas de destrucción masiva. Podía atacar a las tropas norteamericanas con armas químicas o incluso a sus propias unidades para luego culpar a los estadounidenses del ataque. O pudiera ser que Saddam guardara su armamento no convencional para usarlo más adelante. Era necesario derrocarle, o al menos bloquearle por completo, lo antes posible.

Andy Card, el jefe de gabinete del presidente, que también estaba enterado de lo debatido en la sesión informativa, concluyó que las fuerzas armadas no estaban listas. Franks estaba hablando de estructuras e ideas y no de aspectos concretos. Creía que no existía mejor prueba de la necesidad de reformar las fuerzas armadas para convertirlas en una organización que estuviera preparada para los desafíos militares del siglo XXI. A Card le preocupaba también el hecho de que Iraq era el campo de batalla soñado por cualquier general: un campo de batalla tradicional, grande, sobre el que se podían trazar complejos planes que implicaran a divisiones motorizadas, miles de misiones aéreas y batallones de tanques avanzando atronadores por el desierto. Como había afirmado el general Patton al inspeccionar el campo de batalla: «Me encanta. Dios me perdone, pero me encanta.»

Card, de cincuenta y cuatro años, desempeñaba el papel de omnipresente red de seguridad para Bush. Su billete de vuelta a la Casa Blanca se lo había dado el padre del presidente. En 1987, durante la presidencia de Reagan, había formado parte del personal de la Casa Blanca cuando el vicepresidente George Bush le pidió que dirigiera su campaña presidencial en New Hampshire, el primer estado de las primarias. Los seguidores de Bush en aquel estado estaban divididos en tres facciones que no se llevaban bien entre ellas. Card, que era del vecino estado de Massachusetts, se mudó a New Hampshire durante un año, y se pasaba parte de cada mañana reuniéndose por separado con los líderes de cada una de las facciones, y durante el resto del día organizaba meticulosamente una campaña desde las bases. Cuando Bush venció al senador Bob Dole de Kansas en aquellas decisivas primarias, la mayoría de los periodistas y analistas políticos creyeron que fue por los anuncios de televisión. Bush padre sabía que se lo debía a Card, a quien luego nombraría jefe de gabinete adjunto de la Casa Blanca y más adelante secretario de Transporte.

Durante los años de Clinton, Card fue el principal cabildero de los fabricantes de automóviles y luego de General Motors. Bush le comentó a su hijo que no había nadie más leal y sincero que Card, un hombre que por formación era ingeniero de diseño industrial y cuya mujer, Kathleene, era ministro de la Iglesia metodista. Card se consideraba a sí mismo un empleado del presidente que debía asegurarse de que éste estuviera satisfecho de la información que recibía y se sintiera cómodo con las decisiones que tomaba.

En los primeros momentos de la administración Bush, mucho antes del 11-S y de que se comenzara a hablar de guerra, Card sostuvo una conversación con Bush sobre lo que comportaba el papel del presidente como comandante en jefe y persona que debía tomar decisiones en una guerra.

«Señor presidente —le dijo—, sólo usted puede tomar la decisión de poner en peligro las vidas de hombres y mujeres jóvenes.» El presidente podía y debía recibir asesoramiento, incluso recomendaciones enérgicas. Podría haber un grupo partidario de la guerra en el país, en el Congreso, en los medios o incluso en su gabinete, y también podría haber un grupo pacifista. Pero no habría ningún tipo de votación en el Consejo de Seguridad Nacional. La decisión sería sólo suya.

Card le contó al presidente cómo doce años antes, en 1989, había sido adjunto al jefe de gabinete de la Casa Blanca cuando el padre de Bush había tomado la decisión de invadir Panamá y derrocar a su líder, Manuel Noriega. La operación se llamó Causa Justa. «Dio la casualidad de que yo estaba en la sala, en el Despacho Oval», comentó Card. Le habían encargado manejar el caballete sobre el que se mostraban los mapas de aquella reunión informativa.

En el Despacho Oval estaban el secretario de Estado, James A. Baker III, el secretario de Defensa, Cheney, el jefe de gabinete de la Casa Blanca, John Sununu, y el general Colin Powell, presidente de la Junta de Estado Mayor. Hubo discusiones muy serias sobre las implicaciones que tendría la operación a todos los niveles, tanto diplomáticos como militares, recordaba Card. «El presidente hizo algunas preguntas muy complejas y recuerdo que al final todo quedó en una elección dura sobre si ir o no ir.» No estaba claro qué iba a decir cada uno, pero todos recomendaron la guerra, incluso Jim Baker. Bush padre y Baker eran muy amigos, habían pasado muchas cosas juntos, pertenecían a la misma generación y eran veteranos curtidos en las muchas guerras políticas de la administración Reagan. Baker se puso en pie frente al escritorio del presidente y dijo: «Ésta es una decisión que sólo usted puede tomar, señor presidente.»

«Entonces todo el mundo se fue y dejaron a tu padre solo —le contó Card al joven Bush—. Yo me quedé a recoger el caballete, y el presidente levanta la vista y me encuentra a mí allí, pero estoy convencido de que ni siquiera me vio. Y no estoy seguro de ello, pero diría que estaba rezando en su mesa. Estaba quieto y parecía reflexionar. Y entonces levanta la vista y dice: "La decisión que voy a tomar va a costar la vida a jóvenes." Lo verbalizó. Entonces se levantó y salió por la puerta. Eso me impresionó.» Así eran las cosas, así era la soledad del comandante.

«Lo sé», contestó el presidente.

Capítulo diez

El terrorismo, especialmente el de Al Qaeda, estaba todavía en el centro del universo de Tenet. Para él era el tema 1, 2, 3, 4 y 5 de su lista. Iraq apenas era el número 6. El director de Operaciones Iraquíes, Saul, estaba a cargo de ese tema y trabajaba junto a su antiguo jefe, el director adjunto de la CIA, John McLaughlin, un veterano analista de información de inteligencia de modales corteses que había llegado al número dos de la jerarquía de la agencia.

Saul también estaba haciendo la ronda con los miembros del comité de altos cargos. Se había reunido con Rumsfeld el 1 de febrero para esbozar un plan de operaciones secretas que apoyaran a las fuerzas armadas estadounidenses en su esfuerzo por lograr un cambio de régimen en Iraq. El Directorado de Operaciones comenzó ese mes a reunirse semanalmente para hablar de Iraq.

Saul había descubierto que las fuentes de información de la CIA en el interior de Iraq eran bastante escasas. ¿Qué quería decir escasas? «Puedo contarlas con los dedos de una mano —dijo Saul, haciendo una pausa para que aquello causara su impacto— y todavía podría hurgarme la nariz.»

Eran cuatro. Y esas fuentes estaban en ministerios iraquíes como el de Asuntos Exteriores o el del Petróleo, que estaban en la periferia de los círculos de poder internos que rodeaban a Saddam. La agencia tenía muchos problemas para entrar dentro de las fuerzas armadas, la Guardia Republicana o la Organización de Seguridad Especial.

—¿Cómo puede ser que todas las informaciones de calidad que me llegan vengan del servicio de inteligencia iraquí? —preguntó Tenet, refiriéndose al servicio de inteligencia británico.

—Lo siento. Trataremos de arreglarlo —dijo Saul.

Saul estaba comprobando que reclutar iraquíes era muy complicado. La CIA podía ofrecerle a alguien entre 5 000 y 10 000 dólares al mes —mucho dinero— para que se convirtiera en espía. Los riesgos a los que esa persona se enfrentaba eran el arresto, probablemente ver cómo violaban a su mujer y a su hija frente a él, el asesinato de sus hijos, que una excavadora derrumbara su casa y otras torturas inimaginables. ¿Qué eran unos meros 10 000 dólares al mes frente a todo aquello? Las pocas fuentes que existían en el interior enviaban informes, comunicaciones encubiertas. Puesto que Estados Unidos carecía de embajada en Bagdad, las fuentes tenían que informar a través de un ordenador, enviando una breve comunicación a un satélite que inmediatamente la hacía llegar al cuartel de la CIA. Sólo el sistema de comunicación ya ponía los pelos de punta.

Saul repitió que las operaciones secretas no librarían al mundo de Saddam Hussein. Sólo una invasión militar completa, con un apoyo intenso de la CIA, lo lograría. La única forma viable de reclutar nuevas fuentes dentro de Iraq sería una demostración clara de que Estados Unidos iba esta vez absolutamente en serio y acudiría con todas sus fuerzas a deponer a Saddam de una vez por todas.

Con la aprobación de Tenet, Saul, McLaughlin y Jim Pavitt, el director de operaciones adjunto, redactaron una nueva orden confidencial para los servicios secretos para el cambio de régimen en Iraq. El presidente Bush la firmó el 16 de febrero. Ordenaba a la CIA apoyar a las fuerzas armadas para derrocar a Saddam Hussein, y otorgaba siete nuevas autorizaciones:

1.   Apoyar a los grupos de oposición e individuos que quieran derrocar a Saddam.
2.   Llevar a cabo operaciones de sabotaje dentro de Iraq.
3.   Trabajar con terceros países, como Jordania o Arabia Saudí, y apoyar las operaciones de sus servicios secretos.
4.   Llevar a cabo operaciones de inteligencia para distribuir información precisa sobre el régimen.
5.   Llevar a cabo operaciones de desinformación y engaño para desconcertar a Saddam y a los dirigentes políticos, militares y de los servicios secretos y de seguridad del régimen.

6. Atacar y entorpecer las fuentes de ingresos del régimen, su banca y sus finanzas.

7. Acabar con las adquisiciones ilegales de material militar del régimen, especialmente con sus programas de armas de destrucción masiva.

El coste se fijó en 200 millones de dólares al año durante dos años. Se informó en secreto a los líderes de los comités de Inteligencia del Senado y del Congreso. Tras algunas disputas en el Congreso, el presupuesto se redujo a 189 millones de dólares durante el primer año.

Saul podría realizar lo que él denominaba operaciones de «contraespionaje ofensivo» para evitar que el órgano de seguridad de Saddam identificara a las fuentes de la CIA. Más importante todavía: la CIA podría trabajar de forma activa con los grupos de oposición a Saddam dentro de Iraq y llevar a cabo operaciones paramilitares en el país.

Dado el crecimiento de operaciones antiterroristas a escala mundial, que se estaban llevando a cabo en 70 países incluido Afganistán, el Directorado de Operaciones de la CIA trabajaba desbordado y no había mucho dónde escoger gente con talento.

Saul necesitaba de inmediato 50 agentes, y creía que iba a necesitar hasta 150 en seis meses y hasta 360 en el cuartel general y sobre el terreno al inicio de las hostilidades. Envió mensajes pidiendo voluntarios. Al menos una delegación entera desde el director para abajo se presentó. Iraq había sido uno de los fracasos de la CIA durante años y muchos agentes, aunque no todos, desde luego, querían ayudar.

Afganistán había demostrado la importancia de tener equipos paramilitares en el interior del país. La información sólida recogida sobre el terreno y las operaciones efectivas y letales no podían hacerse desde la lejanía. Incluso aunque la CIA ya tenía en marcha un operativo imponente a lo largo de las fronteras de Iraq, era necesario que penetrara en el país.

El 20 de febrero, cuatro días después de que se firmase la orden presidencial, un equipo de reconocimiento de la CIA entró en secreto en el norte de Iraq, el área habitada por los kurdos, para preparar el despliegue de los equipos paramilitares de la CIA, que se llamarían NILE: Elementos de Enlace del Norte de Iraq.

El jueves 28 de febrero Franks llegó a la oficina de Rumsfeld en el Pentágono con dos archivadores con el rótulo de «Alto Secreto» del tamaño de la guía telefónica de Manhattan. En ellos había designados cuatro mil posibles objetivos en Iraq. Los objetivos, sacados casi exclusivamente de las imágenes obtenidas en la última órbita de los satélites, iban desde las concentraciones de dirigentes, elementos de seguridad o tropas hasta compañías acorazadas o de infantería de maniobras o unidades de defensa antiaérea desplegadas sobre el terreno.

Identificar los objetivos para una campaña aérea era un salto cualitativo respecto a la planificación abstracta de guerra de los últimos meses. En los archivadores estaban los detalles de los sectores de vulnerabilidad del régimen de Franks, haciendo que pasaran a ser de meros estallidos sobre el papel a armas apuntando a gente y edificios.

Rumsfeld estaba sorprendido y complacido ante lo abultado del número. Antes y durante la campaña de bombardeos en Afganistán meses atrás se había quejado una y otra vez en las reuniones del Consejo de Seguridad Nacional sobre los pocos objetivos que se habían encontrado en aquel primitivo país. A menudo sólo se podían identificar tres o cuatro docenas. Durante el tercer día de bombardeos en Afganistán había declarado en su rueda de prensa habitual que «no es que no podamos identificar más objetivos. Es que Afganistán no da más de sí».

Iraq era una mina de objetivos. Rumsfeld quería que se establecieran prioridades. ¿Qué tipo de ataque y campaña de bombardeos causaría un impacto mayor sobre el régimen? ¿Qué podría hacer que el régimen se desmoronase? Discutieron los grupos de objetivos —objetivos de mando y de control, objetivos de comunicaciones, nodos de liderazgo específicos como los más de cincuenta palacios de Saddam, las fuerzas paramilitares del régimen, incluida la OSE y la Guardia Republicana Especial—. ¿Dónde debían aplicar presión muy rápido desde muy pronto para que se produjera el resquebrajamiento? El secretario se dio cuenta de que llevaría tiempo, quería hablar del proceso y ver cómo Franks y su equipo revisarían todos aquellos objetivos para clasificarlos de una forma más refinada en grupos de objetivos y categorías.

Pasaron a discutir las tareas preliminares necesarias para mejorar las instalaciones militares de la región. Rumsfeld se preguntaba qué podía hacerse según los acuerdos existentes con varios países anfitriones que fuera visto como rutina y no como pasos hacia una guerra. También quería una lista de todos los proyectos que Franks creyera que iba a necesitar.

Pasaron algún tiempo hablando sobre el potencial de las operaciones de propaganda. Por ejemplo, cómo podrían hacer llegar mensajes al ejército regular iraquí diciéndoles: no luchéis, no destruyáis los pozos de petróleo, no disparéis misiles.

Franks dijo que la Junta de Estado Mayor y el Consejo de Seguridad Nacional tenían que participar en el proceso y que alguien en las altas esferas de la Casa Blanca tenía que hacerse cargo de las operaciones de información porque conllevarían declaraciones políticas y expondrían las causas de la guerra. Las operaciones de información tácticas tenían que encajar y estar ligadas a lo que todo el mundo, hasta llegar al mismo presidente, estuviera declarando en público.

Rumsfeld se mostró de acuerdo en que los mensajes debían coordinarse. Hablaría con Rice y con los demás. ¿Debía encargarse el Consejo de Seguridad Nacional o le correspondía a Defensa?

El vicepresidente Cheney le dijo al general Franks que estaba planeando un viaje a Oriente Medio en marzo y le preguntó qué países debería visitar. ¿Quién estaría a punto de caramelo para recibir la solicitud de ayuda contra Iraq? ¿A quién había que presionar? Acordaron al menos que había que ponerse en contacto con diez países: Egipto, Omán, Emiratos Árabes Unidos, Arabia Saudí, Yemen, Bahrain, Qatar, Jordania, Israel y Turquía.

El 6 de marzo Franks informó a Cheney en Washington. El general tenía un documento de alto secreto en el que había trabajado con Rumsfeld para delimitar qué era lo necesario en cada uno de los países. En algunos casos se trataba de ayuda activa, quizá incluso tropas, aviones o agentes de inteligencia. En otros se trataría tan sólo de las bases o de derechos de paso por tierra o a través del espacio aéreo para las fuerzas armadas norteamericanas. Todos estos países árabes o musulmanes se posicionarían en público contra una guerra, pero en privado casi todos querían ver a Saddam fuera del poder. Su ayuda tendría que ser hasta cierto punto clandestina. Franks le dio a Cheney un perfil de cada líder y de cada jefe de los servicios de inteligencia. Por ejemplo, en Jordania, donde Tenet había encontrado una cooperación entusiasta, tanto Franks como Tenet se habían trabajado a Saad Khair, el director del GID, el servicio de inteligencia jordano. Franks y Tenet también se habían trabajado al presidente de Yemen, Ali Abdullah Salih.

La misión de Cheney consistía en aumentar la presión en cada país, sondear cuál era la posición de sus líderes respecto a Iraq, pero no necesariamente reclutarlos ni tratar de detalles sobre bases, tropas, aviones, barcos o lo que fuera. Su mensaje a los líderes era que si Estados Unidos se veían obligados a usar la fuerza, no se andarían con medias tintas.

Cheney tuvo suerte en Jordania, donde Tenet prácticamente había comprado el GID, excepto en Egipto, donde el presidente Hosni Mubarak se mostró reticente. El 15 de marzo Cheney voló hasta el *USS John C. Stennis*, el portaaviones estacionado en el mar de Arabia con una dotación de 5 000 hombres. Todavía seguía catapultando reactores desde su gigantesca cubierta de despegue para que realizaran misiones de bombardeo en Afganistán.

El vicepresidente le dijo a los miles de marineros que acudieron a recibirle con alegría lo que pensaba. «Nuestro próximo objetivo es evitar que los terroristas y los regímenes que apoyan el terrorismo amenacen a Estados Unidos o a nuestros amigos con armas de destrucción masiva. Nos tomamos esta amenaza muy en serio. Ése es nuestro deber como máximos responsables del gobierno de nuestro país. Estados Unidos no permitirá que las fuerzas del terror se hagan con armas genocidas.»

Una de las etapas del viaje de Cheney incluía visitar tres países en un solo día, entre ellos Qatar, un aliado clave que aportaría capacidad organizativa y el cuartel general. El viaje fue confuso y muy duro. Lynne Cheney, la esposa del vicepresidente, comió con la esposa favorita del emir de Qatar durante dos horas.

«¿Cuándo empiezan los niños el curso aquí en Bahrain?», preguntó la señora Cheney.

«No estamos en Bahrain», respondió la esposa del emir.

El viaje fue una especie de despertador para el vicepresidente. Los líderes de la zona no le habían preguntado por Iraq, ni por la amenaza que representaba Saddam Hussein, ni por el terrorismo, sino sobre el proceso de paz en Oriente Medio. Había oído una y otra vez que el presidente debía implicarse más y usar su influencia para que se pusiera en marcha algún proceso que solucionase el conflicto palestino-israelí. Era el mismo mensaje que Powell había estado enviando sin cesar a la Casa Blanca. Franks era de la misma opinión. La otra conclusión de Cheney fue que Oriente Medio no estaba yendo en la buena dirección. No era posible una paz duradera mientras Yasser Arafat siguiera siendo el líder de los palestinos.

El vicepresidente desayunó temprano con el presidente el 21 de marzo. A eso de las 8.15 horas respondieron a las preguntas de los periodistas en el Despacho Oval. Uno preguntó sobre lo que habían dicho los líderes árabes respecto a apoyar una acción decidida contra Iraq.

Cheney se atuvo al discurso oficial: «He ido allí a consultarles, a escuchar sus consejos y opiniones para poder transmitírselas al presidente.»

Bush intervino: «Creo que uno de los argumentos del vicepresidente, uno muy bueno, es que ésta es una administración en la que cuando decimos que vamos a hacer algo lo decimos en serio; y estamos decididos a luchar en la guerra contra el terror; para nosotros no se trata de una estrategia a corto plazo; comprendemos que la historia nos llama a actuar; y no vamos a perder esta oportunidad de hacer del mundo un lugar más seguro y pacífico. Y el presidente transmitió ese mensaje. Le agradezco que lo hiciera. Es muy importante que esos líderes comprendan cuál es la naturaleza de esta administración, de forma que no les quede ninguna duda de que cuando decimos algo lo decimos en serio, no es sólo una opinión. No nos valemos de un puñado de encuestas y de grupos de opinión para que nos digan qué... cómo... debemos actuar en el mundo.»

Ese día, el 21 de marzo, y el siguiente Franks reunió a sus comandantes de las diversas ramas de las fuerzas armadas (ejército, Marina, aviación y marines) en la base aérea de Ramstein (Alemania), una gran instalación de la OTAN. Éstos eran los comandantes que estarían a cargo de la guerra sobre el terreno. Allí estaba también el comandante de Operaciones Especiales, el general de brigada Gary Harrell. Además, se había creado la Fuerza Operativa 20, un equipo especial y secreto que debía dirigir el general de división Del Dailey.

Franks estaba listo para la guerra. Estaba convencido de que al final lo harían. Por «hacerlo» entendía que o bien Saddam Hussein y su familia se exiliaban y entregaban el país, o bien el presidente iría a la guerra para echarlo. ¿Iba a irse la familia de Saddam? Desde un punto de vista práctico concluyó que la respuesta era negativa.

«Compañeros, hay un ladrón en la casa», dijo Franks a sus comandantes en una sesión a puerta cerrada. Era un término usado en Operaciones Especiales que significaba que, si eres un piloto, debías volver y asegurarte de que eres consciente personalmente de los grupos de objetivos y de los horarios. Si estás en tierra, al oír esas palabras debes asegurarte de que cuando dices que puedes entregar unas fuerzas X en un día Y, los transportes y los plazos de que dispones lo harán posible de verdad. En otras palabras, éste no era un ejercicio de planificación abstracto. Les transmitió una sensación de premura. No había que comprometerse a nada que no se pudiera cumplir. «Ahora, ¡a trabajar!» De una forma u otra iba a hacerse. «No se engañen creyendo que no va a ser así.»

Franks también les dio su visión de la operación que deseaba: más pequeña, más ligera, más rápida. Dijo que aspiraba a un plan de 90-45-90, una guerra de 225 días. Esbozó las siete líneas de operaciones y los nueve sectores de vulnerabilidad del poder del régimen.

Franks no creía que fuera importante informar a sus comandantes de todos sus contactos con Rumsfeld. Sin embargo, colaborar con el presidente era fundamental para dejar claro que lo que había sobre la mesa tenía el apoyo del comandante en jefe. Subrayaría que todo aquello iba en serio. Así que Franks describió con todo detalle cada una de las reuniones que había tenido con Bush, incluyendo la sesión en Crawford después de Navidad y la reunión informativa de una hora y diez minutos que habían celebrado el mes anterior. En otras palabras, su comandante en jefe estaba tanto detrás de la planificación como implicado en los detalles. En cierto sentido, el ladrón en la casa era George W. Bush.

Un día después, el 23 de marzo, la Junta de Estado Mayor comenzó un simulacro llamado Martillo Prominente, unas maniobras sobre el papel que no implicaban ningún movimiento de tropas real. Era un ejercicio diseñado para evaluar si el gran Op Plan 1003 era factible. Si fuera ejecutado, ¿respondería el plan de transporte a las necesidades? ¿Cuál sería el impacto en las tropas de Estados Unidos destinadas por todo el mundo? ¿Qué repercusión tendría en Corea, donde Estados Unidos mantenía unas fuerzas de 37 000 soldados? ¿Cuál sería el impacto en la guerra contra el terrorismo? ¿Cómo afectaría a la seguridad del propio territorio norteamericano?

En esos momentos no se filtró nada de aquel ejercicio, pero dos meses después, *The New York Times* informó sobre los resultados del simulacro, diciendo que una guerra contra Iraq «sometería a una enorme tensión al personal y causaría graves carencias de determinadas armas fundamentales».

Durante este período, Saul fue a Tampa para informar a Franks sobre los programas de operaciones secretas que la CIA iba a iniciar contra Iraq.

«Sabe —dijo Franks—, me he enfrentado antes con esta gente.» Como general de brigada había sido asistente del comandante de división (maniobras) de la Primera División de Caballería durante la primera guerra del Golfo. «Ya vi de lo que son capaces. No me preocupa.»

«Muy bien —contestó Saul—, usted conoce su trabajo. Para eso le pagan.»

En otra reunión con sus comandantes sobre el terreno, Franks los apremió: «Esto va muy en serio. Si creéis que no va a pasar, estáis equivocados. ¡Poneos las pilas!»

Capítulo once

En marzo, Tenet se reunió en secreto con dos individuos de importancia capital para las operaciones secretas en el interior de Iraq: Massoud Barzani y Jalal Talabani, los líderes de las dos principales facciones kurdas del norte de Iraq. Cada uno de aquellos hombres controlaba una área distinta de la región kurda, cada una de ellas más o menos del tamaño de Maine. Las áreas funcionaban de un modo realmente autónomo respecto al régimen de Saddam, pero había unidades militares iraquíes estacionadas a pocos kilómetros de los bastiones kurdos y Saddam podía ordenar fácilmente que fueran a combatir y a masacrar a los kurdos, como había hecho tras la guerra del Golfo, cuando se habían levantado con la esperanza de recibir protección de Estados Unidos. Saddam aplastó entonces la revuelta de forma brutal, matando a miles de personas y haciendo que más de un millón huyeran buscando refugio, cruzando la frontera con Irán o con Turquía. Históricamente, los kurdos tenían una relación tremendamente hostil con el gobierno turco, que nunca había reconocido a ese gran grupo minoritario ni tampoco su lengua.

Tenet traía un mensaje para Barzani y Talabani: Estados Unidos iba en serio y acudiría con el ejército y la CIA. Esta vez era distinto. La CIA no iba a estar sola. Las fuerzas armadas intervendrían. Si el presidente Bush decía que iba a hacer algo, es que iba a hacerlo. Se trataba de una nueva era. Saddam iba a desaparecer. Por supuesto, Tenet no sabía si lo que estaba diciendo era verdad ni si en realidad iba a haber una guerra. Pero tenía que ofrecer algo a los kurdos para hacer que se comprometieran a colaborar. Estaba a punto de enviar a algunos de sus agentes y paramilitares a un entorno muy peligroso. Su actitud como director de la CIA era simple: le vendería frigoríficos a los esquimales si con eso ganaba algún tipo de protección para sus hombres.

No había forma de que nadie, sobre todo los líderes tribales, evitaran el campo de gravedad de la personalidad de Tenet. Es enorme, apasionada y flamígera. Se refleja en las expresiones de su rostro. Es casi tribal en sí misma. Tenet sabía que, en esa parte del mundo, todos trataban de vender algo y por eso no se sorprendían de que él también vendiera. Era un mundo de exageraciones caprichosas. Él necesitaba protección, garantías y compromisos, y estaba ofreciendo lo mismo. Se trataba de supervivencia. Y éste era otro de los dilemas a los que se enfrentaba: hacer promesas que quizá tendría que incumplir. Como algunos de sus predecesores habían aprendido y luego enunciado, la agencia no jugaba según las reglas del marqués de Queensberry, que había introducido los guantes y el límite de tiempo en el boxeo en el siglo XIX. Las acciones secretas de la CIA eran la parte sucia del ring.

Sin embargo, Tenet tenía un medio de influencia potentísimo: el dinero. Podía pagar millones, decenas de millones de dólares en billetes de cien. Si los civiles o los militares del departamento de Defensa o los diplomáticos del departamento de Estado pagaran dinero para hacer que alguien cambiara de política o emprendiera alguna acción, se trataría de un soborno ilegal. La CIA era la única parte del gobierno de Estados Unidos autorizada a sobornar.

Tenet había dicho a Bush que entregaría algún dinero por si acaso seguían adelante, para consolidar relaciones y demostrar que iban en serio. Y también le previno que no todo parecería bien gastado. Era como si se lanzaran pequeños pececillos de cebo al agua para atraer a los grandes. En los servicios secretos, a veces, había que echar muchísima carnaza de cebo. Era otra de las cosas sobre las que Bush y Tenet establecieron un vínculo. Bush, uno de los mayores recaudadores de fondos para su campaña de todos los tiempos, y Tenet, el hombre que manejaba los fondos más reservados del gobierno, conocían el poder taumatúrgico del dinero. Así que Tenet iba por ahí pidiendo mucho y ofreciendo mucho. «Tan sólo esperad —les dijo a los líderes kurdos—, van a venir... el ejército, la CIA y el dinero.»

El 29 de marzo el general Franks viajó a territorio hostil: fue al Tanque, el espacio de reunión seguro de la Junta de Jefes de Estado Mayor, los jefes de cada uno de los cuatro cuerpos. En muchos aspectos, la Junta de Estado Mayor es un anacronismo. Bajo el Título X del Código estadounidense, que trata de las fuerzas armadas, los cuatro jefes (el del ejército, el de operaciones navales, el de las fuerzas aéreas y el comandante del cuerpo de marines) tienen la responsabilidad de reclutar, entrenar y equipar a su respectivo cuerpo. Pero los jefes no dirigían a las tropas en combate. Las tropas se asignaban a comandantes de combate como el propio Franks.

Puesto que Franks dependía directamente del secretario de Defensa, el presidente de la Junta de Estado Mayor no era su superior y, desde luego, tampoco lo eran los jefes de cada cuerpo, aunque, según el criterio técnico de veteranía, todos ellos le superaban en rango. De hecho, Franks se consideraba a sí mismo un militar casi fuera del Ejército. Era el guerrero total. «Soy totalmente púrpura», dijo una vez, siendo el púrpura el color que resultaría si se ponía un uniforme de cada uno de los cuerpos en una batidora.

La tensión entre Franks y los jefes era palpable. El año anterior, durante el punto más álgido de la campaña de Afganistán, los jefes, como era su tendencia, habían presionado para que participaran en la contienda más representantes de su cuerpo: la Marina quería que interviniera otro portaaviones; el ejército, otra brigada; las fuerzas aéreas, otro escuadrón, etcétera.

Un día, Franks espetó medio en broma a los jefes: «¡Bastardos de rango X! Déjenme que les diga algo. Al final del día, los combatientes, y eso se refiere a mí o al jefe para el que trabajo [Rumsfeld], vamos a poner en marcha una operación conjunta y combinada que no va a aliviar los picores de ninguno de los servicios.»

Muchos de los jefes recuerdan el estallido de Franks como algo puramente humorístico y no confrontacional, aunque desde luego todos recuerdan vivamente que los llamó «¡bastardos de rango X!».

Así que ahora Franks debía ponerlos al día respecto a la planificación para Iraq. Fue una sesión larga en la que usó más de setenta diapositivas. Trató de presentarlo fundamentalmente como un concepto de operaciones, lo último en Generación Inicial, probablemente con unos 180 000 o 200 000 soldados, la mitad de los usados en la operación Tormenta del Desierto.

Franks dijo que tenía seis meses para estar listo para ejecutar el 1 de octubre si el presidente lo pedía. Pero no podía ser antes del 1 de octubre.

Uno de los jefes pensó que era difícil saber si aquel debate iba en serio. Buena parte de ello parecía un ejercicio para asustar a Saddam. Tenían miles de preguntas.

Franks había usado, en un punto de las operaciones contra Afganistán, cinco portaaviones de la Marina, ¿cuántos iba a necesitar para Iraq? ¿Cómo pensaba reemplazar y rotar las fuerzas durante una guerra prolongada? ¿Qué había de las supuestas armas de destrucción masiva? ¿Cuál sería la respuesta iraquí? ¿Qué haría Israel si era atacada? ¿Cómo se iba a tomar Bagdad, la capital, con una población de cinco millones de personas?

El jefe del ejército, el general Eric K. Shinseki, expresó preocupación por el apoyo logístico necesario para una invasión masiva como lo era la de un país del tamaño de Iraq. ¿Cómo se mantendrían aprovisionadas a las fuerzas de tierra? ¿Qué cantidad de tropas necesitaban en realidad para tener éxito?

Wolfowitz y los demás políticos creían que la guerra contra Iraq sería sencilla, dijo un jefe. ¿Compartía Franks su opinión?

Otra pregunta fue: «¿Qué piensa de las tropas de ahora y de entonces?»

Franks trató de responder a sus preguntas, pero los jefes no parecieron satisfechos. Los «bastardos de rango X» llevaban marginados desde la reforma Goldwater-Nichols de 1986, que confería la mayoría del poder para asesorar solamente al presidente de la Junta de Jefes de Estado Mayor.

Los Bush recibieron al primer ministro británico Tony Blair y a su familia en su rancho de Crawford durante el fin de semana del 6 al 7 de abril. En una entrevista concedida al canal de televisión británico ITV, el reportero Trevor McDonald insistió al presidente sobre la cuestión de Iraq.

—He tomado la decisión de que Saddam tiene que marcharse —declaró Bush—. Y eso es prácticamente todo lo que estoy dispuesto a compartir con usted.

—¿Entonces, Saddam debe irse? —preguntó McDonald.

—Eso es lo que acabo de decirle —dijo Bush irritado—. La política de mi gobierno es que se vaya.

—Se cree que Saddam Hussein no tiene ninguna relación con la red Al Qaeda, y me pregunto por qué usted ha...

—Lo peor que podría pasar es que permitiéramos a una nación como Iraq, dirigida por Saddam Hussein, desarrollar armas de destrucción masiva para luego ver cómo se alía con organizaciones terroristas para chantajear al mundo. No voy a permitir que suceda.

—¿Y cómo se propone conseguirlo, señor presidente?

—Espere y verá.

McDonald le preguntó sobre los inspectores de la ONU. Bush afirmó que quería que regresaran a Iraq.

—Pero esta cuestión no se centra en las inspecciones. La cuestión es que [Saddam] mantenga su palabra de que no desarrollará armas de destrucción masiva.

—Así que, permita o no el acceso a los inspectores, ¿sigue en la lista de países que van a ser atacados? —preguntó McDonald—. ¿Es el siguiente objetivo?

—Sigue usted tratando de poner... —comenzó a decir Bush, pero cambió de opinión a media frase y empezó de nuevo—. Es usted uno de esos periodistas listos que intentan una y otra vez poner palabras en mi boca.

—Ni mucho menos, señor presidente.

—Pues bien, señor, me temo que así es. Pero de todas formas ya tiene mi respuesta a su pregunta. —La insistencia del periodista llevó a Bush a territorio peligroso, pues añadió—: Y no tengo en estos momentos sobre mi escritorio ningún plan de ataque.

Aunque era un dato técnicamente correcto, tergiversaba hasta cierto punto el tipo de implicación que había tenido hasta entonces en la planificación de la guerra.

Franks le dio a Rumsfeld otra sesión de actualización el 11 de abril por videoconferencia segura, centrándose en los preparativos específicos para la guerra que podían llevarse a cabo sin atraer el interés del público. Puesto que el concepto estaba diseñado para un ataque unilateral de Estados Unidos desde Kuwait a través del sur de Iraq, tenían que trabajar para mejorar los aeródromos que ya existían en países del golfo como Omán, Emiratos Árabes Unidos y el propio Kuwait. Se estaban trasladando más y más equipos y provisiones preposicionadas, lo que requería la construcción de plataformas de cemento para almacenarlos.

Además, necesitarían acceso a enormes cantidades de combustible, pues las fuerzas desplazadas acabarían teniendo que penetrar en Iraq desde Kuwait. ¿Cómo podía Estados Unidos aprovechar las líneas de combustible existentes con apoyo de los kuwaitíes pero sin que otras naciones se enterasen?

Tales preparativos iniciales —y se trataba tan sólo del principio— tendrían un coste de entre 300 y 400 millones de dólares. Recobrándose de la conmoción del precio, Rumsfeld se preguntó en voz alta si no habría forma de conseguir que algún otro país colaborase en el pago de esa factura.

El secretario comunicó que quería mirar hacia el futuro. Parafraseando una pregunta anterior del presidente, afirmó: «¿Cómo responderían si Saddam hiciera algo que interfiriera los planes?»

Esto desembocó en un debate sobre la operación Vigilancia Sur que, con el inicio de los bombardeos en Afganistán seis meses antes, se había puesto en una especie de situación de espera. Aunque estaba lista para responder a las provocaciones, su misión era en realidad recopilar información y supervisar las zonas de exclusión aérea. ¿Sería posible llevar a cabo la tarea de recopilación de información de forma más intrusiva? ¿Debían realizarse más misiones de vuelo? ¿Podían utilizarse esas operaciones para ir mejorando paulatinamente la posición de Estados Unidos ante una hipotética guerra?

Apenas un poco más de una semana después, el 20 de abril, Franks se reunió con el presidente para informarle durante una sesión sabatina en Camp David.

—Voy sintiéndome un poco mejor con el concepto pequeño, más ligero y más acelerado —confesó Franks. Parecía que las piezas comenzaban a encajar—. Señor presidente, probablemente pueda reducir los plazos en un tercio respecto a lo que pensaba inicialmente.

Al final del período tendrían 180 000 personas desplegadas. Si no lograban un éxito inmediato, las tropas se incrementarían hasta

250 000 hacia el final de la Fase Tres, las operaciones de combate decisivas.

—Todavía no estoy satisfecho con esto —dijo Franks. En esos momentos estaban realizando juegos de guerra para acabar de perfilar los problemas de tiempo y de distancias—. No considere estos números definitivos, señor presidente. Sólo muestran en qué punto nos encontramos ahora mismo.

—Es muy importante para nosotros que no quedemos al descubierto en la región —comentó Bush.

Subrayó que cuanto más duraran los combates, más susceptible sería Estados Unidos a las dinámicas políticas de la región. Quería que se hiciera de una forma tan eficiente y breve como fuera posible. Al mismo tiempo, el presidente le dijo a Franks que no debía dejar que el ímpetu de los debates ni su interés en hallar formas de comprimir los plazos y las operaciones de combate le empujaran a creer que nadie iba a hacer aquello con menos efectivos de los necesarios.

—Eres tú quien me tiene que decir, Tommy, lo que se necesita para hacer esto —dijo el presidente—. Obviamente quiero asegurarme de que lo hagamos bien y rápido.

Franks comprendió el problema. Por supuesto, «bien» y «rápido» podían no coincidir. Podría ser que hacerlo rápido implicase, de hecho, hacerlo mal. Tomó lo que se le había dicho como lo que llamaba una «indirecta presidencial», y además una indirecta particularmente ambigua.

El general dijo:

—Voy a tener que evaluar los riesgos antes de decirle que tengo un plan que estoy listo para ejecutar.

Según él, las claves eran: ¿hasta qué nivel era necesario llevar la concentración de fuerzas y durante cuánto tiempo para que el conflicto subsiguiente fuera corto? y ¿cuánto tenía que durar antes de poder finalizarlo de forma decisiva?

—Sí —dijo el presidente—, exactamente. Tommy, tú eres mi experto. Tienes que decirme lo que necesitas para hacerlo. Tendrás todo lo que pidas.

En otro punto, Bush añadió:

—Si esto se alarga, Dick Cheney dice que la región será problemática. —Ésa era una palabra suave para no decir que la región sería un desastre. Otra indirecta presidencial. El presidente añadió luego—: Vamos a hacerlo, no importa lo que dure, pero he creído que tenía que decirlo.

Más adelante, Bush recordó que en realidad había sido exactamente así: había tratado de enviar algunas indirectas. «Es muy importante que el presidente no quiera entrar a dirigir los detalles de un plan de guerra para que se ajuste a la política interna y a la internacional.» Por otra parte, quería que Tommy comprendiera mientras planificaba algunos de los matices o que viera las implicaciones que tenían algunas cuestiones. Lo peor que podía hacer un presidente era decir: «¡Oh, no, el plan de guerra tiene que acomodarse a un calendario político.»

«Para un presidente es muy delicado tratar con sus generales. Debe andarse con mucho ojo. Lo toman todo... —dijo el presidente, y luego reinició la frase—. En esta estructura de mando, cuando el presidente dice algo, todo el mundo, en todos los eslabones de la cadena de mando, se lo toma muy en serio. Yo siempre tengo eso muy presente.» Así que estaba enviando indirectas sin que con ello pusiera en entredicho lo que Franks quería hacer. «Recuerda esto: si un presidente trata de diseñar un plan de guerra, pone a sus soldados en peligro, porque yo no tengo ni idea de cómo diseñar planes de guerra.»

El 24 de abril Franks se reunió de nuevo con sus principales comandantes, esta vez en Doha (Qatar). El número de tareas preliminares que había que emprender parecía infinito, con muchos detalles aparentemente insignificantes que podían retrasar o incluso impedir parte o toda una operación si no eran solucionados de inmediato. Franks había llegado a la conclusión de que había dos formas de conseguir poner las cosas en marcha como comandante *combatant*: pedirle a Washington que lo hiciera o que le concediera permiso para hacerlo o bien hacerlo sin más. Bush le había dado una autoridad extraordinaria al decir que no importaba el coste de las operaciones.

Franks dijo a sus comandantes que le informaran directamente a él de lo que necesitaban, porque en adelante ya no harían más solicitudes de financiación a Washington. Así que si necesitaban trabajar para construir una rampa para vehículos de combate en Kuwait que costaría varios millones de dólares, podían comenzar a hacerlo sin más. Lo mismo sucedía con extender una autopista hasta Omán o con llenar de cemento Jordania. Había que hacerlo sin más.

Más adelante Franks informó a Rumsfeld: las facturas estaban comenzando a llegar. «El interventor del Pentágono tiene el dinero —dijo Rumsfeld—, así que adelante.»

El 9 de mayo Franks pidió formalmente a sus comandantes que desarrollaran un plan para un segundo frente en el norte para un ataque a Iraq a través de Turquía. No estaba seguro de que Turquía fuera a cooperar, así que hasta entonces toda la planificación se había centrado en un ataque sólo en el sur desde Kuwait. Pero puesto que existía alguna posibilidad de que Turquía los ayudase, Franks quería que esa opción se valorase. Si era factible, la frontera de 160 kilómetros entre Iraq y Turquía podía usarse para introducir una división, con unos efectivos de entre 15 000 y 20 000 soldados. Incluyendo a todo el personal de apoyo, Franks calculó que eso quería decir que Turquía debía autorizarlos a tener allí unos efectivos de entre 25 000 y 30 000 personas. Probablemente, la idea iba a asustar a los turcos. Sin embargo, se imaginaba que valía la pena intentarlo.

Al día siguiente, 10 de mayo, Franks resumió estos debates a Rumsfeld. El secretario andaba en busca de una formulación clara. ¿Cuáles eran todos los detalles implicados? ¿Qué podría sorprenderlos? ¿Qué podían haber pasado por alto? ¿Qué se habían olvidado de anticipar? Había muchas variables e incógnitas. ¿Qué es lo que tenían ante los ojos y no sabían ver? La propensión y habilidad que tenía Saddam para provocar eran una de las «incógnitas conocidas» más preocupantes dentro de las «incógnitas desconocidas». Rumsfeld hablaba de ellas a menudo. Se trataba de cosas a las que habían permanecido completamente ciegos.

La cuestión que flotaba sin respuesta posible era: «¿Y si Saddam obliga a Estados Unidos a entrar en guerra antes de que estemos listos?»

Por el momento, todo lo que tenían en posición para responder eran las fuerzas aéreas y los aparatos de la Marina. Las operaciones rutinarias de Vigilancia Norte y de Vigilancia Sur incluían un grupo de combate con portaaviones que contaba con unos setenta aparatos más otros ciento veinte aviones de las fuerzas aéreas con bases en tierra. En total disponían de unos doscientos aparatos. Denominaron a esta posibilidad Plan Azul: que estaría disponible entre cuatro y seis horas después de un aviso para dar una primera respuesta con lo puesto con la que ganar tiempo.

¿Cómo podía incrementarse el contingente aéreo en una serie de operaciones aéreas graduales que dieran tiempo suficiente a que las tropas de tierra llegaran a la región para iniciar un ataque?

Los cálculos iniciales mostraban que en la región se podía llegar a un Nivel Blanco de aparatos —unos 450 cincuenta aviones— en un plazo de siete días tras la provocación. Luego, en otras dos semanas, se podían seguir, acumulando efectivos hasta llegar a lo que se denominaba el Plan Rojo, con entre 750 y 800 aviones.

Se trataba aproximadamente de la mitad del poder de combate aéreo utilizado durante la operación Tormenta del Desierto en 1991.

Más adelante, ese mismo día, Franks llevó su informe sobre el último Plan de Generación Inicial a los altos cargos del Consejo de Seguridad Nacional en la Casa Blanca. En su exposición, en la que no estuvo el presidente, Franks mostró un mapa de Iraq y de sus vecinos. Repasó dónde estaban, con los permisos de los diversos países, y dónde creía que iban a necesitar acceso o ayuda, y dónde no estaba seguro.

Puesto que el último plan, el 90-45-90, necesitaba 225 días para la concentración de tropas y la guerra, Rice preguntó si había alguna forma más rápida de llevar a cabo las operaciones, de reducir el período inicial. El tiempo era la principal vulnerabilidad que tenían.

Franks dijo que estaba trabajando en ello. Les explicó los planes Azul, Blanco y Rojo para realizar operaciones aéreas de represalia si Saddam los provocaba.

Powell tenía muchas preguntas sobre el apoyo que podía esperarse de forma realista de algunos de los países que estaban jugando a dos bandas, una en público y otra en privado. Las consecuencias para la región eran incalculables, así que estas naciones procuraban cubrirse ante todas las opciones. Powell quería poner sobre la mesa algunas cuestiones adicionales. Mirando al mapa señaló que había sólo un puerto en Kuwait a través del cual deberían llegar todas las unidades y los suministros de combate, mientras que en la operación Tormenta del Desierto tuvieron varios.

«Tommy —le dijo—, tú eres ahora el experto en esto y yo no, pero por lo que yo veo... —Entonces alabó la planificación, la posible jugada táctica—. ¿Has pensado en la logística? ¿Puede el punto de procesamiento —un término logístico que se utilizaba para definir el punto de tránsito y que Powell usó intencionadamente— asumir toda esa carga, y tienes lo que necesitas y puedes conseguir lo que necesitas a través de ese único puerto?»

Franks consideraba a Powell «un poco amigo», y el general al mando vio que el ex general llevaba puestos los guantes de entrenamiento y no los de pelea. Era una pregunta razonable aparentemente realizada con dos propósitos: uno, ponerla de relieve frente a los demás y, en última instancia, ante el presidente, y dos, enviar una sutil indirecta a Franks para que vigilase cuidadosamente la logística de la operación.

Franks respondió con seguridad, pero insistió, como en todo lo demás, en que todavía estaban trabajando duro y que no tenían todas las respuestas, ni mucho menos. De hecho, ni siquiera tenían todas las preguntas.

Además, Franks dedujo que Powell tenía más preocupaciones que no se había decidido a hacer públicas. Franks no estaba diseñando una operación que hiciera uso de una fuerza abrumadora, al estilo de la que Powell había usado en la guerra del Golfo, sino que estaba optando por un plan más ligero, rápido y complejo, con muchas piezas móviles. Quizá Powell creía que se estaban asumiendo demasiados riesgos.

Powell creía en usar la máxima fuerza militar en el momento decisivo e iba a hacer preguntas y comentarios, le invitaran a hacerlo o no. «¿Cree que el número de fuerzas implicadas será suficiente?», preguntó.

Franks dijo que estaba trabajando para establecer cuál era el número adecuado.

«¿Y qué hay de los costes?» Franks comentó que los costes operacionales totales todavía no se conocían en este punto porque todavía estaba pensando, juntando y dando forma a la magnitud de fuerzas implicadas.

El sábado 11 de mayo Franks se llevó su mapa y sus informes

a Camp David para celebrar una larga sesión con el presidente. Le presentó el plan de ataque de forma distinta, diciendo que consistiría en cinco frentes. El primero sería un frente occidental donde enviaría Fuerzas de Operaciones Especiales para evitar el lanzamiento de misiles Scud. El segundo sería el frente sur, la principal vía de ataque desde Kuwait, que consistiría en dos o más divisiones del ejército y unas dos divisiones de los marines. El tercero serían las operaciones de información. El cuarto consistiría en un ataque vertical hacia Bagdad. Y el quinto se constituiría a través de Turquía si se conseguía llegar a un acuerdo con los turcos.

Franks describió la potencia de las fuerzas enemigas. En el norte, Saddam tenía once divisiones del ejército regular y dos de la Guardia Republicana. En el sur contaba con cinco divisiones del ejército regular, así como con el resto de divisiones de la Guardia Republicana y de la Guardia Republicana Especial alrededor de Bagdad.

Rice y Card manifestaron su preocupación de que se produjera un escenario de «Fortaleza Bagdad» en el que Saddam se atrincherara en la capital y forzara que se produjeran combates urbanos sucios y prolongados.

El presidente también tenía algunas preguntas sobre la Fortaleza Bagdad. Franks creía que el presidente se hacía eco de la ansiedad de los demás, que casi se había visto forzado a preguntar por ello.

«No hay ninguna posibilidad de evitar que este tipo se lleve todas sus tropas a Bagdad si es lo que decide hacer —dijo Franks—, dado que hay 500 kilómetros desde la frontera con Kuwait, Turquía y Jordania hasta Bagdad.» Especialmente, añadió, si Estados Unidos decidía atacar con una fuerza menor y muy rápida. Saddam tendría tiempo de retirarse a Bagdad si deseaba hacerlo. «Si ésa es la vía que escoge, nos lo pondrá difícil, pero al final venceremos.»

Capítulo doce

«¡Deja de molestarme!», le dijo el presidente a Karl Rove ese sábado, 11 de mayo. Rove le había llamado la atención sobre un artículo que *The New York Times* estaba preparando sobre la cada vez mayor implicación del propio Rove en las decisiones de política exterior. Siempre era mejor evitar que Bush se sorprendiera encontrándose en las noticias historias sobre guerras internas en la administración. Rove insistió en que él no había provocado aquella historia y en que no estaba cooperando con los periodistas.

—No te preocupes —le dijo el presidente—. Condi es muy territorial —bromeó—. Es una mujer.

—Señor presidente —contestó Rove, también bromeando—, ése es un comentario muy machista.

Rove había tenido muchas más escaramuzas con Powell que con Rice, pues el ex general era uno de los más territoriales de todo el gobierno. La oficina de Rove examinaba a todos los designados para ocupar cargos en la administración y en tres ocasiones muy recientes el departamento de Estado había tratado de colocar a gente de la profesión en puestos de designación política. Estos puestos de designación política estaban bajo los auspicios de Rove y en ellos residía la base de su influencia dentro de cada uno de los distintos departamentos. Los perseguía como un halcón. Los últimos tres intentos de Powell de cambiar el sistema utilizado hasta entonces habían sido: ocupar un puesto no administrativo en la Agencia de Estados Unidos para el Desarrollo Internacional (USAID) con una persona de carrera; ocupar un puesto de embajador y poner un demócrata como programador de agenda en la oficina de Armitage. Rove envió de vuelta el siguiente mensaje: «Nunca le vamos a decir que no... ¿Qué va a hacer usted por nosotros?»

Pero el *Times* no iba tras nada de esto. Rove había declinado ser entrevistado y había contestado por correo electrónico: «¡Casi no estoy metido en la política exterior!»

El domingo el presidente llamó a Rove para pincharle. «No he visto ese artículo que decías que iba a salir sobre ti.» Salió al día siguiente, el lunes 13 de mayo, en la portada, bajo el titular «Quejas en el gobierno por el papel al parecer cada vez mayor de un asesor». La historia decía que a Powell no le había gustado la declaración de Rove de que se debía usar la guerra en Afganistán para conseguir beneficios políticos para George Bush. No obstante, el artículo no entraba en detalles y no daba a entender en ningún momento que Rove tuviera ningún problema con Rice.

Rove estaba en su despacho en el segundo piso del Ala Oeste de la Casa Blanca a eso de las 6.30 horas de ese lunes cuando Powell le llamó.

«Es todo un montón de mentiras —dijo el secretario de Estado—. Somos amigos. Y siempre he creído que tenemos una buena relación.» Si alguien entendía que en todo había ramificaciones políticas que tenían que ser sopesadas, ése era Powell. «Y tú eres el asesor político del presidente y tu trabajo es asesorarle.»

Rove se imaginaba que Estado —o Powell— querían devolver el golpe a la Casa Blanca, y la mejor manera de hacerlo era decir que todo era político, tratar de suavizar cualquier línea dura. Él era sólo un daño colateral, sintió, a pesar de que dijo que no comprendía cuál era el motivo del artículo y que, francamente, no le importaba.

Cuando el presidente, que conocía la tensión que existía entre ambos, vio a Rove más tarde ese mismo día, le dijo con cierta sorna a su asesor político en jefe: «Señor secretario, ¿cómo está usted hoy?»

Por su parte, Cheney sabía que la verdadera lucha política dentro de la administración no la llevaba a cabo Rove, sino Powell. Una noche comentó en privado que dentro de la Administración había habido intensas discusiones sobre las dos caras del gobierno iraní, por un lado aquella que representaba el presidente democráticamente elegido, Mohammad Khatami, y por otro la que encarnaba el poderoso líder religioso teocrático, el ayatolá Ali Khamenei. «El debate consistía en si se trataba de dos caras del mismo gobierno o de si en realidad eran dos gobiernos distintos —dijo de Irán, añadiendo en broma—: La misma disyuntiva se aplica a Don Rumsfeld y Colin Powell.»

Una de las diferencias entre Rumsfeld y Powell radicaba en el tema de los ataques preventivos. Desde el 11-S, Rumsfeld había declarado categóricamente que la defensa no era suficiente, que Estados Unidos tenía que pasar a la ofensiva. Se tenía que llevar la batalla a los terroristas, se les debía atacar, eliminar de forma preventiva. Cualquier discusión sobre emplear las fuerzas armadas bajo cierta teoría y no frente a una amenaza inmediata a la seguridad nacional de Estados Unidos ponía a Powell tremendamente nervioso.

El 29 de mayo el que fuera secretario de Estado durante la administración Reagan, George P. Shultz, que estaba ahora en la Institución Hoover, un comité asesor de halcones bien financiado por la Universidad de Stanford, dio un discurso con una línea muy dura en la ceremonia de inauguración del Centro Nacional de Preparación en Asuntos Exteriores que se había edificado en las afueras de Washington y que llevaba su nombre. Shultz alabó unos recientes comentarios de Rumsfeld sobre que la batalla debía llevarse a los terroristas. Dijo que el derecho a anticiparse a los ataques terroristas se extendía a las amenazas que estuvieran radicadas tras las fronteras de un país extranjero. Declaró que todo ello se resumía en lo que él llamaba no sólo búsqueda activa sino «prevención activa».

Cheney comentó a su mujer que el que había hablado era el «mejor y más sabio» Shultz.

Mientras tanto, esa semana el presidente Bush había volado a Europa para reunirse con el canciller alemán Gerhard Schroeder el 23 de mayo y con el presidente francés Jacques Chirac el 26. En sucesivas conferencias de prensa en París y Berlín, el presidente declaró a los dos aliados más importantes de la Europa continental: «No tengo ningún plan de guerra sobre mi escritorio.» Bush había usado ya la misma fórmula en público en tres ocasiones. No tenía ninguna obligación de desvelar los grandes esfuerzos que se estaban dedicando a la planificación de guerra y no hubiera sido acertado hacerlo, pues hubiera generado una tempestad de especulaciones y de investigaciones por parte de los periodistas. Pero en retrospectiva hubiera sido mucho mejor para Bush haber repetido lo que ya había dicho unos meses antes: «Me reservo todas las opciones posibles y las mantendré todas bien a mano.»

Esa misma semana, en una declaración pública ciertamente engañosa, el general Franks llegó todavía más lejos. Cuando el 21 de mayo le preguntaron en una conferencia de prensa en Tampa qué cantidad de tropas se necesitaría para invadir Iraq y cuánto tiempo llevaría, el comandante del CENTCOM afirmó: «Ésa es una excelente pregunta, pero yo no tengo una respuesta para ella porque mi jefe todavía no me ha ordenado que monte un plan para hacer eso. —Añadió—: Pero más allá de las especulaciones que tanto leo en la prensa, mis jefes no me han pedido todavía que monte nada, así que tampoco me han pedido todavía cifras de ese tipo.»

Los periodistas mejor conectados con el Pentágono sabían que se estaba realizando algún tipo de planificación respecto a Iraq, pero las fuentes en el Pentágono, sobre todo las que no habían tenido acceso a ninguna sesión entre Rumsfeld y Franks, dijeron a los periodistas que el trabajo de Franks era más «un concepto de operaciones» que un «plan» propiamente dicho. *The New York Times* siguió la pista del plan para Iraq de forma muy agresiva. Un artículo de portada de esa primavera, publicado el domingo 28 de abril, llevaba el premonitorio titular de «Estados Unidos prevé plan de acción para Iraq que incluye una invasión a gran escala el año próximo». El artículo decía que el trabajo todavía estaba en fase de borrador y que Bush «no había dado ninguna orden al Pentágono para movilizar al ejército, y al menos hasta hoy no hay ningún "plan de guerra" oficial».

Pero Franks estaba aprovechando para mejorar su posición estratégica de partida sin ser detectado, acercándose al punto en que pronto tendría dos brigadas sobre el terreno en Kuwait y equipamiento preposicionado para cuatro brigadas. Sin que los periodistas lo supieran, Franks ya le había dicho al presidente que el gran plan, Op Plan 1003, podía activarse en el momento que deseara, probablemente convirtiéndolo con ello en el plan «oficial» a pesar de que todavía estaba probando muchas ideas nuevas, haciendo juegos malabares con un gran abanico de niveles de tropas y de ninguna manera recomendando o pidiendo que fuera aprobado o puesto en marcha.

A primera hora de la mañana del sábado 1 de junio, el jefe de los redactores de discursos presidenciales, Michael Gerson, acompañó al presidente a bordo del helicóptero *Marine One*, que voló remontando el curso del río Hudson hasta West Point (Nueva York), donde Bush debía pronunciar el discurso inaugural del curso en la Academia Militar de Estados Unidos. Gerson no solía asistir a los discursos del presidente, pues prefería verlos cómodamente por televisión desde casa. Él creía que era así como mejor se calibraba su verdadero impacto, pues ése era el medio a través del cual la mayoría de la gente los escuchaba y veía. Sin embargo, Gerson creía que éste era el discurso más importante en el que jamás había trabajado y quería estar presente cuando se pronunciara.

Gerson había dedicado una cantidad desproporcionada de tiempo al discurso, incluyendo un largo vuelo del *Air Force One* que había compartido con el presidente. Lo concibieron como una continuación del discurso del Estado de la Unión sobre el eje del mal que Bush había pronunciado en enero: Estados Unidos asumía el compromiso de mejorar el mundo, de hacer de él, como había dicho Rice, un lugar «mejor y más seguro». La presidencia de Bush se había fijado un propósito casi grandioso tras el 11-S. Gerson estaba convencido de que su trabajo consistía en convertir esa determinación en una visión clara.

Gerson era muy consciente de que en los cimientos de la sociedad estadounidense había cierta resistencia, incluso una reticencia extrema, a implicarse en lo que sucedía en el mundo. Para cambiar esa tradición, la nación tenía que convencerse que tanto su seguridad como sus ideales estaban amenazados. El eterno debate en política exterior entre el «gran garrote» de Teddy Roosevelt y el ideal de Woodrow Wilson de «hacer del mundo un lugar seguro para la democracia» era, en opinión de Gerson, un debate estéril. Un presidente necesitaba ser a la vez realista e idealista, y Gerson creía que Bush quería ambas cosas y poder decir, a la vez, nos tomamos el poder muy en serio pero también nos tomamos muy en serio los ideales.

En su investigación, Gerson se había remontado al discurso de 1947 del presidente Truman en el que éste enunció la doctrina Truman, por la que se debía ayudar a los pueblos libres de Grecia y

Turquía en su lucha contra el comunismo. Le sorprendió descubrir que Truman no había hecho un trabajo particularmente bueno explicándose. El discurso de 18 minutos en el que exponía la doctrina Truman era mortalmente aburrido. Según lo veía Gerson, no habían sido ni Truman ni Eisenhower quienes le habían explicado al pueblo norteamericano por qué se debía combatir el comunismo, sino John Kennedy, siendo un demócrata, en plena guerra fría, cuando en su discurso inaugural de 1961 proclamó «la carga de una larga lucha crepuscular». Bush parecía tener muy claro lo que quería, y Gerson quería aportar a esas ideas una estructura que definiera su significación histórica. El objetivo no era otro que cambiar la forma de pensar de los ciudadanos de la misma forma que había cambiado en los inicios de la guerra fría.

El discurso del eje del mal había identificado los países que eran posibles objetivos. Ahora, Bush especificaría los medios: «prevención». El razonamiento era el siguiente: si Estados Unidos se demoraba en emprender acciones y dudaba al atacar a aquellos que eran amenazas, podía ser que las consecuencias no fueran inmediatas. Pero la perspectiva de perder a la mitad de la población de una ciudad norteamericana era tan horrible que hacía que se tratase de un deber urgente ponerle remedio.

Gerson era consciente de que Cheney había estado planteando la posible amenaza que representaba que los terroristas pudieran adquirir armas de destrucción masiva desde la campaña de 2000. A partir del 11-S, ese tema se había convertido en la obsesión de Cheney. Decía que se trataba de la principal amenaza a la seguridad de Estados Unidos en las décadas, o quizá generaciones, venideras. Iraq era meramente la distancia más corta entre tales armas y los terroristas.

Para enfrentarse a este desafío hacía falta enunciar explícitamente una nueva doctrina sobre cómo iba a actuar Estados Unidos en el mundo. El presidente le había dicho a Gerson que no quería jugar a lo que él llamaba una «bola lenta». Había decidido que, en adelante, Estados Unidos atacaría de forma preventiva a las amenazas y no fiaría sus esperanzas en la mera contención ni en la disuasión.

«No podemos ganar la guerra contra el terrorismo si permanecemos a la defensiva», declaró Bush ante casi mil cadetes que se graduaban y a sus familias en el estadio Michie de West Point.

«Debemos llevar la guerra allí donde esté el enemigo, desbaratar sus planes y hacer frente a las peores amenazas antes de que se hagan efectivas.»

La única vía hacia la seguridad pasaba por la acción, dijo, «y esta nación actuará». Enmarcó su lenguaje agresivo con una llamada a la difusión de los valores norteamericanos. «La causa de nuestra nación siempre ha sido mucho más grande que su mera defensa —afirmó—. Tenemos una gran oportunidad de extender una paz justa, reemplazando la pobreza, la represión y el resentimiento por todo el mundo con la esperanza de un mañana mejor.» El objetivo no sólo era una ausencia de guerra, sino una «paz justa», que incluyera propósitos morales, democracia, libertad de mercado y derechos para la mujer.

Tras el discurso, Gerson comentó a un periodista:

—Sabes, éste va a ser un discurso que se cite durante mucho tiempo. Préstale especial atención.

—Ese discurso no tiene noticias —replicó el reportero—. No has usado la palabra Iraq.

Gerson se quedó pasmado. Bush acababa de exponer la base de toda su estrategia política en seguridad nacional y en política exterior.

El discurso fue la historia principal de *The New York Times* y del *Washington Post* al día siguiente, pero tardó en despertar interés generalizado. El *Times* dijo en un editorial que la doctrina preventiva de Bush representaba «un vuelco de trascendentales consecuencias» y que Estados Unidos debía andarse con cuidado para no establecer un precedente peligroso ni meterse «en el negocio de invadir unilateralmente otras naciones y derrocar a sus gobiernos».

Rumsfeld no encontró gran novedad en el discurso. Llevaba hablando públicamente de la doctrina de la prevención desde el 11-S y, ciertamente, la guerra en Afganistán y la guerra secreta que se estaba luchando contra el terrorismo a escala global entraban en la categoría de preventiva en un grado u otro. Era una doctrina que se remontaba a siglos, le recordó un amigo. En el siglo XVI, sir Tomás Moro discutía la prevención en su *Utopía*, la idea de que cuando sabes que uno de tus vecinos va a atacarte, no debes quedarte quieto esperando, sino que debes ponerte en marcha de inmediato y actuar. El concepto parecía de sentido común. Rumsfeld creía que el debate debía centrarse en la información secreta obtenida sobre la amenaza que representaba otro país y en el poder y la calidad de la información. ¿Qué información sería necesaria, y con qué grado de certeza, antes de lanzar un ataque preventivo?

Franks se vio inundado de órdenes procedentes del Pentágono que hacían referencia a Iraq. El 20 de mayo Rumsfeld había dado a Franks la orden de que realizara una ramificación del plan que se llamase «Liberación de Bagdad». Le pedía una planificación más específica para contrarrestar o evitar la opción de la Fortaleza Bagdad, que preocupaba mucho en la Casa Blanca, especialmente a Rice y a Card. Cuatro días después Rumsfeld, a través de la Junta de Estado Mayor, ordenó que se diseñaran planes detallados para las operaciones de estabilización de Iraq tras los combates que se preveían en la Fase Cuatro.

Dentro del diálogo constante que mantenían Rumsfeld y Franks volvían una y otra vez a la noción de más pequeño y más rápido. Tenían el gran Plan de Generación Inicial de 90-45-90 en el bote, pero no les gustaba a ninguno de los dos. Sabían que era provisional. En lugar de apretar y comprimir lo que ya tenían, que es lo que habían hecho durante los últimos seis meses, quizá necesitaban algo completamente nuevo, empezar de cero, sin ninguna rémora de lo que se había hecho anteriormente. A Rumsfeld le encantaba darle vueltas a los problemas y nada le gustaba más que tomar una página en blanco o su grabadora y comenzar de nuevo.

No sólo tenían que enfrentarse a la posibilidad de que Saddam se comportara de forma provocativa, sino al hecho de que el presidente, por una razón u otra, quisiera evitar que Iraq hiciera algo y deseara poner en marcha su doctrina preventiva, por decir algo, al día o el mes siguientes. Rumsfeld era muy consciente de que los discursos presidenciales de Bush marcaban políticas que se iban a seguir. En el supuesto de que comenzaran las operaciones (ataques aéreos Azul, Blanco o Rojo) y simultáneamente se tratara de hacer llegar lo más rápido posible tropas de tierra al campo de batalla para responder a lo que pudiera suceder...

El 3 de junio, a través de una videoconferencia segura, Franks presentó a Rumsfeld lo que denominó el «Inicio en Carrera»: comenzar la guerra antes de que las tropas de Estados Unidos estuviesen en la región y preparadas. Los elementos clave consistían en usar el programa aéreo Azul/Blanco/Rojo para cubrir el vacío hasta la llegada de las tropas. La cuestión era la cantidad, los plazos, el modo y los medios para transportar hasta la zona a las tropas de tierra.

Volvieron de nuevo a la cuestión de qué podría causar una guerra, pues no tenían ni idea de lo que podía pasarle por la cabeza a Saddam. Ésa era la «incógnita conocida» suprema. La única respuesta posible era estar preparado para todo.

A Rumsfeld le gustaba la idea de un «Inicio en Carrera» y dio orden de que siguiera trabajando en él. Tendría un estilo más clásico, más secuencial —primero operaciones aéreas y luego terrestres—, pero podría ser necesario. «En Carrera» capturaba de forma muy buena el mundo fluido en el que estaban trabajando, lleno de posibles imprevistos y de lo que él veía como la necesidad de estar preparado para cualquier contingencia.

En la videoconferencia segura, Franks ofreció un nuevo concepto para enfrentarse a la posibilidad de la Fortaleza Bagdad. Lo llamó «de dentro afuera», queriendo decir que las fuerzas atacarían agresivamente y eliminarían los puestos de mando y de control de Saddam y también se lanzarían contra las divisiones iraquíes más cercanas a la ciudad. Esta operación estaría diseñada para impedir que se reunieran en el centro de Bagdad grandes contingentes de tropas iraquíes. Las fuerzas de Franks trabajarían entonces desde la capital del país hacia afuera, abarcando el resto del territorio. Esto impediría que las divisiones del ejército oficial o de la Guardia Republicana que quedaran pudieran replegarse a la ciudad.

El miércoles 19 de junio Franks presentó esta última versión a Bush. Le puso rápidamente al corriente del trabajo respecto al Plan de Generación Inicial. El general afirmó que si el presidente le notificaba que estaba conforme y que tenían noventa días, se sentiría más cómodo poniendo en marcha el gran plan. «Si tiene tiempo, señor presidente, y podemos aprovecharnos de las ventajas que ese tiempo nos da, podemos generar nuestro propio calendario con una invasión simultánea a gran escala por tierra y por aire.» Se trataba del Plan 90-45-90 que acabaría con el régimen tras una guerra de 225 días.

Le aseguró al presidente que con ese plan la victoria estaba garantizada.

Y lo que era más importante, dijo Franks, como resultado de haber analizado todos los escenarios posibles, Rumsfeld y él habían logrado elaborar una opción de respuesta más flexible, una especie de Inicio en Carrera. Ésta era la opción que se podía poner en marcha de inmediato, la que habían estado buscando: una opción que reducía el tiempo transcurrido entre la decisión del presidente de atacar y el ataque en sí, el plazo entre la decisión y la acción. Habían delineado un inicio inmediato que podía comenzar con las operaciones aéreas Azul, Blanco o Rojo. Franks dijo que esas operaciones aéreas, que le permitirían ganar un poco de tiempo, irían aumentando de intensidad, reducirían de forma sustancial las capacidades de Saddam en Bagdad y sus alrededores y mantendrían a los iraquíes a raya.

Franks tenía en aquel momento dos brigadas sobre el terreno en Kuwait. Se tardarían unas tres semanas en trasladar hasta allí a dos brigadas más. Con un total de cuatro brigadas (algo más de una división) y con las unidades de marines en las cercanías, Franks contaría con un total de tropas de tierra de 50 000 soldados, el mínimo imprescindible para cruzar la frontera iraquí como fuerza invasora. Puesto que comenzaría a desplegar fuerzas en el mismo momento en el que el presidente ordenara el inicio de las operaciones aéreas, podía hacer llegar a otras dos divisiones a Kuwait en un plazo de entre dos y tres semanas. Eso significaba que tendría un poco más de 100 000 soldados para lanzar un ataque por tierra en unos 30 días.

La respuesta de Bush fue neutra. Parecía aceptar la lógica de tener otra opción. Pidió a Franks que trabajara duro en los planes de respuesta si Saddam utilizaba armas de destrucción masiva fuera contra sus vecinos o contra tropas estadounidenses. ¿Contaba el general con los equipos necesarios para evitarlo, para defenderse o, en el peor de los casos, para operar en un entorno contaminado? El presidente les insistió en que pusieran en marcha todas las cuestiones que afectaban a diversas agencias y que se asegurasen de completar las tareas preparatorias para suministros, derechos de base y combustible en la región. Parecía querer transmitirles una sensación de premura.

Franks se reunió con sus comandantes otra vez en Ramstein (Alemania) el 27 y 28 de junio. Les dijo que cambiasen las prioridades y pasasen del Plan de Generación al concepto de Inicio en Carrera.

El 17 de julio Franks puso al día a Rumsfeld sobre las tareas preparatorias que se habían llevado a cabo en la región. Listó cuidadosamente el coste de cada una de ellas y el riesgo para la misión si no procedían según el calendario, que establecía que debían estar completadas hacia el 1 de diciembre. El coste total sería de unos setecientos millones de dólares.

El movimiento de más envergadura se refería a los aeródromos en Kuwait y a las infraestructuras necesarias para conseguir combustible en ese mismo país, donde se había iniciado ya un gigantesco programa de obras públicas encubiertas. Durante años, las fuerzas armadas estadounidenses habían tenido un convenio con los kuwaitíes para mejorar sus aeródromos. Inicialmente, Kuwait se había comprometido a financiar esos proyectos, pero no había entregado los fondos. Así que Franks pudo usar los contratos y los planes de obras existentes, pero pagó con fondos estadounidenses, de modo que en realidad no parecía que se estuviera cociendo nada nuevo, sino simplemente que se estaba acelerando el viejo plan. Se estaban pavimentando grandes pistas en las bases aéreas de Al Jaber y Ali Al Salem en Kuwait para que fueran usadas por aviones, como aparcamientos y como almacenes de municiones.

Una de las preocupaciones iniciales era el problema logístico de transportar combustible desde las refinerías de Kuwait hasta la frontera iraquí de modo que hubiera cantidad suficiente como para apoyar una invasión a gran escala. Los comandantes de tierra de Franks iniciaron una serie de contratos con el ministerio del petróleo kuwaití para limpiar algunos de los oleoductos que ya existían y para crear unas nuevas instalaciones de distribución de combustible más cerca de las bases que estaban empezando a construir.

Todo esto sucedía de forma tan discreta que ni los kuwaitíes, y mucho menos los iraquíes, parecieron darse cuenta.

Más adelante, el presidente halagaría a Rumsfeld y a Franks por su estrategia de trasladar tropas y expandir las infraestructuras. «Fue, creo yo —dijo Bush—, una recomendación muy inteligente de Don y Tommy el desplegar ciertos elementos que podían retirarse con facilidad y hacerlo de tal forma que fuera tan discreto que no hiciéramos mucho ruido ni despertáramos inquietudes. Y eran necesarios, independientemente de cuál fuera el camino por el que fuera a evolucionar el plan al final. —Cuidadosamente, añadió—: El preposicionamiento de fuerzas no debe verse como un compromiso por mi parte para usar a las fuerzas armadas.» Reconoció con un suave «Sí, claro» que la guerra de Afganistán y la guerra contra el terrorismo aportaron la excusa, que se hizo en secreto y que fue caro.

Algunos de los fondos vendrían de la ley de asignación complementaria que se estaba tramitando en el Congreso para la guerra de Afganistán y la guerra general contra el terrorismo. El resto vendrían de viejas leyes de asignación.

Hacia finales de julio, Bush había aprobado unos treinta proyectos que acabarían costando unos setecientos millones de dólares. Lo debatió con Nicholas E. Calio, el director de relaciones con el Congreso de la Casa Blanca. El Congreso, que se supone que controla las cuestiones presupuestarias, no tuvo conocimiento real ni ninguna implicación en esa financiación. Ni siquiera se le informó de que el Pentágono quería reprogramar fondos.

El 28 y 29 de julio *The Washington Post* y *The New York Times* pusieron en sus primeras páginas artículos sobre la planificación de la guerra contra Iraq. El *Post* dijo que muchos altos cargos de las fuerzas armadas eran favorables a una estrategia de contención, y el *Times* declaró que una de las opciones que se estaban barajando era un ataque de «dentro afuera», comenzando por Bagdad. Puesto que eso no era sino una versión incompleta del concepto que Franks había presentado en junio para evitar que se produjera una situación de Fortaleza Bagdad, Bush pudo permitirse ofenderse por los artículos cuando le preguntaron por ellos en una reunión del gabinete el 31 de julio.

«La misión que tenemos es el cambio de régimen —afirmó el presidente—. Pero todas estas filtraciones de gente de cuarto nivel... están hablando de cosas que no entienden. Vamos muy en serio. No tengo planes de guerra sobre mi mesa. Creo que hay *casus belli* y que la doctrina del ataque preventivo se aplica a este caso.

No haremos nada que implique una intervención militar a menos que confiemos en que podemos tener éxito. Y tener éxito es deponer a Saddam.»

Rumsfeld dijo al gabinete: «Si en la prensa parece un desastre, eso es lo que es. La prevención es un debate muy importante que tenemos que abrir. El problema es que se está particularizando en el caso de Iraq.»

En una conversación privada con el presidente, Rice afirmó que las filtraciones a los medios, con un plan diferente casi cada día, se habían vuelto tan «ridículas» que podían resultar útiles. «Bien —dijo ella—, algo bueno de todo esto es que estoy segura de que Saddam está completamente desconcertado.»

Capítulo trece

Con la decisión presidencial que autorizaba las operaciones secretas y su financiación, Tenet ya tenía lo que necesitaba para enviar dos pequeños equipos paramilitares al norte de Iraq. Se sentía envalentonado por el éxito que había cosechado la agencia en la guerra de Afganistán, pero tal como le recordaban una y otra vez, Iraq no era Afganistán. Sus equipos deberían atravesar Turquía y entrar en secreto en las regiones montañosas del norte de Iraq controladas por los kurdos. Tanto los turcos como los kurdos suponían un grave peligro para sus hombres, al igual que el propio Saddam.

De todas formas, un equipo de reconocimiento que se había enviado en febrero para evaluar la seguridad en la zona había concluido que la operación era factible. Y tenía el dinero que necesitaba, al menos 189 millones de dólares. Era un cambio notable desde los días en que había sido director de la CIA bajo los mandatos de Clinton. Creía que Clinton siempre había castigado a la agencia en cuestiones de dinero, que la CIA siempre había sido una de las últimas prioridades de su lista. Una vez había tenido que acudir en persona a la Oficina de Administración y Presupuesto de Clinton para conseguir 20 000 dólares para equipos de comunicaciones que necesitaban sus agentes en el terreno.

El factor nuevo en la situación actual era que en la cima no había dudas. Bush no mostraba ni cavilaciones ni inseguridades. Podía ser prudente retractarse de una decisión anterior, echar para atrás y discutirlo de nuevo, pero Bush no era así. Tenet estaba descubriendo que la duda costaba muy cara. Siempre existían cientos de motivos para no actuar. Algunas personas dejaban que los problemas las abrumasen y encontraban cincuenta razones distintas por las cuales eran insolubles, y nunca llegaban a ninguna parte.

Sin embargo, si no tenías miedo de lo que debías hacer, entonces conseguías abrirte paso a pesar de los problemas.

Cuando le llevaba problemas a Bush, el presidente le preguntaba: «¿Hay alguna solución?», «¿Cómo lo arreglamos?», «¿Qué vamos a hacer ahora?», «¿Cómo podemos evitar ese obstáculo?». Era un nuevo carácter para el gremio de los servicios de inteligencia. De repente parecía que habían desaparecido los castigos por asumir riesgos y cometer errores.

Así que iba a aprovecharse de ello.

«Estamos en el salvaje Oeste americano», fue lo primero que pensó Tim[1] cuando, la segunda semana de julio de 2002, él y otros siete agentes de la CIA condujeron diez horas a través de Turquía hasta Iraq en un convoy de vehículos Land Cruiser, Jeep y un camión. Tim tenía treinta y muchos, medía metro ochenta y cinco y tenía cabello negro y una sonrisa juvenil y deslumbrante, casi de estrella de cine. Era el jefe del grupo pero estaba designado para ser el jefe de base de la CIA en Sulaymaniyah, en la región montañosa a medio camino entre Bagdad y la frontera turca al norte. Su base en Iraq estaba a unos doscientos kilómetros de la frontera turca, a varios kilómetros de distancia de la frontera con Irán. La CIA lo había sacado de una delegación en la región para encomendarle esta misión. Tim, que hablaba árabe con fluidez, había sido un SEAL de la Marina. Yendo hacia atrás en su familia, sus antepasados habían sido almirantes, pero él había abandonado la Marina para tener un poco de acción real como agente de la CIA cuya principal tarea era reclutar espías. En total, ocho hombres de la CIA entraron en el país. Cuatro en el equipo de Tim y otros cuatro hacia una base cercana a la frontera con Turquía.

Conseguir el permiso de los turcos había requerido una media mentira. Los equipos de agentes estaban destinados básicamente a la lucha contra el terrorismo, le había dicho la CIA a los turcos, y su objetivo era centrarse en la amenaza que representaba Ansar al-Islam, un grupo terrorista radial que se oponía violentamente a los partidos kurdos laicos y del que se sospechaba que poseía laborato-

---

1.   Un apodo.

rios químicos en una aldea en Iraq cerca de la frontera con Irán. El grupo tenía contactos con Al Qaeda.

El equipo de Tim levantó su campamento en las proximidades. Estaban a 45 segundos en helicóptero de las líneas más avanzadas de las unidades militares de Saddam con base en su bastión de Kirkuk.

Las condiciones de vida eran austeras. El equipo no tenía ningún tipo de apoyo aéreo ni posibilidad de evacuación si resultaban heridos o caían enfermos. Si alguno de ellos deseaba salir tendría que avisar al menos con veinticuatro horas de antelación. Tim tenía esposa e hijos pequeños y no estaba claro si el equipo iba a tener que estar allí semanas, meses o todavía más tiempo.

Las supuestas instalaciones de Ansar al-Islam estaban en Sargat, a unos cuarenta kilómetros de la base. Las fuerzas armadas estadounidenses las llamaban Khurmal, que era la ciudad más grande que se encontraba en el mapa cerca de Sargat. La CIA mantenía relaciones desde hacía tiempo con la Unión Patriótica del Kurdistán (UPK), que controlaba el área, pero se trataba de unas relaciones muy tensas. El líder de la UPK, Jalal Talabani, gobernaba sobre 1,2 millones de kurdos empobrecidos pero con estudios que querían echar a Saddam. El otro grupo kurdo, el Partido Democrático del Kurdistán (PDK), controlaba el flujo de camiones desde el Iraq de Saddam hasta Turquía, y estaba ganando mucho dinero. El PDK no estaba particularmente a favor de un cambio de régimen.

La UPK de Talabani tenía diez prisioneros que el grupo de Sargat de Tim podía interrogar. Durante los interrogatorios, tres prisioneros aportaron lo que parecía información creíble de vínculos con la red Al Qaeda. Se verificó que a los tres se les había entrenado en campos en Afganistán, lo cual establecía una conexión con Al Qaeda diáfanamente clara.

Tim difundió que su equipo pagaría en efectivo un par de cientos de dólares a cualquiera que le pudiera entregar muestras de los venenos que se fabricaban en Sargat. Un desfile de nativos los inundó de botellas, cantimploras, frascos, jarras y tubos de ensayo. Un tipo trajo un líquido claro que decía que era altamente tóxico, pero cuando se le cayó encima todo el mundo se rió. «Ahí va el veneno», le dijo Tim. No consiguieron ni una sola muestra real de veneno.

Tim reclutó al cocinero de las instalaciones de Sargat y también a su hermano. Los dos agentes a sueldo aportaron planos de todos los edificios del complejo que luego fueron verificados gracias a imágenes de satélite.

La misión principal de Tim era comenzar a desarrollar una base desde la que llevar a cabo operaciones secretas para derrocar a Saddam. Saul, el jefe de Operaciones Iraquíes, le había dado órdenes verbales: «Quiero que logréis infiltraros en las fuerzas armadas de Saddam. Quiero que logréis infiltraros en sus servicios de inteligencia. Quiero que penetréis en su aparato de seguridad. Quiero que logréis redes de tribus en Iraq que trabajen para nosotros haciendo de paramilitares, saboteando o recogiendo información. Quiero que trabajéis en la relación con los kurdos. Ved si es factible entrenarlos y armarles para que mantengan ocupadas a las fuerzas de Saddam en el norte.»

Sobre el terreno, en Iraq, se encontraron con serias dificultades. Los turcos insistían en que cada uno de los hombres de la CIA debía llevar un escolta. Así que Tim y los otros tres hombres de la CIA se vieron metidos en una pequeña casa con cuatro turcos que insistían en que ellos también debían vivir allí o, de lo contrario, escoltarían a Tim y a su equipo fuera del país. Para rematar el problema, los turcos odiaban a los kurdos y viceversa. Un día, los turcos se explayaban sobre lo subhumanos que eran los kurdos y acerca de cómo no valoraban la vida humana. Esa misma noche los kurdos decían exactamente lo mismo de los turcos. Cada pequeño tema comportaba una pelea. Tim dijo que querían interrogar de inmediato a los prisioneros de la UPK. «No, ni hablar», «Sí, de acuerdo», «No, más tarde», «No, nunca», «De acuerdo». Todo entrañaba una dura negociación. Los escoltas turcos también estaban espiando a Tim y a su equipo, que trabajaban dieciocho horas al día. Cuando no entorpecían el trabajo, los turcos fumaban o veían vídeos pornográficos turcos en sus abarrotadas habitaciones. La escena estaba a medio camino entre *Animal House* y lo que Tim esperaba que fuera una película seria de James Bond.

Cuando ya llevaban varias semanas de calvario, los turcos recibieron una llamada de su jefe, ¡que les informó de que los norteamericanos iban a bombardear Sargat! Turquía parecería cómplice de aquel bombardeo, los kurdos montarían en cólera y Turquía sería condenada en el escenario mundial. «Los salvajes y temerarios estadounidenses van a comenzar una guerra. ¡Todo el mundo fuera!» Así que las niñeras se marcharon y Tim y su equipo pudieron comenzar a trabajar en el cambio de régimen. Comenzaron entrevistando a refugiados y desertores del régimen de Saddam que habían huido al área kurda.

Dos resultaron de particular interés. Uno era un oficial en activo del ejército iraquí que había pilotado los cazas Mirage de las fuerzas aéreas iraquíes. Un segundo era un mecánico de los MiG-29. Tenía muchos datos sobre el colapso de las fuerzas aéreas iraquíes, que ahora, básicamente, sólo podían realizar misiones kamikaze. Los pilotos iraquíes se inventaban enfermedades los días que se suponía que tenían que volar porque los aterrorizaba que aquellos aparatos tan mal mantenidos se estrellasen.

La única vía de comunicación de Tim era una conexión segura con Saul en la central. «Puedes quedarte allí seis meses —dijo Saul—. Ahora que estás dentro no vamos a sacarte.» Los turcos se negaban a aportar ningún reaprovisionamiento y las condiciones cada vez eran más precarias, y hasta peligraba el suministro de agua y electricidad. La casa estaba a 1 800 metros de altura en las montañas del Kurdistán, y el invierno sería duro. Era un ambiente hostil e inhóspito, con turcos, kurdos, iraníes e iraquíes cerca.

Tim siguió sondeando a los desertores, a los refugiados y a los líderes de la UPK, tratando de conseguir información y de discernir quién podría ser de utilidad y cómo podría ayudarlos. La UPK era un semillero de celos y un bazar de deslealtades. Estaban trabajando con Estados Unidos y vendiendo a los iraníes. El mejor postor ganaba. Tim estaba dando montones de dinero y todo el mundo se le acercaba. Un tipo aseguró que pertenecía a la Organización Especial de Seguridad de Saddam, pero al final resultó ser falso. «El primo de mi hermano —dijo otro supuesto desertor— vio una montaña y bajo ella están escondidas todas las armas de destrucción masiva.»

El equipo de Tim descubrió que los iraquíes estaban enviando agentes al área kurda para que encontrasen a los hombres de la CIA y los matasen. Uno de los infiltrados en Ansar al-Islam informó de que el grupo estaba cubriendo toda la región para emboscar a los norteamericanos en las carreteras.

Tim bailaba, amenazaba, preguntaba, suplicaba, seducía, mentía, presionaba e intentaba distinguir por todos los medios la verdad de la mentira. Mientras tanto, el equipo generaba docenas de informes basados en lo que ellos creían que era la información más fiable y se los enviaban a Saul. Tim debía encontrar un sistema de clasificación. ¿Con quién debía hablar? ¿En qué debía emplear el tiempo? ¿A quién debía pagar? ¿Cómo podía comprobar la veracidad de las fuentes? Comenzó a usar a algunos kurdos como enviados para que fueran a reunirse con las fuentes potenciales.

Un día, hacia finales de agosto, uno de los kurdos que tenía conexiones verificables y de primera calidad con el círculo interno de la UPK se acercó a Tim. «La UPK no me está tratando tan bien como debiera —dijo—. Y realmente me gustaría ayudaros, chicos.»

Dado el puesto que ocupaba el hombre, Tim se dedicó personalmente a él. Se comprobaron todas las historias de conexiones por familia y por matrimonio. El resultado fue un cuadro muy prometedor. Tim comenzó a trabajar con aquel tipo, escuchándole y haciéndole preguntas.

«Sabéis que existe ese gran grupo religioso —comentó el hombre— y están dispuestos a ayudar.» Era un grupo que había sido objeto de una persecución particularmente salvaje y represiva por parte de Saddam a lo largo y ancho de Iraq: por el norte, sur, este, en las fronteras y en Bagdad. El grupo era extraño, casi fanático. Pero tenían hambre de poder. Saddam había hecho prisioneros a algunos de sus miembros más importantes. Había un líder que gozaba de un poder enorme y de una influencia casi increíble sobre miles de miembros de ese grupo que tenían cargos en las fuerzas armadas y en los servicios de seguridad. Y querían una venganza a lo grande, explicó el hombre. Pero necesitaban que les dieran seguridades. Necesitaban garantías.

A Tim todo aquello le sonaba ridículo. Por un lado, apestaba al típico montaje; por el otro, era la fantasía de todo agente secreto, un verdadero tesoro. Tenía que dar el siguiente paso, por absurdo que pareciera. «De acuerdo —asintió Tim—. Te voy a decir cómo vamos a trabajar. Antes de que me reúna con ellos dime qué pueden hacer, dame una lista de los nombres de sus seguidores y dime dónde están ubicados.»

El hombre le prometió que la tendría. Se la entregaría, y entonces Tim iba a ver de lo que eran capaces. Pero unos días después, hacia finales de agosto, los turcos dieron carpetazo a la presencia de los norteamericanos y obligaron a Tim y al resto de agentes de la CIA a salir del país.

Conforme Tim descendía por las traicioneras montañas en su todoterreno sobre lo que, siendo optimista, se podían considerar carreteras, no podía imaginar que pronto estaría de vuelta allí y que ya había puesto en marcha una cadena de acontecimientos que daría lugar a unos informes de inteligencia polémicos y sin precedentes que acabarían en manos de George W. Bush en el Despacho Oval. Y que esos informes, cuyo nombre en clave en la CIA sería DB/ROCKSTARS, serían el detonante para que George W. Bush tomase la decisión de iniciar una guerra.

Capítulo catorce

A las 16.30 horas del lunes 5 de agosto, Franks, con 110 diapositivas de la planificación de Alto Secreto/Polo Step, y Renuart, con su Libro Negro de la Muerte a rastras, llegaron a la Sala de Situación de la Casa Blanca para informar al presidente y al Consejo de Seguridad Nacional.

El programa consistía en: 1) Un rápido repaso al Plan de Generación Inicial; 2) Actualización sobre el Inicio en Carrera; 3) Introducción de un nuevo concepto llamado «Híbrido», una mezcla de Generación e Inicio en Carrera; 4) Administración del riesgo estratégico; 5) Objetivos en Iraq.

Franks les dijo que el Plan de Generación Inicial era todavía el 90-45-90, queriendo decir que se tardaría todavía noventa días en llevar las fuerzas allí antes de que pudiera iniciarse la ofensiva. Habían avanzado mucho desde el concepto de la guerra del Golfo, pero todavía seguía siendo el único plan ejecutable que tenían.

Pero con la alternativa Inicio en Carrera, comentó Franks, sería posible tener una nueva variación más decidida que él denominaba 45-90-90, sobre todo porque los preparativos militares que ya se habían llevado a cabo les iban a ahorrar tiempo. El transporte de las tropas y los bombardeos comenzarían inmediatamente y de forma simultánea al inicio de los cuarenta y cinco primeros días para dar forma y definir el campo de batalla. Luego se tardarían noventa días más para emprender las «operaciones ofensivas decisivas» y otros noventa más para la «completa destrucción del régimen».

En caso de emergencia, si se ponía en marcha el Inicio en Carrera sin aviso previo, ello implicaría el inicio inmediato de las operaciones aéreas a través de las opciones Azul/Blanco/Rojo, que irían aumentando de forma gradual la flota de aviones hasta llegar a los 800 en una semana y media. Con la actual situación de fuerzas, Franks había recortado este período a la mitad desde la primera presentación que le había hecho a Rumsfeld en mayo. Al cabo de entre veinte y veinticinco días, dos brigadas podían tomar los pozos petrolíferos del sur.

Franks pasó a la diapositiva 16, su nuevo concepto Híbrido. Era un intento de tomar lo mejor de Generación Inicial y de Inicio en Carrera, introduciendo, además, las acciones preparatorias que ya se habían llevado a cabo hasta entonces. El Plan Híbrido reducía de forma espectacular el inicio, el período de tiempo dedicado a movimientos de tropas antes de comenzar las operaciones ofensivas.

El Híbrido tenía cuatro fases:

Fase Uno: cinco días para establecer el puente aéreo, que incluía el requiso forzoso de todos los aparatos estadounidenses comerciales necesarios para aumentar la capacidad de transporte aéreo de tropas a la región. Luego, once días para transportar a los primeros soldados.

Fase Dos: dieciséis días de ataques aéreos y de las Fuerzas de Operaciones Especiales.

Fase Tres: ciento veinticinco días de combates decisivos. Al inicio de los ciento veinticinco días tratarían de introducir una división en Iraq, y en la semana siguiente, otra segunda división de tropas de tierra.

Fase Cuatro: operaciones de estabilización de duración desconocida.

Rumsfeld y Franks dejaron claro que el inicio del período de once días del despliegue de tropas no implicaba que aquél fuera un punto sin retorno, sino que el movimiento sería visto y reconocido, y podría desencadenar una respuesta de Saddam.

En otra diapositiva, Franks describió las ventajas del concepto Híbrido. Se optimizaba el tiempo, la rápida intervención de las tropas mejoraría la capacidad a corto plazo en la región, y la mayor presión que se ejercería sobre el régimen iraquí podría mejorar las posibilidades de una solución diplomática.

Así que el Híbrido era un plan de 5-11-16-125 días. Renuart

se dio cuenta de que el lenguaje corporal de Bush, sus asentimientos y su posición, atento e inclinado hacia adelante, daba a entender que le gustaba lo que estaba oyendo.

«Me gusta el concepto», comentó Bush.

«Bestseller», escribió Renuart en el Libro Negro de la Muerte.

«Tenemos que disponer de asistencia humanitaria en el campo de batalla desde el primer día», dijo el presidente.

La diapositiva 35 se titulaba «Lo que puede ir mal: riesgos estratégicos». Uno de ellos era un ataque con misiles de Saddam contra Kuwait al inicio de las hostilidades. La forma de mitigar este riesgo era asegurarse de que Kuwait dispusiera de alguna capacidad de defensa contra ataques de misiles balísticos, como, por ejemplo, los misiles Patriot. Se tendría que hacer algo más para proteger Israel.

Franks enumeró como otro posible riesgo la posibilidad de un éxito rápido. «Supongamos que Saddam abandonara el poder o huyera, y que cientos de miles de soldados norteamericanos estuvieran entrando en el país. ¿Tendrían base legal para ocupar el país?» ¿Y si Saddam se replegaba y se retiraba con su Guardia Republicana a Bagdad y allí «ponía las caravanas formando un círculo»?

Bush expresó una vez más su preocupación por este escenario en particular. Bagdad tenía más de cinco millones de habitantes.

Franks les recordó que ya había informado al presidente en tres ocasiones sobre la cuestión y que todavía seguía trabajando en el problema.

«Sí —dijo el presidente—, lo sé, pero algunos de nuestros chicos todavía están preocupados.»

También bajo el título «Administración del riesgo estratégico» se analizó qué podía hacer Saddam para interferir en los preparativos. Una de las acciones era cortar el suministro petrolífero a sus vecinos, especialmente a Turquía, Siria y Jordania.

Powell se mostró de acuerdo en encargarse del tema y en hablar con los saudíes sobre suministros de petróleo, particularmente a Jordania.

Otras preguntas sin respuesta eran: ¿y si Siria atacaba Israel? ¿Y si Iraq implosionaba y alguien mataba a Saddam? ¿Qué haría entonces Estados Unidos?

Se acordó que Estados Unidos entraría igualmente en Iraq, pues no sabrían quién podría ser el nuevo líder iraquí. ¿Podían fiarse de alguien nuevo? Probablemente no. ¿Querrían enfrentarse con aquel caos? Tendrían que mantener el flujo de tropas y establecer una fuerza militar para mantener la estabilidad.

Se puso sobre la mesa otra pregunta: ¿cuándo deberían contactar con Turquía para obtener un compromiso en firme autorizando el tránsito por su territorio de algunos contingentes de tropas estadounidenses?

«Ya llegamos tarde —dijo Franks—. Tenemos que hacer que Turquía consienta, pero con sus elecciones nacionales tan cerca los turcos no tomarán ninguna decisión. ¿Debemos aproximarnos a ellos igualmente y arriesgarnos a que nos digan que no?» La decisión se pospuso.

La discusión pasó entonces a la Fase Cuatro de operaciones de estabilización tras los combates, no para hablar de la estrategia o de la filosofía de ocupar un Iraq tras Saddam, sino para debatir el número de tropas que serían necesarias. Franks afirmó que si se llevaba a cabo el ataque militar tendrían en el país unos 265 000 soldados. Con el tiempo le gustaría reducir esa cifra a unos 50 000. Por supuesto, eso dependería de cómo se desarrollaran los acontecimientos en Iraq, pero creía que la reducción tendría lugar unos dieciocho meses después de finalizados los combates.

Por último, Franks aportó un plan «Detonador de Objetivos Iraquíes». Los imperativos incluían: 1) La relevancia del objetivo. 2) Una descripción del objetivo y de cualquier elemento fundamental. 3) Si se podían producir daños colaterales de los que podrían resultar muertos civiles. 4) El tipo de armas que se usarían.

Usando una foto satélite de la sede del partido Baas en Bagdad como ejemplo, explicó: 1) Su relevancia consistía en que era su sede y Saddam usaba al partido como instrumento de control de la sociedad. 2) La sede era un edificio de varios pisos con muchas comunicaciones y fuertes medidas de seguridad. 3) Había un edificio residencial cerca que podría resultar dañado. 4) Se podía usar cualquier tipo de arma, incluyendo misiles de crucero y bombas guiadas por láser.

Powell estaba de los nervios. Las discusiones sobre Iraq se estaban centrando cada vez más en la planificación militar, una serie continua de ideas, conceptos, secuencias detalladas, escenarios y preocupaciones que formaban una peligrosa escalada. El paquete de diapositivas de alto secreto se hacía más grueso en cada reunión que mantenían Rumsfeld y Franks. Como un vigilante de exámenes de una escuela privada, Rumsfeld repartía los paquetes de diapositivas o de páginas coloreadas y los recogía al final de la reunión. El paquete del presidente solía contener más material de apoyo. Rumsfeld ordenó que no se tomaran notas durante aquellas reuniones. Se llevaba todas las copias de los documentos de vuelta al Pentágono y hacía que su asistente militar las guardara en una caja fuerte en las oficinas del secretario.

Durante los primeros dieciséis meses de la administración, Powell había estado «en el frigorífico», como él y Armitage llamaban a su frecuente aislamiento, o en lugares peores. Le roía por dentro ver que aparecían artículos en la prensa diciendo que estaba planteándose su dimisión, y en privado se refería a ellos como los artículos de «Powell está otra vez a punto de irse». Armitage había estado presionando muy duro para que el presidente le concediera algo de tiempo en privado a Powell para que así pudiera establecerse algún tipo de relación entre ambos. Rumsfeld disponía de sesiones de ese tipo de forma regular.

Varios meses antes Powell había pedido pasar un poco de tiempo privado con Bush, y se le había concedido, a pesar de que Rice estuvo presente en sus sesiones de entre 20 y 30 minutos en el Despacho Oval. En una ocasión, el presidente invitó a Powell en solitario y los dos pasaron media hora juntos. «Creo que estamos avanzando por fin en nuestra relación —dijo más adelante Powell a Armitage—. Sé que conectamos de verdad.»

En los días anteriores a la última sesión informativa de Franks, en la que había desvelado el concepto Híbrido, Powell había estado haciendo una ronda por Asia. Casi podía oír los tambores de guerra desde el otro lado del océano. Las cosas estaban cobrando cada vez mayor impulso. En el viaje de vuelta se puso a repasar sus ideas sobre Iraq. Ben Scowcroft, que había sido asesor de seguridad nacional para Bush padre durante la guerra del Golfo, había declarado en un programa de tertulia política del domingo por la mañana que un ataque a Iraq podía convertir todo Oriente Medio en una «marmita revuelta y destruir de esa forma los esfuerzos realizados en la guerra contra el terrorismo».

Powell estaba de acuerdo con aquella terminante advertencia.

Se dio cuenta entonces de que no le había expuesto directa y convincentemente al presidente su propio análisis de la situación. Al menos le debía a Bush una explicación sobre cómo veía él la situación y su opinión sobre las posibles consecuencias de una guerra.

Powell habló con Rice. Era imposible sostener una conversación profunda sobre la política para Iraq durante reuniones que eran básicamente sesiones informativas militares, dijo. «De verdad necesito un poco de tiempo en privado con él para repasar algunos temas que no creo que haya visto con nadie hasta ahora», insistió.

Bush invitó a Powell y a Rice a su residencia la tarde del mismo 5 de agosto en que Franks le había expuesto su Plan Híbrido. La reunión se amplió para incluir una cena familiar en el comedor y luego continuó en la oficina que el presidente tenía en la residencia.

Las notas de Powell llenaron tres o cuatro páginas. La guerra podía desestabilizar los regímenes amigos de Arabia Saudí, Egipto y Jordania, explicó. Podía desviar energías que se debían dedicar a muchas otras cosas, entre ellas, aunque no exclusivamente, a la guerra contra el terrorismo, y podía afectar de forma dramática el suministro y el precio del petróleo.

¿Y qué decir de la imagen de un general norteamericano gobernando un país árabe, un general MacArthur en Bagdad?, preguntó Powell. ¿Cuánto tiempo se tendría que prolongar ese gobierno? Nadie podía saberlo. ¿Cómo se definía el éxito en esta misión? La guerra derrocaría a Saddam y «usted será el gobierno hasta que consiga un gobierno para sustituirlo».

Para cuando llegaron a la oficina de Bush, Powell estaba lanzado.

«Va a ser usted el orgulloso propietario de 25 millones de personas —le reprendió al presidente—. Será el dueño de todas sus esperanzas, ambiciones y problemas. Usted lo poseerá todo.» En privado, Powell y Armitage llamaban a esto la «regla del almacén de porcelana»: si lo rompes, te lo quedas.

«Esta guerra va a quitarle oxígeno a todo lo demás —continuó el secretario. Para no dejar al margen las importantes consecuencias políticas de todo ello, añadió—: Esto se convertirá en todo el primer mandato.» La implicación estaba muy clara: ¿quería el presidente que le definiera de ese modo? ¿Quería presentarse a la reelección sobre la base de una guerra contra Iraq?

Powell creyó que sus argumentos estaban calando. Iraq tenía una historia compleja, dijo. Los iraquíes nunca habían tenido una democracia. «Así que es necesario que comprenda que esto no va a ser un paseo por el parque.»

«Es bonito decir que podemos hacerlo de forma unilateral, pero no podemos», explicó. La geografía era inmensa. El general Franks había dicho que era necesario tener acceso a las bases e instalaciones de los aliados en la región y más allá. Powell fue inusualmente directo: «Si cree que es sólo cuestión de descolgar el teléfono y hacer sonar el silbato y ya está... no es así, necesita aliados, necesita acceso... Necesita comprender que no se trata sólo de un calendario militar sino que hay otras cosas a las que va a tener que enfrentarse.» Creía que los problemas no se habían tratado en toda su escabrosa complejidad.

Saddam estaba loco y, puesto contra la espada y la pared, podría lanzar sus armas de destrucción masiva. Peor todavía, Estados Unidos, quizá en lo que estaba siendo la mayor caza del hombre de la historia de la humanidad, no había encontrado a Osama Bin Laden. Saddam tenía más a su disposición, un estado entero. No necesitaban embarcarse en otra caza larga y probablemente infructuosa. Además, según Powell, una guerra de ese tipo requeriría enviar a aquel país la mayor parte de las fuerzas armadas estadounidenses.

El presidente escuchó, hizo algunas preguntas pero no se resistió demasiado a los argumentos de Powell. Finalmente, se quedó mirando a su secretario de Estado. «¿Qué debo hacer? ¿Qué puedo hacer?»

Powell se dio cuenta de que necesitaba ofrecer una solución. «Todavía puede intentar convocar una coalición que actúe bajo mandato de las Naciones Unidas para que haga lo que se tiene que hacer», declaró. La ONU era una posible vía, pero se tenía que hallar una forma de reclutar aliados, de internacionalizar el problema.

Bush había dicho que le habría encantado forjar una coalición internacional para la guerra de Afganistán. ¿Qué harían los rusos o los franceses?

Powell afirmó que creía que Estados Unidos podría convencer a la mayoría de los países. Había una consideración adicional, reveló. «Si lo lleva a Naciones Unidas, tiene que reconocer que serán capaces de resolverlo. En ese caso no habrá guerra. Se trataría de una solución que no será tan limpia como entrar allí y derrocar al tipo.» Al necesitar y buscar cobertura internacional, dijo Powell, «la cobertura internacional también podría llevar a un desenlace distinto». A pesar de que la conversación fue tensa en muchos momentos, Powell creyó que había dicho todo lo que tenía que decir. No hubo histrionismo. El presidente le dio las gracias tras dos horas, una extraordinaria cantidad de tiempo en exclusiva para Powell sin la estática que introducían en la conversación Cheney y Rumsfeld.

Rice pensó que el titular de la tarde era: «Powell defiende que el único camino para lograr el éxito pasa por una coalición internacional.»

De hecho, Powell había tratado de decir mucho más, había querido dar la voz de alerta de que había demasiadas cosas que podían ir mal. El Guerrero Reticente estaba pidiendo comedimiento, pero no había dicho lo que de verdad quería decir. No había dicho: «No lo hagan.» Considerados en conjunto, todos sus razonamientos apuntaban a esa conclusión. Powell así lo creía, pero había aprendido durante sus treinta y cinco años en el ejército, y en la vida, que tenía que seguirle el juego al jefe y hablar sobre el método. Era primordial hablar sólo dentro de los confines de los objetivos preliminares dispuestos por el jefe. Quizá había sido demasiado tímido.

«Estuviste magnífico —le felicitó Rice al día siguiente por teléfono—. Tenemos que hacer más reuniones como ésa.»

Andy Card llamó a Powell y le pidió que fuese a verle y le explicase todo el asunto, con las mismas notas y apuntes de la reunión con Bush.

Powell sintió que se había apuntado un tanto. Aun así, no estaba seguro de haber logrado durante la reunión que el presidente comprendiera el significado y las consecuencias de una guerra. Dieciséis meses después, en la misma oficina en la que Powell había expuesto sus argumentos, le pregunté al presidente sobre el razonamiento de Powell de que una solución militar implicaría que él pasaría a ser el propietario de Iraq.

—Sí que lo dijo —contestó Bush—. Dijo exactamente eso.

—¿Y su reacción fue...? —le pregunté, en busca de que demostrase de forma articulada que comprendía los razonamientos que apoyaban la postura contraria a la guerra.

—Y mi reacción fue que mi trabajo es hacer de Estados Unidos un lugar seguro —dijo el presidente—. Y también creo que la libertad es algo que la gente desea. Y creo que si se les da la oportunidad, los iraquíes, con el tiempo, sabrán aprovecharla. Mis pensamientos se centran en lo que te dije: el solemne deber de proteger Estados Unidos.

Me quedé un poco perplejo mientras el presidente me hablaba de la libertad y la seguridad, que no tenían mucho que ver con los argumentos de Powell.

—Y, sin embargo, él hablaba de cuestiones tácticas... —comencé a preguntar.

—Es que en eso consiste su trabajo —contestó Bush—, en tratar de cuestiones tácticas. Mi trabajo es tratar de la estrategia. Básicamente, lo que estaba diciendo es que si derrocábamos a Saddam por la vía militar [invadiendo Iraq], sería mejor que comprendiéramos bien lo que iba a comportar tener que reconstruir Iraq.

Eso era completamente cierto y, en verdad, era parte del mensaje de Powell, pero conforme escuchaba, comprendí lo que aparentemente Powell había visto antes: no estaba claro que el presidente fuera plenamente consciente de las posibles consecuencias. Hacia diciembre de 2003, cuando entrevisté al presidente, los hechos habían desmentido muchas de las preocupaciones de Powell: Egipto, Jordania y Arabia Saudí parecían estables, el precio del petróleo no se había disparado y Estados Unidos había encontrado aliados en la región que le habían permitido usar sus territorios como base. No obstante, Powell tenía razón en que la guerra se iba a convertir en el tema que iba a dominar la presidencia de Bush, y todavía no estaba claro cuándo se iba a convertir Iraq, si es que lo hacía alguna vez, en una democracia estable, ni cuándo iban a poder regresar a casa las tropas estadounidenses. Esos hechos seguían siendo buena parte de los asuntos diarios del presidente dieciséis meses después de que Powell le hubiera llamado la atención sobre ellos.

Del período de agosto de 2002, el presidente dijo también:

—Todavía teníamos que desarrollar nuestra estrategia diplomática. Había ciertas personas en la administración que tenían la esperanza de que pudiéramos solventarlo todo por la vía diplomática. Y también había otros que básicamente decían que no era posible resolverlo diplomáticamente. Así que seamos realistas.

»Colin creía firmemente que las Naciones Unidas eran el camino a seguir. Y algunos en la administración habían visto lo débiles e impotentes que habían sido las Naciones Unidas en este tema y no estaban seguros de si serían capaces o no de lograr lo que queríamos.

Reconoció que una de estas personas era el vicepresidente.

El día después de la cena de Bush con Powell y Rice, el 6 de agosto, Franks emitió una orden a sus comandantes para que hicieran la transición del Plan de Generación Inicial a su nuevo best-seller, el Plan Híbrido, con su idea de una guerra más rápida.

Esa tarde el presidente se marchó a su rancho de Crawford para iniciar unas vacaciones de un mes de duración.

Capítulo quince

El miércoles 14 de agosto Rice presidió una reunión de los altos cargos a la que no asistió el presidente, que estaba en Crawford. Tenían un borrador de trabajo de la Directiva Presidencial de Seguridad Nacional (DPSN), que había sido aprobada por los adjuntos. Se titulaba: «Iraq: fines, objetivos y estrategia.»

Con el presidente de vacaciones había llegado el momento de que los altos cargos revisaran la directiva línea a línea y realizaran los cambios oportunos, de forma que pudieran presentar al presidente un documento completamente consensuado para que lo firmara. Una DPSN no es lo mismo que los diez mandamientos, a pesar de que Rice creía que era una buena forma de asegurarse de que todo el mundo trabajaba siguiendo las mismas instrucciones.

Se reunieron a las ocho y trabajaron durante un rato, revisando el texto palabra a palabra. El documento de alto secreto que habían acordado rezaba: «Fin de Estados Unidos: liberar Iraq para eliminar las armas de destrucción masiva iraquíes, sus medios de difusión y sus programas asociados, para evitar que Iraq pueda romper la contención a la que se le somete y convertirse en una amenaza todavía mayor para la región y para el mundo.

»Acabar con las amenazas de Iraq a sus vecinos, impedir que el gobierno iraquí siga gobernando de forma tiránica a sus propios ciudadanos, romper los vínculos iraquíes con el terrorismo internacional y el patrocinio iraquí de dicho terrorismo, mantener la unidad e integridad territorial de Iraq y liberar al pueblo iraquí de la tiranía y ayudarlos a crear una sociedad basada en la moderación, el pluralismo y la democracia.»

Dentro de la siguiente sección, el documento declaraba: «Objetivos: conducir nuestra política de modo que minimice el riesgo de un ataque con armas de destrucción masiva contra Estados Unidos, las tropas estadounidenses o contra nuestros aliados y amigos. Minimizar también el riesgo de inestabilidad en la región. Impedir que Irán o Siria ayuden a Iraq. Y minimizar el impacto de la situación en los mercados internacionales de petróleo.»

El documento revelaba que la estrategia debía «emplear todos los instrumentos de poder de la nación para liberar Iraq», incluyendo la diplomacia, las fuerzas armadas, la CIA y las sanciones económicas.

Al perseguir un cambio de régimen, Estados Unidos debería «perseguir sus fines y objetivos con una coalición de países aliados, si era posible, pero no debía desistir si se veía obligado a actuar en solitario».

Remontándose décadas atrás, los presidentes de Estados Unidos habían adoptado rutinariamente ese enfoque para defender los intereses en materia de seguridad nacional, una especie de estrategia en la que se buscaba primero la coalición, pero si no era posible, se actuaba en solitario si era necesario. Sin embargo, pocas veces habían existido divisiones tan profundas dentro del Consejo de Seguridad Nacional como la que existía entre Cheney y Powell. Cada uno de ellos tenía una visión totalmente distinta de lo que era posible y de lo que era necesario.

Otro elemento de la estrategia consistía en «trabajar con la oposición iraquí para demostrar que estamos liberando Iraq, no invadiéndolo, y darle a la oposición un papel en la construcción de un Iraq plural y democrático, incluyendo entre sus tareas la redacción de una nueva constitución». Un objetivo ulterior consistía en «establecer un gobierno democrático de amplias bases que respete el derecho y las normas internacionales, que no amenace a sus vecinos, que respete los derechos fundamentales de los iraquíes, incluyendo a las mujeres y a las minorías, y que imponga el imperio de la ley, con las correspondientes libertades de expresión y de culto».

El elemento final de la estrategia era «demostrar que Estados Unidos está preparado para colaborar a lo largo del tiempo en la reconstrucción de un Iraq post-Saddam, con contribuciones y la participación de la comunidad internacional, que inicie de forma rápida la reconstrucción del país y que conserve, reformándola a fondo, la actual burocracia iraquí, y que reforme las instituciones militares y de seguridad iraquíes».

Preservar algo es muy distinto a reformarlo. ¿Qué había que mantener? ¿Qué había que cambiar? Se habían puesto muchas esperanzas en el deseo de cambio y de democratización de los iraquíes. Pero puesto que nadie sabía lo que podrían encontrarse en Iraq después de derrocar a Saddam, incluyeron ambas nociones.

Powell advirtió entonces que debían pensar en cómo construir la coalición para, al menos, conseguir algún tipo de cobertura internacional. «Los británicos estarán con nosotros —dijo—, pero podrían vacilar si no conseguimos algún tipo de coalición internacional o de sanción de las Naciones Unidas.» El resto de Europa era una incógnita, al igual que los amigos de Estados Unidos en Oriente Medio.

La primera gran oportunidad que tenía el presidente para hablar formalmente de la cuestión de Iraq fue en un discurso programado de antemano para el 12 de septiembre ante la Asamblea General de las Naciones Unidas, en menos de un mes. Gerson le había dado al presidente un borrador para un discurso sobre los valores norteamericanos, la democracia y los programas de asistencia humanitaria, la cara más agradable del programa de Bush. Pero Iraq se había convertido en la cuestión número uno tanto en Washington como en el resto del país. Todo asesor de seguridad nacional viviente que estaba en condiciones de poner un bolígrafo sobre el papel o de teclear había dado su opinión y aportado sus ideas y críticas sobre el asunto.

Powell había declarado que el presidente tenía que hablar en la ONU sobre Iraq. «No puedo imaginarme que vaya allí y no hable de ello», afirmó.

Rice, que se había mostrado poco partidaria de un discurso duro en la ONU, ahora se mostró a favor. En la atmósfera de interminables debates y especulaciones públicas en la que se encontraban, no tratar el tema de Iraq daría a entender que el presidente no iba en serio con sus amenazas o que trabajaba con un secretismo total. Y a Bush le gustaba dar explicaciones públicas, al menos en general, y generar noticias sobre sus propias medidas políticas.

Powell creía que tenía a Cheney contenido, y, en menor grado, que también tenía bajo control a Rumsfeld. Defendía que incluso si alguien creía que la guerra era la única solución viable, no se podían embarcar en una guerra sin antes intentar alcanzar una solución diplomática. Era un primer paso imprescindible. Sin ese intento nadie se uniría a ellos. Se quedarían sin los británicos, sin las bases, sin accesos ni derechos de vuelo, y sus aliados en Europa y Oriente Medio se les volverían en contra. Powell creía que los tenía, aunque creía que Cheney estaba «horrorizado», pues una vez se abriera la vía diplomática podría ser que llegara a funcionar. Sin embargo, la lógica que había detrás de intentar una solución dialogada era impecable, según creía Powell. La posibilidad se había convertido en necesidad.

Cheney seguía quejándose a todos sobre la decisión de acudir a la ONU. Acudir a aquel organismo abriría un proceso de debates interminables, de compromisos y de retrasos. Serían palabras, no hechos.

Powell le escuchaba, y casi se le escapaba la risa. Cheney daría lo que fuera porque no se decantaran por aquella opción, deseaba con todas sus fuerzas descartarla para siempre, pero no podía hacerlo.

«Creo que el discurso en la ONU debe versar sobre Iraq», declaró el vicepresidente al fin, pero añadió un elemento más. Las propias Naciones Unidas debían ser también el objeto del discurso, puesto que habían fracasado en Iraq durante más de una década. Habían sido incapaces, o no habían querido, hacer cumplir sus propias resoluciones que ordenaban a Saddam la destrucción de todas sus armas de destrucción masiva y que le obligaban a permitir inspecciones de armamento en el interior de Iraq. El discurso debía desafiar a la propia ONU. «Id y decidles que no es cosa nuestra. Se trata de vosotros. No les importáis.» La ONU corría el riesgo de convertirse en irrelevante, de ser un hazmerreír, comentó.

A Rice eso le gustó. Eso le devolvía la pelota a la propia ONU. Se había acabado pareciendo demasiado a la Liga de Naciones que se había formado tras la primera guerra mundial: una sociedad en la que se debatía pero que carecía de colmillos.

En poco tiempo, todos los altos cargos se pusieron de acuerdo en que querían que el presidente hablara sobre Iraq en la ONU. Estaban seguros de que no querían que pidiera una declaración de guerra. Eso se descartó en seguida, pero luego no consiguieron llegar a un acuerdo sobre lo que debería decir ese discurso.

Más adelante ese mismo día, el 14 de agosto, Franks y Renuart volvieron a recorrer el camino hasta el despacho de Rumsfeld, un trayecto que habían llegado a conocer muy bien. El propósito de su visita era ofrecer una sesión informativa de actualización sobre los progresos realizados en el Plan Híbrido, pero, de hecho, el secretario quería hablar de objetivos. Estaba fascinado con el proceso, ansioso por comprender la crucial relación entre el valor militar de un objetivo y la disposición a aceptar o no daños colaterales a civiles.

Renuart, el experto en guerra aérea, llevó el peso de la conversación. «Simplificando un tanto el proceso, éste consiste en que cada posible objetivo se evalúa según la información que los servicios secretos han aportado para determinar su valor operativo», dijo. Por ejemplo, unas instalaciones de comunicación iraquíes podían tener tres usos: un nodo para pasar información a las fuerzas armadas iraquíes desplegadas en el país, para distribuir propaganda y para conectarse con las embajadas iraquíes distribuidas por todo el mundo, desde donde operaban los agentes de los servicios secretos. Así pues, sería un objetivo obvio. No obstante, el coste de atacar el objetivo incluiría una evaluación del número de civiles iraquíes que trabajaran allí. ¿Se trataría de verdaderos civiles o estarían ligados a las estructuras del régimen? ¿Qué se sabía de las rutinas diarias? Era posible que por la noche no hubiera allí tantos civiles.

Rumsfeld preguntó: «¿Cómo se sabe cuánta gente hay en ese edificio?»

Franks y Renuart pusieron como ejemplo un caso hipotético en el que tenían imágenes aéreas de un edificio de diez pisos y de su aparcamiento. El análisis sugería que habría unos diez despachos por planta, tres personas por despacho, de modo que en un día normal habría unas 300 personas en el edificio. Por la noche pudiera ser que sólo hubiera personal de mantenimiento, con unas cincuenta personas o menos. Si lo que buscaban era destruir la instalación y no al personal, la mejor opción sería un ataque nocturno.

En total, en esos momentos había 130 posibles objetivos que podrían acarrear graves daños colaterales, es decir, el ataque podría matar a treinta civiles o más.

«¿Qué grado de fiabilidad tiene la información que manejamos y nuestros análisis?»

La respuesta fue que la fiabilidad era variable.

«Volved, revisadlo y reevaluad», les ordenó Rumsfeld. Quería minimizar los daños colaterales. Si era inevitable, quería que fueran perfectamente conscientes de lo que estaban haciendo.

Franks trató de explicar que se trataba de un proceso que seguía refinándose, y que el número de objetivos con un alto grado de daños colaterales iría disminuyendo con el tiempo.

Rumsfeld quería una revisión completa, que todo se volviera a mirar con lupa, que se «rehiciera», como le gustaba decir.

Destruir los 4 000 posibles objetivos, explicaron los generales, requeriría entre 12 000 y 13 000 proyectiles. Un edificio grande o un complejo de edificios podían requerir entre cuatro y doce «puntos de mira» distintos para armas distintas (bombas o misiles).

Rumsfeld quería que colaborasen con el personal de inteligencia para asegurarse de que la elección y el análisis de los objetivos se hacía cada vez mejor. En el trasfondo de aquella solicitud planeaba el desastre de 1999 en Kosovo, cuando se bombardeó la embajada de China en Belgrado porque alguien en la CIA usó un mapa desfasado. La exposición de Franks y Renuart se alargó varias horas más.

Desde su oficina en la calle 17 en el centro de Washington, a tres manzanas de la Casa Blanca, a Brent Scowcroft, asesor de seguridad nacional de George H. W. Bush y ex jefe de Rice cuando ésta había sido empleada del Consejo de Seguridad Nacional, le iban llegando fragmentos de información del debate sobre Iraq que se había abierto en la administración. A pesar de que trabajaba como consultor privado, pocos independientes estaban tan cerca de las personas clave de la actual administración Bush como Scowcroft.

Scowcroft estaba preocupado porque creía que la amenaza real para Estados Unidos no era Saddam, sino Al Qaeda. Le desconcertaba que Cheney y Rumsfeld estuvieran tan centrados en Saddam. Él había declarado que «lo único que Osama y Saddam Hussein tienen en común es que odian a Estados Unidos. Saddam es un socialista anticlerical. En todas las acciones de Saddam apenas hay huellas terroristas». Uno de sus colaboradores le sugirió que escribiera un artículo de opinión.

Scowcroft escribió que el objetivo que Saddam se había impuesto, que no era otro que dominar Oriente Medio, era contrario a los intereses de Estados Unidos, pero añadió: «Hay muy pocas pruebas que vinculen a Saddam con organizaciones terroristas, y mucho menos con los atentados del 11-S. De hecho, los objetivos de Saddam tienen muy poco en común con los de los terroristas que nos amenazan, y no hay incentivos que le impulsen a hacer causa común con ellos. Existe un consenso casi general en el mundo contra un ataque a Iraq en este momento —previno—. Así que mientras ese sentimiento persista, Estados Unidos se verá obligado a seguir una estrategia en solitario frente a Iraq, lo que hará que las operaciones militares sean inevitablemente más difíciles y costosas.» Su recomendación era que Bush intentara conseguir que los equipos de inspectores de la ONU regresaran a Iraq y que pudieran realizar allí inspecciones rigurosas y sin previo aviso.

No había nadie que estuviera más próximo a Bush padre como compañero, seguidor y alma gemela en política exterior que Scowcroft, que hasta había sido coautor de las memorias del ex presidente. Le envió una copia del artículo antes de publicarlo y no recibió respuesta, lo que quería decir que a Bush padre le parecía bien.

The Wall Street Journal publicó su artículo el 15 de agosto bajo el provocador título de «No hay que atacar a Saddam».

Scowcroft recibió dos importantes llamadas de teléfono.

«Gracias —dijo Powell—, me has dado un poco de espacio para moverme.» Scowcroft sabía que Powell iba siempre con mucho cuidado para no irritar a los republicanos más de derechas, que de todas formas pensaban que él no era un verdadero republicano. Así que Powell siempre había tenido que seguir la política de la administración sobre Iraq sin apoyar la guerra. Ahora estaba haciendo su jugada, tratando de ser cuidadoso pero también persuasivo. «Ésta es mi oportunidad —le confió el secretario de Estado— y tengo que prepararme bien.»

Rice también telefoneó a Scowcroft e intercambiaron algunas palabras duras. Las declaraciones de Scowcroft parecían dar a entender que contaba con el apoyo del padre del presidente. Y, como mínimo, se trataba de una bofetada al presidente.

Scowcroft replicó que el artículo no difería de lo que había declarado en televisión diez días antes, y entonces nadie se había quejado. «No quiero romper con la administración», dijo, excusándose por si su texto había tenido el impacto que ella describía.

Pero había una preocupación más profunda. Scowcroft comprendió que Bush padre no quería dar la impresión ni ante la opinión pública ni ante su hijo de que le vigilaba por encima del hombro. Eso rebajaría a su hijo, reduciría el respeto y el apoyo que le prestaba el público y podría llegar incluso a socavar su presidencia. Era también algo muy personal, como Scowcroft sabía bien.

Ni Scowcroft ni Bush padre querían dañar la confianza en sí mismo de Bush hijo. Así que Scowcroft dejó de hacer declaraciones públicas, aunque no por ello cambió de opinión.

El segundo viernes de sus vacaciones en Crawford, el 16 de agosto, el presidente se reunió con el Consejo de Seguridad Nacional mediante una videoconferencia segura. El único propósito de aquella reunión era que Powell lanzara su apuesta de recurrir a la ONU. Powell repitió todos sus argumentos.

El presidente pidió a cada uno de los altos cargos que diera su opinión. Había apoyo para darle una oportunidad a la ONU, al menos en el discurso que se aproximaba. Incluso Cheney se mostró a favor.

«¡Perfecto!», exclamó Bush finalmente, aprobando la idea unánime de que el discurso ante la ONU tratase de Iraq. No debía ser demasiado estridente, los previno, ni tampoco exigir tanto de Iraq que pareciera que no iban en serio.

Justo antes del mediodía el presidente apareció en el Centro Comunitario de Crawford y respondió a varias preguntas de los periodistas. Declaró que era «consciente de que algunas personas muy inteligentes estaban expresando su opinión sobre Saddam Hussein e Iraq. Escucho atentamente lo que tienen que decir». También dijo cuidadosamente que Saddam «quiere armas de destrucción masiva», no dando a entender con ello que ya las tuviera.

El presidente llamó a Gerson, con Rice en la línea, para hablar sobre el discurso ante la ONU. «Vamos a hacer algo diferente —anunció Bush—. Vamos a decirle a las Naciones Unidas que deben enfrentarse al problema o resignarse a ser irrelevantes, ¿entendido?»

Gerson se puso manos a la obra.

Powell había acabado la reunión del Consejo de Seguridad Nacional por videoconferencia segura sintiendo que había logrado un buen trato. Los había convencido: al menos a Cheney y a Rumsfeld, y quizá incluso al presidente. Se fue a los Hamptons, en Long Island (Nueva York), de vacaciones. Allí se reunió en privado con el secretario de Asuntos Exteriores británico, Jack Straw, que había querido pasarse un día por allí desde que comenzó a calentarse el tema de Iraq. En las conversaciones de Blair con Bush fue quedándole cada vez más claro al primer ministro lo decidido que estaba Bush de pasar a la acción. Straw compartía algunas de las preocupaciones de Powell. Su mensaje era, básicamente: si os estáis planteando en serio ir a la guerra y queréis que nosotros, los británicos, vayamos también, no podremos hacerlo a menos que vayáis a través de la ONU.

Powell sabía que eso le añadiría presión a Bush, que quería tener a Blair a bordo a toda costa.

El 20 de agosto entrevisté al presidente en Crawford durante dos horas y veinticinco minutos sobre la respuesta al 11-S y la guerra en Afganistán para mi libro *Bush en guerra*. Habló en términos arrolladores, casi grandilocuentes, sobre cómo iba a reformar el mundo. «Aprovecharé esta oportunidad para hacer grandes cosas», comentó. Y cada movimiento, sostenía Bush, tenía que encajar en el propósito general de mejorar el mundo, de convertirlo en un lugar pacífico. «Es como Iraq —afirmó—. Sólo como un aparte... ya veremos cómo acaba el tema... claramente habrá implicaciones estratégicas de un cambio de régimen en Iraq si seguimos adelante. Pero hay algo más allá de ello, por lo que a mí respecta, y lo que pasa es que hay un sufrimiento inmenso.» Saddam estaba matando de hambre a su gente en las zonas chiítas de la periferia, dijo. «Hay cierta condición humana por la que debemos preocuparnos. Al pensar en Iraq puede que ataquemos o puede que no. Todavía no lo sé. Pero si lo hacemos, será con el objetivo de hacer del mundo un lugar más pacífico.» No mencionó las armas de destrucción masiva ni que Saddam supusiera una amenaza para Estados Unidos.

«Nunca vamos a lograr que todo el mundo esté de acuerdo con la fuerza ni con el uso de la fuerza», declaró, sugiriendo de forma clara que una coalición internacional o una coalición auspiciada por la ONU no era el medio más adecuado para enfrentarse al problema de los estados canalla. «Pero la acción, la acción decidida que conseguirá resultados positivos nos aportará una especie de estela a la que los líderes y las naciones reticentes podrán sumarse al ver que ha habido... ya sabes, que se ha avanzado hacia la paz.»

El presidente me paseó por su rancho en su camioneta. Mientras dábamos un paseo sacó el tema de Iraq. En aquellos momentos yo no tenía ni idea de hasta qué punto había avanzado la planificación militar secreta, ni tampoco sabía nada sobre las sesiones informativas y las diversas opciones que se manejaban (Plan de Generación Inicial, Inicio en Carrera, Plan Híbrido), pero sí me comentó que no había visto todavía un plan definitivo para Iraq, y hablamos de lo importante que era tener paciencia. Al día siguiente declaró ante los periodistas que él era un «hombre paciente» que sopesaría cuidadosamente los pros y los contras de cada opción posible para lograr un cambio de régimen en Iraq.

Cheney vio que perdía terreno rápidamente. Hablar de la ONU, de diplomacia y ahora también de paciencia era, en su opinión, un error. Era lo que podía ralentizar el camino hacia la guerra de forma más segura, y él creía que la guerra era necesaria. Era el único camino. Sus antiguos colegas de las administraciones Ford y Bush estaban aportando una verdadera ventisca de comentarios: Scowcroft con su mensaje precavido y antibelicista y el ex secretario de Estado, James Baker, apremiando a que no se emprendiera ninguna acción unilateral. Henry Kissinger, decano de la *realpolitik* en asuntos exteriores, había publicado el 12 de agosto un largo y algo enrevesado artículo en que apoyaba a Bush por forzar a Saddam al máximo, pero advertía de la importancia de conseguir el apoyo de la opinión pública y del resto de naciones del mundo.

The New York Times hizo que las posiciones de Scowcroft y Kissinger fueran la historia principal de su primera página el 16 de agosto: «Principales republicanos disienten de la estrategia de Bush en Iraq.» Habían malinterpretado la intención de Kissinger, que más o menos apoyaba a Bush. Al final, el *Times* publicó una rectificación, pero Cheney y su adjunto, Scooter Libby, se enfurecieron por el artículo. La corrección nunca estaría a la altura de un artículo en primera página, y la posición crítica de Scowcroft era indiscutible y más potente. Parecía como si la marcha hacia la guerra se hubiera pospuesto.

Cheney comprendió que todo el mundo daba su opinión, excepto la administración. No había ninguna declaración oficial que afirmase cuál era la posición del gobierno, y él quería que se hiciera una, un gran discurso, si era necesario. Era muy poco habitual que un vicepresidente hablara sobre un tema de tal importancia antes que el presidente, que iba a dirigirse a la ONU sobre Iraq el 12 de septiembre. Pero Cheney no podía esperar. La naturaleza y los debates políticos de Washington aborrecen el vacío. No iba a cederle el campo a Scowcroft, a Baker o a un Kissinger malinterpretado, ni a Powell. Habló en privado con el presidente, que le manifestó su acuerdo sin revisar los detalles de lo que Cheney iba a decir.

En una reunión del Consejo de Seguridad Nacional, Cheney le dijo al presidente:

—Bien, voy a dar ese discurso.

—No me metas en líos —le contestó Bush medio en broma.

Pero en líos era en lo único que pensaba Cheney.

«Cheney afirma que el peligro de un Iraq nuclear justifica el ataque», rezaba el titular de *The New York Times* la mañana del 27 de agosto. Powell estaba anonadado. El vicepresidente había pronunciado un discurso de línea dura frente a la Convención de Veteranos de Guerra en el Extranjero en Nashville y, básicamente, había afirmado que las inspecciones eran fútiles. «El retorno de los inspectores no nos daría ninguna garantía de que Iraq cumpliera con las resoluciones de la ONU —dijo Cheney de Saddam—. Al contrario, corremos el riesgo de que nos haga sentir la falsa seguridad de que, de algún modo, Saddam "vuelve a estar en la jaula".»

El vicepresidente también emitió su propia valoración del servicio de inteligencia nacional acerca de Saddam: «Dicho claramente, ya no queda ninguna duda de que Saddam Hussein tiene armas de destrucción masiva [y] las está almacenando para usarlas contra nuestros amigos, contra nuestros aliados y contra nosotros.» Diez días antes el propio presidente sólo había afirmado que Saddam «quería» esas armas. Ni Bush ni la CIA habían hecho ninguna afirmación comparable a la de Cheney.

Cheney también había dicho que esas armas en manos de un «dictador asesino» eran «una amenaza inimaginable. Los riesgos de no hacer nada eran mucho mayores que los de intervenir».

Estos comentarios, que se quedaban sólo a un paso de una declaración de guerra, fueron interpretados por casi todos como una declaración que indicaba cuál sería la política de la administración. Powell estaba estupefacto. Era un ataque preventivo a lo que el presidente había acordado diez días antes. El discurso de Cheney lo había hecho saltar todo por los aires. Ahora Powell se sentía arrinconado. Para colmo, la BBC comenzó a emitir fragmentos de una entrevista que Powell había concedido antes del discurso de Cheney, en la que afirmaba que «el presidente ha sido muy claro en su afirmación de que los inspectores de armas deben regresar». Comenzaron a aparecer artículos en que se afirmaba que Powell contradecía a Cheney. Le acusaban de deslealtad, y aparecieron siete editoriales pidiendo su dimisión o dando a entender que debería dimitir. «¿Cómo puedo ser desleal cuando lo único que he hecho ha sido transmitir la posición del presidente?», se preguntaba.

Ken Adelman, amigo de Cheney y ex asistente de Rumsfeld en Defensa en los años setenta, creía que Bush estaba tardando demasiado en derrocar a Saddam. Dos días después del discurso de Cheney Adelman intervino con un virulento artículo de opinión en *The Wall Street Journal*. Saddam representaba una amenaza mucho mayor que Al Qaeda, escribió, puesto que poseía un país, miles de millones de dólares en ingresos, un ejército y «docenas de laboratorios científicos y miles de fábricas que generaban armas de destrucción masiva».

El problema no se podía resolver con nuevos inspectores de la ONU, escribió Adelman. «Cada día que el señor Bush retrasa la liberación de Iraq es un día más que Estados Unidos está en peligro. Al actuar como un "hombre paciente" se arriesga a que suframos un ataque catastrófico. Si eso ocurriera y se pudiera rastrear su origen hasta una instalación de armas de destrucción masiva iraquí, este presidente quedaría relegado a la cuneta de la Historia.»

Era material muy duro. Cheney no se comunicaba directamente con Adelman sobre esos temas, pero le pasó un mensaje a un amigo mutuo, que llamó a Adelman justo después de que apareciera el artículo para hacerle saber la reacción del vicepresidente. «Ken ha sido extremadamente útil en todo esto —el amigo dijo que le había comentado Cheney—. Le agradezco de verdad lo que ha hecho, ha estado fantástico.»

Un día más tarde, el 29 de agosto, Cheney habló ante los veteranos de la guerra de Kosovo en San Antonio. Era el mismo discurso pero con cambios significativos. Ya no afirmó que los inspectores de armas pudieran dar una «falsa seguridad» y diluyó sus críticas, diciendo que «las inspecciones no son un fin en sí mismas».

En lugar de afirmar, como había hecho en la primera versión del discurso, que «ahora sabemos que Saddam ha reiniciado sus esfuerzos para adquirir armas nucleares», dijo simplemente que Saddam estaba financiando «un agresivo programa de armas nucleares». También se moderaron otras expresiones, eliminando, por ejemplo, un «muy» y se eliminaron unos ocho párrafos del discurso.

Más de un año después, el presidente Bush se refirió a esa época como «el miserable mes de agosto». Explicó lo siguiente: «Recuerdo cómo acabó agosto de 2002. Fue la "marcha hacia la guerra". Todos nosotros... Estábamos de verdad a la defensiva. Porque no estábamos cerca los unos de los otros.» Él estaba en Texas y los demás altos cargos estaban diseminados en varios lugares de vacaciones. «Cada palabra que pronunciábamos era analizada. Cheney dio un discurso ante los veteranos de guerra en el extranjero, algo que creo que, cuando lo analizas de nuevo con el tiempo, cuando los historiadores lo vuelvan a examinar, van a preguntarse por qué había tanto alboroto. Pero creó un enorme furor.»

—Powell estaba molesto —dije yo.

—No —replicó el presidente—. No sé nada de eso. ¿Cómo podía saber yo si estaba molesto? Yo estaba en Crawford.

Capítulo dieciséis

El presidente regresó de Crawford a la Casa Blanca el domingo 1 de septiembre. Powell, muy descontento, había pedido una reunión privada con Bush y al día siguiente, el Día del Trabajo, acudió a la Casa Blanca para comer. Rice, como era habitual, se unió a ellos.

¿Acaso no quería el presidente que los inspectores de armas regresaran a Iraq?, preguntó el secretario.

Bush contestó que sí. A pesar de que se mostraba escéptico sobre los resultados que pudieran brindar las inspecciones, reafirmó su compromiso de ir a la ONU a pedir apoyo. En la práctica, eso significaba pedir una nueva resolución. Satisfecho, Powell se marchó para asistir a una conferencia en Sudáfrica. La intervención de Cheney a través de los dos discursos ante los veteranos de guerra en el extranjero parecía, por el momento, neutralizada.

El presidente comunicó a los altos cargos que quería ir al Congreso para conseguir una resolución que apoyara el uso de las fuerzas armadas contra Saddam. A pesar de que los abogados de la Casa Blanca le habían dicho que creían que tenía autoridad suficiente como comandante en jefe para actuar en solitario, el presidente quería la autorización del Congreso.

Tras pasarse la mayor parte del mes intentando solucionar los asuntos internacionales y de la ONU, que todavía no estaban solventados, el equipo de Bush sólo necesitaba una reunión de altos cargos para establecer la política interior. En la discusión hubo muchas deferencias hacia Cheney, que había sido miembro del Congreso y que ahora, como vicepresidente, presidía el Senado.

Para la guerra del Golfo de 1991, Bush padre había acudido primero a la ONU para obtener una resolución que autorizara el uso de la fuerza. Sólo cuarenta y cinco días antes de la guerra la habían aprobado por doce a dos, con los votos en contra de Yemen y Cuba y la abstención de China. Luego, sólo tres días antes de la guerra, el Congreso había aprobado su propia resolución por un ajustado 52 a 47 en el Senado y por 250 a 183 en la Cámara de Representantes.

Esta vez, puesto que no estaba claro qué papel desempeñaría la ONU, si es que iba a tener alguno, Cheney propuso ir primero al Congreso. En un año de elecciones, con todos los escaños de la Cámara y un tercio de los del Senado en juego, dijo que sería fácil. El presidente debía pedir que se votara rápidamente la resolución para que los votantes supieran qué opinaban sus congresistas y senadores sobre Saddam Hussein y su peligroso régimen.

Rice estaba completamente de acuerdo. La política en el Capitolio estaba en el punto adecuado, y la mayoría de los demócratas que conocía parecían dispuestos a aprobar una resolución de ese tipo, así que el presidente se encontraba en una situación inmejorable. Una resolución del Congreso reforzaría su posición ante la ONU y haría que Estados Unidos hablase con una sola voz. Ir primero al Congreso parecía evidente, dijo, y añadió: «¿Cuánto debate necesitan?»

El 3 de septiembre a mediodía, el martes después del Día del Trabajo, cuando se reanuda oficialmente la actividad empresarial en Washington, Card reunió a un grupo de altos cargos, entre ellos Rice, Hadley, Scooter Libby, Dan Bartlett y muchos otros, en la Sala de Situación. Se bautizó el encuentro como «Reunión de Coordinación de la Casa Blanca sobre Iraq», y después, al institucionalizarse, se le cambiaría el nombre y pasaría a conocerse como «Grupo sobre Iraq de la Casa Blanca». Entre los asistentes se encontraba el director de asuntos legislativos de la Casa Blanca, Nick Calio, un abogado de cuarenta y nueve años, elegante y con el pelo ligeramente canoso, cabildero experimentado, cuyo serio rostro ocultaba a un alegre y buen vendedor. Calio había desempeñado el mismo cargo para Bush padre entre 1992 y 1993, cargo que le convertía, básicamente, en el asistente personal del presidente que ejercía presión en el Capitolio. La venta del cambio de régimen en Iraq estaba a punto de empezar.

Card afirmó que el plan de juego consistía en pedir al Congreso que aprobara una resolución oficial en la que autorizase el uso de la fuerza en Iraq antes de las elecciones de mitad de mandato. La administración acababa de desperdiciar agosto. Dejó claro que septiembre y octubre iban a ser meses de actuaciones organizadas, coordinadas y centradas en los objetivos.

«El presidente comprende la gravedad de esta importante decisión —dijo Card acerca de la perspectiva de un cambio de régimen o incluso de comenzar una guerra contra Iraq—. Quiere que el Congreso se implique porque desea contar con la mayor autoridad moral para seguir adelante.»

Calio se había enterado por primera vez de todo esto a finales de mayo o principios de junio, cuando Rice le pidió que tanteara suavemente a algunos miembros del Congreso y les pidiera su opinión sobre Iraq. Había investigado cómo habían votado los miembros sobre temas relativos a Iraq desde la resolución de la guerra del Golfo de 1991. Ahora, en otoño, las instrucciones del presidente habían sido mucho más directas: «Nicky, consigue los votos.»

A juzgar por los comentarios de Bush y por su lenguaje corporal, Calio dedujo que la cuestión sobre Iraq no se trataba de otra cosa que de cuándo iba a declararse la guerra.

A la mañana siguiente, el 4 de septiembre, Bush invitó a la Casa Blanca a dieciocho senadores y congresistas clave.

«Iraq está en el pensamiento de mucha gente porque [Saddam] es una grave amenaza para Estados Unidos, para sus vecinos y para sus propios ciudadanos. —Les recordó a los legisladores que el Congreso había decidido en 1998, por una aplastante mayoría, que era necesario el cambio de régimen—. Mi administración apoya todavía más esa política a raíz del 11-S. Así que quiero que se hable, quiero un debate estimulante en Estados Unidos a través del Congreso. —Repitiendo la frase de Cheney, añadió—: No hacer nada no es una opción.

»Hay desacuerdos, lo sé. Cuando se tome una decisión, acudiré al Congreso para obtener una resolución que nos apoye. Espero que el Congreso tome parte de cualquier decisión.»

Dijo que quería escuchar sus sugerencias y pensamientos, y que creía que podía responder a cualquier reserva que tuvieran.

El líder de la mayoría demócrata del Senado, cuya posición le convertía en la posible voz opositora más destacada, formuló varias preguntas sobre los motivos del presidente para declarar la guerra. «¿Hay algo nuevo? ¿Dónde están las pruebas tangibles? ¿A quién acudiremos en busca de apoyo logístico si la región nos da la espalda?» «Si pudiéramos dar una respuesta a todas estas preguntas, habríamos avanzado mucho», declaró Daschle, el líder de la mayoría en el Senado.

El líder de la minoría de la cámara, Dick Gephardt, demócrata de Missouri, afirmó: «Aprecio su explicación y creo que su preocupación por Saddam Hussein es acertada.» Añadió que los norteamericanos debían ser informados del riesgo que corrían. «Se trata de evitar que las armas de destrucción masiva caigan en las manos equivocadas. No lo ven. Tenemos que hacer cuanto esté en nuestras manos para evitar que esas armas se extiendan. Debemos hacerlo de una forma muy gráfica.»

Gephardt dijo que él y Daschle habían hablado sobre ello y que era necesario que el presidente se comprometiera de un modo personal y activo si quería que se aprobase la resolución.

«¿Me estáis diciendo que Nick Calio no está haciendo bien su trabajo?», preguntó Bush en broma.

La conversación derivó hacia la resolución del Congreso que obtuvo el primer presidente Bush para la guerra del Golfo en 1991. Calio esperaba usar la resolución de 1991 como modelo.

El senador Don Nickles, jefe de disciplina republicano, preguntó: «Señor presidente, si el período de sesiones termina el 11 de octubre este año, sólo tenemos cinco semanas. ¿Quiere usted que votemos antes de marcharnos?»

«¡Sí! —respondió Bush—. Quiero que celebren un debate. El tema no va a desaparecer y no pueden dejar que quede atascado.»

El senador Carl Levin, un demócrata de Michigan y presidente del Comité de Fuerzas Armadas, preguntó si no era posible contener a Saddam Hussein. «Las fuerzas armadas están preocupadas», dijo, dando a entender que muchos de los oficiales de mayor graduación tenían sus dudas sobre el inicio de una guerra.

«Estaría bien que le expresaran sus dudas al presidente en lugar de hacerlo a alguien en el Senado», replicó Bush, con aspecto de haberse enfadado.

Esa misma tarde Rumsfeld informó a los senadores sobre Iraq en una reunión de alto secreto celebrada a puerta cerrada a la que asistieron dos terceras partes de los miembros del Senado, una participación muy superior a la habitual. Pronto le llegó a Calio el rumor de que no había ido bien, y de que el líder republicano del Senado, Trent Lott, no estaba contento.

Calio dirigía su departamento de 25 personas en parte como si fuera un servicio de inteligencia. Su asistente ejecutivo le entregaba una extensa «Nota de cierre» en la que se resumían los informes que habían llegado aquel día de la plantilla que supervisaba todo lo que sucedía en el Capitolio, incluso las reuniones a puerta cerrada.

En la «Nota de cierre del 4 de septiembre», Christine M. Ciccone, una joven abogada que cubría el Senado para Calio, informó de la sesión informativa de hora y media que había ofrecido Rumsfeld. «Ya habrá oído que fue un desastre y que Lott opina que ha destruido toda la buena voluntad y todo el trabajo de campo que el presidente había logrado durante la reunión de esta mañana. Incluso a mí me costó mucho no reírme cuando el secretario Rumsfeld se convirtió en una caricatura de sí mismo diciendo: "Sabemos lo que sabemos, sabemos que hay cosas que no sabemos y sabemos que hay cosas que sabemos que no sabemos que no sabemos."»

Los senadores esperaban que en la sesión informativa, que venía justo después de la reunión con el presidente aquella misma mañana, se empezarían a exponer los argumentos de la administración, informó Ciccone. «En cambio, el secretario Rumsfeld no estaba listo para discutir el asunto de Iraq, no estaba dispuesto a divulgar ni el menor dato que tuviera de los servicios secretos y no estaba teniendo un buen día... Nos ha dejado mucho trabajo de limpieza por hacer.»

La senadora Dianne Feinstein, la demócrata californiana que participaba en el Comité de Inteligencia del Senado, dijo durante aquella sesión que ella había trabajado durante el período de vacaciones del Senado en temas de inteligencia y que había recibido numerosos informes. «Cree decididamente que de esos informes no se desprende ninguna prueba nueva de que Saddam tenga artefactos nucleares, y su conclusión es que Saddam no supone ninguna amenaza inminente», informó Ciccone. Según la «Nota», Feinstein «no cree que estemos dispuestos a matar a inocentes, lo cual será inevitable, pues tendremos que ir de mezquita en mezquita en busca de los terroristas, etcétera».

Las secuelas de aquella sesión informativa podían ser todavía

peores. Ciccone informó que las senadoras Patty Murray, demócrata de Washington, y Kay Bailey Hutchison, republicana de Texas, habían esperado a Feinstein en la puerta y se habían marchado
juntas, y que Kent Conrad, un demócrata de Dakota del Norte, se
había puesto en pie para decir que estaba de acuerdo con todo lo
que Feinstein acababa de decir. El senador Bob Graham, demócrata de Florida y presidente del Comité de Inteligencia, declaró a *The
Washington Post*: «La reunión no me aportó ninguna información
nueva.» Y Nickles, el jefe de disciplina republicano, que no era uno
de los halcones de Iraq, aprovechó una recepción en la residencia
de la Casa Blanca esa noche para quejarse directamente ante el vicepresidente Cheney y el presidente.

El grupo de Card se reunió de nuevo en la Sala de Situación el
5 y 6 de septiembre, jueves y viernes de esa misma semana. El Grupo sobre Iraq de la Casa Blanca coordinaba el mensaje diario sobre
Iraq y el «eco» (la iniciativa para reforzar los argumentos e ideas del
presidente con declaraciones y apariciones en los medios de altos
cargos de la administración y miembros del Congreso favorables a
sus peticiones).

Card creía que tenía tres funciones como jefe de gabinete de
la Casa Blanca. Una era lo que llamaba el «cuidado y alimentación
del presidente», que era la más complicada porque incluía atender
a las necesidades y deseos de Bush, montando su agenda de modo
que se adecuara a sus prioridades, recibiendo respuestas fidedignas
e invitando a la gente adecuada a ver a Bush mientras mantenía
alejados a los demás. La segunda era la «formulación de las políticas» y la tercera era la «venta y el marketing».

En una entrevista con Elisabeth Bumiller, una corresponsal
para la Casa Blanca de *The New York Times*, Card explicó que la
Casa Blanca había permitido que el caos de agosto siguiera su curso porque «desde el punto de vista del marketing no es bueno introducir productos nuevos en agosto».

La noticia salió en la primera página al día siguiente con el titular «Los asesores de Bush fijan la estrategia para vender su política sobre Iraq». La frase de Madison Avenue de Card sobre «marketing» y «nuevos productos» produjo un aluvión de críticas que
decían que la Casa Blanca estaba vendiendo la guerra como un de-

tergente y que había aguardado a sacar el tema de Iraq hasta los últimos dos meses de campaña de las elecciones con la esperanza de
que la cuestión de la amenaza a la seguridad nacional favoreciera a
los republicanos.

El viernes 6 de septiembre Franks y Rumsfeld informaron al
presidente y al Consejo de Seguridad Nacional sobre los últimos
planes respecto a Iraq. Brevemente, pusieron al día a Bush sobre el
estado del Plan Híbrido. Franks también presentó el plan para la
supresión de los misiles Scud que Saddam pudiera tener. Implicaría unas acciones muy agresivas, entre ellas enviar a equipos de las
Fuerzas de Operaciones Especiales a las áreas del interior de Iraq en
las que se sospechaba que podía haber misiles Scud, primordialmente el sur, cerca de Kuwait, y el oeste, cerca de Israel, las áreas
desde las que se habían lanzado en la guerra del Golfo de 1991.

Sin embargo, el general Franks tenía algo importante que añadir: «Señor presidente, hemos estado buscando misiles Scud y otras
armas de destrucción masiva durante diez años y todavía no hemos
encontrado ninguna, así que no puedo decirle específicamente que
sepa que existe ningún tipo de arma. Todavía no he visto ni un solo
Scud.»

Algunos, en el Consejo de Seguridad Nacional, pensaron que
ésta era la manera que tenía Franks de decir que carecía de información adecuada para fijar los objetivos, que no sabía de ningún
lugar donde hubiera armas o misiles Scud, de modo que no podía
atacar o bombardear lugares concretos. Creían que Franks estaba
diciendo que debía tener datos concretos sobre localizaciones y que
carecía de ellos. No podía, y no estaba dispuesto, a bombardear
sólo a tenor de suposiciones.

Pero aquello pudo, y debió, haber disparado las alarmas. Si los
datos que aportaban los servicios de inteligencia no eran lo suficientemente buenos como para fijar objetivos que bombardear,
probablemente tampoco lo eran para sustentar la ambiciosa afirmación, en público o en documentos oficiales de los servicios de
inteligencia, de que no cabía «ninguna duda» de que Saddam poseía armas de destrucción masiva. Si no cabía duda, ¿dónde estaban
exactamente esas armas?

Franks creía que Saddam sí que poseía armas de destrucción

masiva, concretamente agentes químicos. Altos cargos de los servicios de inteligencia de otras naciones le habían comentado que creían que Saddam disponía de algún tipo de armas biológicas. Con los años, Franks había visto miles de datos de inteligencia que indicaban que el tipo tenía una enorme capacidad de producción de armas de destrucción masiva. Creía que Saddam las usaría si las fuerzas estadounidenses invadían Iraq, y estaba preparándose por completo para el peor de los casos, elaborando planes de protección y trajes de protección contra agentes químicos y biológicos para sus tropas. «Pero eso es lo que haces cuando eres el general al mando», afirmó. Había muchos emplazamientos de supuestas armas de destrucción masiva que eran claramente instalaciones militares a las que iba a atacar. No obstante, las sospechas no equivalen a la certidumbre.

Rumsfeld siempre se mostró escéptico frente a la información de los servicios de inteligencia. Su experiencia le llevaba a pensar que, por lo general, subestimaba las amenazas y que las cosas malas se pasaban años sin ser detectadas. Más adelante, en una entrevista, el secretario de Defensa declaró que sus generales «reconocían que los datos de inteligencia humana con los que contábamos eran modestos y que la inteligencia no humana se estaba enfrentando a un objetivo muy difícil con muchas capacidades sumergidas y con un maestro del engaño que tenía mucha experiencia en engañar. —Añadió—: Había algunas cosas de las que sabíamos un poco y muchas cosas de la que sabíamos demasiado poco». Él estaba de acuerdo con los datos de que disponían de las grandes áreas de Iraq que englobaban las operaciones Vigilancia Norte y Vigilancia Sur, pero no con el resto del país. No se había encontrado ningún tipo concreto de armas de destrucción masiva en las zonas de exclusión aérea.

El segundo tema esa mañana era la Fortaleza Bagdad y el plan que Franks tenía en marcha para excluir y, si era necesario, contrarrestar, una resistencia encarnizada de las tropas de Saddam en la capital iraquí. Esa posibilidad todavía preocupaba mucho a Rice y a Card. Sería una calamidad militar que conllevaría una guerra larga con muchas bajas. Rumsfeld comentó después que no era el presidente quien insistía en el tema. «El presidente se interesó en ello, pero no repetidamente —recordó Rumsfeld—. Lo hizo las primeras dos o tres veces. Pero otros estaban, creo que ya me entiende, comprensiblemente más preocupados por ello. —Añadió—: Comencé a enviar informes y todo el que quiso un informe lo tuvo. Ni siquiera me molestaba, lo había oído muchísimas veces.»

Esa noche los altos cargos se reunieron en Camp David sin el presidente para repasar los temas de la ONU antes de la reunión del Consejo de Seguridad Nacional prevista para el sábado por la mañana con el presidente, quien después tenía una reunión por la tarde con el primer ministro británico, Tony Blair.

Cheney siguió defendiendo que pedir una nueva resolución los volvería a meter en el pantanoso e inútil proceso de la ONU. Todo lo que Bush tenía que decir en su discurso era que Saddam había violado las resoluciones de las Naciones Unidas repetida, total y voluntariamente, y que el presidente se reservaba el derecho de actuar contra él de forma unilateral.

Eso no era pedir apoyo a las Naciones Unidas, replicó Powell. La ONU no se iba a limitar a hacerse a un lado, declarar que Saddam era malvado y autorizar la guerra. No había forma de vender ese enfoque. El presidente había decidido dar a la ONU una oportunidad y la única manera práctica de hacerlo era conseguir una nueva resolución.

Powell detectó una especie de fiebre en Cheney. No era el hombre sólido y sin emociones que había visto una docena de años atrás durante la recta final de los acontecimientos que llevaron a la guerra del Golfo. El vicepresidente estaba más que empeñado en atacar a Saddam. Era como si no existiera ninguna otra cosa. Powell intentó resumir las consecuencias que podría tener una acción unilateral, un razonamiento que creía que era irrebatible. Añadió una nueva dimensión, diciendo que la reacción internacional sería tan negativa que habría que cerrar las embajadas norteamericanas en todo el mundo si íbamos a la guerra en solitario.

—Ésa no es la cuestión —dijo Cheney—. Saddam y la clara amenaza que supone es la cuestión.

—Quizá no todo resulte como quisiera el vicepresidente —replicó Powell. La guerra podía desatar todo tipo de consecuencias no deseadas e imprevisibles, algunas que ninguno de ellos, ni siquiera él mismo, podían imaginar.

—No es la cuestión —repitió Cheney.

La conversación se convirtió en un duro debate entre ambos hombres, que bordearon el límite de la buena educación pero no abandonaron la deferencia formal con la que se trataban mutuamente. Fue un enfrentamiento amargado y enconado, no obstante, y ambos sabían cómo podían anotarse puntos mientras se deshacían de los últimos retazos de lo que les había unido durante tantos años. Powell parecía albergar una ira muy profunda, a pesar de que esta vez se estaba saliendo con la suya. Siempre había estado sólo un nivel por debajo de Cheney en la jerarquía. A lo largo de tres décadas había ascendido hasta convertirse en el hombre de uniforme de mayor rango, el presidente de la Junta de Jefes de Estado Mayor, y había acabado informando a Cheney, que había resultado la sorprendente elección de Bush como secretario de Defensa cuando el nombramiento del senador John Tower fue rechazado por sus colegas del Senado. Entonces, como secretario de Estado, el puesto de mayor importancia del gabinete, Powell se había visto de nuevo superado en rango por Cheney, esta vez escogido sorprendentemente como vicepresidente. En las reuniones del Consejo de Seguridad Nacional, Cheney se sentaba a la derecha de Bush, Powell a su izquierda.

Powell se sentía a menudo confundido por Cheney. Años atrás, mientras escribía sus memorias, que se convertirían en un bestseller, Powell se esforzó por aprehender la lejanía de aquel hombre, y había escrito y reescrito secciones enteras sobre Cheney, enviándoselas luego a Armitage. «No está del todo bien», le contestaba una y otra vez Armitage. Powell le dijo a Armitage que por fin había encontrado una forma de ser «relativamente sincero pero no dañar a Cheney». En la versión final de *My American Journey*, publicada en 1995, Powell escribió de Cheney: «En casi cuatro años, él y yo nunca habíamos pasado una sola hora juntos si no era para trabajar.» Habló del último día de Cheney como secretario de Defensa, cuando había ido a las oficinas de Cheney en el Pentágono y había preguntado «¿Dónde está el secretario?» y le informaron de que Cheney se había marchado horas antes. Powell escribió: «Me sentí decepcionado, incluso dolido, pero no sorprendido. El llanero solitario se había vuelto a ir hacia el sol poniente sin ni siquiera un último adiós.»

La mañana del sábado 7 de septiembre Bush se reunió con el Consejo de Seguridad Nacional y se reemprendió la discusión. Powell dijo que, al menos por la credibilidad de Estados Unidos, necesitaban ofrecer un plan que implicara la reanudación de las inspecciones como parte de cualquier tipo de acuerdo con la ONU sobre Iraq. La única manera de hacerlo era aprobar nuevas resoluciones.

Cheney hizo entonces una lista de todas las razones por las que las inspecciones podían meterlos en un pozo sin salida. En primer lugar, los inspectores no serían norteamericanos, sino abogados y expertos de todo el mundo que estarían menos preocupados por Saddam y se mostrarían menos escépticos respecto a él. En segundo lugar, estos inspectores, como había sucedido en el pasado, tenderían a creerse lo que les decían las autoridades iraquíes, no las desafiarían y, por lo tanto, serían engañados con más facilidad. El resultado final serían deliberaciones o informes no concluyentes. Así que los inspectores provocarían que tomar la decisión de derrocar a Saddam fuera todavía más difícil.

El presidente le dio las gracias y prometió reflexionar sobre ello.

Esa mañana Tony Blair partió de Londres en un viaje trasatlántico para visitar a Bush en Camp David. El presidente le había invitado a conversar durante tres horas sobre Iraq y a cenar. Blair estaría en tierra sólo unas seis horas, una visita inusualmente corta.

El estilo del primer ministro británico consistía en mantener constantes debates entre él y su reducido círculo de asesores, probando, investigando, «sopesando las cosas», según afirmó uno de sus asesores. Sobre Iraq, Blair había seguido diferentes vías. «Mirad, si Bush no se hubiera dedicado a estos asuntos tras el 11-S —comentó a sus asesores en diversas ocasiones—, yo me habría preocupado por ellos. Yo ya había hablado de ellos antes del 11-S.» Los asuntos eran el terrorismo, las armas de destrucción masiva e Iraq. Durante años, Blair había estado avisando sobre la amenaza que constituía Saddam Hussein.

Cuando Bush pronunció su discurso sobre el eje del mal ese mismo año, a Blair le gustó ver que el presidente norteamericano se tomaba en serio el problema de los Estados canallas. Y eso a pesar de que Blair jamás hubiera usado la etiqueta «eje del mal», dijo este asesor cercano. De los tres países, el que más le preocupaba era

Corea del Norte, y creía que Irán estaba cerca de desarrollar peligrosos arsenales de armas de destrucción masiva. Iraq quedaba al final de la lista para el primer ministro, declaró este asesor, con lo cual sugería que, en este punto, Blair no estaba tan motivado por Saddam como Bush.

«Iraq es un asunto de Estados Unidos —añadió el asesor—. No es un asunto británico. Y no podía ser asunto de nadie más porque nadie tenía la capacidad necesaria.» Gran Bretaña no estaba proponiendo la vía militar. Era obvio que Gran Bretaña nunca emprendería una acción de ese tipo en solitario. «No podríamos haber invadido Iraq.»

Ahora, Bush estaba presionando a fondo. Para Blair, la cuestión era: ¿debería acudirse a las Naciones Unidas? Era muy consciente de que en Gran Bretaña la cuestión era: ¿creía Blair en las Naciones Unidas? Era fundamental para el primer ministro de cara a la política interna de su país poder demostrar a su propio Partido Laborista, un partido que era pacifista de corazón y que se oponía a la guerra por principios, que había ido a través de la ONU. La opinión pública británica apostaba por acudir a las instituciones internacionales antes de recurrir a la fuerza. Ir a través de la ONU sería para él una enorme y muy necesitada ventaja.

Blair y Bush contestaron a las preguntas de los periodistas. Declararon que estaban decididos a acabar con la amenaza de Saddam de una vez por todas. No contestaron ni cómo ni cuándo. Bush afirmó de forma inequívoca que «Saddam Hussein posee armas de destrucción masiva».

Los dos se sentaron luego para conversar en privado con Cheney. No había ningún plan de guerra concreto. El tema aquí era la estrategia política.

Blair comentó que él necesitaba poder demostrar que había intentado ir a través de la ONU. «Está aquí para defender la necesidad de una resolución», recordó Bush más adelante. Le dijo a Blair que había decidido recurrir a la ONU y parecía que iba a intentar conseguir una nueva resolución.

Blair se sintió aliviado.

Bush miró a Blair a los ojos: «Saddam Hussein es una amenaza. Y debemos trabajar juntos para acabar con esa amenaza; el mundo estará mucho mejor sin él.» Bush recordó que estaba «tanteando» y «presionando» al primer ministro. Dijo que hacerlo requeriría, muy probablemente comportaría, declarar la guerra. Era posible que Blair tuviera que enviar tropas británicas.

«Estoy con usted», contestó el primer ministro, sosteniéndole la mirada al presidente y comprometiéndose directamente a enviar tropas británicas si era necesario, la promesa clave que Bush había estado buscando.

«Queremos que formes parte de esto», le dijo al primer ministro Blair. La determinación de Blair le había impresionado de verdad, recordó luego.

Tras la reunión, Bush fue a la sala de conferencias, donde estaban esperando Alastair Campbell, el director de comunicaciones del primer ministro, y otros importantes asesores de Blair.

«Tu hombre tiene "cojones"», dijo el presidente, usando la expresión coloquial en español.

El presidente recordó: «Y, por supuesto, estos británicos no saben lo que son "cojones".» Dijo que llamaría a la sesión de Camp David con Blair «la reunión de los "cojones"».

Como una cuestión práctica, al aceptar la apremiante sugerencia de Blair y Powell de buscar una nueva resolución de la ONU, Bush había mejorado su posición de forma inconmensurable. Significaba que independientemente de lo que pasara, siempre y cuando Blair mantuviera su palabra, no tendría que seguir adelante solo.

A la mañana siguiente, el domingo 8 de septiembre, *The New York Times* publicaba en primera página un artículo titulado «EE. UU. dice que Hussein intensifica su intento de conseguir componentes de bombas atómicas». El artículo alegaba que Iraq había intentado comprar miles de tubos de aluminio de alta resistencia de un diseño especial, que podían usarse en centrifugadoras para enriquecer el uranio necesario para fabricar una bomba. Era una acusación de la administración que sería cada vez más polémica. Ese día la administración tomó al asalto las tertulias políticas del domingo por la mañana, con Cheney, Powell, Rumsfeld y Rice. Todos y cada uno de ellos subrayaron el peligro que constituía Saddam Hussein, y Rumsfeld adoptó la postura más agresiva.

Después de todos los años que había pasado leyendo y tamizando informes de inteligencia, Rice había llegado a la misma conclusión que Rumsfeld: los servicios de inteligencia solían subestimar las amenazas y rara vez las exageraban. En la CNN declaró: «No queremos que nuestra pistola humeante sea un hongo nuclear.»

Rove habló con Bush sobre el hecho de recurrir a la ONU. A la base conservadora republicana no le gustaban las Naciones Unidas, pero Rove convino en que era necesario intentarlo. No podía parecer que se embarcaban en una guerra de cualquier manera. El verdadero problema político era el duro impacto que tanto hablar de guerra tenía sobre la economía. Habían celebrado reuniones con empresarios en la Sala Roosevelt, la gran sala de conferencias junto al Despacho Oval, y el mensaje que les habían transmitido era muy sencillo: los negocios no iban bien porque la gente tenía miedo por la incertidumbre que generaba una guerra. Conforme Rove viajaba por el país, encontró muestras palpables de esa preocupación.

Capítulo diecisiete

El redactor Mike Gerson tanteó al presidente sobre lo que quería decir en concreto en la ONU. Bush no compartía la cínica visión de que las inspecciones en busca de armas de destrucción masiva serían inútiles. Al mismo tiempo, tampoco estaba cerca de la comodidad que Powell sentía por la ONU. Bush expresaba su deseo de obtener resultados, quería que Saddam fuera derrocado y las armas de destrucción masiva eliminadas. Ése era el objetivo y el compromiso; no había ningún compromiso con el proceso de la ONU. Los devotos de las Naciones Unidas creían que todo iba bien siempre que hubiera un proceso en marcha. Pero el presidente no estaba de acuerdo, tenía que obtener el resultado que él quería.

Rice le explicó al presidente el modo en que Sudáfrica había eliminado sus armas nucleares, sometiéndose a un estricto proceso de inspecciones, por el cual invitó a que se realizaran exhaustivas búsquedas en sus instalaciones, arrojó materiales diversos en los aparcamientos, abrió sus laboratorios y ofreció registros y documentación detallada. De modo que existía un modelo para el desarme que podía funcionar.

«Perfecto», dijo Bush. No creía en esa posibilidad, ni pensaba abandonar su objetivo del cambio de régimen, pero lo intentaría.

Cuando el discurso hubo tomado forma, Cheney y Rumsfeld siguieron dando vueltas a la premisa central de pedir una nueva resolución. Aprovechando que Bush aborrecía la solución del proceso adujeron que el mero hecho de formular la petición los arrastraría a un pantano de comités de la ONU, debates, vacilaciones, dudas y más dudas; en otras palabras, un proceso en toda regla. Eso dejaría la puerta abierta para que Saddam negociara con la ONU, y si eso sucedía, estaban acabados. Saddam diría lo que hiciera falta para que pareciera que el proceso funcionaba. Y luego, cuando llegara el momento de que los inspectores se pusieran manos a la obra, dejaría plantado a todo el mundo.

Cuando le preguntaron por su posición respecto a la ONU más de un año después, Rumsfeld declaró: «No votamos en el Consejo de Seguridad Nacional»; añadió unas palabras sobre su experiencia en los debates internos de la administración: «Se celebra un debate, se evalúan los pros y los contras, y nosotros participamos en esas consideraciones. Entonces el presidente empieza a inclinarse en una dirección determinada. [Después] la gente dice, bueno, si ésa es la opción, debe comprender que la otra alternativa tiene estas ventajas y estas desventajas, y que la opción elegida tiene estas otras, y se empieza a intentar prever los problemas que puedan surgir.»

Al preguntarle sobre su punto de vista personal, Rumsfeld replicó: «Mi memoria al respecto no es perfecta, y no recuerdo si escribí memos o me metí en reuniones concretas. Claramente, la invasión planteaba posibles ventajas y desventajas. Mi impresión personal es que, en retrospectiva, se hizo lo correcto, que en gran medida se obtuvieron esas ventajas y que, por lo general, se evitaron las desventajas.»

Puesto que Bush le iba a decir a la ONU que o bien solucionaban ellos el problema de Saddam o lo haría Estados Unidos, le pregunté a Rumsfeld:

—Realmente era como cruzar el umbral, ¿no es cierto?

—Así es. Lo fue —dijo Rumsfeld. Pero añadió—: No era el verdadero umbral. El de verdad, para mí, fue cuando la gente [de los demás países] empezó a correr riesgos por nosotros.

Una de las opciones para el discurso de la ONU que Rice opinaba que debían considerar, como más tarde recordaría el presidente, era lanzarle un ultimátum a Saddam para que se desarmara en treinta días, o Estados Unidos lideraría un ataque. Eso sería prácticamente equivalente a una declaración de guerra. Sin embargo, Bush se inclinaba cada vez más por pedirle a la ONU que aprobara una resolución. No obstante, las reuniones para redactar el borrador del discurso de la ONU se prolongaron durante días. En un momento determinado, la petición de nuevas resoluciones saltó del último borrador. El discurso reprochaba a la ONU que no hubiera garantizado el cumplimiento de las anteriores resoluciones sobre armas, concretamente durante los cuatro años en que Saddam había expulsado a los inspectores.

«No se puede decir todo eso sin pedirles que hagan nada. No hay acción en este discurso —argumentó Powell. Sabía que el llamamiento a la acción atraería singularmente a Bush—. Aquí dice lo que ha hecho mal, lo que tiene que hacer para arreglarlo, y luego ¿se detiene? —preguntó Powell con sorpresa—. Tiene que pedir algo.»

De modo que los altos cargos discutieron sobre lo que había que pedir. ¿Y cómo tenía que presentarse esa petición? Finalmente llegaron a un consenso, decidiendo que sólo le pedirían a la ONU que actuara.

Powell, que para ese entonces se debatía entre el asombro y la derrota, lo aceptó. Sabía que la única forma de que la ONU actuara era a través de su brazo ejecutivo, el Consejo de Seguridad, y que el único medio eran las resoluciones. Pedir explícitamente que se aprobara una nueva resolución hubiera sido más fácil, pero la llamada a la «acción» era, en opinión de Powell, mucho mejor que el ultimátum de los treinta días.

El 10 de septiembre, dos días antes del discurso, el borrador número 21 aterrizó en la mesa de Powell con los sellos de «Confidencial» y «Urgente» estampados por todas partes. No contenía ningún llamamiento a la acción para la ONU. El comité de altos cargos se reunió. Cheney volvió a reafirmar su oposición a una resolución. Era una cuestión de táctica y credibilidad presidencial, afirmó el vicepresidente. «Supongamos que el presidente le pide al Consejo de Seguridad una nueva resolución. ¿Qué pasaría si el Consejo se negara? ¿Dónde los dejaría eso?» Si Saddam llegaba a utilizar sus armas de destrucción masiva, siguió argumentando, especialmente a gran escala, el mundo jamás les perdonaría su inacción y el hecho de que hubieran cedido a la tentación de enzarzarse en debates semánticos acerca de las resoluciones de la ONU.

Rumsfeld defendió la firmeza por principios, pero planteó una serie de preguntas retóricas, sin atacar excesivamente la formulación.

Powell estaba harto de la familiar técnica discursiva de Rumsfeld, que él denominaba en privado «la tercera persona pasiva que ya no está». Rumsfeld decía cosas como, «uno pensaría», o «uno imaginaría», o «uno esperaría», o «alguien diría», una vez y otra, y otra. Y jamás le llamaban la atención por ello, ni siquiera el propio Powell. Sencillamente, no podían mantener el tipo de conversaciones de las que saldría una respuesta directa sobre lo que Rumsfeld quería realmente. Y el concepto en que Rumsfeld tenía al Departamento de Estado se estaba volviendo cada vez más bajo. Según Powell, parecía que Rumsfeld llevara guantes para no dejar huellas en las recomendaciones sobre las políticas que se debían seguir.

De modo que Powell y Cheney volvieron a enzarzarse en una agria discusión.

«No sé si la vamos a tener o no», comentó Powell a Armitage, en referencia a si habría una petición para que la ONU actuara.

La noche antes del discurso Bush dijo a Powell y a Rice que había decidido pedir nuevas resoluciones. Le gustaba que los titulares sobre la política estadounidense procedieran directamente de él, de modo que dio instrucciones para que al principio de la página ocho del último borrador, el número 24, se introdujera un pasaje que dejara entrever una petición a la ONU de las «resoluciones» necesarias.

Más tarde, el presidente recordaría: «Escogí la opción de la resolución. Blair tuvo mucho que ver», reconoció. Añadió que antes de su discurso en la ONU también habló con el primer ministro australiano John Howard, el cual le dijo: «Estoy con usted. Necesitamos una resolución.» Bush recordó que había recibido la misma recomendación del presidente español, José María Aznar.

En la tribuna de la Sala de la Asamblea General, el 12 de septiembre, Bush llegó al punto de su discurso en el que iba a pedir nuevas resoluciones. Pero el cambio no había sido introducido en la copia del TelePrompTer, de modo que leyó la frase antigua: «Mi nación colaborará con el Consejo de Seguridad de la ONU para hacer frente a nuestro reto común.»

Mientras leía el borrador número 24, para apuntar las improvisaciones o eliminaciones que el presidente pudiera hacer en el último minuto, Powell tuvo la sensación de que su corazón se había parado. La mención a las resoluciones se había desvanecido. ¡El presidente no había pronunciado la frase clave!

Pero en el momento en que leyó la vieja versión, Bush se dio cuenta de que el fruto del acalorado debate que su gabinete había mantenido no estaba en el discurso. Con la mínima torpeza, añadió, dos frases más tarde: «Trabajaremos con el Consejo de Seguridad de la ONU para las resoluciones necesarias.»

El corazón de Powell empezó a latir de nuevo.

«Fue un gran discurso —recordó el presidente quince meses después—. Acababa de tener lugar el aniversario [del 11-S] el día anterior. Estábamos a la defensiva. Pero lo más importante es que este discurso empezó a aclarar las cosas al pueblo norteamericano sobre lo que estaba leyendo acerca de la planificación militar y otras estrategias para hacer frente a Iraq.» Antes, él y su administración no habían sabido transmitir con «claridad» lo que tenían intención de hacer, según dijo. «Y la otra cosa importante de esta administración es que hemos sido capaces de definir nuestros objetivos. Esto quizá no le guste a mucha gente, pero lo hemos hecho bien en ese aspecto, y la gente lo ha comprendido. Eso fue lo que este discurso logró. Y tuvo un gran efecto sobre Estados Unidos.»

Bush prosiguió: «Cuando caminé hacia la tribuna y me quedé frente a ese grupo; por cierto, no había ningún tipo de expresión en el rostro de nadie...» Los delegados estaban sentados y mudos, en cierto sentido casi parecían maleducados. «Había un silencio de muerte. Y recuerdo que cuanto más solemnemente me miraban, más me emocionaba yo al defender mi postura. No quiero decir abiertamente emocional, sino que defendía mi tesis con más firmeza. Realmente disfruté pronunciando ese discurso.»

La razón por la cual pudo dejar a un lado el ultimátum a la ONU de que si ellos no se encargaban del problema Estados Unidos sí que lo haría se debía, según dijo, a la labor y la planificación militares que Franks y Rumsfeld habían desarrollado. «De no haberlo hecho, de no haber planificado con antelación todo eso, si yo no hubiera dispuesto de esa opción, no podría haber pronunciado ese discurso», afirmó. Estaba convencido de que la amenaza militar era una condición necesaria para hacer posible la vía diplomática.

En general, el discurso fue un éxito. «También tuvo gran impacto en todo el mundo», señaló. A los que defendían una línea blanda les gustó porque el presidente buscaba el apoyo internacional y de la ONU. A los que apostaban por la línea dura también les sonó lo suficientemente duro.

Powell se quedó en Nueva York para reunir apoyo para las medidas políticas, especialmente de Rusia y Francia, dos de los cinco miembros permanentes del Consejo de Seguridad con capacidad de vetar resoluciones.

Más tarde Bush dijo: «Déjeme que le diga que hubo momentos en los que yo no estaba seguro de que fuéramos a obtener ninguna resolución.» Él se había comprometido a que Estados Unidos actuaría si la ONU no lo hacía. «De modo que estoy aquí sentado, y me digo: "¿Estás listo para actuar?"»

Generalmente, Rove se reunía con Bush por la mañana, después de su reunión con los servicios de inteligencia, con el Consejo de Seguridad Nacional o tras mantener conversaciones telefónicas con líderes extranjeros. Solían estar presentes Card, Bartlett, el secretario de prensa y algunos otros. En ocasiones disponía de unos minutos a solas con el presidente, que le expresaba brevemente sus quejas acerca de cualquier asunto. Él le recordaba al presidente que los rumores de guerra ahogaban todo lo demás, y que no representaría necesariamente ninguna ventaja política para ellos.

A medida que se acercaban las elecciones de mitad de mandato le comentó a Bush que un tema que sin duda destacaría entre los demás sería la ley de seguridad interna. Ésta planteaba la creación de un nuevo Departamento de Gabinete como parte de la mayor reorganización del gobierno federal desde la creación del Departamento de Defensa. Los demócratas estaban retrasando la ley porque querían la garantía de que los empleados gubernamentales tendrían el derecho a la asociación sindical. El presidente solicitaba autorización para realizar excepciones por motivos de seguridad nacional, argumentando que cada presidente desde John Kennedy la había recibido. Recorrió el país e hizo una fuerte campaña a favor de la autorización, afirmando que él quería defender al país y a los demócratas, a los líderes sindicales. Rove estaba convencido de que el tema de la ley de seguridad interna y la demora del Senado en aprobarla, o en ratificar los nominados de Bush para convertirse en jueces federales, podrían beneficiar a los republicanos en las elecciones.

Varias veces por semana Nick Calio organizaba la asistencia de congresistas o senadores a las reuniones de inteligencia o a las sesiones de trabajo puntuales que surgían, ya fuera en el Capitolio o en la Casa Blanca, incluso en la intimidad de la Sala de Situación. Los foros reducidos funcionaban mejor para vender la idea que las sesiones con numerosos asistentes. En caso de que alguien estuviera buscando pistas, uno de los tres relojes digitales que marcaban la hora en diversas partes del mundo estaba puesto en hora iraquí.

Una de las primeras reuniones corrió a cargo del director adjunto de la CIA, John McLaughlin, el número dos de Tenet. Después de eso, Calio le suplicó a Tenet que fuera en persona para dirigir las sesiones. «Es que John es tan equilibrado que casi asusta a la gente», dijo Calio. Necesitaban vender el concepto, y McLaughlin era demasiado discreto. Necesitaban una bola de fuego, de modo que Tenet asistió cada vez a más reuniones.

Mientras tanto, la ley de seguridad interna seguía bloqueada en el Senado a causa de una maniobra obstruccionista. Calio le dijo al presidente que estaban a punto de «viciar» la maniobra.

«Nicky, ¿de qué demonios estás hablando? ¿Qué es eso de "viciar"?», preguntó Bush. Cheney también se preguntó en voz alta qué significaba «viciar».

Al día siguiente, Calio trajo un documento de dos páginas con las definiciones de los diccionarios *Webster* y *American Heritage*, donde se explicaba que «viciar» significaba «anular, dejar sin efecto». Más tarde, la Casa Blanca hizo exactamente eso, asegurándose los sesenta votos necesarios para poner fin al debate y aprobar la ley.

El 19 de septiembre el presidente se reunió con once representantes de la Cámara en la Sala del Gabinete.

«La guerra contra el terrorismo va bien; estamos cazando a los de Al Qaeda uno a uno —empezó Bush—. Sin embargo, la mayor amenaza es Saddam Hussein y sus armas de destrucción masiva. Puede hacer pedazos Israel y desatar un conflicto internacional.»

Profundizando en los elementos del plan de guerra, Bush comunicó al grupo: «Tomaremos los campos petrolíferos al principio para mitigar el impacto en el mercado de petróleo. —Se interrumpió a sí mismo para hacer una severa advertencia—: ¡Y que a nadie se le ocurra divulgar esto!»

Bush también compartió un detalle procedente bien del Informe Diario del Presidente, altamente confidencial, o bien de las conversaciones diarias con Tenet. «Esta mañana mi informe de inteligencia decía que la CIA tiene una encuesta, según la cual el setenta y uno por ciento de los franceses creen que Saddam Hussein es una verdadera amenaza para la paz mundial.»

Nadie preguntó por qué la CIA informaba al presidente acerca de las encuestas francesas. Aunque la reacción política en Francia frente a una nueva resolución en la ONU sobre las inspecciones de armas en Iraq revestía interés, dado que el presidente trataba de obtener apoyo internacional, probablemente no era necesario recurrir a los informes confidenciales. Un periódico francés había publicado recientemente una encuesta en la que el 65 por ciento de los ciudadanos se oponía a la guerra con Iraq, incluso con el respaldo de la ONU.

Richard Burr, un republicano de Carolina del Norte, declaró que el presidente debía insistir en sus discursos en el hecho de que Saddam utilizaba gases contra su propio pueblo.

«Lo sé muy bien. Trató de asesinar a mi padre», replicó Bush en referencia a la conspiración descubierta durante la administración Clinton. Unos agentes iraquíes habían tratado de asesinar a Bush padre durante un viaje a Oriente Medio en 1993. En respuesta, Clinton había ordenado un ataque de misiles contra Bagdad.

«Nuestra labor para obtener información es muy intensa. Necesitamos hablar con los guardias de Saddam Hussein —prosiguió Bush—. El malestar en Iraq será de utilidad durante la reconstrucción. Las inspecciones intrusivas quizá hagan reaccionar al pueblo iraquí.»

Bush dejó la reunión, y Calio se quedó atrás para resumirla: «Trabajaremos de forma bipartita, pero queremos la máxima flexibilidad y esperamos de todos vosotros que nos ayudéis —exhortó—. También debéis recordar que cuando los demás digan cosas desalentadoras tenéis que hablar a favor.»

Pocas horas después el presidente emitió una propuesta de formulación de una resolución que le concedía autorización «para hacer uso de todos los medios que considere apropiados, incluyendo la fuerza» para hacer frente a la amenaza que Iraq representaba.

Una noticia publicada en portada en *The Washington Post* al día siguiente sostenía que con la introducción de la resolución, «la derrota del presidente Bush sobre los demócratas del Congreso era prácticamente absoluta».

Ese día, el 20 de septiembre, el secretario Powell testificó frente al Comité de Relaciones Internacionales de la Cámara en defensa de la resolución. «Me han tildado de guerrero reticente. Eso no me preocupa. Pero la amenaza de guerra debe estar ahí», afirmó. Fue un argumento que adoptarían muchos demócratas, que de otro modo se habrían decantado por votar en contra de una resolución del Congreso. La disuasión y la contención que caracterizaron la relación con la Unión Soviética durante la guerra fría se habían construido alrededor de la amenaza de una represalia nuclear y convencional de enormes proporciones. Era una política que había tenido éxito, y era el modelo empleado para evitar la guerra.

Bush no estaba pidiendo que se declarara necesariamente una guerra contra Iraq. Sencillamente, pedía el apoyo del Congreso mientras amenazaba con declararla. Era la versión de Rice de la diplomacia coactiva.

El sábado 21 de septiembre *The New York Times* destacaba que Bush había recibido recientemente un conjunto detallado de planes de guerra contra Iraq de manos del general Franks. En una conferencia de prensa en Kuwait, donde se reunió con sus comandantes de campo, Franks reconoció: «Estamos preparados para llevar a cabo las actividades y acciones que sean necesarias y que nos veamos obligados a tomar por nuestra nación. Nuestro presidente no ha tomado la decisión de entrar en guerra.»

En una entrevista para un reportaje del *Times*, el portavoz presidencial, Ari Fleischer, hizo unas declaraciones significativamente distintas a las que había sostenido a lo largo de la primavera y el verano, según las cuales el presidente no contemplaba planes de intervención militar.

«No estoy diciendo que no tenga ningún plan encima de la mesa.»

Bush recibió a 18 miembros más de la Cámara en la Sala de Gabinete el jueves 26 de septiembre. Empezó diciendo que lo último que quería era poner a las tropas en peligro. «Créanme, no me gusta abrazar a las viudas.»

Lanzándose a una habitual diatriba contra el líder iraquí, comunicó: «Saddam Hussein es un tipo terrible que se está compinchando con Al Qaeda. Tortura a su propio pueblo y odia a Israel.»

Ese día la gran noticia en los medios de comunicación nacionales era la disputa dialéctica entre Bush y el líder de la mayoría en el Senado, Daschle, en la que cada cual afirmaba que el otro estaba politizando el tema de Iraq y los asuntos de seguridad nacional.

«Washington es una ciudad oscura —declaró Bush al grupo reunido—. Lo sé muy bien. Sin embargo, éste es nuestro deber.

»Si debemos emplear la fuerza, será feroz, rápida y veloz. Primero, les prometo un buen plan. He mirado a todos los generales a los ojos para preguntarles si creen que habrá problemas para que haya un cambio de régimen. Y dicen que no.»

Afirmó que no había nada peor que la situación actual. Según él, Saddam había matado a dos de sus propios guardias de seguridad para mandar un mensaje a su círculo más cercano. Luego, en una interpretación extremadamente sombría de los informes de inteligencia, declaró: «Está claro que tiene armas de destrucción masiva como ántrax, agente nervioso VX, etcétera. Necesita plutonio y no ha ocultado sus gestiones para obtenerlo. El margen de tiempo sería de unos seis meses» para que Iraq desarrollara una bomba nuclear si lograba hacerse con la suficiente cantidad de plutonio o uranio enriquecido, una de las tareas más difíciles.

«A la gente siempre le gusta pelear, especialmente en Washington —comentó Bush, añadiendo—: La noticia de ayer en el *Washington Post* era una tergiversación de mis palabras.» El titular de portada rezaba: «Por cuarta vez en los dos últimos días, Bush ha sugerido que a los demócratas no les importa la seguridad nacional.»

«Jamás digo "demócratas" en ninguno de mis discursos», replicó Bush.

El demócrata por Tennessee, Bob Clement, le preguntó: «¿Ha abandonado la idea de colaborar con la ONU?»; añadió como comentario al margen: «La economía también se está ralentizando; hemos descendido al punto más bajo en seis años en el mercado de valores.»

«¡Es en cuatro años!», replicó Bush, arrancando algunas risas.

«Aún no he descartado colaborar con la ONU, pero a veces puede convertirse en un pantano diplomático. Sé de qué va la diplomacia», declaró, y les aseguró que no quedaría atrapado luchando en la ONU por una resolución.

Chris Shays, un republicano de Connecticut que se encontraba en su octavo mandato, dijo: «Algunos informes me han hecho dudar más que tranquilizarme.»

La reunión se trasladó al Jardín de las Rosas, donde Bush, en un gesto previamente acordado que tenía la intención de mostrar la solidaridad bipartita, hizo una breve declaración con los miembros de la Cámara de pie tras él.

«La seguridad de nuestro país es el compromiso de ambos partidos políticos y la responsabilidad de las dos ramas electas del gobierno», dijo Bush, queriendo distender el tono de la discusión con Daschle, aunque sin esquivarla.

Bush reiteró la nueva e inequívoca acusación acerca de los programas de armas de destrucción masiva de Iraq que había formulado tres semanas antes: «El régimen iraquí posee armas químicas y biológicas. Y están desarrollando las instalaciones necesarias para fabricar más. —Con otra vuelta de tuerca, añadió—: Según el gobierno británico, el régimen iraquí podría lanzar un ataque químico o biológico en el reducido espacio de cuarenta y cinco minutos después de dar la orden.»

Tenet y la CIA habían advertido a los británicos de que no hicieran esa acusación, que se basaba en una fuente cuestionable, y casi con toda certeza se refería a armas de combate y no a aquellas que Iraq pudiera lanzar contra países vecinos, y mucho menos ciudades norteamericanas. Tenet mencionó en privado este dato como «la mierda esa de que nos pueden atacar en cuarenta y cinco minutos».

El martes 1 de octubre Bush y Cheney se reunieron con una docena de miembros del Comité de Relaciones Internacionales de la Cámara en la Sala del Gabinete de la Casa Blanca. «No podemos dejar que la historia nos juzgue y pregunte dónde estaban George W. Bush y Dick Cheney», dijo Bush al defender su postura a favor de la acción.

Cheney respondió: «El factor clave es que siempre hemos subestimado a ese tipo. Saca mucho dinero de esas reservas de petróleo.»

Shelley Berkley, una demócrata por Nevada, preguntó qué harían si Saddam apuntaba a Israel.

«Los Super Patriots son una posibilidad. Disponemos de armas tecnológicamente muy avanzadas —afirmó Bush. Se volvió hacia Cheney—: ¿Qué tengo permiso para decir?»

«No mucho —dijo Cheney—. Hay rampas de lanzamiento en Iraq. [Nosotros] podemos enviar Predators y hacer ataques preventivos.»

Entonces, el presidente se concentró en Saddam. «Ese tipo es un mentiroso. Está tomando el pelo a toda la comunidad internacional. Es como el suelo de un concierto internacional. Australia, Eslovaquia, la República Checa, el Reino... todos esos países están con nosotros, pero no sale publicado en los medios. Lo que sí leerán es sobre Alemania y ese tipo que ha ganado las elecciones haciéndome parecer una piñata», dijo, refiriéndose al canciller Gerhard Schroeder y su retórica contra la guerra de Iraq durante su campaña de reelección.

Bush comentó al grupo que cuando él había hablado en la ONU en septiembre «no se les movía ni un músculo de la cara. Era como una película de Woody Allen». Hubo algunas risas.

«La gente dice por ahí que no se puede luchar en Afganistán y vencer en Iraq —prosiguió Bush—. Derrotar a dos enemigos es muy difícil, pero lo haremos.»

Capítulo dieciocho

Seis meses antes, el 9 de mayo de 2002, cené con el senador Bob Graham, el demócrata por Florida que presidía el Comité de Inteligencia del Senado, en su casa de Capitol Hill. Yo traje la cena y él proporcionó la cubertería y las fuentes de plata. Era la segunda cena que celebraba después del 11-S.

En el mundo de la CIA, de los servicios secretos y de las operaciones encubiertas, los comités de inteligencia del Congreso eran el único mecanismo de supervisión externa. Su función de control se establecía por ley, y los presidentes y los miembros destacados del partido en minoría debían ser informados de cualquier actividad secreta de importancia, de cualquier fracaso u operación confidencial. A veces, los comités se comportaban como bulldogs, y otras, como perritos falderos. El senador Barry Goldwater, un republicano por Arizona que había fallecido, había presidido el comité del Senado durante una etapa complicada, bajo el reinado del director de la CIA William J. Casey durante los años ochenta. Goldwater había sido una fuente de información fiable en lo que a mí se refería.

Graham, un hombre bajito y plácido, pero de carácter intenso, de unos sesenta y cinco años de edad, había sido gobernador de Florida durante ocho años, y se encontraba en su tercer mandato de seis años en el Senado. Graham tenía conexiones familiares con *The Washington Post*, donde yo trabajo. Su hermanastro era Philip Graham, editor de *The Washington Post* hasta 1963 y el marido de Katharine Graham. El hijo de Philip, Don Graham, es actualmente presidente ejecutivo de la Post Company, de modo que el senador Graham pensaba que era mejor hablar oficialmente, y sólo para mi libro y no para el periódico. Grabé la conversación que sostuvimos durante la larga cena con su permiso.

Graham quería hablar sobre Iraq, y estaba hondamente preocupado. Dijo que le habían informado del plan de acción secreto, pero que se abstenía de dar más detalles. Las circunstancias de los informes, que se redactaron en el despacho de Cheney, le inquietaban particularmente. En lo referente a las operaciones secretas más confidenciales, la Casa Blanca y el Congreso tradicionalmente acordaban que sólo ocho miembros del Congreso tenían que ser informados, el así llamado Grupo de los Ocho: los líderes de la mayoría y de la minoría del Senado, el portavoz y el líder de la minoría en el Congreso y el presidente y los principales miembros de los comités de inteligencia del Senado y del Congreso.

«La teoría de este nuevo plan —dijo Graham— se basa en que hemos fracasado en nuestro objetivo de cambiar el régimen, y que una de las principales razones por las que así ha sido es que hemos confiado en que los servicios secretos iban a lograrlo, y es una tarea que ellos no pueden hacer por sí solos. Hará falta un poco de diplomacia, otro poco de presión económica y quizá mucha presión militar.»

¿Y cuál era su reacción?

«Bueno, no estoy demasiado seguro de que atacar Iraq sea lo que debemos hacer en el futuro inmediato —comentó—. Y entiendo futuro inmediato como los próximos dos o tres años. Creo que seguir adelante en la guerra contra el terrorismo es un objetivo primordial, y que corremos el peligro de quedar empantanados en algo que nos podría complicar la consecución de este objetivo.

»La definición de un terrorista de primer nivel es el perfil de alguien implicado en los atentados del 11-S, o que acoge u ofrece santuario a los implicados. Y no existen pruebas de que Iraq pertenezca a una de estas dos categorías. De modo que, en mi opinión, es un poco exagerado considerar la guerra contra Iraq como un capítulo más en la lucha contra el terrorismo.

»¿Es Iraq una nación que está desarrollando o puede obtener rápidamente armas de destrucción masiva? De nuevo, la respuesta es que muchos analistas dirían que aún tiene que transcurrir un tiempo, aproximadamente unos cinco años, antes de que lleguen a ese estadio, a menos que obtengan notable apoyo logístico del exterior.»

Graham se mostró partidario de controlar a Iraq, de modo que si «esa cifra se redujera rápidamente, entonces quizá podríamos... digamos que Iraq subiría hacia los primeros puestos de la lista legítimamente». Negó haber hablado con Bush sobre Iraq, pero aceptó haber hablado con Cheney. «Él se las arregla para pasar por encima del tema del terrorismo, y lo suma al de las armas de destrucción masiva. Diría que la guerra en la que nos hallamos no es únicamente contra el terrorismo, sino también contra aquellos Estados capaces de ofrecer armas a los terroristas, armas de una naturaleza tal que incrementaran el alcance de su violencia.

»Esas conclusiones son mucho más estrictas que las del Grupo de los Ocho», dijo, ya que ningún miembro del personal estaba admitido. «Todos los informes sobre ese tema se redactan en la Casa Blanca, y aquellos en los que he participado han tenido lugar en el despacho de Cheney la mayor parte de las veces.»

Tenet estaba presente, pero Cheney monopolizaba la reunión. El vicepresidente estaba muy concentrado en Iraq, diciendo que «tenemos que hacerlo porque es la convergencia del terrorismo y de las armas de destrucción masiva».

Graham afirmó que la administración Bush, o al menos Cheney, habían cambiado la definición de la guerra contra el terrorismo. «Ahora definimos a un Estado terrorista como aquel capaz de facilitar armas de destrucción masiva, incluso si dichos Estados no están implicados en actividades terroristas ni ofrecen protección a terroristas.»

La CIA jamás había declarado categóricamente que Saddam poseía armas de destrucción masiva. El documento oficial del Informe Nacional de Inteligencia de 2000 concluía que Saddam «conservaba una pequeña reserva» de agentes químicos —y no cabezas nucleares— que quizá ascendía a unos 100 000 kilogramos, y «quizá» poseía precursores para otros 200 000 kilogramos más. Estas cifras se obtuvieron en su gran mayoría de las diferencias de recuento entre las cantidades sobre las que Iraq había informado previamente a los inspectores de la ONU y lo que los documentos de eliminación demostraban que se había destruido efectivamente.

El texto confidencial del Informe Nacional de Inteligencia de diciembre de 2000 concluía que Iraq «seguía» tratando de desarrollar armas de destrucción masiva y que ésa era su intención pero que aún no lo había logrado.

Un detalle significativo era que durante su testimonio público frente al comité de Graham sobre amenazas mundiales el 6 de febrero de 2002, Tenet no había mencionado a Iraq hasta la página 10 de su declaración de 18 páginas, dedicándole únicamente tres párrafos a ese país. Dijo que «Iraq sigue construyendo y desarrollando una infraestructura capaz de producir armas de destrucción masiva». Su industria química estaba creciendo «de forma que rápidamente podría transformarse para producir armas químicas. Creemos que siguen conservando programas activos y en funcionamiento de armas biológicas.

»Estamos convencidos de que Saddam jamás abandonó sus programas de armas nucleares», afirmó Tenet, pero no dejó entrever ningún indicio que hiciera pensar que Saddam poseía o estaba a punto de obtener una bomba. «Nuestra mayor preocupación a corto plazo es la posibilidad de que Saddam tenga acceso a material físil.»

Después de nuestra entrevista, Graham y otros demócratas del Senado presionaron a la administración para que se presentara otro informe de inteligencia exhaustivo o bien una valoración de Iraq. En concreto, Graham quería saber cómo se relacionaban las operaciones secretas de la CIA con los planes militares, la diplomacia y la guerra global contra el terrorismo. ¿Cuál era la naturaleza exacta de la amenaza iraquí? ¿De qué tipo de armas o de terrorismo se trataba? ¿Hasta qué punto era inminente la amenaza? ¿Qué implicaría una guerra en la región, y cómo sería el panorama político de la posguerra? Estas preguntas se expresaron formalmente en una carta clasificada dirigida a Tenet el 11 de septiembre de 2002, el día antes del discurso de Bush frente a la ONU.

Tenet se negó a responder a la petición, basándose en que Graham estaba solicitando una valoración de la política y la estrategia estadounidenses, y eso estaba fuera del ámbito de Tenet. La CIA realizaba estudios y valoraciones, y emitía Informes Nacionales de Inteligencia sobre gobiernos extranjeros, no sobre el suyo propio. Sin embargo, Tenet se avino a regañadientes a realizar un precipitado Informe Nacional de Inteligencia sobre la capacidad para disponer de armas de destrucción masiva de Iraq. Este informe se inició tras las sonadas afirmaciones de Bush y Cheney sobre el tema: concretamente, la declaración del vicepresidente del 26 de agosto en la que decía que «simplemente, no cabe ninguna duda de que ahora Saddam Hussein dispone de armas de destrucción masiva», y el comentario del presidente un mes más tarde de que «el régimen iraquí posee armas químicas y biológicas».

El Consejo Nacional de Inteligencia, un grupo de representantes de las agencias clave de seguridad nacional, empezó a cribar, seleccionar y valorar los informes secretos en estado bruto. Este consejo incluye a la CIA, a la Agencia de Seguridad Nacional, que se encarga de interceptar las comunicaciones, a la Agencia de Inteligencia de Defensa del Pentágono, a la oficina de inteligencia del Departamento de Estado, al brazo encargado de inteligencia del Departamento de Energía y la Agencia Nacional de Mapas e Imágenes, que realiza tareas de vigilancia por satélite, entre otras.

El grupo poseía una cantidad ingente de material, la mayoría antiguo y no muy fiable. Iraq aún era uno de los objetivos más difíciles para los servicios secretos. Saddam había mejorado sus métodos de ocultación y había sabido esconder sus programas armamentísticos, fueran cuales fuesen, en áreas subterráneas. Las fuentes de información de la CIA en el interior de Iraq aún eran débiles, y los equipos paramilitares como los que dirigía Tim en la zona septentrional de Iraq no habían hallado nada.

El Informe Nacional de Inteligencia es únicamente eso: un informe, una estimación. Durante la guerra fría se convirtió en un documento estelar porque estaba pensado para que el presidente y su equipo de seguridad nacional pudieran recibir una valoración global de la capacidad y las intenciones de los países que representaban amenazas reales, como la Unión Soviética y China. Los informes incluían a menudo comentarios políticos sobre temas como el tiempo que duraría en el poder el coronel Gadafi en Libia, o bien hacia dónde se encaminaban los Balcanes, la hambruna en África, la posibilidad de guerra en la península coreana, o de un conflicto nuclear entre la India y Pakistán.

El formato también está pensado para ser leído por políticos ocupados. Así, un largo informe de entre 50 y 100 páginas cuenta con una especie de índice ejecutivo al principio, denominado «Valoraciones clave», en el cual los analistas de inteligencia tratan de proporcionar una respuesta sumaria. ¿Será derrocado Castro? ¿Atacará Siria a Israel? ¿Ganarán los comunistas en Nicaragua? A lo largo de las décadas, muchos políticos, y presidentes, han criticado estos informes porque los autores se cubren las espaldas, profiriendo comentarios del estilo «por un lado, por el otro», con lo cual el in-

forme termina repleto de enloquecedoras salvedades. Así, independientemente de lo que sucedía, siempre se podía encontrar una frase o un comentario que cubrían esa posibilidad.

Stu Cohen, un profesional que llevaba treinta años en los servicios secretos, era el presidente ejecutivo del Consejo Nacional de
Inteligencia cuando se estaba elaborando el análisis sobre las armas
de destrucción masiva de Iraq. Le confió a un colega que quería
evitar las evasivas al máximo. Si las valoraciones clave empleaban
palabras como «quizá», «probablemente» o «tal vez», el informe sería pura paja, afirmó. «Las pruebas blindadas en el negocio de los
servicios secretos no son muy habituales, y los analistas deben realizar valoraciones más allá de lo que puede afirmarse fuera de toda
duda», pensaba Cohen. Las pruebas eran de peso, pero aun así circunstanciales; nadie poseía un frasco lleno de agentes o armas biológicas o una cuba humeante de agentes químicos. Sin embargo,
teniendo en cuenta esto, combinado con las pruebas incontrover-
tibles de que Saddam había poseído armas de destrucción masiva
en el pasado —puesto que los inspectores de armas de la ONU las
habían encontrado, probado y destruido durante los años noventa—, las conclusiones parecían obvias.

El punto de vista alternativo era que Saddam no poseía armas
de destrucción masiva. Nadie quería afirmar tal cosa, puesto que
equivalía a desestimar una gran cantidad de informes y datos procedentes de los servicios secretos. La mejor y más certera respuesta
era que «probablemente» poseía armas de destrucción masiva, pero
que no existían pruebas, y todo lo que podía aducirse eran indicios
circunstanciales. Dada su libertad de acción para realizar una «valoración», que según la definición del diccionario no es más que
una «opinión», el consejo se iba a decantar por una declaración
contundente. Sin paja.

Los analistas de la CIA habían debatido largo tiempo la cuestión de evitar las evasivas. A veces, muchos, entre ellos John
McLaughlin, creían que tenían que atreverse a equivocarse para
realizar valoraciones más precisas. Ese verano McLaughlin había
dicho a los dirigentes del Consejo de Seguridad Nacional que la
CIA pensaba que podían demostrar que Saddam poseía armas de
destrucción masiva, pero que otros pedirían pruebas mucho más
contundentes. La CIA no poseía ninguna muestra de ántrax, ni
tampoco de ninguna arma química, a mano.

Los analistas y funcionarios se volcaron en la elaboración del informe durante tres semanas. El 1 de octubre Tenet presidió la Comisión Nacional de Inteligencia Exterior, donde se reunieron todos los directores de las agencias de inteligencia que suscribían y certificaban los informes. Nadie discutió las conclusiones principales. Tenet pensó que estaba sentado a una mesa en la que había gente lista, que sabía cómo presentar un informe adecuadamente.

El documento altamente confidencial de 92 páginas que se repartió afirmaba en las «Valoraciones clave», sin evasivas ni dudas, que «Bagdad dispone de armas químicas y biológicas». A partir de esa firme declaración, el informe realiza un ligero retroceso, con implícitas pero claras matizaciones. Un indicio de incertidumbre se vislumbra en el segundo párrafo de las valoraciones: «Creemos que sólo hemos visto una parte del esfuerzo de Iraq por obtener armas de destrucción masiva.» Éste es el tipo de declaración que suele incluirse en un informe de inteligencia, en la que sólo se llega a ver una parte del asunto en cuestión. En definitiva, las afirmaciones soslayadas y la prudencia de según qué frases dejaban entrever una gran cantidad de dudas.

El informe afirmaba que las agencias de inteligencia «han obtenido indicios de que Bagdad ha reanudado la producción de gas mostaza, gas sarín, ciclosarín y agente nervioso VX», pero no decía que Iraq poseyera ningún cargamento de esas sustancias, ni que alguna fuente las hubiera visto. Y los argumentos que sostenían estas frases eran pobres. Disponían de informes clandestinos en los que se sostenía que «Iraq se ha hecho secretamente con los tipos, cantidades y equipamientos necesarios para iniciar una producción limitada de armas químicas». Dado el doble uso de muchas de estas sustancias químicas, tanto para fabricar armas como para usos no armamentísticos legítimos, la conclusión era, como mínimo, una especulación.

«Aunque disponemos de poca información concreta acerca de los almacenes de armas químicas de Iraq —rezaba el informe, lo cual indicaba que tenían un problema para especificar cifras concretas—, Saddam dispone probablemente de al menos 100 000 o quizá 500 000 kilogramos de agentes susceptibles de ser armas químicas, gran cantidad de los cuales ha sido acumulada durante el pasado año.»

Más o menos sucedía lo mismo con las armas biológicas. Algunas de las conclusiones o de los datos procedentes de los servicios secretos rozaban peligrosamente la contradicción con las apagadas frases de las valoraciones clave. Por ejemplo, el informe decía: «Pensamos que todos los aspectos del programa ofensivo de armas biológicas de Iraq están activos: la investigación y desarrollo, la producción y la fase de armamento.» Que todos los elementos de un programa estén activos no significa necesariamente que se haya llegado a producir armas, aunque, por supuesto, es un firme indicio de ello. Aunque existían pruebas circunstanciales muy preocupantes, no establecían sin ningún género de dudas que Saddam «poseyera» las armas. «Pensamos que Iraq posee armas biológicas letales y paralizantes, y que es capaz de producir rápidamente y convertir en armas una gama de los mencionados agentes.» De nuevo, no afirmaba claramente que Iraq estuviera en posesión de armas reales.

El informe parecía más bien un parte meteorológico sobre temáticas diversas. «Es incluso posible que la viruela forme parte del programa ofensivo de armas biológicas de Iraq.»

A medida que el texto del informe avanzaba, las conjeturas se multiplicaban. «Tenemos un grado de confianza bajo en nuestra capacidad para prever el momento en que Saddam se decidiría a utilizar las armas de destrucción masiva.» Arropándose en una retahíla de variantes (podría, sería, probablemente, es posible, etcétera), el informe establecía escenarios de posibles ataques biológicos o químicos contra las fuerzas norteamericanas, países amigos y aliados.

Después de una combinación de adverbios, el informe se centró en la pesadilla de Cheney: que Saddam ayudara a Al Qaeda a llevar a cabo un ataque con armas de destrucción masiva.

«Si Saddam está suficientemente desesperado, podría decidir que sólo una organización como Al Qaeda (con alcance global y una infraestructura terrorista amplia, y ya comprometida en una lucha a muerte contra Estados Unidos) sería capaz de perpetrar el tipo de ataque terrorista que él ambiciona. En esas circunstancias, tal vez su decisión sería dar un paso definitivo, proporcionando ayuda a los terroristas islámicos para que éstos atacaran Estados Unidos con armas químicas y biológicas, en lo que sería su última oportunidad de vengarse, dejando una alta cifra de víctimas tras de sí.»

Aún más enterrada en el informe se encontraba una declaración de que existía «un reducido grado de confianza» en ese juicio, a renglón seguido de la siguiente afirmación: «No disponemos de información concreta procedente de los servicios secretos que respalde la sospecha de que Saddam haya dirigido ataques contra el territorio norteamericano.»

Sobre el tema de las armas nucleares, el informe mencionaba que tenía «una confianza moderada» en que «Iraq aún no posee una arma nuclear ni el material suficiente como para construir una, pero es probable que tenga una hacia el año 2007 o 2009».

La oficina de inteligencia del Departamento de Estado elaboró un documento anexo de 11 páginas en el que enumeraba sus objeciones y desacuerdos con el informe de inteligencia, especialmente en lo relativo a las armas nucleares, al afirmar que las pruebas no respaldan un «caso convincente», ni demuestran que Iraq «estuviera decidido a adquirir armas nucleares de forma integrada y exhaustiva».

Cuando el informe de inteligencia se presentó al Comité de Inteligencia del Senado el miércoles 2 de octubre, algunos senadores se centraron en las cuestiones más amplias que la CIA no había contemplado. Querían saber cómo funcionarían las operaciones secretas en Iraq y, concretamente, cómo se coordinarían con los planes del ejército, los gestos diplomáticos y la posibilidad de que un ataque contra Iraq desencadenara una respuesta terrorista contra Estados Unidos o que causara problemas en la zona de Oriente Medio. Ningún senador poseía suficientes elementos —puesto que los detalles de planificación militar no se comunicaban al Capitolio, y los planes de la CIA eran altamente confidenciales— como para formular una crítica eficaz. Y las noticias casi diarias de los esfuerzos de Powell por obtener una nueva resolución en el Consejo de Seguridad de la ONU habían centrado la atención en las iniciativas diplomáticas de Bush.

Esa semana algunos senadores lanzaron propuestas alternativas para una resolución del Congreso que le concediera a Bush poco menos que un cheque en blanco. Calio se lo comunicó al Capitolio a mediados de semana: «Hoy es el día: o solventamos nuestras diferencias o seguimos adelante sin vosotros.» El principal encargado de impulsar las iniciativas del presidente sólo lo hizo cuando ya disponía de una cómoda mayoría. Durante varias horas esa tarde, y hasta bien entrada la noche, Bush y Calio diseñaron un compromiso sobre el lenguaje que debía emplearse. Bush habló por teléfono con Dick Gephardt, que había tratado de introducir algunos cambios, aunque en general apoyaba las acciones del presidente. Tener al principal líder demócrata del Congreso de su parte era importante.

Rove tenía varias tareas asignadas que debían ayudar a sacar adelante la resolución del Congreso. Habló con algunos congresistas republicanos, y actuó como caja de resonancia para todo aquel que quisiera enviarle un mensaje a Bush. Un encargo consistió en hablar con el senador Chuck Hagel, republicano por Nebraska con arrebatos independientes, que solía criticar a Bush con frecuencia. Rove insistió en que Iraq era un frente importante de la guerra contra el terror. El presidente necesitaba esa resolución para disfrutar del máximo margen de maniobra posible, y así tratar de solucionar el tema pacíficamente, o si no, contar con el apoyo suficiente para una alternativa militar.

A las 13.15 horas del 2 de octubre, Bush apareció rodeado de docenas de políticos y legisladores, incluido Gephardt, pero no Daschle, en el Jardín de las Rosas para anunciar el acuerdo alcanzado respecto a la resolución respaldada por ambos partidos. A su lado tenía a dos figuras clave de la carrera presidencial de 2000: el senador John McCain, el republicano independiente de Arizona que había sido el principal adversario de Bush, y el senador Joseph Lieberman, demócrata por Connecticut, que había formado parte del equipo de Al Gore contra Bush.

El presidente declaró que el apoyo del Congreso «mostrará tanto a nuestros amigos como a nuestros enemigos la determinación de Estados Unidos». Declaró también:

«En su estado actual, el régimen iraquí es una amenaza de urgencia excepcional, y el dictador es un aprendiz de Stalin.

»La cuestión está ahora en manos del Congreso de Estados Unidos. El debate será seguido de cerca por el pueblo norteamericano, y recordado por la Historia.

»Animo a todos los miembros del Congreso a que estudien esta resolución con el mayor cuidado. La elección que tienen ante sí no puede ser más significativa.»

Como parte del esfuerzo por obtener el apoyo del público y del Congreso, el presidente decidió pronunciar un discurso en hora de máxima audiencia para explicar las acusaciones contra Saddam. Iba a celebrarse en Cincinnati, en la Gran Rotonda del museo de la Union Terminal, el 7 de octubre.

Los borradores iban y venían a toda velocidad. Dos días antes la CIA había enviado un memorando de tres páginas y media a Steve Hardley y Mike Gerson en el que se recomendaban 22 cambios en el borrador número 6. Algunos de los cambios se referían a que las declaraciones del borrador podían ser más tajantes; otras indicaciones sostenían que había que matizar, o eliminar por completo, según qué afirmaciones.

Por ejemplo, el borrador decía que después de 1995 Iraq admitió haber producido 25 000 litros de ántrax y otros agentes biológicos letales. La CIA dijo que la cantidad podía incrementarse a 30 000, la cifra que finalmente empleó el presidente.

El borrador también afirmaba que antes de la guerra del Golfo, en 1991, los informes de inteligencia más precisos indicaban que hasta dentro de cinco o siete años Iraq no sería capaz de desarrollar una arma nuclear. La CIA recomendó cambiar ese período a ocho o diez años, más preciso (esta cifra estaría finalmente en el discurso de Bush). El borrador número 6 declaraba que, tras la guerra del Golfo, los inspectores internacionales habían descubierto que Iraq estaba mucho más avanzado en su programa nuclear, y que habría terminado la fabricación de una bomba en dieciocho meses. El memorando de la CIA sugería que se cambiase ese lapso de tiempo a un período de entre dos y tres años. Bush se decidió por la fórmula «no más tarde de 1993», aproximadamente dos años después del descubrimiento.

El sexto borrador también contenía la frase: «Y se ha descubierto que el régimen ha tratado de adquirir casi 500 000 kilogramos de óxido de uranio de ciertas fuentes de África, ingrediente esencial para el proceso de enriquecimiento.»

La base que sostenía esta afirmación era un informe sin verificar procedente de los servicios secretos británicos, en el que se sostenía que Iraq había tratado de adquirir recientemente óxido de uranio, conocido como «pastel amarillo», de Nigeria. La CIA no estaba muy segura de eso por una serie de razones, y expresó sus dudas a los británicos. Un antiguo embajador, Joseph Wilson IV, había sido enviado a Nigeria para verificar el informe y no había hallado pruebas que lo respaldara. El memorando de la CIA sugería que se eliminara cualquier referencia a este dato en el discurso de Cincinnati, y así se hizo.

En el borrador se decía que «bajo órdenes de Saddam Hussein, sus oponentes son decapitados». La CIA corrigió esa afirmación: se sabía que eran ejecutados, pero no decapitados, término que sin embargo se quedó en el discurso final.

El discurso de Cincinnati duró 26 minutos, y no fue emitido por las tres cadenas de televisión más importantes, pero tuvo una audiencia de 17 millones de espectadores, que lo siguieron por el canal FOX y las cadenas de noticias por cable CNN, MSNBC y FOX News.

El núcleo del argumento de Bush era que Iraq «reúne los mayores peligros de nuestra era en un solo lugar» y que «el peligro ya es muy importante, y se acrecienta con el tiempo».

No se reconoció el hecho de que no se habían hallado pruebas de ninguna «pistola humeante». En lugar de eso, Bush apuntó que existía un riesgo mayor, que Rice ya había planteado públicamente un mes antes. «Al haber pruebas claras de peligro —declaró— no podemos esperar a obtener la prueba definitiva, la pistola humeante, porque quizá ésta llegue en forma de hongo radiactivo.»

Por si alguien no había entendido la referencia, Bush invocó la crisis de los misiles cubanos de octubre de 1962, cuando la Unión Soviética instaló misiles ofensivos de alcance medio en Cuba. Bush citó al presidente John F. Kennedy: «Ni Estados Unidos de América ni la comunidad internacional pueden tolerar un engaño deliberado y amenazas por parte de ninguna nación, pequeña o grande. Ya no vivimos en un mundo donde sólo el lanzamiento efectivo de misiles u otras armas representa un reto suficiente para la seguridad de una nación como para constituir el máximo peligro.»

Al día siguiente, el 8 de octubre, al menos 47 senadores recibieron información parcial o total del informe de inteligencia, junto con su valoración clave de que Iraq «posee armas químicas y biológicas». Powell habló con Susan Collins, senadora moderada, republicana por Maine, durante 15 minutos, argumentando con firmeza, según le dijo ésta a *Los Angeles Times*, que «a menos que el Congreso autorice el uso de la fuerza, el Consejo de Seguridad hallará un modo de pasar de puntillas sobre el tema». La senadora añadió: «Me pareció un argumento muy válido.»

El 10 de octubre Calio pidió a su equipo que hiciera un recuento del número total de miembros que habían recibido información sobre Iraq. Quería un resumen previo al voto, que aquel día parecía probable. Se elaboró un documento detallado de 11 páginas con las invitaciones y las reuniones celebradas, en el que se indicaba que se había invitado a 195 miembros de la Cámara y a los 100 senadores a una o más sesiones informativas sobre Iraq en la Casa Blanca. El personal de Calio registró que 71 senadores habían aceptado asistir, y 161 congresistas también.

Esa tarde, tras dos días de debates, el Congreso aprobó una resolución en la que autorizaba al presidente a emplear las fuerzas armadas estadounidenses en Iraq «tal y como estime necesario y adecuado». El texto se aprobó por una cómoda mayoría de 296 contra 133, 46 votos más que los obtenidos por Bush padre en 1991.

En el Senado, Edward M. Kennedy, demócrata por Massachusetts, realizó una apasionada súplica para que se rechazara la resolución.

«La administración no ha demostrado en absoluto que nos hallemos frente a una amenaza inminente contra nuestra seguridad nacional, ni que sea necesario un ataque norteamericano unilateral y preventivo, ni una guerra inmediata. La administración tampoco ha dicho cuánta sangre ni cuánto dinero nos costará esta operación», declaró Kennedy. Más tarde añadió que la doctrina preventiva de Bush se reducía a «un llamamiento al imperialismo norteamericano en el siglo XXI que ninguna otra nación podrá ni querrá aceptar».

El senador John F. Kerry, un demócrata de Massachusetts que pronto se iba a presentar como candidato a la presidencia, dijo en un discurso en el Senado que él votaría a favor de la resolución para desarmar a Saddam por la fuerza porque «un arsenal letal de armas de destrucción en sus manos constituye una amenaza, y grave, para nuestra seguridad». Al anunciar su apoyo, Kerry señaló que esperaba que el presidente «cumpliera los compromisos que había adquirido con el pueblo norteamericano recientemente, como colaborar con el Consejo de Seguridad de la ONU para adoptar una nueva resolución, y actuar conjuntamente con los aliados en caso de que debamos desarmar a Iraq por la fuerza».

Pero ningún otro demócrata o voz crítica habían logrado ganar impulso frente a las repetidas declaraciones del presidente sobre la amenaza que Saddam representaba y las estimaciones de la CIA de que Iraq poseía armas de destrucción masiva y podría estar a punto de convertirse en una potencia nuclear.

La votación del Senado del 11 de octubre a favor de la resolución se aprobó por 77 a 23. El senador Graham de Florida votó en contra, arguyendo que era «demasiado tímida» y «excesivamente débil». Él quería que el presidente estuviera autorizado no solamente a atacar Iraq, sino también a «utilizar la fuerza contra cualquier grupo terrorista internacional susceptible de atacar Estados Unidos en caso de que el régimen de Saddam se tambalee».

Los senadores Daschle y Feinstein, que habían sido muy críticos con la resolución desde el principio, al final terminaron votando a favor. En el texto final se afirmaba que el presidente podía utilizar al ejército bajo las habituales condiciones «necesarias y adecuadas», con el fin de defenderse de la «permanente amenaza que Iraq plantea». Era un cheque en blanco a todos los efectos.

Capítulo diecinueve

Rumsfeld seguía puliendo los detalles del plan bélico, desarrollando más y más el Plan Híbrido hasta convertirlo en algo susceptible de ejecutarse y que cubriera todas las bases. Era como una taladradora, y se aseguraba de que Bush estuviera permanentemente informado.

El 4 de octubre Franks le presentó a Bush una lista de los diversos objetivos, un informe más completo sobre la Fortaleza Bagdad, y un resumen final del plan que había diseñado para hacer frente a los misiles Scud. También propuso algunas ideas sobre cómo utilizar a las Fuerzas de Operaciones Especiales para apoyar a los grupos de la oposición dentro de Iraq. Se elaboraron informes para el presidente sobre la protección y reparación de las infraestructuras petrolíferas de Iraq, sobre las estimaciones de daños colaterales en lo relativo a instalaciones subterráneas y protegidas y sobre hidrología, es decir, cómo Saddam podría tratar de utilizar las presas y las inundaciones para destruir áreas esenciales de su país y obstaculizar el avance de las tropas norteamericanas.

En una reunión del Consejo de Seguridad Nacional durante esa época, Rumsfeld estaba reflexionando sobre lo que podría fallar, y empezó a redactar una lista que rápidamente ascendió a 15 posibles imponderables.

«Mirad —les dijo a los demás, incluido el presidente—. Más vale que tengamos esto en cuenta.» Y procedió a leer los 15 puntos.

Volvió al Pentágono, los escribió en orden y luego los envió a sus cuatro asesores clave, los cuales añadieron un par más cada uno.

El 15 de octubre Rumsfeld lo resumió en un memorando de tres páginas altamente confidencial. «Se trataba de una decisión de enorme calado», recordaría más tarde.

«Uno no se lanza a la guerra así como así, sino que era un asunto al que no paraba de darle vueltas y más vueltas. Y llegados a cierto punto, sabiendo que no se trataba de mi decisión, ni siquiera de mis consejos, me concentré menos en eso y más en asegurarme de que habíamos hecho todo lo que era humanamente posible para prepararle, avisarle de qué podía ir mal, y que estuviera prevenido, de forma que nada fallara.»

Rumsfeld le envió el memorando al presidente, y más tarde lo comentaron juntos. Empezaba así: «La lista que hay a continuación refleja una serie de ejemplos de los tipos de problemas que podrían derivarse de un conflicto con Iraq. Se presenta sencillamente como una lista de control, para que forme parte de nuestras deliberaciones.»

Entre otras, se mencionaba:

— La posibilidad de que algún otro Estado pudiera obtener ventajas derivadas de la implicación o la preocupación de Estados Unidos respecto a Iraq.
— Las alteraciones en el mercado del petróleo podían tener consecuencias y repercusiones internacionales.
— Los servicios secretos iraquíes, que tenían presencia en todo el mundo, incluido Estados Unidos, podían organizar un ataque contra éstos, sus aliados o cualquier otra fuerza desplegada de formas no convencionales.
— Los daños colaterales podían ser más elevados de lo que se esperaba.
— El plan de la Fortaleza Bagdad podía alargarse y convertirse en un tema delicado para todos.
— Iraq podía caer presa de las luchas étnicas entre sunníes, chiítas y kurdos, como ya había sucedido anteriormente.
— Iraq podía utilizar armas químicas contra los chiítas y culpar a Estados Unidos.
— Iraq podía superar a Estados Unidos con una mejor política de relaciones públicas, y convencer al mundo de que se trataba de una guerra contra los musulmanes.

La lista ya había crecido hasta alcanzar 29 ítems. Al final, el memorando declaraba: «Nota: también es posible, claro está, preparar una lista similar de ejemplos de todos los posibles problemas que pueden tener lugar en caso de que no se produzca un cambio de régimen en Iraq.» Esta frase venía a dar la razón a Cheney y su habitual comentario de que también en la inacción había peligro.

El presidente y Rumsfeld se enteraron de que algunos oficiales militares de alto rango no estaban satisfechos con el plan de guerra, e incluso con la idea de entrar en guerra con Iraq, de modo que decidieron convocar una Junta de Jefes de Estado Mayor.

Habían sido mantenidos fuera de los preparativos de la guerra ex profeso hasta dos semanas antes, cuando al fin habían asistido a una reunión informativa. Bush los invitó a la Casa Blanca en octubre.

Rumsfeld quería que los jefes se reunieran únicamente con el presidente, sin la presencia del general Franks. Wolfowitz, Hadley y Libby también fueron excluidos, aunque Cheney, Rice y Card sí que asistieron.

El presidente preguntó a los cuatro jefes su opinión sincera. ¿Qué pensaban del plan? ¿Podía cada sección hacer lo que se le pedía?

El jefe de Estado Mayor de las Fuerzas Aéreas, el general John P. Jumper, dijo que el plan de las unidades aéreas era factible. Podían vencer al sistema de defensa antiaérea de Saddam, aunque le preocupaba que los iraquíes fueran capaces de obstruir el Sistema de Posicionamiento Global (GPS) en el que Estados Unidos se basaba para rastrear tropas, establecer objetivos y realizar bombardeos de precisión. El general dijo que representaría poner a prueba el sistema de transporte aéreo para desplazar efectivos, equipamientos y suministros a la región, pero que pensaba que podría lograrlo. El general Jumper expresó su inquietud acerca de la disponibilidad de municiones de precisión; la capacidad industrial para producir más suministros tendría que mantenerse a un ritmo fijo, y también tendrían que utilizarse selectivamente las bombas inteligentes.

Al jefe de las operaciones navales, el almirante Vern Clark, también le preocupaban los sistemas de producción de armamento. Con las operaciones que ya estaban en marcha en Afganistán expresó su preocupación por la aviación naval y el uso de los portaaviones, pues Iraq sería un segundo frente. Sin embargo, concluyó que nada de eso debía detenerlos.

El jefe de Estado Mayor de la Armada, el general Eric Shinseki, fue el primero en decir que le preocupaba que el tamaño del ejército de tierra atacante fuera demasiado reducido. El plan exigía un avance rápido hacia Bagdad, y se preguntaba si el sistema de aprovisionamiento sería lo suficientemente ágil y rápido para abastecer un avance tan veloz. El ejército tendría que extenderse a lo largo de varios cientos de kilómetros, y mantener las líneas de abastecimiento podía resultar complicado. Aun así, Shinseki se mostró partidario de apoyar el plan.

El comandante de la Marina, el general James L. Jones, dijo que los marines estaban en buena forma, pero que había dos factores que le inquietaban. Los marines no estaban acostumbrados a luchar en un entorno contaminado, en caso de que los iraquíes terminaran utilizando armas químicas o biológicas. Disponían de suficientes trajes de protección contra riesgos químicos para ellos, pero no tenían sobrantes para los civiles iraquíes, y eso podía resultar un grave problema. En segundo lugar, la lucha de guerrillas urbana era muy dura. Saddam, sin duda, les cedería el desierto a las fuerzas norteamericanas, que podían rechazar cualquier ataque que les lanzaran en esa área, pero el entorno urbano, especialmente en Bagdad, sería muy distinto.

—¿Qué piensan del plan para Bagdad? —preguntó el presidente.

Jones no había visto el plan, así que guardó silencio.

—Dígame qué piensa del plan para Bagdad —le presionó Bush.

—Aún no he visto todos los detalles —dijo Jones—, pero tengo entendido que los están puliendo.

Después de la reunión, Rice insistió en sus preguntas sobre disponibilidad de municiones, vías de suministro y protección contra la contaminación para los civiles, así como sobre la guerrilla urbana.

El 29 de octubre Franks volvió para informar al presidente. Durante la sesión se incluyó un nuevo informe sobre los medios para reaccionar frente a la utilización de armas de destrucción masiva por parte de Saddam en el curso de la invasión, así como del apoyo a las operaciones militares en el ámbito civil, y la gestión del impacto de las posibles armas de destrucción masiva que se utilizaran en países vecinos.

La CIA había recibido una rotunda respuesta negativa por parte del gobierno turco durante todo el otoño. Los equipos paramilitares no tendrían permiso para cruzar Turquía hasta el norte de Iraq por segunda vez. Después de la suficiente presión, y de aportar garantías necesarias, finalmente los turcos aceptaron, pero bajo la condición de que los acompañaran escoltas turcas. Saul comunicó la luz verde a Tim, que se felicitó por ello. Por fin podría seleccionar personalmente su equipo de diez hombres: seis agentes, algunos de los que hablaban el árabe más fluido en la agencia, tres oficiales paramilitares experimentados y un especialista en comunicaciones. Eran la élite. Otros tres sargentos veteranos del décimo destacamento de las Fuerzas Especiales de Fort Carson también fueron convocados para unirse al equipo NILE de Tim, para trabajar con la UPK. Se asignó un equipo paralelo para el otro grupo kurdo, el PDK.

Saul dio instrucciones a Tim de obtener informes de inteligencia y reclutar agentes dentro del régimen, ayudar a los grupos de la oposición y preparar operaciones de sabotaje, pero sin llevarlas a cabo por el momento. También debía reunir información sobre las armas de destrucción masiva, y hallar los puntos débiles del régimen, y ejercer presión. La guerra se avecinaba.

Tim y el otro líder del equipo volaron a Ankara, la capital turca, y aparecieron frente a los generales del lado turco. «Juramos que haremos todo lo posible para manteneros informados —dijo Tim a los oficiales turcos—. Os daremos todos y cada uno de los informes de inteligencia que nosotros obtengamos. Sois un socio a todos los efectos en esto, en esta misión de obtención de informes, en esta misión antiterrorista. No se trata de un cambio de régimen encubierto. Es más bien un número de claqué.» En tanto que agente al frente del caso, encargado de reclutar aún a otros agentes para que actuaran en contra de su país, mentir a los generales no era nada. Altos, erguidos y norteamericanos típicos, Tim y su compañero encargado del otro equipo, que había sido nombrado jefe del año por sus colegas en el Directorado de Operaciones, creían que habían convencido a los generales de su sinceridad.

Tim y su equipo de trece hombres volaron a continuación a

Diyarbakir, en el sureste de Turquía, una base de operaciones turcas contra los kurdos a unas cinco horas en coche de la frontera septentrional de Iraq. Se subieron en varios vehículos Land Cruiser y Jeep Cherokee, seguidos de un camión que transportaba la mayor parte de su equipamiento. El convoy cruzó la frontera y se dirigió a Kalachualan, un pueblecito que había sido el escondrijo del líder de la UPK, Jalal Talabani, durante los enfrentamientos con Iraq. Estaba al norte de la capital provincial, Sulaymaniyah.

Su cargamento consistía en decenas de millones de dólares en billetes de cien, guardados en cajas negras Pelican, las que son de cartón duro con bisagras y suelen venderse en las tiendas de bellas artes. Tim tuvo que firmar un documento para certificar que había recibido su parte. Al final le habían avanzado 32 millones de dólares, y tendría que presentar recibos de todo. Esperaba que bastara con los quita y pon de dos centímetros por dos firmados por los agentes. Cuando el resto del equipo perdió de vista el vehículo de Tim al entrar, bromearon diciendo que probablemente se había ido a la Riviera. Tim había descubierto que un millón de dólares en billetes de cien pesaba veinte kilos y encajaba perfectamente en un maletín de viaje.

En la base de Kalachualan, Tim convenció a los turcos para que no establecieran su campamento conjuntamente. No iba a permitir de ninguna manera que ni los turcos ni nadie tuvieran acceso a los agentes humanos que él esperaba dirigir. Su equipo se instaló en un edificio pintado de color verde lima, al que bautizaron como «Pistacho».

Rápidamente, Tim se puso en contacto con el hombre del círculo interior de la UPK, que a finales de agosto había dicho que los miembros de un grupo religioso oprimido querían ayudar a la CIA y a Estados Unidos. Éste presentó a Tim a dos hermanos, cuyo padre era el líder del grupo, que tenía casi el mismo estatus que el papa católico. En una serie de reuniones, Tim reclutó a los dos hermanos, aunque aún albergaba muchas dudas. Los hermanos querían garantías de que el presidente Bush iba en serio y de que enviaría al ejército estadounidense para deponer a Saddam. «Si George Bush se echa atrás en esto —dijo uno de los hermanos— vamos a quedarnos totalmente colgados, y matarán a todos nuestros familiares y seguidores. Si se descubre que te estamos ayudando, van a matarlos a todos.» Se trataba de una sociedad en la que no había secretos ni forma de ocultarlos, y las fuerzas de seguridad de Saddam los conocían, y sabían dónde encontrarlos.

«Os protegeré —decidió Tim—. Iré a la Luna por vosotros, pero tenéis que traerme a oficiales iraquíes en activo y luego ya decidiré si sois sinceros o no. —La sinceridad tenía que ser mutua—. Entonces decidiré si vamos a ayudaros o no.»

Los hermanos se mostraron de acuerdo. Un día a las dos de la madrugada trajeron a un hombre al que habían introducido en secreto en el territorio de la UPK; era el jefe del personal de aviación de la armada de una de las principales bases aéreas iraquíes. Tim y otro agente encargado hablaron con el general para extraer información durante dos o tres horas en plena noche antes de que volvieran a sacarle a toda prisa del territorio kurdo. No sabían nada de helicópteros, pero le preguntaron por componentes, localización, disposición, disponibilidad, combustible, entrenamiento, comunicaciones y mil cosas más, tomando nota de todo para enviarlo al cuartel general de la CIA, donde lo verificarían para asegurarse de que la información era cierta.

Después de una pregunta delicada, el general miró al hermano mayor y preguntó:

—¿Tengo que contestar?

—Díselo ahora —le instruyó el hermano.

El general cedió.

—Esto va a funcionar bastante bien, ¿no? —dijo Tim.

Después de casi tres horas, los hermanos le comunicaron que tenían que llevar al general de regreso a sus instalaciones cerca de Bagdad.

—De acuerdo —convino Tim—. Pero aún no estoy convencido del todo. Vamos a ver más.

Varias noches después los hermanos trajeron al jefe de la batería antiaérea de misiles Roland de fabricación francesa, que había sido asignado a una de las unidades de la Guardia Republicana. A instancias de los hermanos informó sobre la situación de las tropas, los nombres de los oficiales y otros detalles.

Tim no daba crédito. Antes, la mejor fuente de la CIA sobre Iraq solía ser un informador casual en una embajada en América del Sur, que decía que tenía un tío que era un general del ejército iraquí descontento. El acceso directo a oficiales en activo era algo insólito. Los hermanos traían en secreto a los oficiales ocultos bajo las alfombrillas de los camiones, conduciendo a través del desierto y de los pasos montañosos. Decían que no podían avisar con antelación a quién traerían porque habían difundido el aviso entre los miembros de confianza del grupo religioso para que enviasen oficiales en activo. Y a los oficiales no les decían precisamente adónde iban hasta que llegaban para ser interrogados por Tim y su equipo.

A continuación, los hermanos trajeron a un oficial iraquí que había elaborado 103 páginas de planes de guerra para las unidades de la Guardia Republicana situadas al norte de Bagdad. El oficial confesó que había asistido a una reunión de guerra secreta dirigida por Qusay, el hijo de Saddam. Los mapas mostraban los puntos exactos donde se desplegarían las unidades en caso de una invasión de paracaidistas estadounidenses.

Era una existencia sucia y fría para el equipo, pero a los kurdos y a los iraquíes les importaban mucho las apariencias, así que Tim se arrastraba fuera de la cama para las sesiones de interrogatorios a las dos de la madrugada, poniéndose una chaqueta por encima de su largo pijama. Iba bien afeitado y no se dejaba crecer la barba, pero había arena por todas partes y sus botas estaban cubiertas de barro endurecido.

Los hermanos y su padre, el «papa», no aceptaban pagos por cada interrogatorio, pero sí querían vehículos y una dotación mensual. Tim pensaba que le daban un nuevo sentido a la palabra avaricia.

Desde el cuartel general, Saul dijo que el dinero no importaba. Había que asegurarse de que se mantenía el ritmo de entrada de información, y que la gente se avenía a salir a la luz. Tim podía decirles lo que hiciera falta con tal de garantizar su cooperación.

Inicialmente, Tim acordó pagarles a los hermanos 135 000 dólares mensuales. Aunque seguían pidiendo dinero y aumentando las apuestas, Tim les decía: «¿Qué queréis? ¿Adónde queréis llegar?»

Dejaron claro que querían un puesto en la mesa cuando se estuviera formando el gobierno post-Saddam en Iraq.

Tim les prometió que lo tendrían y les preguntó qué más tenían para él.

Los hermanos entregaron una lista de nombres y cargos que Tim telegrafió a Saul en la CIA. Sentado en su oficina del sexto piso en el Directorado de Operaciones, Saul se quedó pasmado cuando lo leyó. No solamente había muchos más nombres en cargos militares destacados, entre ellos la Guardia Republicana, sino que el grupo decía que tenía hombres en el Fedayeen Saddam, el grupo de matones paramilitares dirigido por Uday, hijo de Saddam, así como en el servicio de inteligencia iraquí y en la Organización Especial de Seguridad. Todos estaban en el corazón del aparato que hacía posible el régimen de Saddam, hasta entonces inexpugnable.

«¡Dios mío! —murmuró Saul—. Aunque esto fuera un cincuenta por ciento falso, acabamos de descubrir una mina de oro.»

Capítulo veinte

En el aparato de televisión había una pequeña advertencia poco corriente en la esquina de la pantalla: «Alto secreto».

El hombre sentado el 18 de octubre a la mesa del estudio, frente a un micrófono grande y anticuado, a lo Larry King, era bajito y se estaba quedando calvo; tenía la cabeza grande y llevaba gafas de montura gruesa. Desde luego, no daba el tipo de presentador televisivo recién salido del *casting*, ni tampoco parecía un general. Pero ostentaba tres estrellas, tenía el rango de teniente general, hablaba con voz insistente y aguda, rebosaba confianza y era inteligente. Una gran bandera pendía a sus espaldas, y decía «Habla ASN». Eran las siglas de la Agencia de Seguridad Nacional, el sanctasanctórum de los secretos de inteligencia, que se dedica a interceptar las comunicaciones exteriores mientras trata de proteger los códigos estadounidenses y de descifrar los extranjeros.

Es el brazo más secreto y mejor financiado del vasto aparato de espionaje de Estados Unidos, pues recibe casi 6 000 millones de dólares del total de 30 000 millones anuales con que cuenta el presupuesto de inteligencia estadounidense. La Agencia de Seguridad Nacional se dedica a controlar teléfonos, radios, ordenadores, transacciones bancarias y casi cualquier electrón que se mueve. Su objetivo es espiar las comunicaciones más importantes en el extranjero, sin el conocimiento de los que hacen uso de la radio, las líneas telefónicas, las estaciones repetidoras de microondas, los satélites, los cables submarinos, las redes de ordenadores o cualquier otro sistema o método de comunicación. Todo esto se conoce como señales de inteligencia, SIGINT en el mundo de los espías.

Aunque el mundo exterior lo ignora, la Agencia de Seguridad Nacional posee su propio programa televisivo. «Habla ASN» es una emisión por el circuito de televisión cerrado, confidencial y seguro que reciben unos treinta y dos mil empleados de la Agencia de Seguridad Nacional y nadie más.

Ese día hablaba el teniente general de las Fuerzas Aéreas, Michael V. Hayden, el director de la Agencia de Seguridad Nacional, que había sido un oficial de inteligencia durante treinta y dos años en misiones en Europa, Asia y por todo el Pacífico. Las estaciones de combate de la SIGINT habían evolucionado con la tecnología moderna, explicó frente a la cámara. Explicó que ahora se basaban en Internet y los teléfonos móviles, que todo el mundo utiliza, desde los servicios secretos extranjeros hasta los traficantes de drogas y los terroristas. Se preguntó qué podía revelar él, dentro de los límites permitidos, a esas 32 000 personas de las asombrosas operaciones que demostraban la capacidad de la Agencia de Seguridad Nacional para rastrear a las personas. La agencia estaba altamente compartimentada, y pocos secretos se difundían más allá de las pequeñas unidades o divisiones. Aportó algunos ejemplos de las últimas técnicas y tecnologías, describiendo una convergencia de teoría matemática, física, miniaturización, ordenadores de alta velocidad, ingenuidad lingüística y atrevimiento.

Respecto a la posible guerra con Iraq, Hayden había decidido ser honesto con sus empleados, diciendo algo que no podía declararse públicamente: «Una agencia de la SIGINT no puede esperar a que llegue la decisión política», declaró. Aunque aún no se había tomado la decisión formal de declarar la guerra contra Iraq, su instinto y su experiencia le decían que la habría. Tenía que movilizar sus recursos, y no podía esperar a que el presidente Bush se decidiera. Había demasiado trabajo por delante, y permanecer pasivo era inaceptable. Tenía que preparar a la agencia, y así lo había hecho, discretamente, durante meses. Teniendo en cuenta la meteorología iraquí y la exigencia de que las tropas estadounidenses llevaran trajes de protección química, consideraba que no se podía empezar la guerra en Iraq después de marzo. Para eso faltaban menos de seis meses. «Hay que hacerlo en enero, febrero o marzo.»

La declaración de Hayden hubiera causado sensación si se hubiera filtrado a los medios de comunicación. Sin embargo, como casi todos los secretos de la Agencia de Seguridad Nacional, no se filtró.

A Hayden no iban a pillarle desprevenido, como le había sucedido antes del 11-S. En muchos aspectos importantes había sido un año pésimo para la Agencia de Seguridad Nacional. Había muchas expectativas por todo el país, fomentadas por los medios de comunicación, el Congreso, e incluso la cultura del cine y de la televisión, de que la preeminencia de Estados Unidos en los campos de la tecnología punta y la inversión en sus agencias de inteligencia conseguirían advertir de un ataque, incluso de un atentado terrorista como el del 11-S.

El día antes de su aparición en el programa televisivo por circuito cerrado, Hayden había informado al Congreso y al público de la cruda realidad, durante su testimonio frente a los comités conjuntos del Congreso sobre el estado de los servicios de inteligencia antes del 11-S: «Lamentablemente, la Agencia de Seguridad Nacional no disponía de ningún tipo de información SIGINT que indicase que entre los objetivos concretos de Al Qaeda se contaran las ciudades de Nueva York y Washington, ni siquiera que estuviera planeando un ataque en territorio estadounidense. Es más, la Agencia de Seguridad Nacional no tenía ningún conocimiento previo al 11 de septiembre de que ninguno de los atacantes se encontrara en Estados Unidos.»

Resultó que después de examinar sus amplios archivos y datos almacenados en ordenadores, la Agencia de Seguridad Nacional había descubierto dos mensajes en idioma extranjero interceptados el 10 de septiembre de 2001, en los cuales presuntos terroristas decían: «El partido está a punto de empezar» y «Mañana es la hora cero».

Dichos mensajes no fueron traducidos hasta el 12 de septiembre. Aunque en retrospectiva eran muy dramáticos, Hayden testificó que «esta información no indicaba específicamente que fuera a tener lugar un ataque ese mismo día. Tampoco contenía detalles del momento, el lugar o la naturaleza de lo que podría suceder. Ni había ninguna sugerencia de que se fueran a emplear aviones como armas». También señaló que durante los meses anteriores al 11-S se interceptaron más de treinta advertencias o declaraciones crípticas, tras las cuales no se produjo ningún ataque terrorista.

Hayden testificó que el 11 de septiembre el puñado de personas dedicadas al equipo de trabajo sobre Bin Laden en la unidad antiterrorista de la Agencia de Seguridad Nacional estaban «destrozadas emocionalmente». No dijo en público que pensaban que le habían fallado a la nación, y que muchos habían llorado. Tampoco mencionó que a partir de entonces el personal en la unidad sobre Bin Laden era a veces más numeroso que antes de los ataques.

La Agencia de Seguridad Nacional está diseñada para transmitir avisos y advertencias. El Centro de Operaciones de Seguridad Nacional dispone de treinta empleados veinticuatro horas al día, siete días a la semana. Su único objetivo es controlar y filtrar la SIGINT, de modo que pueda enviarse lo que se conoce como un mensaje rápido CRITIC al presidente para transmitir información de inteligencia esencial o una advertencia a los diez minutos de haberse procesado la información.

En los millones de comunicaciones electrónicas que la Agencia de Seguridad Nacional intercepta cada hora hay pistas, y quizá incluso respuestas, por doquier. Es una tarea ingente entresacar el sentido oculto de todo ello, separar lo que es importante y lo que no y llevárselo en bandeja al presidente, o al ejército, o a la CIA, para que actúen en función de esa información.

Hayden se había estado preparando para Iraq durante la mayor parte del año. No le interesaba ganar por puntos. Para él, la primera alerta había sido el discurso del presidente sobre el «eje del mal» a principios de año. Como coronel, Hayden había trabajado en el equipo de la Agencia de Seguridad Nacional para Bush padre, y había colaborado en la redacción de discursos presidenciales. Sabía que esos discursos, cuyos borradores circulaban entre las diversas agencias, eran una forma de pulir los detalles y alcanzar el consenso. Lo escuchó y lo leyó atentamente. La política del gobierno se hacía en los discursos, y con alguien como George W. Bush, que era muy directo, eran aún más importantes. La declaración sobre el eje del mal era inusualmente clara, y Hayden llegó a la conclusión de que, probablemente, significaba la guerra.

Frente a sus subordinados había ido más lejos. «Después de más de treinta años dedicándome a esto, creo poder afirmar que jamás he visto una situación parecida a aquella en que nos encontramos que no haya desembocado en un conflicto armado. Vamos a ir a la guerra.»

El 31 de julio Hayden hizo que la Agencia de Seguridad Nacional llevara a cabo un «ejercicio de rocas», un viejo término de la Armada de cuando la planificación de un ejercicio consistía en mover las rocas de un mapa para significar las formaciones de las tropas. Reunió a todos los que elaboraban la SIGINT, que estaban a cargo de los equipos de seguimiento directo, y les preguntó qué enfoque utilizarían si Iraq se convirtiera en un objetivo militar de guerra. Fue un análisis muy técnico de Iraq, con muchos mapas donde se mostraban los objetivos de comunicaciones, y tratando de abordarlos con las capacidades, métodos y equipamiento de intercepción, desde los satélites SIGINT hasta los sensores remotos que se colocarían clandestinamente en las fronteras o en el interior del país. La lista que terminaría recibiendo contenía cientos de objetivos de comunicaciones, lo que significaba que la Agencia de Seguridad Nacional no solamente trataría de intervenir los principales centros militares y civiles iraquíes, sino también rastrear las unidades de seguridad, inteligencia y militares más pequeñas.

Hayden dio órdenes al personal de la Agencia de Seguridad Nacional para que preparara una estadística con un código de semáforos sobre la calidad de la SIGINT respecto a las distintas categorías de objetivos. Verde era buena; amarilla, mediocre, y rojo, nada. ¿Qué había estado haciendo el ejército estadounidense en la última década? Las misiones de Vigilancia Norte y Vigilancia Sur. De modo que tenían SIGINT verde para las operaciones, la defensa y el mando y control aéreos iraquíes. Respecto a la Guardia Republicana y el ejército regular iraquí era amarillo, aunque no un amarillo muy intenso. Y sobre Saddam y la dirección política tenían un rojo; y también sobre la Organización Especial de Seguridad y la Guardia Republicana Especial.

En resumen: la calidad y la cantidad de SIGINT sobre Iraq eran insignificantes.

En su testimonio frente al Congreso, Hayden había declarado que había sido incapaz de invertir los 200 millones de dólares de la Agencia de Seguridad Nacional en «señales de nueva era» porque eso implicaría erosionar la cobertura en el resto de zonas. Nunca jamás. Por decisión propia había ordenado que 300 millones de dólares, de los 400 a que ascendía el presupuesto total de la Agencia de Seguridad Nacional, se desviaran a operaciones y objetivos «exclusivamente centrados en Iraq». También se reasignaron cientos de empleados a las operaciones sobre Iraq. Ése era el poder del di-

rector de la Agencia de Seguridad Nacional. Iraq tenía una codificación notablemente buena en algunos de sus circuitos, del tipo de
códigos soviéticos de los viejos tiempos que la Agencia de Seguridad Nacional conocía bien y era capaz de descifrar. Hayden era
consciente de que la SIGINT no mejoraba con el tiempo. Al contrario, empeoraba y al final se volvía inútil. Su valor era su inmediatez, y él iba a asegurarse de que podían entregársela a la gente
que lucharía al pie del cañón.

Decidió que, por primera vez, abriría lo que él llamaba el
«panteón nacional», la SIGINT más delicada, a los comandantes
de tierra. Así, un soldado de alta graduación que se encontrara en
medio de la batalla con su vehículo Humvee dispondría de un enlace confidencial por satélite con el sistema global de SIGINT. La
intención de Hayden era cubrir con tanta precisión al ejército iraquí que el hombre en el Humvee tuviera más información en tiempo real sobre la situación de los iraquíes que los propios iraquíes.
Organizaría una sala de *chat* por ordenador altamente secreta que
enlazara las unidades militares directamente con operadores de la
Agencia de Seguridad Nacional, radioescuchas y demás personal
de inteligencia. Su código clave era «Zircon Chat». La red podía
soportar a 2 000 personas conectadas en tiempo real, de modo que
cualquier información interceptada, por ejemplo, de un coronel
iraquí, estuviera disponible para los militares estadounidenses en el
campo de batalla.

Se trataría de una guerra basada en el conocimiento, y eso haría que la información de inteligencia fuera más importante que
nunca. Hayden era consciente de que estaba situando una pesada
carga en los hombros de su gente.

Hayden tenía una visión sombría del mundo. No pensaba
que fuera posible preservar a Estados Unidos como una sociedad
libre tal y como la conocían, limitándose a defender cerca de la línea de gol. Tenían que jugar a la ofensiva. Hayden había recibido
una educación católica de joven y era un estudioso de la doctrina
de la Iglesia. De acuerdo con los preceptos de su educación, particularmente su conocimiento de santo Tomás de Aquino y san
Agustín, dos destacados filósofos que habían abordado el concepto de «guerra justa», Estados Unidos podía atacar militarmente
«en una respuesta proporcional basada en las pruebas existentes
en ese momento». Los objetivos tenían que ser lo suficientemen

te importantes como para justificar la posible pérdida de vidas humanas inocentes.

En ese punto era donde la SIGINT había mejorado, en opinión de Hayden. Hacía apenas quince años confiar en la SIGINT y hacer de ella la base de una acción militar hubiera representado un salto de fe. Ahora, él poseía lingüistas (los radioyentes que hacían el seguimiento de las comunicaciones intervenidas) que se concentraban en objetivos concretos durante meses, incluso años, hasta en ocasiones cinco años. Los agentes se convertían casi en un miembro de la familia, y podían reconocer las voces al instante, e interpretar el significado, tono, inflexión, emoción y casi la totalidad del metabolismo. De modo que no sólo contaría con los hechos objetivos recogidos por las palabras, sino que también estaría acompañado de un análisis sobre el significado real y a menudo la intención subyacente.

Un lingüista podría informar de que «jamás había oído al coronel Takriti tan aterrorizado... Se está desmoronando... Está ocurriendo».

El dialecto iraquí sólo era uno de los siete dialectos árabes, de modo que ordenó cursos breves de entre cuatro y seis semanas para un gran número de lingüistas árabes de la Agencia de Seguridad Nacional.

Hayden había revisado la notable cantidad de datos que la Agencia de Seguridad Nacional recibía de Iraq sobre las armas de destrucción masiva de Saddam, así como las pruebas acumuladas de los programas y de la ocultación. «Enorme, pero circunstancial», había sido su conclusión. El único paralaje que unía todos los puntos de información era la conclusión de que Saddam tenía un programa secreto de armas de destrucción masiva, pero no era una certeza. El análisis del reciente informe de la Inteligencia nacional sobre las armas de destrucción masiva de Iraq no mencionaba el hecho esencial de que se trataba de estimaciones, de muchas valoraciones, pero de ninguna certeza absoluta.

Una noche, cuando lavaba los platos con su mujer, ella le preguntó acerca de eso y él respondió: «Si fueran hechos, no sería inteligencia.»

Capítulo veintiuno

Powell comprendió que él, el presidente y quizá el resto del mundo estaban tomando un camino que terminaría en una disyuntiva. Una alternativa sería lograr una nueva resolución de la ONU, junto con inspecciones en busca de armamento, y evitar la guerra. La otra posibilidad sería el conflicto armado. Parecía casi tan sencillo como eso.

La primera negociación del secretario después del discurso de Bush en la ONU del 12 de septiembre fue con sus colegas del Consejo de Seguridad Nacional. Se habló de intentar obtener resoluciones que no sólo abordaran las inspecciones en busca de armas de destrucción masiva, sino también acerca de las conexiones y del apoyo al terrorismo de Saddam y su brutal historial de desprecio de los derechos humanos. Estaba claro que no habría muchos otros países que apoyaran la iniciativa. La acusación de terrorismo parecía insostenible e indemostrable, y el argumento de que había que buscar un cambio de régimen porque Saddam era un dictador o un déspota particularmente brutal no llegaría ni a la primera base. En todo caso, despertaría la hilaridad, disimulada o no, de la ONU, en la que no pocas naciones estaban bajo el gobierno de un solo hombre. Las armas de destrucción masiva era la única explicación que «se sostendría», según dijo Rice, porque la ONU había emitido al menos una docena de resoluciones sobre las armas de destrucción masiva de Iraq, y Saddam las había ignorado en mayor o menor medida.

De este modo, el debate se centró seriamente en qué debía solicitarse en la nueva resolución sobre las inspecciones. Cheney y Rumsfeld abogaban, al principio con éxito, por condiciones severas. La versión más dura pedía la creación de zonas de exclusión aérea, e incluso de vehículos terrestres, protegidas por la ONU o por Estados Unidos, a lo largo de las rutas que los inspectores de la ONU utilizarían por todo el territorio iraquí. Esto superaba con creces las zonas de exclusión aérea ya existentes en las operaciones Vigilancia Norte y Sur. Adicionalmente, el borrador concedía a los cinco miembros permanentes del Consejo de Seguridad la autoridad necesaria para enviar a sus propios inspectores junto con el equipo de inspectores de la ONU. Además, proponía eliminar todas las anteriores exenciones de inspección concedidas a los complejos presidenciales de Saddam y los denominados emplazamientos delicados.

Si se descubría que Saddam había realizado una «infracción material» (jerga de la ONU para designar una violación seria) de cualquier cláusula de la nueva resolución, se desencadenaría una autorización automática para que Estados Unidos y otros países emplearan «todos los medios necesarios» para lograr el cumplimiento de la resolución. «Todos los medios necesarios» equivale a código de guerra en la ONU, y había sido la imprecisa expresión de la resolución de la ONU la que había autorizado el uso de la fuerza en la guerra del Golfo de 1991. Todo esto debía estar contenido en una única resolución.

Powell lo llamó el enfoque «maximalista». Cheney y Rumsfeld esperaban que algunas de las disposiciones lograran ser aprobadas cuando Powell las presentara ante el Consejo de Seguridad de la ONU. En sus momentos más duros, Powell llegó a creer que era una propuesta tan draconiana que estaba diseñada para garantizar su fracaso. Cuando ofreció el primer borrador, mostrándoselo a los otros 14 miembros del Consejo de Seguridad, nadie lo apoyó. Ni los británicos, ni los españoles, ni los rumanos, que eran los mejores aliados estadounidenses en el Consejo. Si se hubiera producido una votación, se dio cuenta de que el resultado habría sido de uno contra 14.

Powell informó de las quejas al Consejo de Seguridad Nacional. El 23 de octubre hizo circular un nuevo borrador que había recibido la aprobación del presidente. Suavizaba el tema del mecanismo automático, pues ya no autorizaba «todos los medios necesarios» (guerra) si se producía una violación de la resolución por parte de Iraq. En su lugar, las violaciones se debatirían en el seno del Consejo de Seguridad para «considerar» la situación, un término bastante vago.

Para obtener una nueva resolución bajo las reglas de la ONU, Powell tenía que lograr el voto de 9 de los 15 miembros del Consejo de Seguridad. Asimismo, cualquiera de los otros cuatro miembros permanentes del Consejo (Rusia, China, Francia o el Reino Unido) podía vetar la resolución. Powell estaba obligado a conseguir que le votaran, o se abstuvieran. En una negociación de este tipo, pronto surge un país que generalmente adopta la posición contraria. Puesto que Alemania no pertenecía al Consejo de Seguridad, rápidamente Powell comprendió que ese país era Francia, que al igual que Rusia y China, mantenía fuertes relaciones comerciales con Iraq y se había declarado públicamente en contra de cualquier acción unilateral por parte de Estados Unidos para derrocar a Saddam.

Cuando Powell se reunió con sus homólogos, quemando las líneas telefónicas, comprendió que el ministro de Asuntos Exteriores francés, Dominique de Villepin, un diplomático y poeta, alto y aristocrático, que había escrito una aduladora biografía de Napoleón, era el que se oponía con mayor firmeza a la guerra. Era como si, de repente, tanto Villepin como su superior, el presidente francés Jacques Chirac, se hubieran percatado de que tenían la posibilidad de llevar la voz cantante. Powell creyó que los franceses y los rusos estaban aliados, con Francia haciéndose oír cada vez más, actuando como contrapeso de los esfuerzos de Powell.

De Villepin insistía en un proceso en dos fases. Primero, una resolución para lograr una nueva ronda de inspecciones. Cualquier violación o «infracción material» que los inspectores descubrieran tendría entonces que debatirse en el Consejo de Seguridad. Posteriormente, se aprobaría una segunda resolución para autorizar el uso de la fuerza.

Al mismo tiempo, Cheney insistía en que la resolución obligase a Saddam a presentar una detallada «declaración» una vez la resolución hubiera sido aprobada. Iraq debía ofrecer una lista completa de todos sus programas de desarrollo de armas nucleares, químicas y biológicas. Saddam dispondría de treinta días para presentar el documento, según la propuesta de Cheney, que estaba pensada para ser más bien una trampa para Saddam. Él afirmaría que no poseía armas de destrucción masiva y esa mentira sería la justificación necesaria para la guerra. O bien Saddam confesaría tener armas de destrucción masiva, demostrando que había mentido durante doce años. Tal y como Cheney lo planteó: «Eso bastaría para decir que ha mentido de nuevo, que no ha confesado, y entonces vendría la infracción material, y caso cerrado.»

Rice y los demás pensaban que era una idea brillante, y pidieron a Powell que convenciera a los franceses, los cuales finalmente aceptaron que previamente a la resolución se exigiera una declaración de esas características. Sin embargo, De Villepin siguió insistiendo en que tendría que aprobarse una segunda resolución para autorizar la guerra.

Bush y Cheney consideraban que eso era inaceptable. Conllevaría un retraso seguro, y una segunda negociación sería aún más difícil que la que ya tenían entre manos.

Para lograr que los franceses se olvidaran de la segunda resolución, Powell decidió fingir un compromiso. Todo giraba alrededor del lenguaje, al lenguaje alternativo, pasando por las alternativas del lenguaje. Puesto que De Villepin había aceptado que si se hallaban afirmaciones falsas o inadecuadas en la nueva declaración de armamento de Iraq, se considerarían violaciones materiales, Powell consiguió que se añadiera una cláusula cuyas interpretaciones podían ser muy amplias y que dijera que si Iraq no «cooperaba plenamente con el cumplimiento de la resolución, eso también constituiría una violación material» de la resolución. Aunque tendría que informarse al Consejo de Seguridad de dichas violaciones para recibir su «evaluación», Powell pensaba que se trataba de una emboscada eficaz para los franceses. El lenguaje empleado venía a decir que casi cualquier cosa que Saddam hiciera y ellos consideraran errónea sería una violación material. Y eso, según la lectura de Powell, bastaría para autorizar «serias consecuencias», el nuevo término para designar la intervención armada.

La situación se volvió tan rígida y tensa que el desacuerdo final se redujo al uso de una única palabra. Durante casi cinco días Powell y De Villepin discutieron. Tal y como lo recuerdan los testigos, y como se lee en los informes, la posición francesa era que una declaración falsa «y» la falta de cooperación podía constituir una violación material. Ese «y» significaba que Saddam tendría que fallar dos pruebas para que hubiera represalias. El borrador de Powell decía que las falsedades «o» la falta de cooperación bastaban para constituir una violación material.

«Lo que nosotros queremos es mejor para vosotros, para vuestros objetivos —afirmaba Powell, algo que parecía inverosímil—. ¿Puede echar un vistazo a estas dos palabras? Son casi idénticas en su sentido y puedo convencerle de que le conviene más nuestra versión.»

De Villepin no cedió.

El 1 de noviembre, Powell llevó a los encargados de liderar los equipos de inspectores de la ONU a la Casa Blanca para que se entrevistaran con Bush y Cheney. Rice y Wolfowitz también asistieron. Los visitantes eran Hans Blix, un risueño abogado y diplomático sueco de setenta y cuatro años, cuyas gafas de pasta oscura dominaban su ancho rostro, y Mohamed El Baradei, de sesenta años de edad, director egipcio de la Agencia Internacional de la Energía Atómica (AIEA), con sede en Viena, que se encargaba de verificar que se respetase la no proliferación nuclear. La opinión de los miembros de línea dura, entre los que se contaba Wolfowitz, era que Blix era débil y que Saddam jugaría con él.

«Tiene que comprender, señor Blix —dijo Bush—, que tiene a su disposición la potencia de Estados Unidos para respaldarle. Y estoy dispuesto a hacer uso de esa fuerza, si es necesario, para que esa resolución se cumpla.» El presidente añadió: «Si entramos en guerra, será mi decisión. Jamás piense que lo que usted dice está desencadenando esa decisión.»

Blix, que se había hecho cargo de la comisión de inspecciones en Iraq en el año 2000 y anteriormente había dirigido la AIEA durante diecisiete años, expresó su deseo de que se realizaran inspecciones en profundidad y manifestó que sabía a qué jugaba Saddam y que estaba decidido, esta vez, a llegar al fondo de la cuestión.

Bush pareció convencerse, aunque a Cheney le preocupaba que Blix, procedente de un país tradicionalmente pacifista como Suecia, quizá no sería lo suficientemente duro.

Powell empezó a ceder en pequeños matices de la resolución, detalles enterrados en el texto del borrador y que él pensaba que tenían poca importancia. No tenía mucho margen de maniobra, y se daba cuenta de que el presidente estaba intranquilo. A Bush y al Consejo de Seguridad Nacional les insistía en que «eso no cambia las cosas; dejad que lo solucione», insinuando que si le dejaban trabajar sólo, se encargaría de arreglarlo.

El lenguaje de la ONU es a menudo tan impreciso, ampuloso, tedioso y repetitivo que, a efectos prácticos, cada país soberano tiene vía libre para interpretar las resoluciones según lo desee. Powell comprendió que lo que importaba realmente era obtener, no importaba de qué forma, el siguiente titular: «Las Naciones Unidas llegan a un acuerdo sobre la resolución de Iraq.» Poca gente llegaría a leer la resolución propiamente dicha, y menos aún la entenderían. Lo importante serían las acciones (o la falta de ellas) que cada país emprendiera, pero eso quedaba muy lejos.

La intransigencia francesa fue una sorpresa para Powell. Incluso el sábado en que se casaba su hija, veinte minutos antes de llevarla al altar, Powell terminó ocupado en una conversación telefónica con De Villepin.

El arte de una negociación exitosa a menudo consiste en llegar a una conclusión en que se plantean dos alternativas sobre un único punto —en este caso, «y» contra «o»— y finalmente, capitular. Powell habló con Rice y le dijo que podía obtener 14 votos de los 15 que había en el Consejo de Seguridad, quizá hasta 15 si podía ceder a los franceses en el punto del «y». El lenguaje empleado tampoco era tan distinto, sostuvo, pero rozar la unanimidad o incluso conseguirla lograría convertir la votación en una victoria.

Rice hizo una ronda de llamadas a los altos cargos y al presidente. Todos querían conservar el «o» para que la declaración sobre armas de destrucción masiva de Saddam fuera suficiente para entrar en guerra.

Finalmente, Rice reconoció que no valía la pena. Sin importar el lenguaje en que se formulara la resolución, terminarían de todos modos en el Consejo de Seguridad para debatir sobre la declaración de armas de destrucción masiva de Saddam. «No hay que centrarse tanto en los detalles formales.»

Inicialmente, pensaron que podían obtener una resolución de la ONU en unas semanas, pero ya se había llegado a la séptima semana de negociaciones y todo el mundo estaba frustrado y exhausto. El presidente y sus altos cargos al fin aceptaron, si Powell estaba seguro de que así debía ser. Al presidente, en concreto, le gustaba obtener algo que pudiera calificarse de victoria.

En algún momento de la noche del 6 de noviembre, o a primera hora de la mañana del 7, Powell por fin obtuvo luz verde de Rice. De inmediato llamó a De Villepin, que se encontraba en un avión con Chirac.

«Dominique, aceptamos "y" pero sólo si con esto cerramos el tema. No hay nada más que hablar, la cosa está decidida. Y necesito que me lo confirmes, y que me garantices la aprobación de tu presidente.»

«Tengo al presidente sentado a mi lado —dijo De Villepin—. Se lo preguntaré. Creo que hemos llegado a un acuerdo.»

Powell esperó mientras conferenciaban. Pensó que el tono aliviado de De Villepin significaba que cualquiera de las dos soluciones habría sido bien recibida.

—Sí —dijo finalmente De Villepin—. Sí.

—Perfecto —replicó Powell—. Cerramos el trato.

A continuación, llamó al ministro de Exteriores ruso, Igor Ivanov.

—Igor, acabo de llegar a un acuerdo con Dominique, y será «y».

—Eso es muy importante —dijo Ivanov—. ¡Qué bien! Tengo que colgar y reunirme con el presidente inmediatamente. —Aparentemente, se fue corriendo a hablar con Vladimir Putin.

Ivanov volvió a llamar al cabo de media hora. Putin también daba su aprobación. «Es espléndido, es un gran logro.»

Pero Powell se dio cuenta de que en realidad no lo era. El supuesto compromiso alcanzado sencillamente había desbloqueado el atolladero en que se encontraban. «En fin, menos da una piedra», pensó para sus adentros.

El 8 de noviembre se celebró la votación de la Resolución 1441 del Consejo de Seguridad de las Naciones Unidas en la dramática mesa redonda que acogía a los quince representantes. El texto decía que si Saddam persistía en la violación de sus obligaciones de desarme tendría que enfrentarse a «serias consecuencias», la ambigua frase que Powell había logrado insertar para sustituir «todos los medios necesarios».

Las quince manos se levantaron. La mayor sorpresa fue Siria. Powell jamás pensó que Siria, el único estado árabe del Consejo de Seguridad en ese momento, votaría a favor de la resolución. Pero los sirios no estaban precisamente en buenas relaciones con Iraq y, aparentemente, no querían quedar aislados. Ese gesto fue interpretado como una importante señal que expresaba el descontento árabe hacia Saddam.

«Bien hecho, bien hecho», le dijo Bush por teléfono a Powell. Más tarde ese mismo día, Powell apareció al lado de Bush en el Jardín de las Rosas de la Casa Blanca, mientras el presidente le alababa por su «capacidad de liderazgo, el buen trabajo realizado y su determinación».

Armitage pensaba que el voto de 15 a 0 era un resultado sensacional: la unanimidad respecto a una resolución que daba la impresión de ser dura, y que eso sugería que la administración Bush adoptaba una posición muy seria en el terreno diplomático, lo cual no había sido tan claro hasta entonces.

Powell era consciente de que había obtenido una victoria. Había hecho que la diplomacia desempeñara un papel importante. Ahora, todos aquéllos con responsabilidades operativas (el presidente, Powell, la CIA y el ejército) contaban con más tiempo. El secretario seguía atentamente las críticas, los rumores y las noticias negativas que salían publicadas acerca de su labor diplomática. Casi cada día se publicaba algo sobre cómo Powell había estropeado esto y aquello, que Powell estaba bajo de moral, que el Pentágono estaba en contra de Powell, que Cheney también estaba en su contra, y que las gestiones diplomáticas estaban encalladas.

Tal y como lo veía, el voto unánime lograría acallar los rumores de que le quedaban dos días al menos durante un mes.

Creía que había logrado engañar a los franceses. Aunque ellos se habían llevado las de ganar en la formulación del texto, había logrado que votaran a favor de una resolución que permitía llegar a «serias consecuencias». No se dio cuenta de que eso le costaría caro.

En términos de su gran objetivo último, que era evitar la guerra, sin embargo, quizá había tenido demasiado éxito.

Más tarde, el presidente Bush recordaría que ese momento había sido difícil. Le había preocupado mucho la «estrategia de negociación. Me sentía como si los franceses estuvieran llevando la voz cantante. Al final, obtuvimos una muy buena resolución, y fue gracias a Colin».

Recordó su actitud. «Siento mucha frustración a causa del proceso de votación de la resolución. Está sucediendo justo en medio de la campaña.» Las elecciones de mitad del mandato se celebraron el 5 de noviembre. Históricamente, el partido gobernante en la Casa Blanca suele perder escaños en el Congreso y en el Senado, a menudo muchos. Pero en esas elecciones los republicanos ganaron dos asientos en el Senado, lo cual les devolvió la mayoría, y obtuvieron otros seis en el Congreso. «Ganamos las elecciones y ganamos la resolución», recordó Bush. Pero dijo que tenía un objetivo más ambicioso aún, que consistía en lograr «un régimen de inspecciones mucho más agresivo, que tanto Blair como yo esperamos acabe desencadenando el derrocamiento interior del régimen iraquí».

Capítulo veintidós

El viernes 15 de noviembre, el embajador saudí, el príncipe Bandar bin Sultan, fue al Despacho Oval para entrevistarse con el presidente. Cheney y Rice también estuvieron presentes. Bandar había sido embajador durante cuatro mandatos presidenciales. A sus cincuenta y tres años, era casi un quinto poder en Washington, amplificando la influencia y la riqueza de los saudíes. Insistía en hablar directamente con los sucesivos presidentes norteamericanos, y mantenía una relación casi familiar con Bush padre. Además, había conservado su privilegiado acceso al Despacho Oval durante el mandato de Bush hijo.

En el memorando secreto «Iraq: metas, objetivos y estrategias» que el presidente finalmente había firmado el 29 de agosto, uno de los puntos clave era «minimizar los efectos negativos en los mercados internacionales del petróleo». Los saudíes, poseedores de la mayor reserva demostrada de petróleo en el mundo, son la clave de los mercados de petróleo. Pueden incrementar o disminuir la producción en millones de barriles diarios, con lo cual provocan subidas o bajadas de los precios. Para la economía estadounidense, que se encontraba paralizada, era esencial que el precio del petróleo fuera bajo y estable. Un incremento de cinco a diez dólares por barril tendría un impacto devastador.

Ninguno de los tres norteamericanos que se encontraban en la sala, ni tampoco Bandar, ignoraban el fuerte impacto de la economía en las elecciones presidenciales. Esto les daba a los saudíes un poder de negociación increíble.

Bandar entregó al presidente una misiva privada del príncipe heredero Abdullah, escrita a mano en árabe, que el embajador procedió a traducir.

«Mi querido amigo George Bush: ha pasado algún tiempo desde que hemos mantenido comunicación. Primero querría felicitarte por los resultados obtenidos por el Partido Republicano bajo tu liderazgo, así como por tus grandes esfuerzos para lograr un acuerdo en la resolución del Consejo de Seguridad. Hay muchas cosas que desearía poder hablar contigo cara a cara. Pero las más importantes se las he transmitido a mi embajador, que ha permanecido lejos de Washington durante un tiempo, para que él las dirima contigo. Espero que tú le castigues como lo he hecho yo.» Bandar había tenido problemas de salud y había pasado algunos meses fuera de la ciudad. «Te ruego que aceptes mis mejores deseos y también les des recuerdos a tu amable esposa y a tus queridos padres.»

Tal y como le habían indicado, a continuación Bandar dijo formalmente: «Desde 1994 hemos estado en contacto constante y permanente con usted al más alto nivel en lo relativo a las acciones que deben emprenderse con Iraq y con el régimen iraquí. A lo largo de estos años, esperábamos que la seriedad de su posición se demostrara mediante la formulación de un plan conjunto entre los gobiernos para librarnos de Saddam.»

En 1994, el rey Fahd le había propuesto al presidente Clinton una acción encubierta conjunta entre Estados Unidos y Arabia Saudí para derrocar a Saddam, y en abril de 2002, el príncipe heredero Abdullah le había sugerido a Bush que gastaran cerca de mil millones de dólares en varias operaciones de las mismas características en asociación con la CIA. «Cada vez que nos reunimos, nos sorprende que Estados Unidos pregunte cuál es nuestra opinión acerca de lo que hay que hacer con Saddam Hussein», dijo Bandar. A continuación, indicó que estas repetidas demandas les empezaban a «hacer dudar de la posición de Estados Unidos sobre el tema del cambio de régimen.

»Ahora, señor presidente, querríamos escuchar de usted una garantía de la seriedad de su posición sobre este tema, de modo que podamos adaptarnos y coordinarnos para tomar la decisión adecuada basándonos en nuestra amistad y nuestros intereses».

Haciendo hincapié en ese punto, Bandar añadió: «Si está hablando en serio, tomaremos la decisión adecuada y proporcionaremos el apoyo adecuado.

»Díganos qué piensa hacer —siguió leyendo Bandar—. Si sus

intenciones son firmes, no dudaremos en concederle el uso de las instalaciones necesarias para que nuestras cúpulas militares se pongan de acuerdo y decidan qué curso adoptar en las acciones o campañas militares norteamericanas.

»Así, Arabia Saudí se convertirá en uno de los principales aliados de Estados Unidos. Al mismo tiempo, creará muchas dificultades de las que estoy seguro que usted es muy consciente.

»Como usted sabe, confiamos en nuestra situación interna. Sin embargo, la situación en el mundo árabe e islámico es muy incierta, y podría perjudicar o amenazar nuestros intereses, y también los suyos.

»Por lo tanto, para proteger estos intereses conjuntos, queremos que, en esta difícil situación, usted nos confirme que se comprometerá firmemente a resolver el problema del Oriente Medio. También esperamos que Arabia Saudí desempeñe un papel clave en la gestación del nuevo régimen que emergerá, no solamente en Iraq sino en toda la región, tras la caída de Saddam Hussein.»

«Gracias por su gesto —respondió Bush—. Siempre he valorado las opiniones del príncipe real, y le considero un buen amigo. Un buen aliado, un gran aliado.

»Si me decido a abordar militarmente la cuestión de Iraq, significará el final del régimen actual; nada excepto ese resultado sería suficiente.» El presidente expresó su deseo de crear un nuevo gobierno iraquí que representara todas las religiones y etnias de Iraq. «El objetivo principal no es en realidad el regreso de los inspectores a Iraq, sino asegurarnos de que Iraq no posee armas de destrucción masiva que planteen una amenaza para el reino y/o para Israel». Bush añadió que una vez se hubiera decantado por la opción militar, se pondría en contacto con el príncipe real antes de tomar la decisión final.

Bandar le recordó entonces al presidente que su padre y el rey Fahd habían protagonizado juntos dos pasos históricos: la liberación de Kuwait en 1991 con la guerra del Golfo y la reanudación del proceso de paz de Oriente Medio. Pero ninguno de los dos había concluido, y el príncipe real y el presidente tenían ahora la oportunidad de completar esos acuerdos históricos, eliminando a Saddam y finalizando el proceso de paz.

Bush dijo que había hablado de eso el día anterior con sus altos cargos, y que quería reiterar el compromiso de su gobierno con el proceso de paz, sin importar lo que el primer ministro de Israel o sus asesores dijeran acerca de la posición o las opiniones de los norteamericanos. También añadió que seguía sosteniendo todas y cada una de las afirmaciones que había hecho durante la visita del príncipe real a su rancho en primavera. «Dígale al príncipe real que le doy mi palabra.» Bush prosiguió, criticando a Yasser Arafat, y diciendo que el actual líder palestino no era útil. Hacía falta un liderazgo alternativo, según él. Ese liderazgo surgiría si se le daba la oportunidad al pueblo palestino. También criticó a los jefes israelíes. Afirmó que Sharon era un «toro», y «las alternativas son peores que él».

El presidente añadió: «Los cambios en Iraq provocarán también un cambio en la manera de actuar, no solamente en Iraq, sino también en Irán.»

Bandar expresó su desagrado ante el hecho de que algunos miembros del gobierno estadounidense, especialmente del Departamento de Defensa, habían tratado de entrar en contacto con miembros de los grupos de la oposición saudí. El presidente prometió que lo investigaría.

Cheney preguntó qué querían los saudíes que se declarara públicamente.

«Querríamos que todo se conservara confidencialmente y en secreto entre nosotros, hasta nuevo aviso», replicó Bandar, arguyendo que los saudíes necesitaban conocer los detalles exactos del plan militar. Recordó a Cheney que cuando él había sido secretario de Defensa, y Powell presidente de la Junta de Jefes de Estado Mayor, les habían enseñado los planes militares secretos de la guerra del Golfo para demostrarles que decían la verdad cuando hablaban de liberar a Kuwait.

Entonces, Bush solicitó ver a Bandar a solas, y siguieron reunidos sin los demás durante quince minutos.

El martes 26 de noviembre, dos días antes de Acción de Gracias, el general Franks envió a Rumsfeld el MODEPS (Mobilization Deployment of U.S. Military Forces), término técnico que equivale a despliegues de movilización del ejército estadounidense para acciones de guerra. Franks lo llamaba «la madre de todos los despliegues» porque era una orden gigantesca. Casi exactamente un año antes, el presidente le había pedido a Rumsfeld que se pusiera a trabajar a fondo en el plan de guerra para Iraq. Éste era un primer paso importante de cara a ponerlo en práctica.

Franks solicitaba que Rumsfeld diera orden de movilizar a unos 300 000 soldados. No todos serían necesarios de inmediato, y era probable que muchos jamás fueran llamados a filas. El ejército sería enviado a la zona en fases progresivas, desde entonces hasta la siguiente primavera. Era una cifra notable, incluyendo la reserva, y según el procedimiento del Pentágono, siempre se intentaba avisar con tanta antelación como sea posible a todas las unidades. Franks le dijo al presidente que era necesario si quería que la guerra comenzara en algún momento de enero, febrero o marzo.

El general había mejorado sustancialmente su posición en la zona con pequeñas unidades, unos pocos barcos y algunas unidades aéreas. Por ejemplo, ahora contaba con dos brigadas acorazadas en Kuwait, con más de 9 000 soldados y 150 tanques. Como máximo, en la región había destinados unos 60 000 militares. Pero de esta cifra, no muchos eran tropas de combate reales. Incluía unas 20 000 personas del personal de la Marina, la mayoría embarcados, y dos portaaviones. El resto se componía de unidades desperdigadas, que ascendían a unos 5 000 soldados, exceptuando las brigadas de la Armada en Kuwait. Por ejemplo, la Quinta Flota de la Marina en Bahrain contaba con unos 4 000 soldados, y las Fuerzas Aéreas, con unos 5 000 en Arabia Saudí. No eran las cifras adecuadas para una invasión.

Pero Franks tenía que avisar a un total de 300 000 personas, la cantidad que podría necesitar para los 225 días que el Plan Híbrido preveía desde el principio hasta el final de las operaciones de combate decisivas.

Tras palidecer, Rumsfeld afirmó: «No podemos hacerlo así.» Lo consideró un problema inmenso, y pronto le consultó el tema a Bush, lo cual desencadenó un ligero drama. La notificación de la movilización a las diversas unidades militares, incluso si faltaban meses para el despliegue de las tropas, mandaría de inmediato el mensaje de que 300 000 soldados del ejército estadounidense se desplazaban o volaban a la zona de Oriente Medio. Las negociaciones diplomáticas tendrían sus días contados.

Bush dejó claro que no quería que el despliegue de tropas limitara sus opciones.

Las instrucciones de Bush fueron que había que disociar el

despliegue o desplazamiento de tropas a la región de las gestiones de Colin en el frente diplomático. Iraq había aceptado nuevas inspecciones sobre su armamento, que iban a empezar al día siguiente. El presidente se mostraba cada vez más escéptico, pero no podía dar la sensación de que cortocircuitaba el proceso. «No hagáis que parezca que no me queda otra opción que invadir», dijo.

En el Pentágono, tras recibir esta directriz bastante clara del presidente, Rumsfeld se puso a trabajar. El sistema de despliegue y movilización de tropas, formalmente llamado TPFDD (Time-Phased Force and Deployment Data, datos del despliegue de tropas en fases temporales), se centraba en notificar la movilización a las unidades y en reunir suficientes barcos y aviones para poder desplazar a esas unidades a la zona de guerra. A causa de lo lejos que estaba Oriente Medio, el tamaño del ejército que se tenía que desplazar, y la masa de provisiones necesarias, como munición, alimentos y medicinas, el problema era el sistema de transporte.

Pero las notificaciones, la reunión de barcos y aviones, y el movimiento de las primeras tropas serían como señales de telégrafo para los periodistas, y pondrían sobre aviso al mundo de la guerra que se avecinaba.

Rumsfeld comentó que debía hallarse otra forma de dar inicio al proceso, de enviar las notificaciones necesarias, pero no a los 300 000 soldados, ni a una cifra similar. «Por cierto —le dijo a Franks y a su círculo inmediato con su habitual tono de reprimenda—, ¿se ha dado cuenta de que pronto llegarán las vacaciones de Navidad? Afectaremos la vida de 300 000 personas y creo que a nadie se le ha ocurrido pensar en eso.»

Rumsfeld creía haber descubierto un grave problema de procedimiento interno del departamento, como si hubiera levantado una roca por casualidad, que debía arreglarse sobre la marcha. Los planes de despliegue de tropas estaban diseñados para funcionar como un botón con sólo dos posiciones, la de encendido y la de apagado, y no había posibilidad intermedia. «Tendremos que hacerlo poco a poco, lentamente, de forma que sea suficiente para mantener la presión a fin de que prosigan las negociaciones, pero no tanto como para desacreditar las gestiones diplomáticas.» No quería que nadie dijera: «Bueno, lo cierto es que ya habéis tomado una decisión.» De modo que la pieza clave era la diplomacia, y no el sistema de transporte.

Franks dijo que la guerra se terminaría antes si podía desplegar las tropas con velocidad. «Si las identifica ahora mismo —dijo el general—, realmente le puedo garantizar que la principal fase de combate durará mucho menos tiempo.»

Rumsfeld le contestó que eso no iba a suceder. Propuso que se dividiera el despliegue en módulos o partes. Pronto, él en persona exploraba el TPFDD, picoteando aquí y allá, encontrando las unidades que quería. Iba a rediseñar el sistema, transformarlo en un sistema más flexible y difuso, con despliegues graduales y menos notorios.

Transcurrieron casi dos semanas hasta que la primera gran orden de despliegue se envió el 6 de diciembre. Iba a ser un proceso lento, y Rumsfeld tendría que aprobar cada una de las órdenes de despliegue, quizá dos por semana durante mucho tiempo. Esto implicaba que algunas unidades en activo o en la reserva recibían aviso con menos de una semana de antelación antes de ponerse en alerta para el despliegue, en lugar de los habituales treinta días, o más. Hubo muchos comentarios de descontento, especialmente por parte de algunos generales del ejército de tierra.

Rumsfeld recordaría más tarde: «Y hubo algunas críticas. El hecho de que el proceso de despliegue se viera afectado y separado en distintas fases para apoyar las gestiones diplomáticas que se estaban realizando nunca se entendió, y yo no quería explicar que ése era el motivo, de modo que sencillamente aguantamos los golpes.»

En la conferencia de prensa del lunes 2 de diciembre, Ari Fleischer explicó por qué la administración pensaba que Saddam se encontraba en una posición sin salida. «Si Saddam Hussein indicara que posee armas de destrucción masiva y que está violando las resoluciones de las Naciones Unidas, entonces sabríamos que de nuevo ha mentido al mundo entero. Si declara que no posee ninguna, entonces también sabremos con seguridad que Saddam está tratando de engañar al mundo.» Eso se debía a que, según dijo con absoluta confianza, «tenemos informes de los servicios secretos de inteligencia sobre lo que Saddam tiene a su disposición».

Parecía evidente y acertado seguir insistiendo en que Saddam efectuara una declaración sobre su armamento, exhaustiva y lo más rápidamente posible, treinta días después de que se hubiera aprobado la resolución de la ONU. Estaba atrapado, o al menos eso parecía.

Las inspecciones sobre el terreno en Iraq habían empezado a finales de noviembre, y los equipos de la ONU viajaban por las afueras de Bagdad montados en sus vehículos blancos. No se encontró nada, ni siquiera durante una expedición de una hora y media durante la que se registró uno de los palacios presidenciales de Saddam por sorpresa.

El 7 de diciembre, Iraq presentó un documento de 11 807 páginas con la declaración sobre su armamento, con el que sostenían que quedaba patente y demostrado que ya no poseían armas de destrucción masiva. Cheney propuso al Consejo de Seguridad Nacional que el presidente tachara la declaración de violación material, pues era claramente falsa, según él, y demostraba que Saddam mentía una vez más. Era motivo de guerra, dijo. ¿Por qué dar a Saddam otra oportunidad? Ya era suficiente.

En opinión de Cheney, dirigirse a la ONU para organizar una nueva ronda de inspecciones en busca de armamento sería percibido por algunos sectores como una forma de evitar la guerra. Entre éstos incluía el secretario general de la ONU, Kofi Annan, el jefe de los inspectores, Hans Blix, una serie de posibles aliados, algunos países del Consejo de Seguridad, y ciertos miembros del Departamento de Estado, incluido el secretario Powell. Tal como afirmó Cheney, resumiendo con sarcasmo la posición de los diplomáticos profesionales: «Se envuelve el tema en burocracia y papeleo como se ha estado haciendo durante los últimos doce años, se vota otra resolución, se da por buena, y todo el mundo se va a casa sin que nada haya cambiado.»

Ninguno de los demás altos cargos, incluidos Rumsfeld y Rice, estaban de acuerdo en que la declaración por sí sola era base suficiente para abandonar las inspecciones y entrar en guerra, y el presidente también compartía esa opinión. Tendrían que estudiar las casi 12 000 páginas del informe. La resolución de la ONU exigía una declaración falsa «y» —la palabra que Powell había permitido a los franceses que incluyeran en el texto final de la resolución— falta de cooperación. Aparentemente, Saddam estaba cooperando.

Era justo lo que Cheney se temía. Estaban metidos hasta el cuello en las inspecciones.

Capítulo veintitrés

La estrategia de Rumsfeld de realizar el despliegue de tropas lentamente funcionó; se publicaron artículos breves, y despertó algo de curiosidad, pero no hubo un gran revuelo. El principio operativo consistía en «ocultarse a pleno sol». Por ejemplo, un cuarto portaaviones, el *USS Harry S. Truman*, se desplazó a la región: un incremento notable en la fuerza aérea, pero lo suficientemente discreto como para no atraer demasiada atención.

Como de costumbre, Rumsfeld siguió utilizando sus conferencias de prensa para describir vagamente cuáles eran sus principales directrices, sin anunciar con claridad su propósito exacto. Era un maestro en demostrar honestidad, sin ser honesto abiertamente. Por ejemplo, durante la primera semana de diciembre declaró a los periodistas: «Estamos desplazando tropas por todo el mundo. Nuestra presencia en el centro de mando es hoy mayor que la semana pasada, o que la anterior.»

No anunció los planes existentes de realizar grandes despliegues de tropas de entre 25 000 y 35 000 soldados después de Navidades, ni de la llamada de reclutamiento prevista para 20 000 reservistas.

Mientras, el general Franks mejoraba su posición a ritmo constante, con pequeños traslados de apenas unos cientos de soldados. A principios de diciembre pudo abrir un centro de mando plenamente operativo en Qatar, con algo más de 600 empleados que acababan de llegar de los cuarteles de Tampa. El viejo almacén para materiales prefabricados del cual le había hablado al presidente durante el informe Crawford un año antes se había convertido en una sala de guerra equipada con la más avanzada tecnología. Vestido con su uniforme de camuflaje del desierto, ofreció una visita guiada para los periodistas. Él y sus ayudantes dijeron que desde allí se podía dirigir una guerra igual que si estuviera en Tampa.

En Qatar, Franks supervisó un juego de ordenador de guerra y de comunicaciones llamado Mirada Interna, que fue anunciado públicamente y sobre el que se informó en detalle. «No se trata de un nuevo ejercicio —explicó un oficial de alto rango a los periodistas durante una conferencia de prensa—. Mirada Interna se probó en 1990, 1996 y 2000.» En realidad, ese juego de guerra era el primer ensayo de misiones para una invasión de Iraq según el Plan Híbrido de Franks. Más de 200 observadores militares y entrenadores habían venido de Estados Unidos para determinar si las decisiones de mando y las comunicaciones eran lo suficientemente rápidas durante la simulación informatizada de una invasión.

Después del ejercicio, que duró cuatro días, Franks comprendió que aún le quedaba mucho por hacer, especialmente en lo relativo al ataque por tierra a través de Kuwait. Quería que la invasión se desarrollase con mayor rapidez, una *Blitzkrieg* moderna diseñada para desestabilizar a los iraquíes y confundir el mando de Saddam y las rutinas internas de control. Durante el ejercicio, los equipos de observadores y entrenadores plantearon la posibilidad de que se produjeran diversos problemas, como contraataques, acciones de la resistencia o fallos en las comunicaciones. Franks llegó a la conclusión de que no poseía la suficiente flexibilidad, lo que los militares denominan «planificación adaptada», que permite a los mandos de niveles inferiores cambiar rápidamente de señal porque disponen de diversas opciones de actuación, incluidas en los planes establecidos.

El ataque por tierra a través de Kuwait no era ni lo suficientemente rápido ni tampoco era coordinado, y Franks decidió que volvería a realizar un segundo ensayo general, siempre que dispusiera del tiempo necesario.

En su papel permanente de analista especial autodesignado durante el transcurso de los peores escenarios posibles, Cheney había pasado una gran cantidad de tiempo desde el 11-S estudiando la posible amenaza del empleo de armas biológicas contra Estados Unidos y contra las tropas estadounidenses desplazadas. Una de las propuestas para contrarrestar esta amenaza era la creación de una especie de «NASA médica», un brazo gubernamental similar a la agencia espacial que pudiera realizar investigaciones médicas y obtener vacunas. Cheney pensaba que era tan importante proteger ese programa que la administración debía encontrar un modo de estructurar su financiación de modo que no pudiera ser eliminado a manos del Congreso años más tarde.

La viruela constituía motivo de honda preocupación. Existían informes de los servicios de inteligencia que indicaban que Saddam quizá querría utilizar la mortal enfermedad como arma biológica. El informe de la CIA de octubre llegaba a la conclusión de que existía una posibilidad del 50 por ciento de que la viruela formara parte del programa ofensivo de armas biológicas de Saddam.

Se hizo un gran esfuerzo para delinear un plan, en el que se implicaron tanto personal de alto rango como varios asistentes, y se celebraron varias reuniones con el presidente. Los estudios demostraban que un ataque de viruela en Estados Unidos podía causar miles de víctimas, o más, y destrozar la economía. La viruela es especialmente aterradora para una población desprevenida. Desde 1972, el riesgo de infección era tan bajo que no se respetaba el calendario de vacunas. Steve Hadley y otros consideraban que la posibilidad de un ataque de viruela estaría «causado por la vulnerabilidad», es decir, que la ausencia de un programa de vacunas significaba que Estados Unidos no estaría preparado. No resultaría muy caro diseñar un programa de vacunas nuevo y agresivo, y Cheney sentía que tenían la responsabilidad moral de hacer algo. Si se producía un ataque de armas biológicas como la viruela, que hubiera podido evitarse o suavizarse, y ellos no hacían nada, él creía que el peso del remordimiento recaería sobre sus almas.

El 13 de diciembre, el presidente Bush anunció durante una comunicación de siete minutos de duración que el personal militar estadounidense, así como otros grupos civiles esenciales situados en áreas de alto riesgo por todo el mundo recibirían la vacuna. «Las vacunas son únicamente una precaución, y no responden a ningún tipo de información relacionada con ningún peligro inminente», afirmó.

Lo que Bush omitió fue que se apartarían unos veinte millones de dosis de vacunas como reserva estratégica para los aliados de su coalición en una posible guerra contra Iraq. Cheney estaba especialmente preocupado por si, en caso de que hubiera guerra y

Saddam viera claro su final, éste se decidiera a utilizar la viruela como arma contra las poblaciones de los países que acogieran a las fuerzas norteamericanas. El argumento era que si Estados Unidos no garantizaba su capacidad de luchar contra la viruela, resultaría difícil conservar a sus aliados de guerra.

Hubo mucho debate acerca de con qué sistematicidad debían producirse las vacunas, especialmente dados sus peligrosos efectos secundarios y los complejos asuntos de responsabilidad última que comportaban. El concepto de basar un nuevo programa de vacunas en una hipotética vulnerabilidad era una cuestión que desconcertaba a muchos especialistas del campo de la salud. Pero incluyendo al presidente le resultaba difícil decirle que no a Cheney. Si llegaba a producirse un ataque similar, el vicepresidente sería considerado un profeta. Cheney también obtuvo la aprobación de Bush para solicitar 6 000 millones de dólares para más investigaciones y recursos, lo que finalmente se convirtió en el proyecto BioShield para la producción de vacunas y tratamientos contra otras armas biológicas.

También existía otro problema con el tema de las inspecciones en lo que respectaba al equipo de Bush. Blix no quería tener a la CIA encima. La agencia entregaba información a Blix acerca de posibles localizaciones de las armas de destrucción masiva en el interior de Iraq para que sus inspecciones fueran lo más eficientes posibles y aumentaran las posibilidades de hallar armas. Sin embargo, era un canal unidireccional. La CIA no tenía acceso directo a la información que Blix obtenía o dejaba de obtener. Blix dijo que quería ser conciliador con los iraquíes, evitar confrontaciones y pasar desapercibido. No quería llevar a cabo lo que él denominaba un proceso de inspecciones «enfadado y agresivo». Los oficiales iraquíes acompañaban a los inspectores allá donde éstos fueran dentro del territorio iraquí.

Por lo tanto, los servicios secretos norteamericanos no se enteraban demasiado de lo que sucedía. La CIA no se dedica a espiar solamente a posibles enemigos o a naciones hostiles, sino que también investiga a los aliados para descubrir sus verdaderos planes, su capacidad y sus intenciones. El lema del Padrino de «tener a tus amigos cerca, pero a tus enemigos aún más cerca» es muy válido en el campo de los servicios secretos. Puesto que los amigos pueden convertirse en enemigos, y viceversa, la práctica habitual es espiar por todas partes, siempre que sea posible, incluidos los funcionarios de la ONU. De hecho, los servicios de inteligencia norteamericanos estaban llevando a cabo un seguimiento confidencial de Blix y los inspectores de armas que se encontraban en Iraq, pues era esencial para la seguridad nacional que la administración dispusiera de la mejor información posible acerca de las actividades de los inspectores. La decisión de ir a la guerra quizá dependiera de la conducta, los descubrimientos o el resultado de las inspecciones.

Probablemente cualquier presidente, republicano o demócrata, hubiera aprobado esa vigilancia, aunque era muy delicada y potencialmente arriesgada. Espiar a funcionarios o delegados de la ONU, sobre todo si son de países hostiles, constituía una costumbre arraigada. En aquellos casos en que se barajan las decisiones más importantes que un presidente debe tomar, se suelen emplear todos los medios necesarios y legales para obtener información. Blix y los demás inspectores eran ciudadanos extranjeros y, por lo tanto, no se encontraban bajo la legislación que protege a la gran mayoría de ciudadanos estadounidenses y que prohíben los sistemas de escucha no autorizados.

Los servicios de inteligencia indicaron que Blix no estaba informando de todo lo que sabía y que, por el contrario, no realizaba gran parte de las acciones de las que informaba. Algunas autoridades de la administración pensaban que Blix era un mentiroso. En cualquier caso, parecía que el esfuerzo de las inspecciones no era lo suficientemente agresivo y que llevaría meses o incluso más obtener algún resultado; además, en caso de lograrse algo, también parecía condenado al fracaso.

La mañana del miércoles 18 de diciembre, el presidente Bush mantuvo una reunión privada con el presidente español José María Aznar, que estaba a favor de una confrontación militar con Iraq.

Frente a Aznar, Bush se burló de la declaración iraquí sobre armamento. «La declaración no es nada, es puro aire, es una broma; pero se nos valorará en función de nuestra respuesta.» El presidente añadió sus opiniones personales, que no dejaban espacio para ninguna ambigüedad respecto a sus intenciones para con Saddam.

«En algún momento, la conclusión será un "hasta aquí hemos llegado", e iremos a por él. Es un mentiroso y no tiene ninguna intención de desarmarse.»

Bush comentó entonces el proceso de la ONU. Las notas de la reunión con Aznar dejan claro que para él no había dudas respecto a la Resolución 1441 y que ésta sólo daba lugar a una interpretación. «Si decidimos ir a la guerra, hablaremos con el Consejo de Seguridad. Pero no para pedir permiso, sino para pedir apoyo —dijo Bush—. Eso fue lo que acordamos con los miembros del Consejo de Seguridad. El Consejo no tendrá poder de veto, pero cuantos más países haya, más fácil será obtener objetivos diplomáticos.»

De hecho, los cinco miembros permanentes del Consejo de Seguridad siempre disfrutan del poder de veto, y los franceses en concreto no pensaban en absoluto que su voto a favor de la Resolución 1441 los obligara a apoyar la guerra.

Bush añadió: «La guerra es mi última opción. Saddam Hussein está utilizando su dinero para entrenar y equipar a Al Qaeda con armas químicas, y está dando acogida a terroristas.»

Centrándose en Oriente Medio, Bush comunicó que era importante avanzar en el proceso de paz. «Chirac dice que Sharon me está engañando. —Y en seguida exclamó—: ¡Toro!», el sobrenombre con el que a veces calificaba a Sharon.

El intérprete interrumpió la conversación y dijo: «Señor presidente, existen dos definiciones de "toro" en inglés», dando a entender que a veces era literalmente «el animal toro» pero en otras, en una palabra compuesta *(bullshit)*, podía significar «basura», «mentira», «chorradas».

Aznar pareció entenderlo.

«Traducir "toro" es uno de los grandes momentos de la diplomacia», les dijo Bush a Aznar y al intérprete.

En la sede de la CIA, Saul mantenía contacto diario con los operativos, incluido Tim, que se encontraba en Iraq, y cada día estaba más preocupado acerca de los mensajes contradictorios que la administración emitía. Por un lado, Tim y los demás oficiales encargados de la misión aún se encontraban en el frente, reclutando fuentes de información, con la promesa de que se avecinaban movimientos decisivos por parte del ejército. Por otra parte, el presidente buscaba soluciones diplomáticas a través de la ONU y de los inspectores de armas. «¡Ah! Vais a negociar —decían algunos servicios secretos extranjeros y fuentes diversas—. ¡Vais a decepcionarnos de nuevo!» Cada vez que Bush decía que la guerra era su última opción, todos los contactos y las fuentes de la agencia se agachaban un poco más. Para ellos, la guerra sí era su primera opción, y para algunos, la única opción a medida que se comprometían más y más con las operaciones.

Saul enviaba mensajes a la séptima planta con regularidad, donde Tenet, McLaughlin y los demás oficiales de alto rango tenían sus despachos. «Podemos seguir aguantando hasta finales de febrero —decía llegados a cierto punto—. A partir de entonces, empezaremos a perder recursos porque el régimen nos descubrirá.» No podían mantener tantos secretos durante tanto tiempo. Los servicios de información y de vigilancia de Saddam eran omnipresentes, y nadie ignoraba la ferocidad de sus represalias contra los traidores. Las fuentes y los agentes pronto caerían, y febrero era el último plazo. «Si lo postergamos mucho más, empezará a morir gente» —advertía Saul. Pero al mismo tiempo, afirmaba—: «No podemos retirarnos. Si ahora nos marchamos y retiramos nuestras fuerzas, perderemos toda nuestra credibilidad.»

Los dos equipos paramilitares de Saul que se encontraban en Iraq también albergaban dudas. Para ellos, lo más frustrante del mundo era estar expuestos y correr peligro sin saber a ciencia cierta si la guerra iba a estallar o no. Saul le dijo a Tim que él y su equipo deberían abandonar Iraq durante dos semanas para descansar y relajarse, aprovechando las vacaciones de Navidad. «Regresad a casa y volved a la base a principios de enero.» Parecía que la guerra ya habría estallado a mediados de enero, o desde luego, en febrero, según les dijo Saul. De modo que Tim y su equipo se tomaron dos semanas de vacaciones.

En realidad, Saul no tenía ni idea de cuándo empezaría la guerra.

El mismo día en que Bush se reunió con el presidente español, el 18 de diciembre, también celebró una sesión con el Consejo de Seguridad Nacional. La CIA quería explicar con mayor precisión los problemas con los que se encontraba para reclutar y conservar fuentes de información y agentes dentro de Iraq. Tenet dejó su lugar en la mesa a uno de sus agentes secretos más veteranos, Bob, [1] el encargado de la misión en Iraq que coordinaba la labor de Saul y sus agentes junto con los análisis de la situación que se estaban llevando a cabo. Bob había sido el jefe de delegación de la CIA en Pakistán durante la guerra contra Afganistán. Era un hombre bajito, bien vestido y cortés, con una cierta tendencia intelectual. Bob informó sobre el reclutamiento de nuevas redes de agentes en el interior de Iraq. Disponían de cerca de una docena, pero Bob no entró en detalles ni con el presidente ni con el Consejo de Seguridad Nacional. En lugar de eso, dijo que el número de agentes y subagentes crecía notablemente, y que los informes que éstos le enviaban eran cada vez mejores. Pero existían algunos problemas.

—Señor presidente —habló Bob—, estamos enviando mensajes contradictorios a dos grupos de receptores distintos a la vez. Inevitablemente, habrá filtraciones. No podemos compartimentar de ninguna manera la comunicación entre ambos grupos. Así que, mientras tratamos de convencer sin lugar a dudas a las personas de cuya ayuda dependemos de que la guerra es inevitable, al mismo tiempo también intentamos convencer a otros de que el presidente se toma la diplomacia, las Naciones Unidas y las inspecciones de armas muy en serio.

—Pues sí —contestó Bush.

Bob afirmó que existían personas tanto dentro como fuera de Iraq con las cuales la CIA estaba en contacto permanente. La respuesta de esta gente era que les comprendían, que cooperarían hasta cierto punto, pero que no irían más allá hasta que no estuvieran plenamente convencidos, hasta que no hubiera pruebas más fehacientes. De modo que las contradicciones de una política de doble vía estaban causando problemas.

«Sé que os he colocado en una situación muy difícil —reconoció Bush—. Sé que es duro, pero es el camino en el que nos encontramos. Y tendremos que seguir así, lidiando con esta situación durante algún tiempo.»

Mientras escuchaba estas palabras, sentada a la mesa, Rice pensó que formaban parte de una táctica de diplomacia coactiva: la

---

1. Un seudónimo.

amenaza de una fuerza creíble para lograr un resultado diplomático. Efectivamente, comportaba una cierta discordancia, pero la diplomacia coactiva significaba que tendrían que aprender a vivir con esas contradicciones.

El director adjunto de la CIA, McLaughlin, comprendió que se trataría de una situación muy complicada para la agencia. La CIA había iniciado acciones encubiertas al servicio de una política que aún no había cristalizado y, sin embargo, tendría que seguir adelante con las operaciones y el reclutamiento de fuentes de información, como si todo estuviera ya decidido.

La noche del 18 de diciembre asistí junto con mi esposa, Elsa Walsh, a una gran fiesta de Navidad que el presidente y su esposa celebraban en la Casa Blanca para los medios de comunicación. Los Bush estuvieron de pie durante horas, recibiendo a los invitados mientras un fotógrafo retrataba a la gente con el matrimonio. Cuando llegamos al principio de la cola, el presidente comentó que mi libro *Bush en guerra* se estaba vendiendo bien.

—Es un bestseller —dijo, y preguntó—: ¿Piensa escribir otro libro? —A continuación estiró sus brazos, como queriendo decir que quizá había otra historia que contar, y que habría que hacerlo.

—Tal vez habrá que titularlo *Más Bush en guerra* —contesté yo.

—Esperemos que no —respondió Laura Bush con tristeza.

Un año más tarde le pregunté al presidente acerca del comentario de su esposa.

—Eso reflejaba la opinión de mi esposa —explicó—. Laura sabe lo que significa tener que ver a los familiares de un fallecido. Comprende la tristeza y la agonía que asalta a los que han perdido a un ser querido en el campo de batalla. Y a los que mueren en cualquier otro lugar. Pero especialmente en el campo de batalla. Y hay una correlación directa entre una decisión de su esposo y esa muerte. Es consciente de eso, y sabe que es duro. Y también supo prever todo el jaleo, las quejas, las protestas.

—¿Y se lo dijo a usted? —le pregunté.

—No, en realidad no. Ella se lo dijo a usted. Y probablemente, al decírselo a usted, me lo dijo a mí —reconoció, con intensidad en su mirada—. Laura confía en mis decisiones y hablamos un poco de eso. Pero, por supuesto, ella no quería ir a la guerra. Y en el fondo, yo tampoco quería.

El general Franks informó al presidente al día siguiente, el 19 de diciembre, de los resultados de su ejercicio con el programa Mirada Interna, y la última incidencia del plan de guerra.

El presidente le pidió que le hablara de los plazos. A pesar del esfuerzo de la ONU, a Franks le parecía que Bush estaba pensando en que se llevara a cabo una acción inminente, pero no resultaba demasiado concreto al respecto.

Hablaron de los imponderables, de las cosas que, según la lista de Rumsfeld, podían torcerse. ¿Y si los iraquíes destruyeran sus infraestructuras petrolíferas, o su sistema hidrológico, o sus plantas de energía? Franks ofreció más detalles de cómo planeaba atacar las instalaciones subterráneas de Saddam y otros objetivos protegidos.

Más tarde, Rice le preguntó a Tenet y a McLaughlin hasta qué punto podía sostenerse la acusación de posesión de armas de destrucción masiva, y qué podía comunicarse al público.

El informe nacional de la CIA de octubre que había llegado a la conclusión de que Saddam poseía armas químicas y biológicas era público desde hacía dos meses; las resoluciones del Congreso a favor de la guerra se habían votado por un margen de 3 a 1, y el Consejo de Seguridad de la ONU, donde la resolución sobre las inspecciones se había aprobado por unanimidad con 15 votos a favor, seguía plenamente comprometido con las inspecciones en Iraq. Sin embargo, faltaba algo.

Incluso Paul Wolfowitz había comentado recientemente la naturaleza no concluyente de las valoraciones respecto a si Saddam poseía o no armas de destrucción masiva, según un artículo de *The Washington Post*. «Es como la pornografía —había comentado Wolfowitz en una reunión a puerta cerrada con los delegados de la OTAN—. No puedo definirla, pero sé cuándo la tengo delante.»

A McLaughlin le había tocado la pajita corta cuando tuvo que hacer una presentación frente al presidente y al resto de altos cargos. Era un analista cauteloso, con más de treinta años de experiencia en la agencia, y era consciente de que las dos vías de información sobre las armas de destrucción masiva que la CIA poseía eran muy distintas. Por un lado, la información obtenida por los inspectores de la ONU entre 1991, hacia finales de la guerra del Golfo, y 1998, año en que Saddam había provocado la retirada de los inspectores. En su opinión, no era una fuente cuya importancia pudiera desestimarse a la ligera. Durante un período de siete años, los inspectores habían tenido acceso a territorio iraquí, y aunque jamás se había admitido, la CIA participó secretamente en las inspecciones, ofreciendo indicaciones y datos, y a cambio obteniendo informes completos de los inspectores, al tiempo que les aconsejaba acerca de las posibles localizaciones de armas y de cómo destruirlas. La CIA había obtenido así datos sólidos de gente que estaba en primera línea, con un conocimiento real de la situación. Además, la agencia también había seguido la vieja regla Reagan de «confiar pero verificar», espiando a los inspectores para acumular más información y asegurarse de que los servicios secretos norteamericanos realmente poseían una imagen fidedigna de la realidad.

Durante esa etapa, los inspectores habían descubierto muchas más armas de destrucción masiva de las esperadas. La deserción de 1995 de Hussein Kamel, el yerno de Saddam y jefe de los programas secretos de armas de destrucción masiva del régimen, había sido el catalizador de una riada aparentemente voluntaria de información y documentos sobre Iraq. Además, la documentación sobre importaciones y otras transacciones mostraba que cientos e incluso miles de toneladas de sustancias químicas u otras materias primas habían entrado en el país, materiales que, según los iraquíes, estaban destinados a producir armas de destrucción masiva. Los inspectores habían destruido grandes cantidades de armas o materiales y equipamientos relacionados como parte de los procesos de inspección.

La segunda vía de información, obtenida a partir de 1998, poseía un nivel de inferencia notablemente mayor, en opinión de McLaughlin. Como anteriormente ya había informado a los altos cargos, la CIA no disponía de ántrax ni de muestras de armas químicas para poder demostrar sus afirmaciones.

Al preparar su intervención frente al presidente, McLaughlin examinó montones de material. Se interceptó una sorprendente conversación entre dos personas relacionadas con Al Qaeda en la que se hablaba de un veneno altamente tóxico, la ricina. Los dos interlocutores conversaban sobre una prueba realizada en un burro que había muerto, y luego terminaban profiriendo grandes y estremecedoras risotadas. Al servicio secreto extranjero que había obtenido la cinta le preocupaba que se difundiera y que el público se asustara. McLaughlin no estaba seguro de lo que demostraba. Pensó que parecía un poco «raro», de modo que decidió no utilizarlo en la presentación con el presidente.

Otro archivo clasificado y confidencial hizo pensar a McLaughlin que los iraquíes se habían embarcado en un enigmático esfuerzo por obtener el mapa topográfico de los 50 estados de la Unión. Una operación clandestina paralela de la CIA había seguido la pista a un iraquí que había trabajado en el programa nacional iraquí de aviones no tripulados y que ahora vivía en Australia. Era concebible que las pequeñas y relativamente baratas unidades no tripuladas pudieran utilizarse como medio de transporte para lanzar armas biológicas o químicas en cualquier lugar del mundo. Enlazando de un modo un poco exagerado dichos datos, Wolfowitz consideró que estos informes del servicio secreto constituían «un descubrimiento espectacular que desarticula toda una red de abastecimiento», y lo tildó de «muy preocupante».

La CIA había tratado de reclutar al iraquí que vivía en Australia, y éste se había negado a cooperar a menos que unos veintiún miembros de su clan familiar fueran trasladados a un lugar seguro, fuera de Iraq. La agencia ya había investigado a fondo el asunto, y no estaba muy claro si los mapas topográficos se habían adquirido con algún tipo de finalidad o por casualidad. Cualquiera podía comprarlos en una tienda de mapas, o con una tarjeta de crédito en Internet. El software topográfico no era excesivamente sofisticado. El único hecho relevante, en opinión de McLaughlin, era que un agente de suministros iraquí había marcado «sí» en la casilla cuando le ofrecieron la oportunidad de comprar software.

McLaughlin también abrigaba muchas dudas que tampoco pensaba incluir en su presentación.

Wolfowitz estaba atónito ante los datos descubiertos, y decía: «¿Así que no deberíamos preocuparnos por un programa secreto iraquí de aviones no tripulados, capaz de fabricar unidades suficientemente pequeñas como para que quepan en un contenedor de transporte, y suficientemente grandes como para lanzar casi cien litros de ántrax sobre Washington, sencillamente porque quizá en el fondo no quería comprar el mapa?» También pensaba que la negativa del iraquí a hablar mientras sus familiares no estuvieran a salvo era la oportunidad perfecta para el jefe de los inspectores de la ONU, Hans Blix. Según la Resolución 1441, Blix poseía una amplia autoridad para interrogar a cualquiera y para «facilitar el desplazamiento de los familiares del interrogado fuera de Iraq». Pero aparentemente, Blix no había hecho nada.

Tenet y McLaughlin se dirigieron al Despacho Oval la mañana del sábado 21 de diciembre. El objetivo de la reunión era presentar las pruebas de una «acusación» sobre armas de destrucción masiva, tal y como se podría plantear frente a un jurado con autorización para examinar documentos de alto secreto. Había mucha expectación y, además del presidente, también se hallaban presentes Cheney, Rice y Andy Card.

A bombo y platillo, McLaughlin utilizó para su informe una serie de diapositivas. Añadió que se trataba de la información en bruto, altamente confidencial, y que aún no se podía hacer pública. La CIA quería controlar lo que salía a la luz para proteger a sus fuentes de información y sus métodos de detección en caso de que no hubiera conflicto militar.

McLaughlin señaló que aún quedaban componentes de armas biológicas por declarar, así como 3 200 toneladas de precursores para armas químicas. También faltaban unos 6 000 proyectiles, cuya presencia se remontaba a la guerra entre Irán e Iraq en los ochenta. Los iraquíes sostenían que ya no existían, pero no podían entregar documentación que lo demostrara.

A continuación pasó a una amplia fotografía realizada por satélite de unas instalaciones de prueba para motores de cohetes. Las bases de lanzamiento de los cohetes, como se podía ver, eran claramente mayores de las necesarias para los pequeños motores de los misiles permitidos, aquellos que no superasen un alcance máximo de 150 kilómetros.

Otra fotografía aérea mostraba huellas y marcas en el suelo cerca de unas instalaciones que habían sido fábricas de armas químicas. Las marcas «parecían» un esfuerzo por ocultar el rastro de un transporte o de un vertido de sustancias químicas, según dijo McLaughlin.

Prosiguió analizando la imagen de un avión no tripulado que

volaba siguiendo un circuito predeterminado. Los estudios técnicos habían establecido «con absoluta certeza» (una expresión que él no solía utilizar) que la unidad aérea había volado siguiendo los círculos rojos marcados en la imagen durante un total de 500 kilómetros. En su declaración sobre armamento, dos semanas antes, Iraq había dicho que sus aviones no tripulados tenían un alcance de 80 kilómetros, y la ONU habían fijado el límite en 150 kilómetros. El avión no tripulado había sido lanzado desde la superficie trasera de un camión y funcionaba con un piloto automático. Con un alcance de 500 kilómetros, las unidades podían alcanzar a países vecinos.

McLaughlin era consciente de que se trataba de una prueba gráfica probablemente confusa, pero era algo muy importante para los analistas de los servicios secretos porque les permitía determinar la pauta de vuelo hasta el último kilómetro. La duración del tiempo de vuelo también indicaba que los iraquíes confiaban en sus sistemas de vuelos automáticos.

Claramente, se trataba de una violación relativa al armamento. La cuestión era averiguar por qué les interesaba poseer una unidad aérea de esas características. La capacidad de transporte del aparato no presagiaba nada bueno, pero no existía ninguna prueba de cuáles eran sus intenciones.

A continuación, McLaughlin presentó informes procedentes de agentes y desertores, que hablaban de enormes camiones y convoyes que, según estas fuentes, eran instalaciones y fábricas itinerantes de armas biológicas, capaces de desplazarse y evitar a los inspectores de armas.

El ejemplo más espectacular fue la transcripción que McLaughlin presentó de una conversación interceptada, mantenida por radio entre dos oficiales de la Guardia Republicana, proyectada en las diapositivas.

—Eliminar —decía el primer oficial.

—Eliminar —repetía el segundo.

—Agentes nerviosos.

—Agentes nerviosos.

—Siempre que aparezcan.

McLaughlin explicó que el primer oficial quería asegurarse de que se eliminaba cualquier referencia por radio a los «agentes nerviosos». Si Iraq no poseía material, armas o agentes nerviosos,

¿por qué estaban hablando de ello los oficiales de la Guardia Republicana?

Respecto a las armas nucleares, McLaughlin mencionó que Saddam convocaba a un grupo con los principales científicos atómicos de Iraq. Solía llamarlos «la mafia nuclear» y les hablaba en términos que «implicaban» la existencia de preparativos para reanudar los programas de investigación nuclear.

Presentó otra transcripción, en la que los oficiales comentaban el ocultamiento de un vehículo modificado en la empresa Al-Kindi, una conocida instalación de armas de destrucción masiva. Sin duda, era un asunto preocupante para los oficiales, que hablaban mientras se dirigían al lugar.

Cuando McLaughlin terminó, la expresión en el rostro del presidente delataba extrañeza. Hubo un breve silencio.

«Buen intento —dijo Bush—. Pero no creo que eso sea algo que el ciudadano medio pueda comprender, o que le convenza demasiado.»

Card también estaba azorado. La presentación había resultado un fracaso. En términos de marketing, los ejemplos no convencían, las diapositivas no resultaban, las fotografías no eran determinantes y las transcripciones no eran nada persuasivas.

Bush se volvió hacia Tenet: «Me dicen que hay mucha información secreta sobre armas de destrucción masiva. ¿Esto es todo lo que tenemos?»

Desde el fondo de uno de los asientos del Despacho Oval, Tenet se levantó, alzó los brazos al aire y el director de la CIA dijo: «¡Va a machacar la canasta!»

Bush volvió a preguntar: «George, ¿hasta qué punto estás seguro?»

Tenet, un aficionado al baloncesto que asistía a todos los partidos que podía de su equipo universitario favorito en Georgetown, se inclinó hacia adelante y volvió a gesticular con los brazos: «No te preocupes, ¡será un mate!»

No era habitual que Tenet se mostrara tan tajante. La presentación de McLaughlin había dejado a Card preocupado e inquieto, pero la repetida garantía de Tenet de que el caso sería un mate fácil resultó a la vez memorable y reconfortante. A Cheney no se le ocurría ningún motivo para cuestionar la afirmación de Tenet. Después de todo, era el jefe de la CIA, y el que más sabía del tema. Más tarde, el presidente lo recordaría así: «La presentación de McLaughlin no habría aguantado el paso del tiempo, pero la garantía de Tenet fue muy importante.»

«Hay que trabajarlo más —instó Bush a Card y a Rice—. Vamos a reunir un equipo que realmente prepare el caso como si hubiera que presentarlo frente a un jurado.» Quería abogados, incluso fiscales si fuera menester. Tenían que ofrecerle algo más concreto al público.

El presidente le dijo varias veces a Tenet: «Asegúrate de que nadie fuerza las cosas para lograr una buena defensa.»

Rove se daba cuenta de que al presidente le preocupaba el tema Blix. A su vez, el presidente sabía cuál era la actitud de Rove respecto a los suecos. En tanto que asesor político principal de origen noruego-norteamericano de la Casa Blanca —quizá el único—, Rove estaba convencido de la duplicidad histórica de los suecos, que habían invadido Noruega en 1814 y gobernado el país hasta 1905. Era una rivalidad de larga tradición, y también motivo de bromas recurrentes entre el presidente y Rove.

A finales de diciembre, Rice le dio al presidente otro informe respecto a las actividades de Blix. No se había logrado avanzar mucho. Los inspectores abrían almacenes que, obviamente, habían sido sometidos a limpiezas previas. Además, los inspectores se iban de vacaciones en Navidad y durante otras fiestas. El seguimiento secreto de los servicios de inteligencia mostraba que Blix y su equipo no estaban llevando a cabo el tipo de inspecciones más agresivas y sin límites que Bush esperaba.

El presidente sentía un creciente enfado al respecto. La situación empeoraba cada día, según decía. Las tácticas de presión sobre Saddam tenían dudosos resultados. «No estoy seguro de que esto funcione», afirmó. Se había establecido un sistema de inspecciones, y lo que esperaban era que Saddam cargara con el peso de tener que demostrar sus afirmaciones. El líder iraquí tenía que declarar todas las armas que poseía, justificar dónde estaban, entregarlas y, en general, demostrar que estaba realmente desarmado. Esto era un reverso de la noción norteamericana de la justicia: el acusado tenía que demostrar su inocencia. El mundo, sencillamente, no lo aceptaba. Quizá la guerra era la única alternativa.

—¿Qué opinas? —preguntó el presidente a Rice—. ¿Debemos avanzar? —Se refería a la guerra. Nunca antes le había pedido una respuesta.

—Sí —respondió ella—. No se trata de que la credibilidad de Estados Unidos esté en juego, es la credibilidad mundial lo que se tambalea si este gángster vuelve a vencer al sistema internacional. —Y dado que la credibilidad era importante, prosiguió—: La credibilidad jamás debería llevarnos a hacer lo que no es correcto. Pero esto es algo mucho más importante y sí debería hacerse. Si dejamos que una amenaza de este calibre, en esta región concreta del mundo, siga jugando con la comunidad internacional de este modo, algún día volverá a perseguirnos. Por eso debemos hacerlo.

Bush no respondió.

Un año más tarde, el presidente recordaría: «Me preocupaba mucho todo el asunto; la posibilidad de que quedáramos atrapados en el proceso y que, mientras, Saddam Hussein se hiciera más fuerte. Me preocupaba que la gente no se concentrara en Saddam, en el peligro que suponía, en sus mentiras, sino en el proceso, y que por lo tanto Saddam fuera capaz de escaparse de la situación una vez más... y huir de la trampa, y ser más fuerte. Así que efectivamente, había mucha ansiedad al respecto.» Estaba decidido a enfrentarse a Saddam y a no permitir que les esquivara de nuevo.

«Me pasaba largo rato hablando con Condi», recordaba Bush. El presidente recibía detalles de las últimas inspecciones e información sobre Blix. «Me pasaba el día al teléfono, diciendo la mayor parte del tiempo: "¿Qué demonios está pasando?"

»Era una etapa muy estresante —reconoció el presidente—. Sí, me sentía estresado.» Todas las fiestas de Navidad en la Casa Blanca se añadieron a las dificultades de finales del año 2002. «Tenía los músculos de la mandíbula muy tensos. Y no sólo porque me pasaba horas sonriendo y estrechando manos. Fue una temporada de vacaciones extremadamente tensa.»

Aparte de Rice, a Bush no le hacía falta preguntarles al resto de sus altos cargos qué opinaban respecto a declarar la guerra. Sabía lo que pensaba Cheney, y decidió no preguntar a Powell o a Rumsfeld. «Ya sabía qué me dirían —recordaba el presidente—. No necesitaba que me dijeran lo que pensaban de Saddam Hussein, ni cómo debíamos enfrentarnos a Saddam Hussein. Si usted estuviera en mi lugar, podría expresarse muy francamente. Creo que tenemos un entorno de trabajo donde la gente se siente libre de decir lo que piensa.»

«¿Alguna vez le preguntó a Powell? Me refiero a si le dijo algo así como "Si estuvieras en mi lugar, ¿harías esto o aquello?"», le pregunté. La respuesta del presidente fue negativa.

Una persona que ya no estaba allí era Karen Hughes, uno de sus principales asesores, y veterana directora de comunicaciones. Hughes, que había dimitido el verano anterior para regresar a Texas, probablemente sabía mejor que nadie cómo pensaba y hablaba Bush. «Se lo pregunté a Karen —confesó el presidente—. Me dijo que si iba a la guerra, me asegurara de que agotaba todas las oportunidades para lograrlo [un cambio de régimen] pacíficamente. Y tenía razón. De hecho, supo captar mi opinión personal al respecto.»

Capítulo veinticuatro

Rice pasó las Navidades en casa de su tía, y luego fue al rancho del presidente en Crawford, en la yerma llanura de Texas donde parecía estar pasando gran parte de su vida reciente. Intuía que la situación estaba cambiando, que Bush se daba cuenta de que las tácticas de presión (la diplomacia, las operaciones secretas y los discursos) no iban a funcionar. No le dijo nada directamente, y ella no le presionó, puesto que ya le había recomendado que se decidiera a declarar la guerra.

Entonces, tal vez el jueves o el viernes después del día de Año Nuevo, Rice tuvo un momento en privado con el presidente.

«La presión no basta», le dijo el presidente. El esfuerzo por lograr que las inspecciones de la ONU siguieran unas pautas más agresivas para que Saddam se derrumbara no surtía efecto. Saddam aprendía rápidamente cómo tenía que lidiar con Blix. El consenso internacional, unánime en la resolución de noviembre, estaba empezando a resquebrajarse.

Los artículos de prensa que mostraban a sonrientes iraquíes acompañando a los inspectores por todas partes, abriendo puertas y diciendo «¿Veis? Aquí no hay nada», enfurecían a Bush, que leía continuamente informes de los servicios secretos que afirmaban que los iraquíes estaban transportando y ocultando cosas. No estaba muy claro cuál era el material desplazado, pero desde luego daba la impresión de que Saddam estaba de nuevo jugando al gato y al ratón, y a punto de engañar al mundo de nuevo. Bush sabía que las protestas contra la guerra que tenían lugar en ciudades de Europa y Estados Unidos reforzarían a Saddam y le harían creer que jamás habría una invasión. «¿Cómo puede estar pasando esto? —se preguntó Bush—. Saddam va a ser cada vez más fuerte.»

Blix le había dicho a Rice que él jamás se había quejado de la presión militar estadounidense, y que creía que era un elemento positivo, y así se lo dijo ella al presidente.

«¿Y cuánto tiempo cree él que puedo mantener esta situación? —preguntó Bush—. ¿Un año? Pues no puede ser. Estados Unidos no puede sostener esta situación mientras Saddam se entretiene jugando con los inspectores.»

«Debe seguir firme y mantener la amenaza de la presión militar —le aconsejó Rice—. Si va a seguir por la vía de la diplomacia coactiva, debe aceptar lo que comporta esa decisión.»

Al presidente le preocupaba la afirmación de la CIA de que las fuentes de información y las operaciones quedarían al descubierto si la situación se prolongaba. El despliegue militar se estaba desarrollando a toda máquina, con pequeños incrementos, pero sustanciales. No se podía mantener ese número de soldados en estado de alerta para siempre. Ni la moral de las tropas, ni el apoyo logístico adecuado podía aguantar tanto tiempo, y eso era precisamente lo que no sobraba. Bush trataba de adivinar las intenciones de Saddam. «Está cada vez más seguro, y no al revés —conjeturó—. Es capaz de manipular a todo el sistema internacional de nuevo. No estamos ganando.

»El tiempo no está de nuestro lado —afirmó Bush—. Probablemente nos veremos obligados a ir a la guerra.»

En opinión de Rice, en ese momento, el presidente tomó la decisión de declarar la guerra. Habían llegado a un punto sin retorno. Quedaban muchas preguntas pendientes, incluyendo cuándo y cómo forzar el final de la partida.

Bush se hallaba atrapado en una contradicción: en privado, había decidido ir a la guerra, pero públicamente seguía comprometido con la diplomacia. Era un mundo de más y más dilemas, discordancias y rodeos.

Rove también pasó parte de las vacaciones en Crawford. Había estado trabajando discretamente en el plan confidencial para la campaña de reelección de Bush en el año 2004. De hecho, Rove estaba volcado en ese proyecto desde que Bush se había declarado vencedor en el año 2000. Rove creía en el hecho de aprender de la historia, y había realizado una investigación en profundidad sobre cómo se había llevado la campaña de reelección de los más recientes presidentes republicanos. Nancy Reagan le había concedido acceso a los documentos personales de Reagan, y Rove envió a su equipo a la Biblioteca Ford para ver qué había hecho éste en 1976. Bush padre también les abrió algunas cajas de archivos, y Jim Baker, que había sido el director de campaña de éste durante 1992, también le entregó sus documentos personales.

Rove traía una presentación en PowerPoint con la estrategia, los temas, el calendario y un resumen de su plan para ganar la reelección. La esencia del mensaje para el presidente se resumía en la siguiente frase: preste atención, se está acercando.

Logró una entrevista con el presidente para informarle de todo en el rancho. Laura Bush se encontraba en el sofá, leyendo un libro y fingiendo no prestar atención. Rove era consciente de que no se estaba perdiendo ni una coma.

Abriendo su ordenador portátil, le mostró la siguiente presentación a Bush, en grandes letras negras en un fondo azul oscuro:

CARISMA

Líder fuerte   Acción valiente   Grandes ideas   Paz mundial
Una América más compasiva   Le importa la gente como yo
Lidera un equipo fuerte

En la segunda página:

VALORES

Compasión   Claridad moral   Responsabilidad
Oportunidad   Propiedad

En la página tres:

TEMAS

Primaria: GCT [guerra contra terrorismo]   Patria
Siempre economía

Secundaria: Educación   Agenda de la compasión   Sanidad
Oportunidad   Medio ambiente

Rove dijo que la campaña seguramente sería tan ajustada como la del año 2000 y que el país se encontraba tan dividido como entonces.

Si todo seguía igual, el presidente le preguntó cuándo pensaba que debía empezar la campaña.

La primera campaña Bush había empezado el 8 de marzo de 1999, señaló Rove, y había resultado difícil alcanzar el objetivo presupuestario fijado, aunque lo lograron. En la práctica, no habían empezado hasta junio de 1999. Dijo que quería que el presidente empezara en febrero o marzo, y que se dedicara a recaudar fondos, hasta llegar probablemente a 200 millones de dólares. Ya tenía listo el calendario. Entre febrero, marzo y abril se organizarían entre 12 y 16 eventos para recaudar dinero.

«Se avecina una guerra —le soltó el presidente a Rove—. Así que tendrás que esperar.» Ya había tomado una decisión, y ésa era la versión del presidente del lema «presta atención, se está acercando». La guerra era ahora la única opción. «El momento se acerca», anunció. El presidente no mencionó ninguna fecha, pero Rove se quedó con la idea de que podía suceder en enero, febrero o, a lo sumo, en marzo.

«Recuerde el problema que hubo con la campaña de su padre —replicó Rove—. Mucha gente dijo que empezó demasiado tarde.»

«Comprendo», admitió Bush. Era consciente de eso, pero estaba decidido y así iban a ser las cosas. De modo que la pretemporada de recaudación de fondos estaba descartada. No podría dedicarse a una campaña si tenía que iniciar una guerra. Los planes de Rove tendrían que adaptarse a la realidad. «Ya te avisaré cuando vea que podemos empezar.»

«¡Oh, no!», pensó Rove. Sabía que no podía hacer nada. Con la guerra a las puertas, de ninguna manera iba a intentar convencer a Bush de que debía asistir a una cena para recaudar fondos en Altoona, ni en ninguna otra parte.

De vuelta en Washington, el presidente se reunió con su gabinete en pleno, la quinceava reunión de esas características en dos años, a las 15.30 horas del 6 de enero. No se trataba del grupo de personas que tendría que tomar las decisiones importantes respecto a la guerra. «Si no disponemos de pruebas, no pienso enviar a las tropas», les dijo. Más tarde, en una conferencia de prensa, expresó un talante conciliador para con Saddam. «De momento parece que no está cumpliendo con lo que se le pide. Pero tiene tiempo, y seguimos pidiendo a Saddam Hussein que escuche lo que el mundo le está diciendo.»

Dos días más tarde, el presidente se reunió con los líderes de ambos partidos en el Congreso. «A veces hace falta un poco de fuerza para asegurarse de que la diplomacia funciona —les dijo—. Antes de tomar una decisión los comunicaré las razones al Congreso y a todos los ciudadanos de Estados Unidos.»

Más tarde, a las 17.20 horas, se reunió en la residencia únicamente con los líderes republicanos, y fue más franco. «Es muy probable que tenga que dirigirme a la nación y enviar tropas a la guerra. Está claro que Saddam Hussein no se está desarmando. Quiero que el proceso funcione antes de tener que incrementar la presión.»

El 9 de enero, Franks fue a Washington para entregarle al presidente los últimos detalles sobre el plan de guerra. El tema principal era Turquía, que seguía sin comprometerse ni decidir si permitiría el estacionamiento de tropas de combate estadounidenses en su territorio. El retraso significaba que el frente norte de Franks quedaba descartado.

El general también afirmó que le preocupaba la posible pérdida de apoyo de países como Jordania y Arabia Saudí. El rey Abdullah se había reunido esa semana con los líderes de Turquía, Egipto y Siria para coordinar sus esfuerzos y evitar la guerra, aunque el rey se había comprometido en secreto a apoyarla. Tenet mantenía una estrecha relación con el rey. La CIA enviaba millones de dólares cada año a los servicios secretos jordanos, pero la mayoría de la población de Jordania era de origen palestino, y estaban casi todos a favor de Saddam. La mayor parte del petróleo de Jordania procedía de Iraq, país que también tenía agentes activos en Jordania. Abdullah estaba en peligro y, en opinión de Tenet, había aceptado una carga tremenda al comprometerse a apoyar la guerra.

Bush le preguntó a Franks qué podría hacerse exactamente si Saddam atacaba o hacía algún movimiento agresivo al día siguiente.

La respuesta era un ataque aéreo casi inmediato, utilizando las aproximadamente 400 unidades que se encontraban en la región, y 15 000 tropas en territorio kuwaití.

Mientras repasaba el ciclo de decisiones del Plan Híbrido, Franks dijo que el día en que el presidente decidiera desplegar las tropas sería el Día C. Sin embargo, ese proceso ya estaba en marcha desde hacía algún tiempo, y ya se habían alcanzado algunos de los objetivos fijados. Los despliegues podrían seguir adelante, y el presidente no tendría que comprometerse con ninguna operación de combate concreta.

«¿Cuándo es la última oportunidad? —preguntó Bush—. ¿En qué momento tengo que tomar una decisión final?»

Franks replicó que ese momento llegaría cuando enviara fuerzas especiales norteamericanas a territorio iraquí para operaciones de combate ofensivas. Eran operaciones planificadas para defenderse de los eventuales ataques de los misiles Scud y para proteger los campos petrolíferos de las zonas norte y sur de Iraq.

Franks anunció que estaría listo para actuar en unas tres semanas. «También puedo hacerlo a principios de febrero, pero preferiría que fuera el 1 de marzo», afirmó.

A las 14.15 horas del 10 de enero, Bush y Cheney se reunieron en privado con tres líderes iraquíes disidentes en el Despacho Oval. El presidente fue rotundo. «Creo en la libertad y en la paz. Creo que Saddam Hussein es una amenaza para Estados Unidos y para la región —afirmó—. Debería desarmarse, pero no lo hará y, por lo tanto, debemos derrocarle. No podemos hacer que atienda a razones; tiene el corazón de piedra.»

Era lo más parecido a una declaración de guerra.

Rend Francke, director de una fundación a favor de los derechos humanos y de la democracia en Iraq, declaró: «Creo que el pueblo iraquí puede decantarse por la democracia si se les da una oportunidad.»

El presidente se mostró interesado en escuchar sus experiencias personales.

Hatem Mukhlis, originario de Tikrit, dijo:

—Saddam mató a mi padre. Mi familia ha estado metida en política en Iraq desde los años veinte, y yo soy doctor. Todos los iraquíes están ansiosos por deshacerse de Saddam Hussein, pero temen lo que pueda venir después. Lo único que puede marcar la diferencia es la participación del pueblo iraquí. Yo viví en democracia durante los años cincuenta, y mi trabajo es salvar vidas. Me gustaría salvar vidas iraquíes, y norteamericanas. Ambos son mi gente.

—¿El ciudadano medio iraquí odia a Israel? —preguntó Bush.

—No —respondió el doctor—. Están demasiado preocupados por su situación, concentrados en su propia realidad.

Kanan Makiya, autor de *Republic of Fear*, el documento más verosímil respecto a las torturas y la naturaleza sádica del partido Baas y su ascenso al poder, afirmó que ahora estaba investigando los crímenes de guerra del régimen.

—Usted romperá moldes —dijo—. Cambiará por completo la imagen de Estados Unidos en la región. La democracia es verdaderamente factible en Iraq, y las fuerzas de destrucción pueden transformarse en energías para construir. Los iraquíes son gente técnicamente capaz; están alfabetizados y viven en pueblos con electricidad.

—Estamos planteándonos el peor escenario posible —contestó Bush.

—La gente recibirá a las tropas con flores y dulces —dijo uno.

—¿Cómo lo sabe? —preguntó Bush.

Todos afirmaron que la información procedía de fuentes que se encontraban dentro de Iraq.

Uno de ellos dijo de Saddam: «Creo que los propios iraquíes irán a buscarle, lo detendrán y harán justicia.» Otro afirmó que era probable que encontraran a Saddam, pero no estaba seguro.

—¿Qué necesitarán los iraquíes en el futuro? —preguntó Bush.

Mencionaron divisas, instalaciones médicas y ayuda humanitaria de inmediato.

—¿Hay hambruna? —preguntó Bush.

—No, pero sí desnutrición.

Otro asistente a la reunión comentó que la división entre la minoría gobernante sunní y la mayoría chiíta no era tan violenta o pronunciada como se creía fuera de Iraq. El método de Saddam era dividir y conquistar.

—¿Cómo es la elite? —preguntó Bush—. ¿Son cultivados? ¿Quedan muchos, o han sido purgados como en China? —A continuación añadió—: Supongamos que Saddam Hussein ya no está. Ahora queda un vacío. ¿Qué es lo que ustedes prevén?

Cheney, que como de costumbre no había dicho gran cosa, intervino:

—Tenemos que ser moderados durante la posguerra.

Era esencial encontrar a las personas más adecuadas para ocupar el vacío de poder, afirmaron los iraquíes.

—¿La diáspora volverá? —preguntó Bush, refiriéndose a los iraquíes que vivían fuera del país.

—Sí —asintió uno de los exiliados.

—La democratización de Iraq será más probable si los iraquíes que comprenden y que vivieron bajo una democracia vuelven al país —afirmó el presidente—. ¿Durante cuánto tiempo tendrán que quedarse los militares?

—De dos a tres años —estimó un asistente.

—¿Y cómo haremos frente a la sensación de que Estados Unidos está colocando un líder en concreto, imponiendo su voluntad?

Para esta cuestión no tenían respuesta.

—¿Cómo se entera la gente de Iraq de las cosas? —inquirió Bush—. ¿Por correo electrónico?

Según los iraquíes, disponían de los servicios de información para el extranjero de la BBC y de Voice of America. El gobierno poseía los servidores de Internet, de modo que cualquiera que tratara de conectarse a un servicio de Internet para ver la página de un grupo de la oposición sería exterminado.

Un exiliado dijo que necesitaban un líder iraquí a imagen de Hamid Karzai en Afganistán, y algún tipo de consejo de gobierno, además de acceso a Internet, entretenimiento y alimentos.

«No hemos llegado a ninguna conclusión —les dijo el presidente al acabar la reunión—. Tanto a ustedes como a la diáspora les considero socios. Su tarea es unir a la gente que quiere ayudar, y que se comprometan en esto en cuerpo y alma. Mi trabajo es unir al mundo y ganar la guerra. No estoy muy seguro de que sea yo el que tenga que escoger el nuevo líder de Iraq. Realmente creo que de esto saldrá una paz duradera entre Israel y Palestina, y quizá dentro de un año brindemos por la victoria y podamos hablar de la transición hacia la libertad.»

Rumsfeld no quería entrar un día en el Despacho Oval y decirle al presidente: «Bueno, ha llegado el día. De ahora en adelante, la credibilidad de nuestro país está en juego, y hemos puesto vidas en peligro.» De modo que había tratado de ponerse en el lugar del presidente, asegurándose de que Bush no iba demasiado lejos ni con sus palabras, ni con su lenguaje corporal ni con su estado mental, como para no poder retractarse de la decisión de ir a la guerra. Por otra parte, sentía que llegaría el momento en que el presidente no querría desdecirse; en realidad, no podría. Ese instante se produciría mucho antes de que Bush tuviera que decidir si enviaba o no a las Fuerzas de Operaciones Especiales a Iraq. Ese movimiento marcaría el punto de no retorno que Franks había mencionado. «Recuerdo que trataba de indicarle con mucha antelación lo que se avecinaba», dijo Rumsfeld.

«Llega un momento en que todo sucede de repente —afirmó—, cuando tenemos que mirar frente a frente a un país y tomar una decisión que le pone en peligro. Y el presidente tiene que ser consciente de ese momento.» Con las tropas estadounidense desplegándose a ritmo constante, y la CIA arriesgándose cada vez más, los países vecinos cada vez corrían más peligro, especialmente Jordania y Arabia Saudí.

Rumsfeld comunicó al presidente: «Nuestro país, y sus relaciones exteriores, y quizá la vida de algunas personas, correrán peligro si ahora usted decide no avanzar.» La única forma de mitigar el daño sería, según él, que «hubiera una razón muy patente para no seguir adelante, como la rendición o la marcha de Saddam Hussein, o algo parecido». El presidente se estaba quedando rápidamente sin más opciones que declarar la guerra, y eso era lo que Rumsfeld le quería hacer entender. El verdadero umbral en la decisión de ir o no ir a la guerra era el punto en que personas y países se ponían en peligro en acciones realizadas por y para Estados Unidos. Explicó que los países de la región que estaban proporcionando ayuda confidencial a Estados Unidos iban a tomar decisiones que aún les pondrían en una situación más delicada, en la que más vidas estarían en juego. Estaban llegando al punto sin retorno.

El presidente hizo un aparte con él un día a principios de enero. «Mira, me temo que vamos a tener que hacerlo», le comentó.

Saddam les estaba engañando. «No veo cómo vamos a lograr que haga algo que encaje con los mandatos de la ONU, y tendremos que aceptar que no va a hacerlo.»

Con eso bastaba para Rumsfeld. Le pidió que contactara con varios líderes extranjeros clave.

El presidente le dio su aprobación, pero volvió a preguntarle a Rumsfeld cuál sería el momento límite en que debería tomar su decisión final.

«Cuando nuestra gente se enfrente cara a cara con los demás y les digan que usted va a hacerlo, señor presidente.»

Capítulo veinticinco

A raíz de sus conversaciones diarias, Cheney había llegado a la conclusión de que el presidente se había decidido. El vicepresidente estaba convencido de que los demás gobiernos no querrían participar hasta estar seguros de que Estados Unidos iba en serio. Estaba de acuerdo con Rumsfeld en que tenían que reunirse cara a cara con la gente y garantizarles que iban a seguir adelante. No podían dejarlos tirados, después de que Estados Unidos hubiera forzado la situación hasta ese punto, para después retirarse y abandonarles, y que siguieran viviendo en la región con un líder nocivo.

Cheney pensaba que una vez el presidente hubiera proclamado su objetivo de cambiar el régimen y hubiera empezado el proceso de despliegue de tropas y las operaciones de la CIA, si no cumplía con lo dicho, sería como Clinton: mucho ruido y pocas nueces.

Uno de los países clave al que había que notificar la decisión y lograr su participación era Arabia Saudí. La perspectiva de que no apoyaba a Estados Unidos, una posibilidad que Franks había planteado varios días antes, era muy preocupante. Arabia Saudí estaba en una posición especialmente precaria en el mundo árabe. Bin Laden había fundado su organización Al Qaeda mayormente acusando al rey saudí, el cual es oficial y espiritualmente reconocido en todo el mundo musulmán como el Guardián de las dos mezquitas sagradas de La Meca y Medina, y reprochándole que dejara entrar a los infieles (el ejército estadounidense) antes, durante y después de la guerra del Golfo en 1991. Su continuada colaboración con Estados Unidos estaba atizando el movimiento fundamentalista extremista. La participación saudí en una segunda guerra del Golfo contra Saddam, particularmente si no ponía fin a su mandato, era enormemente arriesgada.

Cheney quería comunicar en persona la decisión a los saudíes, y contaba con un precedente memorable. Más de diez años antes, el viernes 3 de agosto de 1990, justo después de que Saddam invadiera Kuwait y amenazara con invadir Arabia Saudí, el propio Cheney, entonces secretario de Defensa de Bush padre, había convocado al embajador saudí, el príncipe Bandar, a su oficina en el Pentágono. Junto con ellos se encontraban presentes Powell, entonces presidente de la Junta de Jefes de Estado Mayor, y Paul Wolfowitz, que era el subsecretario de Defensa.

El presidente George H. W. Bush había ordenado a Cheney que informara a Bandar del plan norteamericano para proteger a Arabia Saudí y expulsar a Saddam de Kuwait. Frente al grupo reunido en la pequeña mesa redonda de la oficina del secretario en el Pentágono, Cheney le había comunicado al príncipe que hablaban en serio. Sacó copias de fotografías confidenciales, en alta resolución, que mostraban las divisiones iraquíes apuntando hacia las fronteras saudíes. Powell resumió el plan de guerra norteamericano, que incluía más de cuatro divisiones, tres portaaviones y muchos escuadrones de ataque aéreos: un contingente de entre 100 000 y 200 000 soldados. «Bueno, al menos esto demuestra que sí hablan en serio», comentó Bandar. Cheney y Powell querían permiso para desplegar tropas a través de Arabia Saudí, y Bandar se comprometió a defender la propuesta frente al rey Fahd.

Una vez Bandar se hubo marchado, Wolfowitz propuso que empezaran a alertar al ejército norteamericano.

«Está confundiéndonos. Es puro humo», dijo Powell, a favor de esperar.

Pronto, el ejército norteamericano se estaba desplegando en Arabia Saudí.

Esta vez, Cheney invitó a Bandar a su oficina en el Ala Oeste de la Casa Blanca, el sábado 11 de enero de 2003. Rumsfeld y el presidente de la Junta de Jefes de Estado Mayor, el general Richard B. Myers, también estaban presentes.

Bandar consideraba a Rumsfeld el secretario de Defensa más duro que Estados Unidos había tenido jamás, aún más que Cheney. Esto, según Bandar, era porque Rumsfeld no tenía nada que perder. Era mayor, era la segunda vez que le nombraban, y ya había logrado mucho. Estaba impregnado de una confianza, incluso excesiva, que le confería esa capacidad de liderazgo que uno desearía en la persona encargada de lanzar la ofensiva.

Uno de los objetivos de la reunión era convencer a Bandar de que las fuerzas norteamericanas tendrían que cruzar territorio saudí para poder atacar a Iraq. No bastaba con los servicios de rescate, ni el apoyo en infraestructura de comunicaciones, ni el abastecimiento de provisiones o combustible. De los cinco países que tenían frontera con Iraq, sólo Kuwait y Jordania estaban abiertamente a favor de una operación militar. Los más de 800 kilómetros de frontera saudí-iraquí eran esenciales. Sin ellos, habría un gran espacio en medio de la pequeña frontera kuwaití, de 200 kilómetros, y la aún menor frontera jordana, de unos 160 kilómetros.

Apoyado en la mesa, Myers sacó un gran mapa con el código «TOP SECRET NODORN». Esto último significaba «no foráneo», material clasificado que ningún ciudadano extranjero debía ver.

Myers explicó que la primera parte del plan de batalla consistiría en una campaña de bombardeo masivo que durase varios días, en la que se emplearían tres o cuatro veces más explosivos que durante los cuarenta y dos días de la guerra del Golfo. Los principales objetivos serían las divisiones de la Guardia Republicana, los servicios de seguridad y los centros de mando y control de las fuerzas de Saddam. A continuación se produciría un ataque por tierra desde Kuwait, y se abriría un frente norte a través de Turquía mediante la cuarta división de infantería, si Turquía se avenía a ello. En todo el plan se contaba con un apoyo masivo de las fuerzas especiales y de los equipos paramilitares de los servicios secretos para asegurar el control de todas las localizaciones iraquíes desde las que Saddam podía lanzar misiles o unidades aéreas contra Arabia Saudí, Jordania o Israel.

—Príncipe, usted sabe que ya tenemos contingentes dentro —dijo Myers, refiriéndose a los equipos paramilitares de la CIA.

—Sí, me han informado de ello —replicó Bandar.

Las fuerzas especiales y los agentes secretos iban a distribuir unos 300 millones de dólares entre los líderes tribales, los jefes religiosos y las fuerzas armadas iraquíes.

Myers argumentó que Estados Unidos había perdido el elemento de sorpresa estratégica, al haberse quedado atrancado en el proceso de la ONU. Sin embargo, según él, al general Franks se le habían ocurrido unas ideas que harían que el elemento sorpresa fuera irrelevante.

Habría que proteger la frontera de más de 800 kilómetros entre Arabia Saudí e Iraq. Las fuerzas especiales, los equipos del servicio secreto y otros contingentes tendrían que salir desde ahí. Si hubiera alternativas, comentó Myers, no estarían pidiendo ayuda a los saudíes.

Bandar sabía que su país podía cubrir la llegada de las fuerzas norteamericanas, cerrando un aeropuerto civil en Al Jawf en el norte del desierto, estableciendo vuelos permanentes de helicópteros saudíes para que patrullaran la frontera durante una semana, y luego retirarse. Las fuerzas especiales podrían establecer una base en la zona que quizá no atrajera demasiada atención.

Mirando fijamente al mapa secreto cuya superficie ocupaba casi un metro cuadrado, Bandar, un antiguo piloto saudí, hizo algunas preguntas sobre las operaciones aéreas previstas.

—¿Podrían entregarme una copia del mapa para informar al príncipe reinante? —preguntó.

—Eso está más allá de mis atribuciones —dijo Myers.

—Le daremos toda la información que necesite —convino Rumsfeld. Respecto al mapa, añadió—: Preferiría no entregárselo, pero puede tomar notas si quiere.

—No, no es importante. Sólo necesito echarle un vistazo —dijo Bandar.

Bandar trató de recordarlo con detalle: las marcas del terreno y la localización de las fuerzas especiales o de los equipos paramilitares señalados en el mapa.

Para Bandar, los saudíes no iban a implicarse directamente en la guerra si todo iba a terminar con ruido de sables, esperando que Saddam abandonara su país o negociara la paz. Los saudíes correrían gran peligro si Saddam sobrevivía. Si la cabeza del dictador era el precio a pagar, gustosamente lo harían y participarían. Bandar recordó unas palabras del presidente Lyndon Johnson: no le digas a un tipo que se vaya al infierno a menos que tengas previsto mandarlo.

Rumsfeld miró a Bandar.

—Puede estar seguro de esto —dijo Rumsfeld, señalando hacia el mapa—. Esto va a suceder.

—¿Qué posibilidades hay de que Saddam sobreviva? —preguntó Bandar. Él creía que Saddam tenía la intención de matar a todos los mandatarios que habían estado implicados en la guerra del Golfo, incluyéndole a él.

Rumsfeld y Myers no contestaron.

—Esta vez, ¿quedará Saddam fuera del mapa? —preguntó Bandar con escepticismo—. ¿Qué le pasará a él?

Cheney, tan callado como siempre, replicó:

—Príncipe Bandar, una vez empecemos, Saddam será historia.

Cuando Bandar se levantó para irse, le dijo a Cheney:

—Esto me recuerda a nuestra reunión: usted, yo y Colin.

Cheney rió.

—Pero esta vez no hay humo, señor vicepresidente —advirtió Bandar, que al parecer aún recordaba el comentario de Powell, del que más tarde fue informado.

Cheney soltó de nuevo una risita.

—Estoy convencido de que puedo presentarle esta propuesta al príncipe Abdullah —aseguró Bandar—, y creo que puedo convencerle. Pero no puedo ir y decirle lo que Myers, Rumsfeld y usted me han dicho. Debo llevarle un mensaje del presidente.

—Le diré algo pronto —respondió el vicepresidente.

Bandar se fue sin que le quedara ninguna duda de que existía un compromiso para declarar la guerra, pero ya había escuchado antes grandes promesas que no se habían materializado. Aún necesitaba más garantías: escuchar las mismas palabras directamente de boca de Bush.

De vuelta en el despacho de Cheney, Rumsfeld expresó su preocupación por el comentario del vicepresidente de que «Saddam sería historia».

—¡Por Dios! ¿De qué iba eso, Dick? —inquirió.

—No quería que hubiera ninguna duda respecto a lo que vamos a hacer —explicó Cheney. Quería que Bandar supiera que esta vez iba de veras, pero no tenía intención de ser tan directo con nadie más. Después de todo, Bandar y él eran viejos conocidos.

En su coche, Bandar garabateó los detalles de lo que había visto en el mapa. Cuando llegó a casa, sacó el gran mapa en blanco de la región que la CIA le había proporcionado, y empezó a reconstruir las localizaciones una por una.

Al día siguiente, que era domingo, Rice llamó a Bandar para invitarle a reunirse con el presidente el lunes 13 de enero. Los europeos y sus tácticas «obstruccionistas» eran motivo de preocupación para Bush y Bandar. Francia, Alemania y Rusia estaban jugando un partido de voleibol en las Naciones Unidas, debatiendo el significado, las expectativas y el calendario de las inspecciones en busca de armas. Los tres países solicitaban más tiempo para Blix.

«Esa gente no puede ayudarnos, ni tampoco puede hacernos daño», le dijo Bandar a Bush. Estaban intentando jugar a ser más grandes de lo que en realidad eran.

El comentario fue como música para los oídos de Bush. Pero el presidente afirmó que le estaban llegando informes de algunos estamentos de su administración, advirtiéndole de que en caso de guerra tendría que enfrentarse a una notable reacción negativa por parte del mundo árabe e islámico, que pondría en peligro los intereses norteamericanos.

«Señor presidente, usted supone que está tratando de atacar a Arabia Saudí y apresar al rey Fahd. Se trata de Saddam Hussein, y la gente no va a derramar lágrimas por él. Pero si Estados Unidos le ataca más de una vez y él sobrevive, se convertirá en un héroe. Si logra conservar el poder después de esto, sea lo que sea, todo el mundo le seguirá. Y si ordena atacar la embajada norteamericana, lo harán.»

Antes de la guerra del Golfo en 1991, le recordó Bandar al presidente: «Piense en lo que le dijeron a su padre, que el mundo árabe se levantaría desde el Atlántico hasta el Golfo. Bueno, pues esto no sucedió entonces, y no sucedería ahora», dijo. El problema sería que Saddam sobreviviese. Los saudíes necesitaban la garantía de que Saddam efectivamente sería historia.

—¿Ha recibido los informes de Dick, Rummy y el general Myers? —preguntó el presidente.

—Sí.

—¿Alguna pregunta para mí?

—No, señor presidente.

—Éste es el mensaje que quiero que transmita al príncipe —anunció Bush—. El mensaje que le lleva es el mío, Bandar.

—Está bien, señor presidente.

Bandar estaba convencido de que eso era exactamente lo que Cheney le había dicho a Bush que dijera.

—¿Nada más en lo que a mí respecta?

—No, señor presidente.

Ahora Bandar ya podía volver a Arabia Saudí e informar de todo lo que había visto y oído de Cheney y Rumsfeld al príncipe, como si viniera directamente del presidente. Pronto, Bandar mantuvo una sesión privada con el príncipe y le informó de los detalles y del mapa.

El príncipe Abdullah, de setenta y nueve años de edad, era hermanastro del rey Fahd, y el que realmente tomaba las decisiones en Arabia Saudí. Fahd, que estaba gravemente enfermo, sólo estaba al frente del reino técnicamente hablando. Abdullah recibía informes y recomendaciones contradictorias desde sus ministerios de Defensa, Seguridad y Asuntos Exteriores, más o menos como le sucedía a Bush. Quería mirar directamente a los ojos de Bandar. Estaba ansioso y casi asustado, tratando de comprometerse lo menos posible y de minimizar el riesgo al máximo. ¿Cómo habría llevado este asunto el rey? ¿Cómo habría tratado con el joven presidente norteamericano? ¿Cuál era la opinión en Estados Unidos? ¿Qué opciones había? ¿Qué certezas había?

Bandar trató de ceñirse a los hechos.

El príncipe reinante dijo: «Hay que guardar silencio. No le digas nada a nadie hasta que decidamos qué hacer.»

Andy Card no pensaba que la decisión de ir a la guerra fuera irrevocable sencillamente porque se hubiera establecido un compromiso con un aliado como los saudíes. Bush podía retirarse. Por supuesto, habría consecuencias, quizá muy importantes, pero si era necesario, si era lo correcto, siempre podían hacer frente a las consecuencias y pagar el precio, por muy alto que fuera políticamente. Los saudíes y otros muchos sabían qué era sentirse decepcionados. Después de todo, la administración no estaba acorralada. Pero Card no llegó a tener ninguna oportunidad de expresar su opinión al presidente.

Mientras Bush se encontraba con Bandar, el teniente general Michael Hayden, director de la Agencia de Seguridad Nacional, se reunió con los más destacados oficiales de su agencia en el Auditorio Friedman, en la sede de la Agencia de Seguridad Nacional, para una «sesión informativa» altamente clasificada. Las grabaciones más confidenciales y clasificadas iban a hacerse públicas, anunció. Aunque había estado trabajando en ello casi cuatro meses, iba a emitir formalmente lo que denominó «declaración de intenciones del director» para una guerra contra Iraq. «Si así se me indica, mi intención es llevar a cabo una operación para garantizar la información y la SIGINT [la protección de las comunicaciones seguras dentro de Estados Unidos] que satisfaga los objetivos de sorpresa, rapidez y velocidad, de los comandantes al mando de las operaciones, al tiempo que ofrezca a las altas instancias políticas información ágil y útil.»

La velocidad y la agilidad se lograrían mediante una «distribución descentralizada», explicó Hayden, refiriéndose a que las transcripciones e informaciones grabadas se enviarían directamente al campo de batalla. El circuito de información se organizaría a través del chat Zircon, donde se fundirían las operaciones de información de los servicios secretos y de los militares. No existiría ninguna «jerarquía tradicional», sino que se «compartiría la información», y se produciría una colaboración entre la Agencia de Seguridad Nacional, los recursos de inteligencia estratégicos de alcance nacional y la información secreta obtenida en el terreno de operaciones. A todo esto se le sumarían los datos obtenidos por otras agencias de información estadounidenses, por las fuerzas de combate aliadas y por los demás servicios secretos extranjeros.

«Enviaremos información allá donde sea necesaria. Espero que los jefes de todos los niveles se impliquen activamente, eliminando los obstáculos susceptibles de dispersar la información», hecho que constituyó uno de los problemas previos al 11-S. Hayden quería asegurarse de que estaban coordinados, de modo que tanto oyentes como analistas pudieran «mantener un ritmo de batalla sostenible».

Una de las tareas de Rice era, como ella solía llamarlo, «leer entre líneas a los secretarios», Powell y Rumsfeld. Puesto que el presidente le había hablado a Rumsfeld acerca de su decisión de ir a la guerra, más le valía decírselo también a Powell, y rápido. Powell estaba estrechamente relacionado con el príncipe Bandar, que ahora también había sido informado de la decisión.

«Señor presidente —dijo Rice—, si está llegando a ese punto en el que realmente cree que seguirá adelante, debe llamar a Colin y hablar con él.» Powell tenía la misión más complicada entre manos: mantener la vía diplomática abierta.

De modo que el lunes 13 de enero, Powell y Bush se reunieron en el Despacho Oval. El presidente se había sentado en su sillón habitual, frente a la chimenea, y el secretario en la silla reservada para el líder extranjero invitado, o para el funcionario norteamericano de más alto rango. Por una vez, ni Cheney ni Rice estaban presentes.

Bush felicitó a Powell por su meritorio trabajo en el frente diplomático. «Las inspecciones no están logrando nada», dijo el presidente, yendo directo al grano. Los inspectores de la ONU estaban mareando la perdiz, y Saddam no daba muestras de cumplir realmente con los requisitos fijados. «De veras creo que vamos a seguir adelante con esto.» El presidente le comunicó que ya había tomado una decisión y que Estados Unidos iba a declarar la guerra.

—¿Está seguro? —preguntó Powell.

—Sí. —Era el Bush más seguro. Su lenguaje corporal, tenso, inclinado hacia delante y muscular, respaldaba sus palabras. Era el Bush de los días posteriores al 11-S.

—Sabe cuáles son las consecuencias —dijo Powell con una pregunta a medias.

Durante casi seis meses, había estado dando vueltas al mismo tema: Estados Unidos derrocaría un régimen, tendría que hacerse cargo del gobierno de Iraq, y las repercusiones que eso tendría en todo Oriente Medio y el resto del mundo no podían predecirse. La carrera hacia la guerra había aspirado casi todo el oxígeno, sin dejar espacio para ningún otro tema de la agenda de la política exterior. La guerra sin duda también se haría con todo el aire respirable y la atención mundial.

—Sí, lo soy —respondió el presidente.

—¿Sabe que será usted el dueño de ese lugar? —dijo Powell, recordándole a Bush lo que le había dicho durante la cena del 5 de agosto. Una invasión implicaría hacerse cargo de las esperanzas y las aspiraciones, de todos los problemas de Iraq. Powell no estaba seguro de que Bush hubiera comprendido realmente el significado y las consecuencias de poseer totalmente un territorio.

—Creo que tengo que hacerlo —decidió el presidente.

—Muy bien —respondió Powell.

—Sólo quiero que lo sepas —dijo Bush, dejando claro que no estaban manteniendo una discusión, sino que el presidente estaba informando a uno de los miembros de su gabinete de su decisión. Había llegado la bifurcación en el camino, y Bush había optado por la guerra.

En tanto que único miembro del círculo más cercano al presidente que había apoyado seria y activamente la vía de la diplomacia, Powell pensó que el presidente quería asegurarse de que apoyaría la guerra. En cierto modo era una conversación para comprobar en qué sintonía estaba, pero Powell no sintió que el presidente estuviera planteando la cuestión como una verificación de su lealtad. No existía ninguna posibilidad de que pudiera apartarse del camino hasta ese punto. Hubiera sido un acto de deslealtad impensable hacia el presidente, hacia el propio código militar de Powell, hacia el ejército estadounidense, y sobre todo, hacia los varios cientos de miles de soldados que irían a la guerra. Los chicos eran los que terminaban en el frente, se recordaba a menudo Powell.

A Bush le había llevado mucho tiempo llegar a ese punto. Habían pasado casi doce años, durante los cuales Saddam había jugado al gato y al ratón después de la primera guerra del Golfo, y había pasado más de un año planificando la guerra, y habían transcurrido cuatro meses de exasperantes movimientos diplomáticos en la ONU. Habían pasado más de quince meses desde el 11-S. Casi parecía una investigación sobre la paciencia. No había resultado fácil para Powell comprar esa paciencia; tenía que seguir ganándosela día a día. Ganándola con el vasto aparato institucional que rodeaba al presidente, especialmente con Cheney, Rumsfeld y los chicos del departamento de Defensa.

—¿Estás conmigo en esto? —le preguntó entonces el presidente—. Creo que tengo que hacerlo. Y quiero que estés a mi lado.

Era un momento extraordinario. El presidente se lo estaba pidiendo, casi suplicando, a su secretario de Estado, al funcionario de mayor rango de su gabinete, y a la figura más visible de la administración aparte de él mismo. No se trataba de vender nada, sólo había una pregunta: sí o no, adelante o no.

—Haré lo que pueda —respondió Powell—. Sí, señor, le apoyaré. Estoy con usted, señor presidente.

—Ha llegado el momento de volver a ponerse el uniforme —anunció el presidente al ex general. Se había puesto el sombrero de diplomático, y eso estaba bien, pero ahora las cosas habían cambiado.

—Va a hacerlo —se dijo Powell al marcharse.

Era un momento trascendental. Había llegado a comprender que este presidente no se planteaba las cosas dos veces. No sabía en qué momento del día Bush reconsideraba sus decisiones, volvía a pensar en los debates mantenidos, sopesaba los argumentos. «Tenía que hacerlo», pensó. Powell lo hacía en todo momento. «Quizá a última hora de la noche —se dijo Powell—. ¿O quizá nunca? ¿Era eso posible?» El presidente hablaba con mucha confianza.

Powell supuso que lo que debía hacer era seguir en la vía diplomática hasta el final. Quizá ésa era la respuesta. La conclusión del presidente no dejaba lugar a dudas, no había manera de evitar la guerra, pero la base de esto era la creencia de Bush de que las negociaciones y las inspecciones realizadas por la ONU no llevaban a ninguna parte. «Quizá haya una forma de evitar todo esto», se dijo Powell, creyendo que aún tenía tiempo, a pesar de que Bush ya había cruzado el río.

Powell era consciente de que los esfuerzos diplomáticos podían suponer un problema para el presidente porque quizá le obligarían a volver atrás, a la otra orilla del río. Su racionalización fue la siguiente: su objetivo no era «deshacer» la decisión que el presidente había tomado, sino jugar la mano diplomática que aún conservaba. Desde su punto de vista, no estaba actuando en contra de los deseos del jefe, sólo en contra del instinto de éste que decía que la diplomacia no funcionaría.

Esta distinción entre deseos e instintos era un juego delicado y peligroso. Y sin embargo, durante todas las discusiones, reuniones, charlas y conversaciones, el presidente jamás le había preguntado a Powell, ni una sola vez: ¿Harías esto? ¿Qué me aconsejas? ¿Qué opinas realmente?

Quizá el presidente temía la respuesta. O tal vez Powell tenía miedo de darla. Después de todo, habría sido una oportunidad para expresar su desacuerdo. Pero no habían llegado nunca a plantear el tema básico, y Powell no iba a presionarle. No quería inmiscuirse en el espacio presidencial más privado —allí donde un presidente toma las decisiones de paz y de guerra—, a menos que le invitaran a ello. Y no había sido así.

Powell pensaba que se podía contener a Saddam y que, finalmente, éste se debilitaría. Con una presión sostenida, diplomática, económica, militar y de la CIA, quizá cedería más rápido. Tal vez, en contra de lo que el presidente afirmaba, el tiempo sí estaba de su parte. Saddam se había quedado totalmente aislado y sin aliados entre la comunidad internacional después de la votación de la Resolución 1441 en noviembre. Ése había sido el momento de presión máxima, pero la presión diplomática se estaba reduciendo.

A veces, con sus amigos más íntimos, Powell se mostraba abatido. Su presidente y su país estaban encaminados a una guerra que él creía que se podía evitar, aunque él no pensaba abandonarles. Supo que sería lo que él llamaba una «larga patrulla» cuando el presidente retó a Saddam Hussein en la ONU el 12 de septiembre de 2002. Powell no iba a dejar a su presidente sólo en la encrucijada. Sólo lo hubiera hecho si pensara que todos los argumentos a favor de la guerra eran total y absolutamente erróneos, y no lo eran. A él también le gustaría que ese bastardo dejara el poder, como al que más.

Otro aspecto era si la guerra podía considerarse inmoral. Y Powell tampoco podía afirmar eso. Estaba claro que el presidente estaba convencido de que era totalmente justa y moral.

No le habían ordenado que detuviera el proceso diplomático. «Aún es posible sacar un conejo del sombrero de la ONU», se dijo Powell. Eso, según él, dejaría a Bush más aliviado, aunque descontento, aliviado porque todas las cosas acerca de las que Powell le había advertido no sucederían, pero descontento porque el bastardo seguiría estando en su palacio.

Ahora, la diplomacia empezaría a convertirse en una charada, o la formal pantomima del baile japonés kabuki, al que Powell solía referirse.

No había subestimado hasta qué punto el presidente había decidido que permitir que el bastardo siguiera en el poder ya no era una opción. Pero probablemente sí había subestimado hasta qué punto él era útil para un presidente y un vicepresidente decididos a ir a la guerra.

Después de su encuentro con Powell, el presidente le contó cómo había ido a Andy Card. «Le he dicho a Powell que parece que tendremos que seguir adelante, y que me había decidido —relató Bush—. Y me ha dicho que estaría a mi lado.»

Card creía que algunos, y particularmente Powell, abrigaban la falsa esperanza de poder alcanzar una solución por la vía diplomática. Pero el presidente no se contaba entre éstos, y ahora se veía obligado a decir a los demás que abandonaran esa esperanza.

Por otra parte —el jefe de gabinete siempre tenía que pensar en la alternativa, pues en eso consistía su trabajo—, la reunión podía lograr que Powell fuera un poco más creativo y activo en sus intentos de buscar una solución diplomática.

A veces, Card pensaba que el presidente era como un jinete de circo, con un pie en el caballo de la «diplomacia» y el otro montado en el de la «guerra», ambas riendas entre manos, y adentrándose en el camino del cambio de régimen, y cada caballo con anteojeras. Estaba claro que la vía diplomática no le conduciría a su objetivo, así que Bush tenía que abandonar ese caballo y ahora sólo se sostenía en el corcel de la guerra.

Casi un año más tarde pasé casi diez minutos con el presidente rememorando su conversación con Powell, tratando de recuperar los sentimientos de ese momento. Finalmente, concluyó: «Creo que ya lo tienes.» «Fue un momento de mucho estrés —reconoció. Añadió—: Fue una conversación muy cordial, yo la describiría como cordial. Yo estaba aquí —dijo, dando un golpecito a su sillón en el Despacho Oval— y él ahí. —Señaló hacia la silla del máximo dignatario—. No duró mucho tiempo. Creo que la grabación mostrará que fue relativamente corta.» El presidente tenía razón. Los registros de la Casa Blanca muestran que fue una reunión de doce minutos. «No había mucho más que hablar: parecía que íbamos directos a la guerra.»

El presidente Bush también hizo hincapié en que, aunque le había pedido a Powell que estuviera a su lado y apoyara la guerra, «no necesitaba su permiso».

Capítulo veintiséis

La mañana del martes 14 de enero, antes de la reunión prevista con el presidente polaco Aleksander Kwasniewski, volvió a aflorar en público la frustración de Bush cuando cambió de opinión respecto del tiempo que le quedaba a Saddam. Ocho días antes había declarado públicamente que Saddam tenía tiempo, pero aquella mañana comunicó a los periodistas que «el tiempo corre en contra de Saddam Hussein».

Bush sabía que su mejor amigo en el continente europeo era el presidente polaco, un político popular reelecto en su segundo mandato, que había acordado enviar tropas a la guerra. El mes de julio anterior, los Bush habían invitado a Kwasniewski, de cuarenta y siete años, y a su esposa a una cena de Estado poco común.

—El nivel de antiamericanismo es muy elevado —señaló Kwasniewski en la reunión privada. Afrontaba un grave problema político en su país como consecuencia de su apoyo a Bush.

—El éxito ayuda a cambiar la opinión pública —replicó Bush—. Si enviamos tropas, alimentaremos al pueblo de Iraq.

Bush lo dijo como si aquel gesto humanitario pudiera repercutir en la opinión pública polaca. Afirmó que todo país podía seguir un protocolo para demostrar al mundo su voluntad de deshacerse de las armas no convencionales; Sudáfrica, por ejemplo, había optado por esa vía, facilitando la inspección de documentos e instalaciones. No era ése el caso de Saddam.

—En mi opinión, ya va siendo hora de actuar, pero no queremos precipitarnos —precisó Bush. Y acto seguido añadió—: Pero el tiempo corre en contra. Cuanto antes, mejor.

—Venceremos —aseguró el presidente polaco, pero luego precisó, con un tono lastimero que recordaba a Colin Powell—:

Pero ¿cuáles son las consecuencias? —Después de una pausa, prosiguió—: Necesitáis un amplio apoyo internacional. Estamos con vosotros, por eso no os preocupéis. El riesgo es que la ONU se desmorone. ¿Qué puede sustituirla?

Bush soslayó aquellas duras preguntas con una respuesta escueta:

—Creemos que el islam, como el cristianismo, puede desarrollarse de un modo libre y democrático.

Para Bush lo más importante era que Polonia estuviera con él y le suministrase tropas.

Al día siguiente, el 15 de enero, Bush se reunió con el gabinete de guerra para escuchar los detalles del plan de ayuda alimentaria y otras campañas humanitarias. «Es el mejor plan de ayuda humanitaria que se ha organizado hasta ahora», dijo Elliott Abrams, director de asuntos de Oriente Medio del Consejo de Seguridad Nacional, al presidente y los demás miembros del gabinete. Abrams, de cincuenta y cinco años de edad, era un conservador de la línea dura y un ex alto cargo del Departamento de Estado en la administración de Reagan, que se declaró culpable de desviar información del Congreso en el asunto Irán-Contra y fue indultado posteriormente por Bush padre en 1992. Era un personaje controvertido pero muy apreciado por Rice y Hadley por su tenaz capacidad de trabajo burocrático. Había contribuido a diseñar el plan de ayuda para la guerra de Afganistán.

Abrams comunicó al presidente que Iraq ya sufría un problema de escasez alimentaria. Había 800 000 personas desplazadas por el interior del país y 740 000 refugiados. Parte del suministro alimentario se realizaba a través del programa de la ONU «Petróleo por alimentos», que permitía la venta legal de cantidades limitadas de petróleo iraquí para adquirir alimentos. Aproximadamente el 60 por ciento de los iraquíes dependía totalmente del programa, y el porcentaje de dependencia parcial era aún mayor. Se calculaba que la guerra desplazaría a otros dos millones de iraquíes. Estados Unidos hacía acopio de alimentos, tiendas y agua para un millón de personas, y financiaba a otros organismos de la ONU y organizaciones no gubernamentales (ONG) que gestionaban la distribución de la ayuda, para que almacenasen reservas destinadas a otro millón.

Abrams y Robin Cleveland, especialista en seguridad nacional de la oficina presupuestaria de Bush, aconsejó al presidente que transfiriese discretamente el dinero a las ONG, enmascarando en algunos casos los fondos como aportaciones generales, porque muchos de esos grupos no parecían favorables a la guerra. Todo este proceso estaba previsto para finales de febrero. Rumsfeld ya había ordenado la elaboración de estimaciones sobre las necesidades y los costes de la reconstrucción. Así podrían obtener del Congreso la aprobación de una partida presupuestaria adicional desde el primer día de la guerra y comenzar a contratar el trabajo.

El número exacto de refugiados y desplazados, según explicó Abrams, dependería de diversos factores, como la violencia, las represalias y las tensiones interétnicas, la amenaza de las armas de destrucción masiva, la duración e intensidad de los combates, y la capacidad de distribuir la ayuda a la población in situ para evitar su desplazamiento. El objetivo era adentrarse rápido en los territorios que fueran quedando bajo control estadounidense.

Abrams y Cleveland presentaron a Bush una descripción general de las operaciones: dónde se emplazarían los centros de operación civil y militar estadounidenses y los equipos de ayuda en casos de desastre, cuál era la misión de la Cruz Roja y la comisión de la ONU para los refugiados, y cuánto tiempo se tardaría en reanudar el programa «Petróleo por alimentos». Aunque no se contemplaba con agrado la prolongación de dicho programa, se había concluido, según señaló Abrams, que era preciso continuar lo que ya estaba en marcha, al menos al comienzo.

El presidente dio su aprobación.

Otro aspecto clave era la protección de la infraestructura humanitaria en el interior de Iraq, así como los hospitales y las plantas de saneamiento, para evitar su bombardeo. El personal de planificación del Consejo de Seguridad Nacional, del Departamento de Defensa y de la Agencia para el Desarrollo Internacional se dirigió al Mando Central de Franks en noviembre, según informó Abrams, para ofrecer información sobre el plan militar y especificar la lista de lugares que no debían ser atacados, como clínicas sanitarias, depósitos de agua o redes de suministro eléctrico. Desde finales de 2002, se facilitó un número de teléfono y una dirección web a los organismos de la ONU y las ONG que podían remitir sus nombres para su inclusión en la lista de lugares a salvo de los ataques. La lista llegó a tener millares de entradas, y Franks y su equipo las incorporaron a su selección de objetivos.

Abrams proyectó varias diapositivas sobre la campaña de reconstrucción, la asistencia sanitaria, las escuelas, el agua, el saneamiento, la electricidad. Había 250 hospitales en Iraq, 5 hospitales universitarios y 20 hospitales militares. Disponían de 33 000 camas y 9 400 médicos, según Abrams. Otra diapositiva enumeraba todos los factores que podían obstaculizar la campaña de ayuda, como los enfrentamientos interétnicos o el bombardeo de los embalses por parte de Saddam.

«Es una oportunidad para cambiar la imagen de Estados Unidos —dijo el presidente—. Necesitamos aprovechar al máximo estas campañas humanitarias en nuestra diplomacia pública. Quiero una capacidad de alto voltaje. Quiero barcos cargados, listos para proporcionar alimentos y ayuda para que podamos entrar de inmediato. Hay muchas cosas que pueden salir mal, pero no por falta de planificación.»

Al final de la semana, el viernes 17 de enero, Bush se dirigió al Centro Médico Militar Walter Reed para visitar a los heridos de Afganistán. Era el máximo acercamiento a los horrores de la guerra que podía imaginar el presidente.

En compañía de Laura, el presidente se desplazó al Walter Reed, situado unos ocho kilómetros al norte de la Casa Blanca. Primero se detuvieron en la habitación de un soldado minusválido que iba en silla de ruedas.

—Gracias por su servicio y sacrificio —dijo Bush—. ¿Es de California? —Posó para las fotografías junto al soldado—. Le estamos agradecidos, nos sentimos orgullosos de usted. Que Dios le bendiga.

En la cama de la habitación contigua yacía un soldado que había perdido la pierna por la explosión de una mina. Su hijo estaba sentado en la cama con él y su madre se encontraba también en la habitación. Al soldado le habían amputado también algunos dedos.

Bush comentó al soldado que uno de sus antiguos ayudantes de Texas había perdido la pierna, pero el chico era corredor y había aprendido a correr con la prótesis.

—Las hacen muy buenas ahora —añadió Bush—. Podrá volver a correr.

Uno de los asistentes del presidente observó un gesto en la mirada del soldado que indicaba la poca credibilidad que concedía a las palabras del comandante en jefe.

—Siento mucho lo que le ha pasado —le consoló el presidente—. Luche, demuestre su liderazgo.

—Entendido, señor presidente.

El presidente aseguró al soldado que estaba recibiendo la mejor atención sanitaria posible, y le hizo algunas preguntas referidas a cuándo ingresó, a dónde cayó herido, etcétera.

—Lo conseguirá, acuérdese de lo que le digo —insistió Bush—. Volverá a correr.

El soldado todavía mostraba un gesto de incredulidad.

—Que Dios le bendiga —dijo Laura Bush.

—Gracias por su servicio —añadió el presidente.

La siguiente habitación era la de un sargento hispano con la cara deforme, con cicatrices hasta en los labios. Había resultado herido al desactivar una arma.

—¿Cómo está? —preguntó Bush en español.

El sargento apenas podía hablar, y estaba conectado a una especie de surtidor. Su madre guardaba silencio.

—Estamos orgullosos de su hijo —dijo Bush a la madre—. Sirve a nuestro país. Se pondrá bien. Es un hombre fuerte.

El presidente condecoró al sargento con una estrella de bronce. Luego se inclinó sobre él, lo besó en la cabeza, y buscó su mano. Al final le agarró el pulgar izquierdo.

El sargento hablaba con dificultad, pero al fin logró despegar los labios:

—Me gustaría defenderlo a usted, señor.

—No, no se preocupe —replicó el presidente—. Ya lo defiendo yo a usted. Espero volver a verlo dentro de un año. Estará ya estupendamente.

El sargento era de Houston, la localidad donde residían los padres del presidente. Bush se dirigió a la madre:

—Si ve a mis padres, deles recuerdos de mi parte.

El Walter Reed es uno de los mejores hospitales norteamericanos, célebre por la delicadeza con que atiende los enfermos. Allí desaparece la agonía del campo de batalla, donde los médicos suelen decidir la prioridad del tratamiento en función del dolor y las probabilidades de supervivencia. Se aseguró a los Bush que la calidad de la atención sanitaria y la alimentación era de alto nivel. Unos cuarenta minutos después se encontraban ya en el vestíbulo de la segunda planta del hospital, hablando con los periodistas.

«Laura y yo acabamos de conocer a cinco soldados increíblemente valientes —explicó Bush—, cinco de los mejores ciudadanos de Norteamérica, que cayeron gravemente heridos en acto de servicio.» Comunicó a los periodistas que les había dado las gracias por su servicio, «noble, fuerte y bueno». Después de describir «la mejor atención sanitaria posible», añadió: «Que tengan un buen fin de semana, les veré la semana que viene.» Los Bush partieron hacia Camp David, mientras decenas de miles de personas se congregaban durante todo el fin de semana en Washington para participar en la mayor manifestación antibélica desde los tiempos de Vietnam.

Casi un año después, planteé al presidente algunas preguntas sobre esta visita y la oportunidad de la fecha elegida, justo después de la decisión de emprender la guerra.

—Es mi deber visitar a los soldados —respondió.

—¿Es porque intenta no perder de vista las consecuencias de la guerra?

—No —replicó con firmeza—. Tengo que ir. No, para nada. Es mucho más simple que eso. Como comandante en jefe, tengo la obligación de darles las gracias por su servicio, de consolarlos, de comprobar que reciben todo lo que necesitan.

Su atención personal, precisó, servía para difundir ese mensaje por el hospital a las demás personas que estaban allí ingresadas.

—La visita se produce en un momento muy interesante de su decisión —observé.

—Sí, pero no necesito armarme de valor para el dolor. Quiero decir, no necesito recordarme lo que es el dolor. Ya he pasado por el 11-S para llorar con la nación. Soy un presidente que ha pasado por muchos momentos de dolor. He llorado con las viudas de Afganistán [...], he visto a niños que al cabo de un año todavía esperan a su madre o su padre. No necesito que me den lecciones de dolor. —Añadió—: Usted también pide a sus compatriotas que sean valientes. Intenta que se impliquen. Yo tengo el deber de consolarlos lo mejor que puedo. No puedo consolarlos a todos, pero puedo consolar a un número suficiente como para que otros también lo sepan.

Durante unos dos meses, desde finales de noviembre, Steve Hadley colaboró con el comité adjunto (Armitage, del Departamento de Estado, Wolfowitz de Defensa, McLaughlin de la CIA y Libby de la oficina de la vicepresidencia) con el fin de planificar la transición política en el Iraq posterior a Saddam, cuando concluyesen las principales operaciones de combate.

Franks y el ejército denominaron esta etapa «Cuarta Fase: operaciones de estabilidad». Hadley la entendía en un sentido más amplio. No se trataba sólo de alcanzar cierta estabilidad política o de otro tipo. El presidente quería instaurar la democracia. Por lo tanto, Hadley sabía que se necesitaba un plan global de posguerra. De la estabilidad a la democracia había mucho trecho.

A primeros de año, Douglas Feith, subsecretario de Defensa para la política y mano derecha de Rumsfeld en el Pentágono, se reunió con Hudley en la Casa Blanca. Feith, de cuarenta y nueve años, licenciado en Harvard con un posgrado en derecho por la universidad de Georgetown, pertenece al entorno de Richard Perle, ex oficial de Defensa de Reagan y miembro de la Junta de Política de Defensa de Rumsfeld, un comité asesor. Perle era el partidario más acérrimo de la guerra contra Iraq.

Feith tiene una voz aguda e insistente. Es elocuente y domina el lenguaje del asesor de gestión empresarial, caracterizado por las frases sucintas y expresivas, lo que él denomina «grandes pensamientos». Le gustaba arengar a su equipo y a otros funcionarios del Pentágono, incidiendo especialmente en su relación con Rumsfeld, un pensador metódico y estratégico, bastante original, en opinión de Feith. Por ejemplo, Rumsfeld defendía lo que denominaba «modelo de la caja de herramientas» para afrontar los problemas, y señalaba que si la única herramienta disponible es un martillo, entonces todos los problemas se asemejan a un clavo. Por lo tanto, según esta descripción que hacía Feith del pensamiento de Rumsfeld, era esencial no abordar los problemas únicamente con un martillo, porque la vida es compleja y no todos los problemas son clavos.

Feith no gozaba de gran popularidad en el ejército. Parecía

equiparar la política con el papeleo. Su despacho y sus archivos estaban atestados de gruesas carpetas de anillas que contenían, al parecer, todos los «copos de nieve» (término con que designaba los informes escuetos y lacónicos de Rumsfeld) recibidos y todos los que Feith y su tenderete político habían redactado y remitido como respuesta.

Franks intentaba ignorar a Feith, pero no resultaba fácil. En una ocasión, el general confió a varios colegas el siguiente comentario sobre Feith: «Tengo que tratar con el tío más imbécil de este mundo casi a diario.»

La llegada de Feith al despacho de Hadley era importante porque tenía una idea para el período posterior a Saddam, que consistía en la creación de una unidad de planificación en el Departamento de Defensa que ejecutase sobre el terreno las medidas políticas en el Iraq de posguerra. A su juicio, era mejor incluir esta unidad en Defensa porque Franks y el Mando Central tenían una responsabilidad importante en la etapa posterior al conflicto, pero la unidad debía ser interdepartamental desde el principio. El personal trabajaría veinticuatro horas al día, siete días a la semana. Recibiría asesoramiento político de los altos cargos gubernamentales, y posteriormente ejecutaría el plan en Iraq. Pero la unidad no sólo se dedicaría a planificar, decía Feith, sino que sería también expedicionaria. En nombre de la eficiencia, el personal se desplazaría a Iraq una vez que la situación militar permitiese el desarrollo de los planes.

Feith transmitió la idea a Rumsfeld, que dio su aprobación, y regresó a la Casa Blanca para comunicar que la idea contaba con el apoyo de Rumsfeld. Argumentaba que, en otras ocasiones, los planes de posguerra habían fracasado, y que aquélla era la manera de hacer bien las cosas.

Era un modo diferente de hacer las cosas, primero porque los planificadores serían los mismos que ejecutarían los planes, y segundo porque el Departamento de Estado dependería directamente de Defensa. El Departamento de Estado había trabajado durante casi un año en lo que denominaba el proyecto sobre «El futuro de Iraq», que había recopilado ya miles de páginas de informes y recomendaciones aportados por diversos expertos en asuntos gubernamentales, petróleo, derecho penal y agricultura en Iraq.

Cuando se expuso a los ministros la idea de confiar al Departamento de Defensa la planificación y ejecución de la autoridad en el Iraq posterior a Saddam, Powell la consideró lógica. En la posguerra inmediata, sólo Defensa dispondría de millares de personas, además del dinero y los recursos necesarios. Él no contaba con nada comparable en el Departamento de Estado, si bien tenía algunos expertos sumamente cualificados. Defensa y el ejército serían la fuerza de liberación, conquista y ocupación. Con un gran ejército americano en el campo de batalla, sólo para mantener la unidad de mando, tal misión debía ser encomendada a Defensa, pensaba Powell. No se le pasó por la cabeza que la medida se saliese de lo común. Ocurrió exactamente lo mismo después de la segunda guerra mundial en Japón y Alemania.

Prevalecía la sensación de premura, de modo que Hadley y el personal del Consejo de Seguridad Nacional tardaron una semana en preparar un documento para que lo firmara el presidente. Fue un trabajo acelerado. El documento secreto, la 24.ª Directiva Presidencial de Seguridad Nacional, que contemplaba la creación de la Oficina de Reconstrucción y Ayuda Humanitaria (ORHA) en el Departamento de Defensa, fue firmado por el presidente el 20 de enero. El documento establecía que si fuera necesario liberar Iraq por medio de una coalición liderada por Estados Unidos, la nueva oficina planificaría y ejecutaría dichos planes en todo el espectro de materias que el gobierno estadounidense tuviera que afrontar en la administración del Iraq de posguerra. Entre ellas se preveía la ayuda humanitaria, el desmantelamiento de las armas de destrucción masiva, la derrota de los terroristas y la explotación de la información obtenida en sus interrogatorios, la protección de la infraestructura y los recursos naturales, la reconstrucción de la economía y la reinstauración de servicios civiles como alimentos, agua, electricidad y atención sanitaria. El gobierno interino debía remodelar el ejército iraquí a través del reestablecimiento de unas fuerzas armadas reformadas, bajo control civil, la redefinición de otros servicios de seguridad interior y, más adelante, el apoyo durante el traspaso de poderes a un gobierno liderado por iraquíes. Debía facilitarse a la ORHA todo el trabajo interdepartamental desarrollado por el Departamento de Estado u otras instancias gubernamentales.

En caso de hostilidades, según la orden firmada por el presidente, la ORHA debía desplazarse a Iraq y constituir el núcleo del aparato administrativo que contribuiría a administrar Iraq durante un período limitado tras el final del conflicto.

Rumsfeld y Feith designaron como máximo responsable de la ORHA al teniente general Jay M. Garner, que había supervisado la ayuda a los kurdos en el norte de Iraq después de la guerra del Golfo de 1991. En realidad, Powell y Armitage no conocían bien a Garner.

Powell le remitió el estudio sobre «El futuro de Iraq», junto con los nombres de unos 75 especialistas en el mundo árabe del Departamento de Estado que habían elaborado el estudio o podrían participar en la avanzadilla iraquí. Al frente del equipo estaba Thomas Warrick, que había supervisado el estudio, y Meghan O'Sullivan, especialista en sanciones muy admirada por Powell.

Posteriormente, Powell supo que Rumsfeld había echado del Pentágono a Warrick y O'Sullivan, y les había pedido que se fueran antes del anochecer.

«¿Qué demonios está pasando?», preguntó Powell a Rumsfeld en una conversación telefónica.

Rumsfeld respondió que a medida que avanzaban en la planificación de posguerra, el trabajo debía ser desarrollado por quienes estaban realmente comprometidos con la operación y apoyaban el cambio, y no por quienes habían dicho o escrito cosas poco favorables.

Powell interpretó aquellas palabras como si sus colaboradores no apoyasen a los exiliados como Chalabi. En cualquier caso, Powell y Rumsfeld se enzarzaron en una disputa descomunal hasta que al fin Powell tuvo noticia de que los máximos dirigentes de la Casa Blanca (Bush o Cheney) habían decidido que O'Sullivan podría volver a trabajar con Garner, pero Warrick no.

Powell se preguntaba si la situación podría enrarecerse todavía más. Propuso los nombres de siete altos cargos del Departamento de Estado que podían cederse a Garner, pero Feith explicó que prefería hombres ajenos al gobierno. Feith a veces criticaba en privado al Departamento de Estado por su falta de dureza, y lo denominaba «Departamento de Amabilidad». «¡Esto es una tontería!», dijo Powell. Y en consecuencia, Rumsfeld y él se enzarzaron de nuevo en una gran disputa, que esta vez tardó una semana en resolverse. Al final, se cedieron a la nueva oficina cinco de los siete hombres propuestos. Powell no daba crédito a tanta memez.

Para Cheney, la cuestión tenía mayor calado. El plan del presidente, que Cheney consideraba audaz, consistía no sólo en librarse de Saddam, sino en sustituir su régimen por una democracia. Era una tarea de gran envergadura, y Cheney pensaba que en el Departamento de Estado había demasiadas personas, empezando por el propio secretario, que no eran proclives ni afines al objetivo presidencial de democratizar Iraq y transformar la región. Tales personas habían sostenido que una democracia era un cambio demasiado radical, demasiado drástico, sin antecedentes en Iraq, una transición demasiado ambiciosa.

En los debates en la Sala de Situación, el vicepresidente justificó la posición del gobierno de este modo: «Tenemos la obligación de instaurar una democracia. No podemos coger sin más a un ex general [iraquí] y ponerlo al frente y decir: "Vale, a partir de ahora eres el dictador de Iraq." Tenemos que introducir un cambio fundamental en la zona. Y tenemos que ofrecer al pueblo iraquí la oportunidad de alcanzar los valores fundamentales en los que creemos.»

El 20 de enero, Powell asistió a una reunión del Consejo de Seguridad Nacional de la ONU que, supuestamente, trataba sobre terrorismo. Cheney y Rumsfeld habían advertido a Powell que no debía ir, pero él no quería engañar a Naciones Unidas. En una conferencia de prensa celebrada después de la sesión, el ministro francés de Asuntos Exteriores, Dominique de Villepin, declaró que «nada, nada» en absoluto justificaba la guerra.

Powell apenas lograba contener su ira. La presión contra Saddam se relacionaba directamente con la amenaza de guerra, y el ministro francés acababa de suprimir tal amenaza de la mesa de la ONU. Powell no podía creer semejante estupidez. De Villepin iba a relegar la ONU a una posición irrelevante.

El presidente recordó: «Al hablar De Villepin, me hizo pensar que Saddam intentaría escaquearse aún más que antes, porque tenía gente que inconscientemente le estaba ayudando.»

Algunos pensaron que aquel paso daba vía libre a Estados Unidos y, sobre todo, al primer ministro Blair. Si Francia, que tenía derecho de veto, había decidido que la guerra no era una vía posible, todo el proceso de la ONU era inútil. Bush y Blair podían sostener que aunque habían recurrido a la ONU, Francia había desbaratado sus planes.

Tras una reunión con economistas celebrada al día siguiente, el 21 de enero, Bush no ocultó su frustración. Declaró que Saddam no estaba contribuyendo al prometido desarme, y añadió:

—Creo, en nombre de la paz, que Saddam debe desarmarse. Y lideraremos una coalición de naciones dispuestas a desarmarlo. Que no les quepa la menor duda de que Saddam será desarmado.

—¿Cuándo? —preguntó un periodista sorprendido—. ¿Cómo piensan decidir que ha llegado el momento de adoptar una resolución?

—Ya se lo diré cuando llegue el momento —respondió Bush. Se oyeron risas. Al parecer no estaba declarando la guerra, todavía no.

Capítulo veintisiete

En el Departamento de Estado, Armitage recibió una llamada de la oficina de comunicación de la Casa Blanca que le informaba de que habían elaborado un documento de 33 páginas titulado «El aparato de las mentiras» sobre la propaganda de Saddam. Querían que él lo hiciese público. El grupo de la Casa Blanca encargado de los asuntos iraquíes, dirigido por Card, estaba organizando una presentación de discursos y documentos para contrarrestar las campañas de Saddam y el creciente movimiento antibelicista internacional. Millones de personas se manifestaban por aquel entonces en las principales capitales europeas, árabes y asiáticas.

Armitage leyó el documento y pensó: «¡Menuda tontería!» Se trataba, principalmente, de viejas historias acerca de las mentiras de Saddam en el período de la guerra del Golfo de 1991 que no aportaban ningún argumento para justificar la guerra de 2003. Si Estados Unidos declaraba la guerra a todos los regímenes que mentían, el mundo entero ardería en un conflicto bélico permanente.

Armitage respondió a la Casa Blanca:

—Esto es malísimo. No voy a usarlo.

—Tiene que pronunciar un discurso —dijo un asesor de la Casa Blanca.

—¿Por qué?

Había llegado la hora, así se había decidido. Necesitaban que diera la cara. Wolfowitz también iba a hablar. Al fin, Armitage aceptó.

—Pero con una condición: que no me controlen el discurso —dijo. La Casa Blanca no debía ver el discurso con antelación; no quería quejas ni sugerencias estúpidas. Le resultaba cada vez más difícil mantenerse al margen del aparato propagandístico de la Casa Blanca.

El 21 de enero, Armitage habló en el Instituto de la Paz estadounidense, un grupo imparcial creado por el Congreso para promover y financiar los planes de pacificación. Había sopesado meticulosamente cada una de las palabras para equilibrar la intransigencia con la flexibilidad. «Por muy sensata que sea la renuencia a la guerra, no debemos hacernos ilusiones.» Les comunicó que, recientemente, había pronunciado un discurso ante los 4 000 guardiamarinas de la Academia Naval estadounidense, su *alma mater*. «Sinceramente espero que ninguno de esos jóvenes, hombres o mujeres, ni ningún otro miembro de nuestro servicio, sea enviado a la guerra de Iraq. Eso es lo que tratamos de evitar en el Departamento de Estado, al igual que en todo el gobierno.» Las siguientes semanas serían decisivas. «Ojalá pudiera decirles que soy optimista.» Después enumeró todas las armas de Saddam que aún no habían aparecido. Con cierta brusquedad anunció a los asistentes que en el fondo de la sala tenían a su disposición un documento titulado «El aparato de las mentiras». «Les recomiendo su lectura en la medida en que el pasado es el prólogo.»

El viernes 24 de enero, Franks entregó a Rumsfeld y al general Myers su plan de guerra final, el Plan Híbrido de 5-11-16-125 días. «Éste es el plan», anunció. Estaba ya cerrado, aunque todavía se podían introducir cambios en caso necesario.

La primera fase conjunta de dieciséis días, que consistía en la puesta en marcha del puente aéreo y el despliegue de las tropas (la «5» y la «11», respectivamente), se vio superada por los acontecimientos. Rumsfeld había autorizado el comienzo del puente aéreo, y durante algún tiempo se había emprendido el despliegue progresivo de 10 000, 15 000 y 20 000 soldados. A mediados de febrero había 140 000 soldados estadounidenses destacados en la zona, de los cuales 78 000 pertenecían al ejército de tierra, la Marina y las fuerzas de operaciones especiales.

Como Rumsfeld era el único miembro del círculo de planificación bélica que hablaba asiduamente con Bush, había elaborado para el presidente cronologías gráficas que intentaban proyectar sobre el papel lo que probablemente ocurriría en los frentes diplomáticos y militares. Una cronología secreta, fechada el 29 de enero, preveía el llamado «Día de la notificación» o «Día N» para el 22 de febrero, que sería el momento en que Bush tomaría la decisión de iniciar la guerra. El Día C, o inicio del desplazamiento de tropas, vendría después. Por supuesto, el despliegue ya había comenzado antes, mientras el presidente se decidía, y Rumsfeld sabía que la decisión estaba tomada.

Bush y Rice, insatisfechos con la exposición de McLaughlin sobre las armas de destrucción masiva, solicitaron a la CIA que reuniese la mejor información en un documento escrito, el caso de la «canasta clavada» que Tenet había prometido. Tenet y McLaughlin declararon que no iban a escribir un discurso para un cargo político o un funcionario electo. Sería llegar demasiado lejos. Preferían menos retórica y más datos. Tampoco querían incluir elementos publicitarios o propagandísticos en el documento. El resultado fue, por tanto, un informe seco, científico, con notas bibliográficas a pie de página. El texto, de 40 páginas, fue enviado a la Casa Blanca el 22 de enero con la indicación de que todavía era un documento reservado.

El presidente estaba decidido a entregar las pruebas a abogados expertos, capaces de sacar el máximo partido de aquella información. El documento fue remitido a Steve Hadley (licenciado en derecho por la Universidad Yale en 1972) y Scooter Libby (también licenciado en derecho por Columbia en 1975). Recurrieron a la CIA para plantear una serie de preguntas que la agencia respondió por escrito.

La CIA, que había recopilado información sobre los arsenales iraquíes durante décadas, declaró que Saddam tenía armas de destrucción masiva y vínculos con destacados terroristas. Era evidente dónde se posicionaba la agencia; en el informe de estimación de la Inteligencia Nacional de octubre se afirmaba que Saddam tenía armas químicas y biológicas, y el director Tenet declaró que el caso era una «canasta clavada». Libby consideraba que la agencia, a pesar de tener el arduo cometido de procesar y evaluar tanta información, a veces pasaba por alto materiales de posible gran importancia, datos que podían no ser definitivos, pero completaban el mosaico.

En parte, la idea se había fraguado en la llamada Oficina de Planes Especiales creada por Dough Feith en su tenderete político del Pentágono. Libby pensaba que todo aquel escándalo ridículo era obra de personas que no entendían el proceso. La oficina estaba formada, básicamente, por dos personas encargadas de leer toda la información delicada obtenida a través de los servicios de inteligencia. Los pocos datos que se habían obtenido constaban en el resumen que Feith había entregado a Libby, documento al que no tuvieron acceso ni el presidente ni el vicepresidente. «¡Por el amor de Dios!», pensó Libby, todos los días la CIA seleccionaba media docena de ítems de inteligencia para entregarlos al presidente en la reunión diaria presidencial. Un documento de Feith o de la Oficina de Planes Especiales no podía dañar el proceso de inteligencia. El otro mito, en opinión de Libby, era que el líder iraquí en el exilio, Chalabi, tenía vía directa para transmitir información al Pentágono o a Cheney. Toda la información de Chalabi era remitida a la CIA, donde podían utilizarla o no según su conveniencia.

El sábado 25 de enero, Libby expuso detalladamente los resultados de sus pesquisas en la Sala de Situación ante Rice, Hadley, Wolfowitz, Dan Bartlett y Michael Gerson. Karen Hughes estaba también presente, a pesar de que ya no trabajaba en la Casa Blanca. Karl Rove entraba y salía de la reunión.

Con un grueso fajo de papel en las manos, Libby bosquejó la última versión del caso contra Saddam. Comenzó con un largo apartado sobre las informaciones de los servicios de inteligencia, obtenidas por satélite, en conversaciones interceptadas o a través de agentes humanos, desvelando así las operaciones de ocultación y engaño. Los objetos en cuestión se desenterraban, se trasladaban y volvían a enterrarse. Nadie sabía qué eran exactamente, pero los emplazamientos y el sigilo encajaban con la hipótesis que postulaba la ocultación de armas de destrucción masiva. Iniciaba cada apartado con conclusiones rotundas: Saddam tenía armas químicas y biológicas, las producía y ocultaba; sus vínculos con la organización Al Qaeda de Bin Laden eran sólidos y múltiples.

Libby mencionó la conversación interceptada de dos presuntos terroristas que se reían sobre la matanza de un burro con ricina, un dato que McLaughlin había descartado por su escasa fiabilidad. Señaló que Mohammed Atta, líder de los atentados del 11-S, pudo haberse reunido en Praga con un oficial de los servicios de inteligencia iraquíes, y citó datos de al menos cuatro reuniones. Los demás estaban informados de que la CIA poseía pruebas de dos posibles reuniones, y de que no se sabía con certeza qué había hecho Atta en Praga, ni si se había reunido con el oficial iraquí. Libby habló aproximadamente durante una hora.

Armitage estaba horrorizado por lo que consideraba hipérbole y desmesura. Libby extraía sólo las peores conclusiones de datos fragmentarios y frágiles hilos de seda.

Por otra parte, Wolfowitz, que años atrás creía a pies juntillas en la complicidad de Iraq con el terrorismo antiamericano, consideró sólida la exposición de Libby. Suscribía la opinión de Rumsfeld de que la falta de pruebas no equivalía a la inexistencia de las armas. Le gustaba la idea de los posibles vínculos entre Iraq y Al Qaeda. La ausencia de pruebas concluyentes era de esperar porque Al Qaeda disponía de un estricto sistema de seguridad operativa, tan bueno que algunos jefes de estado preguntaban a Wolfowitz si no habría ex oficiales de la KGB entre los instructores de Al Qaeda. Algunos líderes árabes pensaban que era el Mossad israelí. Wolfowitz había azuzado a la CIA para que investigase si los servicios de seguridad de la antigua Alemania del Este estaban implicados en el asunto. Pensaba que no era casual que Al Qaeda, relativamente inactiva desde el 11-S, hubiera reanudado la actividad después de la comparecencia del presidente en la ONU, donde amenazó con emprender acciones unilaterales contra Iraq. Entre las muestras de la actividad terrorista se contaban la bomba del 12 de octubre en una discoteca de Bali, donde murieron 202 personas, el asesinato de dos marines estadounidenses en Kuwait y un atentado contra un petrolero francés frente a la costa yemení, todo ello en una sola semana.

La respuesta más importante provino de Karen Hughes, que afirmó que aquello no era un ejercicio de comunicación válido. Las conclusiones radicales que encabezaban cada apartado eran excesivas. El presidente, añadió, quería que fuera como la vieja serie de televisión titulada «Dragnet», «Hechos y nada más que hechos». Que cada cual sacara sus propias conclusiones.

Rove, que tenía permisos de seguridad para acceder a los documentos reservados, pensaba que la exposición de Libby era sólida y convincente, pero también terrorífica. Sobre todo le impresionó la prueba de que Saddam tenía cientos de millones de dólares, proba-

blemente varios miles de millones, procedentes de los ingresos ilegales de la venta de petróleo, que podía utilizar para adquirir armas
de destrucción masiva. Para Rove, aquélla era una combinación fu-
nesta: una historia con armas de destrucción masiva, un deseo de
obtener más, científicos con conocimientos y experiencia, un estricto estado policial y dinero abundante. Le fascinaba observar las
diferencias de enfoque entre Libby, con su mente de abogado, y
Hughes, con sus dotes de comunicadora. Él se posicionaba del lado
de Hughes. Se trataba de un problema de comunicación, no de un
asunto jurídico. Toda defensa consiste en presentar datos y dejar que
los demás saquen sus propias conclusiones. Él, por su parte, estaba
convencido.

¿Y quién iba a presentar en público las conclusiones? Rice y
Hadley sopesaron la cuestión. El caso debía presentarse en la
ONU, de modo que Powell, jefe de la diplomacia estadounidense,
era la opción lógica. Hadley creía que había otros motivos adicionales para elegir a Powell. En primer lugar, para obtener la máxima
credibilidad era preferible contrarrestar los estereotipos, y todo el
mundo sabía que Powell adoptaba una posición moderada en el
asunto de Iraq, y que no era partidario de la guerra. En segundo lugar, Powell era consciente de su credibilidad y reputación. Analizaría en detalle la información. En tercer lugar, cuando Powell estaba
preparado, resultaba muy convincente.

«Quiero que lo hagas tú —le comunicó Bush al secretario de
Estado—. Tienes credibilidad para hacerlo.» A Powell le halagó que
le encomendasen algo que nadie podía acometer como él.

Rice y Hughes aconsejaron a Powell que solicitase tres días
para su comparecencia ante el Consejo de Seguridad: uno para las
armas de destrucción masiva, otro para el terrorismo y el tercero
para la vulneración de los derechos humanos. Al parecer, lo conce-
bían como un drama comparable a la crisis de los misiles cubanos
de 1962, cuando el embajador de la ONU, Adlai Stevenson, mostró unas fotografías por satélite donde se veían los misiles nucleares
instalados en Cuba por la Unión Soviética. En uno de los momentos más críticos de la guerra fría, Stevenson preguntó al embajador
soviético si negaba que su país hubiera instalado misiles allí. «¿Sí o
no? No espere a la traducción. [...] Estoy dispuesto a esperar la respuesta hasta que el infierno se congele.»

—Mirad —dijo Powell—, no puedo aparecer allí y parar el

mundo durante tres días. Adlai Stevenson no tuvo una semana Adlai Stevenson. Tuvo un momento Adlai Stevenson. Yo sólo puedo hacer esto de un tirón.

—¿Y qué tal dos horas cada día para cada caso? —sugirieron Rice y Hughes. Querían que fuera lo más largo, prolijo y aburrido posible para demostrar la profundidad del caso.

—Imposible —respondió Powell—. Tengo que hacerlo en una sola sesión.

—Vale, puede durar tres o cuatro horas.

—No, de eso nada —insistió Powell—. No es posible retener a esa gente durante tres o cuatro horas. Se quedarían dormidos.

En la ONU todo el mundo tiene derecho a réplica. El gobierno acordó que Powell decidiría la extensión y el contenido de su exposición.

Mientras Powell preparaba su exposición, Cheney lo llamó.

—Colin —dijo el vicepresidente—, revisa bien el caso de terrorismo que preparó Scooter. Míratelo bien.

—Claro, Dick —repuso Powell. Solía usar el nombre de pila del vicepresidente cuando estaban a solas.

Cheney no le daba órdenes ni intentaba dirigir su trabajo. Sólo era una petición de que leyese despacio aquel caso. Powell lo revisó bien. Cuatro reuniones de Mohammed Atta en Praga. Era ridículo. Prescindió del dato. Pensaba que Cheney tenía una obsesión febril. El vicepresidente y Wolfowitz buscaban a toda costa vínculos entre Saddam y el 11-S. Aquel grupo era una especie de minigobierno independiente: Wolfowitz, Libby, Feith y la «oficina de la Gestapo» de Feith, como la denominaba Powell en privado. Observaba en Cheney una triste transformación. El ejecutante impasible de la primera guerra del Golfo no concedía tregua. Cheney tenía una fijación malsana. Casi todas las conversaciones o referencias versaban sobre Al Qaeda e intentaban remachar la conexión con Iraq. A menudo Cheney contaba con informaciones confusas. Powell pensaba que Cheney se hacía con información secreta de los servicios de inteligencia y convertía la incertidumbre y ambigüedad en hechos. Era la crítica más grave de Powell contra el vicepresidente. Pero ahí estaba. Cheney era capaz de tomar un fragmento de una conversación interceptada y afirmar que mostraba algún hecho realmente sucedido. «No y no —podía decir Powell o cualquier otro—, lo que muestra es que fulanito hablaba con menganito, que a su vez decía que podía estar ocurriendo algo.» Una conversación indicaba que podía estar ocurriendo algo, y Cheney convertía tales rumores en certezas: «Sabemos que [...].» Y Powell concluía: «No sabemos. Nadie sabe.»

Posteriormente, pregunté al presidente si apreciaba algún síntoma febril en Cheney. «No —dijo Bush—. Cheney es una persona prudente. No es febril. La fiebre para mí es una especie de delirio. Él se controla. Así que no. Yo percibía convicción. Pero no, febril no es la palabra. Quien haya dicho eso no lo conoce tan bien como yo, o lo conoce quizá de un modo diferente.»

El lunes 27 de enero, Hans Blix presentó ante el Consejo de Seguridad de la ONU un informe estricto, pero comedido, sobre los dos primeros meses de inspecciones.

«Parece que Iraq no ha llegado a aceptar, ni siquiera en la actualidad, el desarme que se le exigió y que debe llevar a cabo para ganarse la confianza del mundo y vivir en paz», declaró. Aunque la cooperación era buena en su conjunto, Blix matizó que tenía fuertes indicios de que Iraq había producido más ántrax del que declaraba. «Puede que todavía exista.»

Blix también trató algunas cuestiones relativas a los productos químicos precursores del gas nervioso VX. Como ejemplo del galimatías de cifras, señaló que un documento de las fuerzas aéreas iraquíes indicaba que de 1983 a 1988, durante la guerra entre Irán e Iraq, se lanzaron 13 000 bombas químicas, mientras que Iraq declaró a la ONU que se consumieron 19 500 durante aquel período. «Observamos, por lo tanto, una discrepancia de 6 500 bombas.» Señaló también que las suposiciones en un sentido u otro (culpabilidad o inocencia) no resolvían el problema, y que lo único que podía ayudar eran «las pruebas y la plena transparencia».

Mohamed El Baradei, director general de la Agencia Internacional de la Energía Atómica, declaró: «Hasta el momento no hemos encontrado pruebas de que Iraq haya reanudado su programa de armamento nuclear desde que se suprimió en los años noventa.» Señaló que su labor estaba todavía en curso, pero predijo: «En los próximos meses deberíamos estar en condiciones de asegurar, con argumentos creíbles, que Iraq carece de un programa nuclear.»

Después de asimilar todo esto, Rice pensó que quizá Saddam estaba ya vencido, quizá era concebible su desmoronamiento inminente. ¿Sería como en 1995, cuando su yerno desertó y Saddam reconoció de pronto que tenía un programa de armas biológicas? Cheney, sin ir más lejos, respondió que no, que no creía en absoluto que Saddam fuera a caer. Es más, ciertas informaciones confidenciales sobre Blix mostraban algunas contradicciones. Varios miembros del gobierno pensaban que Blix mentía o no decía toda la verdad. Al parecer, según dichas informaciones secretas, Blix no quería que sus inspectores fueran la justificación de la guerra y temía que su informe del 27 de enero hubiera aportado a Estados Unidos un *casus belli*. En consecuencia, Blix preveía retractarse en el siguiente informe.

Rice comunicó al presidente que no creía que Blix hubiera mentido necesariamente. Sólo estaba profundamente dividido.

En aquellas circunstancias, Bush reafirmó su convicción acerca de la necesidad de la guerra. Todas las predicciones de Cheney sobre la ONU se estaban cumpliendo.

Entretanto, tuve noticias de que Powell se disponía a presentar ante la ONU informaciones de los servicios secretos, en parte para rebatir lo que la administración esperaba que hubiera dicho Blix el 27 de enero. Aunque el informe de Blix había sido relativamente estricto, ellos querían airear algunas cosas. Escribí un artículo para *The Washington Post*, en su edición del 28 de enero, titulado «Estados Unidos va a revelar informaciones secretas sobre Iraq; pretende ofrecer pruebas sobre ocultación de armas con el fin de fomentar el apoyo a la guerra». Allí informaba sobre un conjunto de informaciones, consideradas «convincentes» e «inequívocas» por el gobierno estadounidense, según las cuales Iraq ocultaba y desplazaba armas, pero también añadí: «Algunas fuentes aseguran que las agencias de inteligencia estadounidenses no han detectado ni localizado ningún gran alijo de armas prohibidas ni ingredientes utilizados para la fabricación de armas químicas o biológicas. Afirman que el gobierno estadounidense todavía carece del "arma humeante" o prueba definitiva.»

Aquella misma tarde, el presidente Bush dedicó su tercer discurso sobre el Estado de la Unión a arremeter contra Saddam. Se basaba principalmente en las armas no mencionadas por Saddam en sus declaraciones anteriores: 25 000 litros de ántrax, material para elaborar más de 38 000 litros de toxina botulínica, «suficiente para provocar la muerte de millones de personas por insuficiencia respiratoria», y también gas sarín, agente nervioso VX y laboratorios móviles de armas biológicas.

Bush pronunció a continuación 16 palabras que encendieron la polémica: «El gobierno británico ha podido saber que Saddam ha adquirido grandes cantidades de uranio de África.» Era una de sus acusaciones más inofensivas. Bush atribuía aquella imputación a los británicos. Pero unos cuatro meses antes, Tenet y la CIA habían suprimido esa frase del discurso presidencial en Cincinnati porque no se pudo confirmar tal extremo y, por tanto, se consideraba una prueba poco sólida. Tenet no revisó el discurso sobre el Estado de la Unión, y Hadley olvidó la advertencia anterior de la CIA.

Algunos altos cargos de la administración cuestionaban la veracidad de las informaciones sobre armas de destrucción masiva en Iraq; entre ellos se contaban Armitage, algunos oficiales militares de alto rango e incluso el portavoz de la CIA, Bill Harlow, que insistentemente advirtió a los periodistas que los servicios de inteligencia estaban seguros de la existencia de dichas armas, pero que carecían de «una arma humeante» que sirviera de prueba definitiva. Al parecer, este escepticismo no se transmitió de modo convincente al presidente. Prevalecieron las inequívocas declaraciones de los pesos pesados, Tenet, Cheney y Rumsfeld.

Capítulo veintiocho

En una reunión privada con el primer ministro italiano, Silvio Berlusconi, el 30 de enero, el presidente norteamericano declaró, en descargo de responsabilidad, que no se había tomado aún ninguna decisión sobre las acciones militares. Pero después reveló los verdaderos planes. Iraq sería desarmado y Saddam no podría continuar en el poder. «Hemos formado un ejército letal y le pegaremos una patada en el culo a Saddam. Tomaremos todas las medidas para evitar [víctimas] civiles. —Después volvió a matizar—: En caso de que se requieran tropas, me pondré en contacto contigo. No habrá sorpresas. —Y por último dirigió al primer ministro unas palabras de ánimo—: Las cosas van a cambiar. Ya verás, la opinión pública va a cambiar. Nosotros lideramos a nuestro pueblo. No seguimos a nuestro pueblo.»

El viernes 31 de enero estaba prevista una reunión entre Bush y Tony Blair en Camp David, pero una mezcla de lluvia y hielo les obligó a quedarse en la Casa Blanca.

Blair comunicó a Bush que necesitaba una segunda resolución de la ONU. Se lo había prometido a su partido, y estaba seguro de que Bush y él podían lograr la cohesión de la ONU y la comunidad internacional.

Bush no era partidario de una segunda resolución. Ésta fue una de las raras situaciones en que Cheney y Powell se mostraban de acuerdo. Los dos estaban en contra. La primera resolución había tardado siete semanas, y ésta iba a ser mucho más severa. Powell no creía que fuera necesaria. Pensaba que cualquier juez dictaminaría que la Resolución 1441 bastaba para emprender acciones sin una segunda resolución.

Surgió una nueva complicación. La primera resolución se había aprobado por 15 votos a favor y ninguno en contra, de manera que a partir de entonces tal resultado se consideraba la norma. Por supuesto, no era la norma sino una excepción espectacular. En 1990, la resolución de la ONU sobre la guerra del Golfo se aprobó por 12 votos a favor, dos en contra (Yemen y Cuba) y la abstención de China. Pero ahora, un resultado distinto del 15 a 0 en la segunda resolución podría interpretarse como poco sólido.

Con todo, Blair esgrimía el argumento del vencedor. Para la política interna de su país era necesaria una nueva resolución. No era más que eso, una necesidad política. Blair insistió en que necesitaba su apoyo.

Bush entendía bien aquel lenguaje. «Si eso es lo que necesitas, intentaremos por todos los medios que lo consigas», aseguró Bush a Blair. Tampoco quería estar solo, y para ello era imprescindible contar con el apoyo del Reino Unido. Al presidente y el resto del gobierno les preocupaba seriamente lo que Steve Hadley denominó «la opción imperial». En consecuencia, volvieron al redil, al menos en el caso de Cheney.

«Blair tiene que enfrentarse a su propio Parlamento, a su pueblo, pero también a la relación franco-británica, y su contexto dentro de Europa —recordó Bush posteriormente—. Así que tiene una misión muy difícil, mucho más difícil que la del presidente norteamericano en algunos aspectos. Ésa era la época en que Francia se convirtió, sin prisa pero sin pausa, en el verdadero problema interno del Reino Unido.»

Bush se refirió a aquel encuentro como «la famosa reunión de la segunda resolución», y aseguró que Blair «sin duda» le había pedido ayuda.

Powell debía decidir qué iba a decir exactamente a la ONU. Libby le proporcionó una versión de 60 páginas sobre el caso, aproximadamente un 50 por ciento más amplia que el documento de la CIA, una especie de menú para que Powell pudiera elegir. No había notas al pie, pero Libby le aportó también otras carpetas de reserva del Consejo de Seguridad Nacional y de la oficina de Cheney.

Para Powell, gran parte de aquella información era turbia. Le gustaba llamar por teléfono, o mirar a la cara, y hablar de los asuntos con quienes tenían datos o conocimiento de primera mano y podían tomar decisiones. Como dijo Armitage muchas veces en el entorno del gobierno, «Hay que dar carnaza a la bestia», que en aquel contexto significaba proporcionar buena información o rumores fiables que él pudiera, a su vez, transmitir a Powell. Pero la interceptación de comunicaciones y las fotografías por satélite no son la carnaza más apropiada para Powell, que concibe la vida y el trabajo como actividades de contacto. Le gusta tener conocimiento de primera mano acerca de las personas o asuntos sobre los que trabaja. No es posible interrogar a una fotografía por satélite —¿Qué significa ese punto exactamente? ¿Qué hay dentro del camión?— ni dilucidar plenamente el significado de las palabras traducidas de una conversación interceptada.

Cuanto más indagaba, más se percataba de que las fuentes humanas eran escasas y dispares en el asunto de las armas de destrucción masiva iraquíes. No era un panorama muy alentador. Aun así, al igual que Bush y los restantes miembros del gabinete, estaba muy influido por la conducta pasada de Saddam Hussein. El dictador había utilizado armas de destrucción masiva en los años ochenta, las había ocultado en los noventa, y si ahora ya no tenía nada que esconder, lo que debía hacer era confesarlo todo. Powell coincidía con la opinión de Cheney cuando afirmó: «¿Pero cómo se le va a ocurrir someterse a las sanciones de la ONU por lo que hizo en aquellos años, y decir adiós a los cien mil millones de dólares que ingresa gracias al petróleo? ¡No tiene sentido!»

Algunos analistas de la CIA y David G. Newton, embajador estadounidense en Iraq entre 1984 y 1988, advertían del riesgo de ser víctimas del «síndrome del hombre racional», que proyecta sobre Saddam lo que los norteamericanos consideran conducta racional cuando el dictador es experto en lo irracional. Powell estaba dispuesto a creer que las armas estaban ocultas, y sabía que las principales agencias de inteligencia extranjeras también habían concluido que Saddam poseía arsenales de destrucción masiva.

Aumentaban poco a poco las expectativas populares sobre el informe de Powell. La prensa y la televisión hablaban constantemente del tema: ¿Conseguirá dar un golpe fulminante? ¿Qué datos tiene Powell? ¿Qué secretos revelará? ¿Logrará desenmascarar a Saddam? ¿Tendrá un momento Adlai Stevenson? ¿Caerá Saddam? ¿Caerá Powell?

Powell era consciente de que estaban en juego la credibilidad de Estados Unidos, la del presidente y la suya propia en aquella reunión del Consejo de Seguridad prevista para el 5 de febrero. Lo más importante para él era que si exageraba, o si aireaba algo poco fiable, los iraquíes arremeterían contra él al día siguiente. No podía dejar ni un solo flanco abierto.

El sábado 1 de febrero, Powell se dirigió a la sede de la CIA y dedicó la mayor parte del día a seleccionar información secreta, incluidas algunas conversaciones interceptadas. Lo más fácil era decidir qué iba a descartar, pues había infinidad de materiales de escasa validez. Powell trabajó allí hasta altas horas de la noche. A la mañana siguiente llamó a Armitage.

—¿Qué haces?

—Vuelvo del gimnasio —respondió Armitage.

—¿Qué haces esta tarde?

—Supongo que estaré contigo.

—Por favor —dijo Powell.

Se dirigieron una vez más a la CIA. Tenet, McLaughlin y otros analistas y expertos entraban y salían. Powell dijo que el problema era que ya no podía rastrear nada porque todo había sido «procesado en la Casa Blanca hasta el punto de que los documentos no coincidían con las palabras». Nadie sabía dónde estaban las fuentes de determinadas declaraciones. Y por tanto, Powell empezaba desde cero.

Armitage era escéptico. Saddam había utilizado armas químicas en la guerra entre Irán e Iraq. Ésa era la prueba de que existían tales arsenales en los años ochenta. Probablemente existían ahora también, pero ¿dónde estaban las pruebas concluyentes? Por otro lado, las informaciones secretas sobre armas biológicas y nucleares parecían también inciertas.

¿Cuáles eran las mejores pruebas de que disponían? Powell y Armitage revisaron una conversación interceptada entre dos oficiales de alto rango de la Guardia Republicana que McLaughlin ya había utilizado en diciembre. En dicha conversación, grabada la víspera del inicio de las inspecciones en noviembre, interviene un coronel que comunica a su general de brigada que tienen un vehículo modificado de la compañía de Al-Kindi, que en el pasado estuvo relacionada con la producción de armas de destrucción masiva. El coronel se contradecía al puntualizar: «Lo hemos evacuado todo, no queda nada.» Era sugerente, potencialmente inculpatorio, pero no estaba claro de qué hablaban. No se podía saber a partir de esta conversación ni de otras informaciones. Una explicación alternativa era que el coronel y el general sólo querían cerciorarse de que habían acatado las órdenes. Powell decidió utilizar el documento porque implicaba a importantes oficiales y la referencia a la «evacuación» parecía sólida.

En otra comunicación reciente, interceptada la semana anterior, aparece un oficial de la Guardia Republicana que, desde el cuartel general, da órdenes sobre la «munición prohibida» a un oficial destacado sobre el terreno. Una vez más, era una leve insinuación, pero Powell decidió utilizarla de todas formas.

La tercera comunicación interceptada, que también había sido utilizada por McLaughlin, era la de un coronel que ordenaba a un capitán la eliminación del término «agentes nerviosos» de las instrucciones emitidas por radio, sugiriendo quizá que le preocupaban las eventuales escuchas. Powell decidió utilizar la información a pesar de la posibilidad, bastante remota, de que los oficiales sólo estuvieran cambiando el manual de instrucciones porque ya no había agentes nerviosos.

Cheney y Libby no se daban por vencidos en el asunto de los supuestos vínculos entre Iraq, Al Qaeda y tal vez también los atentados del 11-S. Powell no lo veía claro. La cuestión debía dirimirse en el despacho presidencial.

«No es necesario forzar el asunto del terrorismo», comentó Tenet, recordando las instrucciones del presidente. Tenían pruebas concluyentes de que un palestino llamado Abu Musab Al-Zarqawi, estrechamente vinculado a Al Qaeda, había tenido contacto con un presunto centro de control de toxicología en el norte de Iraq, donde operaba el grupo paramilitar de la CIA al mando de Tim.

Zarqawi había viajado a Bagdad en la primavera de 2002 para recibir tratamiento médico y pensaban que había establecido allí una base de operaciones. El asesino de Laurence Foley, oficial del Departamento de Estado asesinado en Jordania en otoño, había declarado que su célula recibió dinero y armas de Zarqawi para cometer el atentado. La red de Zarqawi era grande y peligrosa.

Sin embargo, existía un problema importante. «No puedo llevarte hasta la autoridad, dirección y control», dijo Tenet, refiriéndose a su criterio para decidir el grado de solidez de un documento. Aludía a que no disponía de pruebas de que Saddam o la inteligencia iraquí estuviesen al frente de tales operaciones terroristas. Libby había señalado que el control operativo no era el único criterio. Los talibanes de Afganistán no dirigían a Bin Laden. El criterio del presidente era el simple amparo o acogida de terroristas. La CIA sostenía que Saddam había amparado a Zarqawi al concederle una especie de santuario. El procedimiento de actuación de Zarqawi no habría sido viable sin la autorización expresa del régimen de Saddam. De modo que, técnicamente, Iraq amparaba a terroristas. Libby proponía limitarse al único núcleo sólido de la cuestión.

Tenet comprendió que Cheney estaba obsesionado con Al Qaeda.

Al fin Bush apoyó plenamente a Tenet en este asunto, a pesar de las presiones de Cheney.

Powell decidió incluir en su informe las redes de Zarqawi con una fórmula de compromiso. Después de la cuestión de las armas de destrucción masiva, a las que dedicaría el 75 por ciento de su tiempo, mencionaría la existencia de una conexión «posiblemente mucho más siniestra» entre Iraq y Al Qaeda. Presentaría todos los vínculos de Zarqawi con más de 100 terroristas detenidos en varios países europeos, como Francia, Reino Unido, España e Italia.

Durante meses, Saul intentó obtener autorización para enviar a uno de los oficiales de la CIA al núcleo de Iraq controlado por el régimen. Tenía un voluntario para la misión, un ciudadano norteamericano que no parecía norteamericano, un oficial de la CIA con mucha experiencia en algunos de los entornos más hostiles de la última década. La aprobación final de la operación tardó varios meses.

«Eres un chalado», dijo Saul al oficial, a quien conocía desde hacía años. ¿Era consciente de lo que podía ocurrirle si lo capturaban?

El hombre se infiltró en secreto y comenzó a enviar informes sobre defensas aéreas iraquíes totalmente desconocidas para el ejército estadounidense, otras instalaciones militares, y algunos de los primeros datos sobre las trincheras llenas de petróleo en los alrededores de Bagdad que Saddam podía incendiar en caso de guerra. La misión era uno de los mayores secretos de la CIA. Sólo estaban informados sobre la operación el presidente, Cheney, Rice, Rumsfeld y Franks. Saul respiraba aliviado cada mañana cuando llegaban los informes del agente. Su detención podía poner en peligro las técnicas y muchas otras cosas. El llanero solitario envió 130 informes de inteligencia.

En el campamento base de Kalachualan, en las montañas del norte de Iraq, Tim y su equipo desarrollaban operaciones de amplio alcance. Quería que todos los agentes estuvieran destacados en la zona antes del 10 de febrero, porque el inicio de la guerra sólo podía posponerse, como máximo, hasta mediados de mes. Pidió a los dos hermanos que le indicasen el nombre de algún oficial de seguridad (SSO) que supuestamente tuviera acceso a los archivos de personal de los SSO.

—Tráeme a ese chico —solicitó Tim.

Trajeron al hombre, y el padre de los hermanos, el «papa», asistió al interrogatorio.

—¿Qué ocurre? —preguntó el hombre, nervioso y casi trémulo delante del «papa».

—Por favor, son de la CIA y queremos que cooperes con ellos —dijo el «papa».

—Ha llegado el mes previsto —dijo Tim—. Vamos a derrocar el régimen.

—De acuerdo —repuso el oficial de seguridad.

—¿Puede demostrarnos quién es usted? —preguntó Tim.

El oficial sacó un CD-ROM y se lo entregó a Tim.

—Aquí tiene los archivos de personal de los SSO.

Uno de los restantes oficiales del caso cargó el CD-ROM en un ordenador portátil y aparecieron 6 000 fichas de personal, con nombres, currículo completo, misiones y muchas fotografías. Comenzó a ojear las fotografías. Una era la de un hombre que había colaborado voluntariamente con la CIA, asegurándoles que era miembro del ejército iraquí. Era SSO, y con toda probabilidad un agente doble. Decidieron proporcionarle información falsa.

Los informantes de Tim eran tan peculiares que la CIA les dio la designación críptica o secreta de DB/ROCKSTARS (DB era el código de designación de Iraq). Tim pagaba a los dos hermanos un millón de dólares mensuales por la información de ROCKSTAR.

Al parecer, los hermanos se gastaban el dinero en seis días, y Tim les ofrecía varios cientos más si aportaban información verdaderamente valiosa.

Los ROCKSTARS, que nadaban en un mar de 100 000 millones de dólares, compraban en el mercado negro las armas que la UPK también intentaba adquirir. El «papa», sus dos hijos y sus adeptos eran huéspedes de la UPK, y Tim dirigía su red de agentes sin conocimiento de esta organización. Los líderes de la UPK desconfiaron cuando los miembros del grupo religioso comenzaron a vestir uniformes militares bien provistos de armas. «¿Quiénes son estos religiosos que juegan a la guerra?», preguntó uno de los oficiales de la UPK.

Tim también repartía millones de dólares a los miembros de la UPK para tenerlos contentos y obtener la información y seguridad que le proporcionaban. Un día el líder de la UPK, Jalal Talabani, fue a ver a Tim.

—Tim, necesito que me mandes billetes de uno, cinco y diez porque ahora todo cuesta 100 dólares en Sulaymaniyah. —Los billetes de 100 dólares habían provocado una inflación extrema. Hasta una taza de café podría costar 100 dólares porque nadie tenía cambio.

Tim prometió que haría todo lo posible. Un millón de dólares en billetes de cien pesaba unos 20 kilos, así que en billetes de diez podía pesar cientos de kilos, y en billetes de dólar, miles de kilos.

Los turcos procuraban impedir el reabastecimiento, y para obtener dinero, Tim u otros miembros de su equipo tenían que desplazarse hasta allí con las mochilas llenas. El equipo empezaba a ponerse nervioso y a cansarse de la comida local, intestinos rellenos de arroz, tráqueas y laringes de animales, cosidas y hervidas. La base de su alimentación era pollo y pan.

Uno de los ROCKSTARS les entregó un dispositivo de comunicaciones móviles iraquí que supuestamente debía enviarse a reparar. Era el mecanismo utilizado por el viceprimer ministro Tariq Aziz. Tenía una función de encriptación y formaba parte de la red de comunicaciones de los SSO. Un agente ROCKSTAR lo había robado. Tim lo envió a Washington para que lo utilizase la Agencia de Seguridad Nacional. Muy pronto la Agencia de Seguridad Nacional pudo escuchar algunas comunicaciones de los SSO.

Los hermanos también entregaron a un agente ROCKSTAR esencial, un oficial SSO que dirigía uno de los principales centros de conmutación telefónica en Bagdad. Era un hombre corpulento, con bigote, que había ascendido no por sus conocimientos técnicos, sino por su sorprendente lealtad a Saddam. Cuando le llevaron al hombre, el «papa» estaba presente. El oficial SSO se deshizo en exclamaciones del tipo «¡Ah!», «¡Oh!», temblaba y corría de un lado para otro y besaba los pies del «papa», que le dijo: «Cooperarás.» El hombre trajo pronto a Tim otro adepto, el jefe de una importante unidad de comunicaciones de la SSO.

Tim averiguó que las líneas de comunicación estaban activas cada vez que Saddam cambiaba de ubicación, una pista posible para averiguar el paradero de uno de los hombres más esquivos de la tierra.

La información obtenida por los ROCKSTARS adquirió tal relevancia que los expertos en contraespionaje de la CIA en la sede de Washington tenían la misión de analizarla en todos los sentidos posibles. Los datos se cotejaban con las comunicaciones interceptadas, fotografías por satélite u otras imágenes aéreas. Franks y otros responsables eran informados en el Mando Central, donde verificaban los datos.

«Dadnos las coordenadas de GPS de los nuevos puntos de defensa aérea», dijeron. A modo de prueba, los militares sobrevolaron aquellos lugares en las misiones Vigilancia Norte y Vigilancia Sur, y tras examinar la zona de cerca, encontraron las defensas aéreas y las bombardearon. La cantidad y calidad de información de los ROCKSTARS eclipsaba todo lo demás.

A finales de febrero, Tim contaba con unos noventa agentes en la red ROCKSTAR que informaban desde el interior de Iraq. Cada ROCKSTAR debía esconderse para emitir la información. La Agencia de Seguridad Nacional estaba segura de que los iraquíes no tenían medios para interceptar la telefonía por satélite, y en consecuencia Tim adquirió unos cien teléfonos móviles por satélite, a 700 dólares cada uno, de la compañía Thuraya, una empresa de telecomunicaciones por satélite con sede en Abu Dhabi.

Tim entregó los teléfonos a 87 agentes ROCKSTAR destacados en todo el territorio iraquí, desde Umm Qasr, en el sur, hasta Mosul, en el norte. Los ROCKSTARS podían emitir información en tiempo real a un telebanco controlado por los oficiales de Tim encargados del caso y por los hermanos.

La UPK de Talabani tenía su propia línea directa con Washington, y sobre todo con Wolfowitz, a través de un teléfono seguro STU-3. Tim no creía lo que le decía la UPK acerca de los supuestos mensajes que le enviaba Wolfowitz. Pero no podía llamar a Wolfowitz y decirle: «Hola, Paul, ¿les has dicho esto?» Era un GS-14 y por su trabajo recibía una remuneración anual de 80 000 dólares, en pagas de 4 400 dólares mensuales o 150 diarios. La UPK o cualquiera podía conversar con Wolfowitz o con quien fuera, pero Tim era el único que les pagaba y no podían mandarlo al carajo. Ésta era su baza. Él podía insistir: necesitaba más de eso —información—, o menos de aquello —consumo ostentoso.

Tim sabía que la información secreta pende de un hilo muy fino. El hombre más importante de la UPK, con contactos en el núcleo de poder, que había colaborado en el reclutamiento de ROCKSTARS, era alcohólico, y Tim le había pagado cientos de miles de dólares para que bebiese lo que quisiera. Los ROCK-STARS no se reunían con Tim sin la aprobación expresa o la presencia del hombre de la UPK. Así que Tim actuaba como si fuera orientador del alcohólico, y los domingos por la mañana Tim le hacía compañía.

Su discurso era siempre una retahíla de quejas. «Quiero dejarlo —solía decir—. Te odio.» Se quejaba de que no le llegaba el salario. «No me respetas.» Tim tenía que pasar varias horas con el hombre, que trabajaba a espaldas de la UPK, organización sagrada para su familia. Afloraba su resentimiento, la aversión hacia sí mismo, todo ello agravado por su problema con la bebida.

Guiado por el instinto, Tim le brindaba toda la atención que podía porque si el hombre se largaba o alguien lo delataba en su papel de intermediario, se acababan los ROCKSTARS.

No era como estar hablando con George Tenet. Tim estaba solo. Era consciente de que cualquiera de las personas con las que hablaba, incluido Saul, sólo conocía una parte de la información global. ¿Cuándo iba a empezar todo esto? ¿Qué demonios ocurría?

En la sede de la CIA, Saul continuaba sorprendido por los acontecimientos. La Agencia de Seguridad Nacional les aportó sistemas tácticos de SIGINT capaces de interceptar comunicaciones de radio u otros sistemas de baja potencia. Los ROCKSTARS introdujeron aquellos sistemas en Bagdad y los emplazaron en zonas críticas. Así disponían de una nueva fuente de información esencial. Cierto tiempo antes se consideraba que en Iraq era imposible un trabajo como el que desarrollaban Tim y su equipo. La agencia nunca había llevado a cabo una operación fronteriza tan larga y tan lograda, nunca se había infiltrado en los sistemas de información e inteligencia ni en los SSO ni en la Guardia Republicana. ¿Cuánto podía durar la operación? Las misiones de inteligencia no duran eternamente, y lo mejor es que tienden a acabarse de manera repentina e inesperada.

Mientras Turquía debatía la conveniencia de autorizar la entrada de las tropas estadounidenses que pretendían constituir en el país un frente norte, los turcos que perseguían a Tim y al resto del equipo dificultaban cada vez más su actividad. Podían cruzar la frontera en cualquier momento, obstaculizar el paso de los equipos o impedir el reabastecimiento. Cuando empezaron los tiroteos, los equipos necesitaban dinero para dos o tres meses más. Saul decidió conceder a Tim y el otro equipo una buena inyección de dólares: 35 millones en efectivo, que pesaban casi una tonelada en billetes de cien. Era complicado pasar el dinero clandestinamente, ocultándolo bajo las comidas preparadas y otros suministros. Había que cruzar tres pasos fronterizos para recoger e introducir en Iraq los 35 millones de dólares.

Capítulo veintinueve

El miércoles 5 de febrero, justo después de las siete de la mañana, varias horas antes de la exposición de Powell en la ONU, Bush se reunió con 20 miembros clave del Congreso en la Sala del Gabinete de la Casa Blanca.

«Muchos ya conocéis todo esto —dijo—. Era secreto. Sigue siendo secreto hasta que Powell hable a las diez y media. Hay más información de la que no estamos seguros.» Salió de la sala y Rice resumió rápidamente lo que iba a decir Powell.

La representante demócrata Jane Harman, de California, miembro de la Comisión de Inteligencia de la Cámara, afirmó que los argumentos eran sólidos, pero preguntó: «¿Cuál es la amenaza para nuestro país?»

Rice respondió que la amenaza de Saddam aumentaría con el tiempo.

La representante Nancy Pelosi, de California, líder demócrata en la Cámara, preguntó:

—¿Un nuevo régimen iraquí podría desarrollar armas de destrucción masiva? ¿Y el problema de Corea del Norte? —Señaló que se requería una política consistente—. ¿Podemos concluir que la amenaza se elimina mejor yendo a la guerra ahora? Todos los materiales que obtenga Saddam Hussein provendrán del exterior. Es un problema global, y no tenemos una solución global.

—Afrontar el asunto de Iraq no es la panacea —respondió Rice—. Si la ONU no puede resolver el problema de Iraq con una docena de resoluciones más, quedará incapacitada y tendremos que hacerlo nosotros solos. [...] Iraq es crucial para restablecer la buena fe del Consejo de Seguridad.

—¿Y la guerra es la mejor manera? —insistió Pelosi.

Rice dejó claro que la guerra era la opción activa.

—Probamos con las sanciones, probamos con las opciones militares limitadas, probamos con las resoluciones. En un determinado momento, la guerra es la única opción.

El representante demócrata Ike Skelton, de Missouri, miembro del Comité de Fuerzas Armadas de la Cámara, preguntó qué ocurriría en la era post-Saddam.

—Los equipos humanitarios acompañarán a la fuerza militar —explicó Rice—. Haremos frente a la violencia sectaria. [...] Es necesario construir la infraestructura. No queremos quedarnos allí para siempre.

—¿Cuánto tiempo prevén estar allí? —preguntó el senador demócrata Joseph Biden, miembro de la Comisión de Asuntos Exteriores.

—No lo sabemos —respondió Rice—. Depende de los resultados. Contaremos con ayudas dentro y fuera de Iraq.

El senador republicano John Warner, secretario del Comité de Fuerzas Armadas, preguntó por las armas de destrucción masiva.

—Cuando pase la polvareda, ¿las cámaras encontrarán «armas humeantes»?

—No sé qué encontraremos exactamente, ni en cuánto tiempo —repuso Rice—. Blix dice que no puede asegurar que no las encuentren.

En ese momento intervino el Senador demócrata Carl Lavin, miembro de la Comisión de Fuerzas Armadas:

—Blix dice también que no puede asegurar que las encuentren. Usted es incoherente.

El peligro, según dijo Rice, era que los inspectores podían volver y no encontrar nada, lo cual llevaría a algunos países a solicitar la suspensión de las sanciones.

—A los iraquíes les gusta este juego, están encantados con él, saben cómo desbaratarlo. Si continuamos con esto, el Consejo de Seguridad se dividirá. Los inspectores no pueden desarmar Iraq. Lo único que pueden es verificar el desarme.

—Si entramos y no encontramos los alijos de armas —dijo Biden—, tendremos un serio problema de imagen.

—Estoy seguro de que las encontraremos —terció Warner.

—No quiero darles una respuesta categórica —dijo Rice con

cautela, pero luego añadió—: Está ocultando muchas cosas. Estoy segura de que encontraremos muchas.

Tras la reunión, el senador Warner dijo a Steve Hadley:

—Tienen que hacer esto y yo les apoyaré, no se confundan. Pero espero que encuentren las armas de destrucción masiva porque si no, tendrán un problema muy gordo.

Aquellos cuatro días dedicados a la revisión de informes de inteligencia fueron muy difíciles para Powell. Se percataba de que los datos eran en gran parte deducciones. Los agentes no cesaban de repetir que Saddam tenía unas cuantas docenas de misiles Scud. «Nadie ha visto los Scud por ninguna parte», decía Powell. Al leer los informes, vio que los anteriores inspectores de la ONU habían consignado la existencia de unos 817 u 819 misiles Scud. Pero ciertas informaciones sugerían que todavía quedaban algunos, de modo que él decidió referirse vagamente a «unas cuantas docenas de misiles semejantes a los Scud».

Después del ensayo final en Washington, Tenet anunció que los argumentos, en su opinión, eran consistentes y que creía que habían sopesado todas y cada una de las frases. No habían exagerado el tratamiento de las informaciones secretas. Ni el presidente ni Powell saldrían perjudicados, precisó.

«Tú vienes conmigo», dijo Powell. Quería que Tenet se sentase detrás de él en la ONU, en un lugar visible que captasen bien las cámaras, como si el propio director de la CIA suscribiese todas sus palabras. Tenet no era el único apoyo. Powell contaba también con un espectáculo de luz y sonido, documentos audiovisuales que proyectaría en los grandes monitores de la cámara del Consejo de Seguridad. Llevaba incluso una cucharadita de ántrax simulado en una ampolla para exhibirlo.

Millones de personas de todo el mundo vieron y escucharon en directo su informe por televisión. En la sede de la Agencia de Seguridad Nacional, eran miles los espectadores que siguieron la retransmisión en las cafeterías y auditorios abarrotados, donde estallaron los aplausos cuando Powell reprodujo las tres conversaciones interceptadas, una rara exhibición del trabajo secreto de la inteligencia estadounidense.

Powell, con traje oscuro y corbata roja, las manos apoyadas en la mesa, inició su discurso con cautela. «No puedo decirles todo lo que sé, pero todo lo que les revelaré, combinado con lo que hemos sabido a lo largo de los años, es sumamente preocupante. Lo que verán es un cúmulo de datos y pautas de conducta muy inquietantes.»

Reprodujo la conversación de «Lo hemos evacuado todo». Había decidido añadir su interpretación personal de las conversaciones al texto ensayado con el fin de exagerar su relevancia y leerlas desde la perspectiva más negativa. Comunicó previamente su intención a los oficiales del servicio de inteligencia, puesto que había aprendido en el ejército que el significado había que explicarlo en un lenguaje transparente. «Observen lo que dice: "Lo hemos evacuado todo."» Powell repitió la frase y ofreció su interpretación: «No lo hemos destruido. No lo hemos expuesto para su inspección. No se lo hemos entregado a los inspectores. Lo hemos evacuado para que no esté por ahí cuando lleguen los inspectores.»

Por lo que se refiere a la segunda conversación interceptada, la que aludía a la inspección de una posible «munición prohibida», Powell exageró aún más la interpretación: «Limpiad bien todas las zonas, las áreas dispersas, las áreas abandonadas. Comprobad que no quede nada.» Nada de eso aparecía en la comunicación interceptada.

Citando fuentes humanas, Powell lanzó la acusación más grave. «Sabemos, por determinadas fuentes, que una brigada de misiles a las afueras de Bagdad dispensaba lanzacohetes y piezas de artillería con material químico a varias localidades.» Citaba fotografías por satélite y otras informaciones secretas que mostraban una limpieza masiva de todas las plantas de armas químicas o biológicas antes de la llegada de los inspectores de la ONU. «No sabemos qué es exactamente lo que desplazaba Iraq —precisó—, pero los inspectores ya conocían estos sitios, de modo que Iraq sabía que volverían allí. Debemos preguntarnos: si tan interesados estaban en demostrar lo que tenían o no tenían, ¿por qué motivo desplazaron de pronto un material de esta naturaleza antes de las inspecciones?»

Una de las acusaciones más fuertes de Powell se basaba en varias fuentes humanas que, al parecer, habían aportado testimonios presenciales de supuestas fábricas de armas biológicas en vehículos rodados o en vagones de ferrocarril. En el monitor mostró bosquejos detallados de los laboratorios móviles. También se refirió a los vehículos aéreos no tripulados. «Hemos detectado uno de los vehículos aéreos no tripulados más modernos de Iraq, en un vuelo de prueba que recorrió 500 kilómetros en piloto automático siguiendo la ruta representada aquí», más del triple de la distancia de 150 kilómetros autorizada por la ONU. Añadió, con tono amenazador, que dichos vehículos aéreos constituían un grave peligro potencial, pero no aportó pruebas que respaldasen tal conclusión. «Iraq podría utilizar estos pequeños vehículos aéreos no tripulados, que miden pocos metros de fuselaje, para distribuir agentes biológicos a sus vecinos, o también a otros países, incluido Estados Unidos, en caso de que fueran transportados posteriormente».

Powell calificó los vínculos entre Iraq y Al Qaeda como «potencialmente mucho más siniestros», y relató la historia de Zarqawi y otras conexiones. «Algunos creen o sostienen que estos contactos son irrelevantes. Dicen que la tiranía laica de Saddam Hussein y la tiranía religiosa de Al Qaeda no casan bien entre sí. A mí no me consuela esta idea —afirmó. Posteriormente, añadió la siguiente especulación—: La ambición y el odio bastan para unir a Iraq y Al Qaeda.

»Sabemos que Saddam Hussein está decidido a conservar sus armas de destrucción masiva; está decidido a fabricar más. ¿Debemos arriesgarnos a que algún día utilice estas armas en el momento, en el lugar y de la manera que quiera, cuando el mundo se encuentre en una posición mucho más débil para responder? Estados Unidos no puede ni está dispuesto a consentir que el pueblo norteamericano corra ese riesgo.»

La exposición del secretario duró setenta y seis minutos. La revelación pública de las fuentes, los métodos y los detalles de la información secreta fue quizá más importante que su sustancia, aunque Powell mencionó también más de cien datos concretos. Lo importante es que el propio Powell era quien esgrimía los argumentos. La mezcla de medias verdades, exageraciones y pasión personal pretendía cautivar al espectador televisivo.

Mary McGrory, célebre columnista liberal de *The Washington Post*, detractora de Bush, dedicó la columna principal de las páginas de opinión del día siguiente al discurso «*J'Accuse*» de Powell, y entre otras cosas escribió: «Lo único que puedo decir es que me convenció, y yo era tan reacia como Francia a dejarme convencer.»

Añadió que esperaba que Powell se opusiera a la guerra, pero que «El efecto acumulativo fue arrollador. Me recordó aquel día lejano en que John Dean, un pelota de la Casa Blanca, la emprendió contra Richard Nixon y se vio el gesto de consternación en los rostros republicanos que sabían que el *impeachment* era inevitable. —Añadió—: Todavía no estoy preparada para la guerra. Pero Colin Powell me ha convencido de que puede ser la única vía para parar los pies a un desalmado, y si al fin decidimos atacar, hay motivos.»

En la Casa Blanca, Dan Bartlett comprendió la relevancia de lo que había logrado Powell. Lo denominó: «la adquisición de acciones de Powell».

El príncipe Bandar trabajaba sobre la cuestión de Francia. A instancias del príncipe heredero saudí Abdullah, se dirigió a París para entrevistarse con el presidente Chirac.

El presidente francés dijo que había un punto básico de desacuerdo y presentó dos quejas concretas. Bush y los norteamericanos no le respetaban, y no le mantenían informado sobre las averiguaciones de los servicios de inteligencia.

Cuando Bush fue informado de las preocupaciones de Chirac, afirmó que quería colmar a Chirac de atención y respeto. Tenet señaló que recibía información de la inteligencia francesa, y que no tenía ningún problema con el actual jefe de los servicios de inteligencia franceses.

Bandar se reunió con el presidente egipcio Hosni Mubarak, que le comunicó que Egipto tenía muchas fuentes de información en el interior de Iraq. «Nuestros agentes han confirmado que existen laboratorios móviles de armas biológicas —dijo Mubarak. A continuación informó a Bandar sobre un enigmático mensaje procedente de Iraq—. Un emisario de Saddam me comunicó que hay mujeres, niños y algunas otras personas que se identificarán posteriormente y quieren desplazarse a Egipto. ¿Nos cedéis un palacio presidencial?»

El emisario de Saddam dijo que los iraquíes también querían trasladar a Egipto grandes cajas fuertes con capacidad para almacenar 2 000 millones de dólares en efectivo y lingotes de oro. Mubarak aseguró que les había respondido que acogerían a las mujeres y los niños. «Para los hombres u oficiales, tendréis que llegar a un acuerdo con los norteamericanos, o voy a tener que llamarlos.» Mubarak dijo que también había rechazado la petición de trasladar a Egipto los 2 000 millones de dólares en efectivo porque podría ser acusado de robo. De modo que sugirió al emisario de Saddam que enviasen el dinero en cheques o bien a través de un banco suizo.

Bandar informó a Rice de que, a su parecer, Chirac iba a colaborar e incluso podría apoyar la guerra.

—¿Está seguro? —preguntó Rice, más escéptica.

Bandar afirmó tener tres fuentes. Mubarak y el primer ministro libanés, Rafik Hariri, informaban que ésa era la posición de Chirac, y sus propias conversaciones con el presidente francés llevaban a la misma conclusión.

El viernes 7 de febrero, a las 11.35 horas, Chirac llamó a Bush.

—No comparto su opinión sobre la necesidad de la guerra —dijo Chirac con frialdad—. La guerra no es inevitable. Hay vías alternativas para alcanzar los mismos objetivos. Es cuestión de moralidad. Estoy en contra de la guerra si no es inevitable y necesaria.

—Estoy comprometido con nuestra relación —respondió Bush—. Estoy comprometido con la relación personal que tenemos usted y yo y nuestros países. Usted es un hombre coherente, un hombre compasivo. A mí también me desagrada la guerra. Tengo la responsabilidad de consolar a las familias de quienes han perdido la vida en la guerra. Entiendo que un Saddam Hussein armado es una amenaza directa para el pueblo norteamericano. Eso puede explicar por qué no estamos en la misma onda. Cuando el Consejo de Seguridad de la ONU dice algo, es importante que signifique algo. Gracias por la información secreta que nos han proporcionado.

—Veo positivamente la propuesta Saudí —replicó Chirac, refiriéndose a la idea de permitir el exilio de Saddam en otro país— porque pretende evitar la guerra. Si hay guerra —prosiguió Chirac—, colaboraremos en la reconstrucción. —Su talante parecía conciliador—. Contribuiremos en todos los aspectos.

Bush dijo que se estaba haciendo acopio de alimentos para los iraquíes y que se aportaría asistencia hospitalaria.

—Comprendo que su posición sea diferente —dijo Chirac—. El mundo puede contemplarse desde dos perspectivas morales diferentes y respeto la suya.

Cuando el presidente colgó, se sintió optimista en relación con el posicionamiento francés. Chirac dijo que había dos perspectivas morales y que respetaba la de Bush. ¿Era posible que Francia no vetase una nueva resolución del Consejo de Seguridad de la ONU?

Aquel mismo día, Gamal, hijo de Mubarak, se entrevistó en secreto con Bush en la Casa Blanca, y le transmitió el mismo mensaje que su padre había comunicado a Bandar. Gamal, destacado reformista proamericano en el partido de su padre, señaló que tenían motivos para creer que Saddam estaba esperando una oportunidad para exiliarse, y se refirió brevemente a la solicitud transmitida por Saddam a Mubarak de conceder asilo y protección a sus familiares, además de guardar a buen recaudo 2 000 millones de dólares en Egipto. Numerosos países, entre otros Arabia Saudí, Jordania y Turquía, participaban en las negociaciones. ¿Qué pensaba el presidente?

A pesar de que Powell, Rumsfeld y Rice habían declarado, el mes anterior, que el exilio de Saddam era una opción viable para evitar la guerra, el presidente respondió que si Saddam se exiliaba, Estados Unidos no garantizaría su protección. También señaló que no veía con buenos ojos a quienes le brindaban protección. «Si lo que pretende es que le asegure que no vamos a hacer nada —dijo Bush a Gamal—, no se lo voy a asegurar.» Había adoptado una posición muy estricta con respecto a los países que amparaban a los terroristas y, por definición, Saddam era un terrorista. Pero con cierta ambigüedad, insinuando casi cierto apoyo tácito, añadió: «A lo largo de la historia ha habido muchos casos en que la gente se exiliaba y así se evitaba la guerra, y nosotros somos conscientes de ello.»

El 10 de febrero, el primer ministro australiano, John Howard, se reunió en privado con Bush en el Despacho Oval. «Todavía estamos en el atolladero —dijo Bush—, pero gracias a su sólida determinación empezamos a ver las cosas claras. O se va [Saddam], o lo echamos. Hay una mínima probabilidad real de que se vaya.

—Después pensó en las complicaciones que traería tal posibilidad, y añadió—: El problema será si es un criminal de guerra y quién le concede asilo.»

Powell predecía que Francia se abstendría en el Consejo de Seguridad. «Será difícil conseguir un sí hasta que nos marquemos una coreografía kabuki», dijo Bush, utilizando una de las imágenes favoritas de Powell, que aludía a los malabarismos diplomáticos.

Aquel mismo día 10, Rice llamó al príncipe Bandar para informarle de que Chirac seguía una dirección diferente. «Su amigo de los Elíseos acaba de convocar a Schroeder y Putin a una reunión.»

Chirac, Putin y Schroeder emitieron aquel mismo día una declaración conjunta donde solicitaban la continuidad de las inspecciones armamentísticas de la ONU. «Rusia, Alemania y Francia están decididas a garantizar que se tomen todas las medidas posibles para desarmar Iraq por medios pacíficos.»

Vaya jugada la de Chirac, Putin y Schroeder.

Parte del debate del Consejo de Seguridad Nacional se había centrado en un plan para que los inspectores de Blix «anegasen la zona», dirigiendo múltiples inspecciones desde el principio, en lugar de seguir un método de picotazos aislados o una concentración progresiva. También podían entrevistar a científicos iraquíes fuera del país para aumentar las presiones e intranquilizar a Saddam. Así Blix encontraría probablemente las armas de destrucción masiva, aunque también era posible que Saddam obstaculizase la labor de los inspectores de un modo tan flagrante que justificase el inicio de la guerra.

Nuevas informaciones confidenciales sobre Blix mostraban que su segundo informe, cuya presentación estaba prevista para el 14 de febrero, iba a ser vago e insustancial. Según una fuente, el texto era positivamente «greenspanesco», es decir, una puesta al día ecuánime y bien ponderada, al estilo del secretario de la Reserva Federal estadounidense, Alan Greenspan.

El viernes 14 de febrero, a las 8.55 horas, el presidente bajó a la Sala de Situación para ofrecer una rueda de presa sobre cómo pensaban responder en caso de un golpe de estado en Iraq. Aunque parecía casi imposible, tenían un plan. No querían que los sorprendiera desprevenidos el repentino acceso al poder por parte de algún general iraquí que derrocase a Saddam. Los saudíes habían expuesto la idea públicamente. Si bien un golpe de estado era una buena noticia, Iraq podía acabar con un nuevo dictador, saddamismo sin Saddam.

El presidente y el Consejo de Seguridad Nacional debatieron un documento formal sobre «la posibilidad de un golpe de estado», y acordaron que, si se producía el golpe, Estados Unidos se entrevistaría inmediatamente con el nuevo líder para que cediese el poder a una autoridad iraquí, debidamente constituida con apoyo popular y designada por Estados Unidos. Debía producirse algún giro hacia la democracia. En segundo lugar, Estados Unidos plantearía al nuevo líder la posible entrada de las fuerzas estadounidenses para eliminar las armas de destrucción masiva y cercenar todos los vínculos del régimen anterior con el terrorismo. Por consenso se concluyó que no podían esperar a que el nuevo gobierno los invitase a entrar, sino que las fuerzas estadounidenses tenían que desplazarse de inmediato. Era una medida delicada y provocadora, pero decidieron que un golpe de estado, con todos sus imponderables, no detenía la invasión militar.

Las fuerzas de oposición iraquíes preveían reunirse en el territorio kurdo del norte de Iraq dos semanas después. La reunión se concebía como una provocación deliberada. Sin duda alguna, irritaría a Saddam y existía la posibilidad de que éste decidiese atacar. Tenía divisiones militares justo al sur de la llamada «Línea Verde» que dividía el Iraq de Saddam de la región controlada por los kurdos. Los ministros estadounidenses acordaron que un ataque directo contra los kurdos sería un grave error por parte de Saddam, y de este modo aumentaría la oposición internacional contra él.

El presidente era escéptico, pero al final dio su visto bueno.

El Consejo de Seguridad Nacional también barajaba otra posibilidad sumamente delicada. El servicio de inteligencia de un país fronterizo con Iraq informó de que preveía enviar un emisario a entrevistarse con Saddam, aparentemente con la finalidad de negociar, pero con el objetivo real de asesinar al líder iraquí. El Consejo de Seguridad Nacional resolvió que no podían contar con aquella opción, ni siquiera respaldarla, pero que sería estupendo que ocurriera, con la salvedad de que no debían perder de vista, en cualquier caso, la cuestión de la democracia, las armas de destrucción masiva y los vínculos terroristas de un eventual nuevo líder iraquí.

La exposición de Blix en el Consejo de Seguridad de la ONU aquella misma mañana fue una lista, estrictamente ecuánime, de pros y contras. Sus conclusiones contrastaban con el informe presentado por Powell nueve días antes. «Desde que llegamos a Iraq hemos llevado a cabo más de cuatrocientas inspecciones en más de trescientos sitios —informó Blix—. Todas las inspecciones se realizaron sin previo aviso, y el acceso casi siempre se produjo con prontitud.» No habían hallado pruebas convincentes de que los iraquíes supieran de antemano adónde iban a ir los inspectores. «Los inspectores han visitado por todo Iraq sitios industriales, depósitos de municiones, centros de investigación, universidades, lugares presidenciales, laboratorios móviles, casas privadas, material para la producción de misiles, campamentos militares y zonas agrícolas.

»Se han recogido más de doscientas muestras químicas y más de cien muestras biológicas en diversos sitios», continuó Blix. Se habían analizado tres cuartas partes de las muestras, pero no se habían hallado armas o sustancias prohibidas.

«¿Cuánto queda, si quedara algo, de las armas de destrucción masiva de Iraq y los programas relacionados?», preguntó Blix. Hasta aquel momento, los inspectores no habían «encontrado estas armas, sólo una pequeña cantidad de munición vacía que debía haber sido declarada y destruida». Añadió que los documentos iraquíes mostraban que se habían omitido muchas cosas. «No debo apresurarme a concluir que existen; sin embargo, tal posibilidad tampoco está excluida.»

Blix señaló que muchos gobiernos estaban convencidos de que Iraq todavía tenía armas de destrucción masiva. «Los materiales presentados por el secretario de estado estadounidense respaldan esta conclusión. Los gobiernos tienen muchas fuentes de información que no son accesibles para los inspectores —dijo en tono de reproche—. Los inspectores, por su parte, deben basar sus informes únicamente en pruebas que puedan examinar por sí mismos y presentar públicamente.» Criticó la afirmación de Powell de que Iraq había limpiado algunos sitios antes de las inspecciones.

Las dos fotografías por satélite de un sitio fueron tomadas con varias semanas de diferencia entre una y otra, dijo Blix, y el supuesto movimiento de munición «pudo haber sido tanto una actividad rutinaria como un traslado de armas prohibidas antes de una inminente inspección». Si Iraq se prestara a colaborar con mayor rotundidad, «el período de desarme a través de la inspección podría ser breve».

El pequeño televisor de los despachos de Armitage, en el séptimo piso del Departamento de Estado, estaba encendido, y él y su equipo deambulaban por allí mientras veían cómo respondía Powell tras la comparecencia de Blix en el Consejo de Seguridad. El secretario estaba enfadado, pero conseguía mostrarse sereno la mayor parte del tiempo, si bien con un tono sarcástico en ocasiones. Discutió la conclusión central de Blix, que sostenía que el desarme era posible a través de las inspecciones. «Todo esto son trampas con las que intentan engañarnos», dijo Powell. El cumplimiento real, inmediato, sincero e incondicional de la resolución de desarme de la ONU es muy sencillo. «No hace falta ser cirujano cerebral para saber cómo se desarma uno», declaró. En relación con la propuesta francesa de enviar más inspectores a la zona, Powell declaró: «Más inspectores... Lo siento. Ésa no es la respuesta.

»La fuerza debe ser el último recurso [...] pero debe ser un recurso.» Powell se sentía cómodo con su uniforme de guerra; la «adquisición de acciones» era ya completa. Las armas de Saddam, declaró, «podrían matar a decenas de miles de personas».

Capítulo treinta

El 15 de febrero habría sido una posible fecha para el comienzo de la guerra si las inspecciones hubieran progresado según los planes previstos y hubieran puesto en evidencia a Saddam. Ahora el final no estaba claro. Los principales aliados de Bush (Blair, Howard y Aznar) hacían frente a una oleada de protestas en sus respectivos países.

«Ralentiza los movimientos de tropas», dijo Bush a Rumsfeld, según recordaba cierto tiempo después. Franks y el ejército le comunicaron que podían tomarse un tiempo más; a Bush le pareció que ellos también posponían la fecha de comienzo. Entonces decidió demorarla algo más, y comentó a Rumsfeld: «Don, nos estamos acelerando demasiado respecto del punto donde debíamos estar a causa del tema diplomático.»

Cheney detestaba la idea de una segunda resolución, a pesar de que a Bush le parecía que el vicepresidente comprendía la lógica del asunto, así como las enormes presiones entrecruzadas desde diversos frentes: los líderes aliados como Blair, el ejército y la CIA. Cheney escuchaba las llamadas telefónicas, o leía sus transcripciones, con los líderes que se encontraban en peligro político y solicitaban una segunda resolución. «La inquietud se debía a que nos costaba encontrar la salida en medio de aquel proceso», recordaba Bush.

El sábado 22 de febrero el presidente Bush recibió al presidente español, José María Aznar, en su rancho de Crawford. Mantuvieron una conversación a cuatro bandas con Blair y Berlusconi. Todos acordaron presentar una segunda resolución de la ONU donde se declarase que Saddam no había «cumplido» la Resolución 1441 anterior.

El Consejo de Seguridad Nacional reconsideró la cuestión del exilio de Saddam y decidió que no debía descartarse. En consecuencia, Rumsfeld y Rice volvieron a tantear la posibilidad públicamente.

Elie Wiesel, escritor, superviviente de Auschwitz y premio Nobel de la Paz, se entrevistó con Rice el 27 de febrero, y el presidente se dejó caer por el despacho de ésta. Rice se desplazó al sofá para que el presidente pudiera sentarse en la silla más próxima a Wiesel.

Wiesel dijo al presidente que Iraq era un Estado terrorista y que el imperativo legal era la intervención. Si Occidente hubiera intervenido en Europa en 1938, se habría evitado la segunda guerra mundial y el Holocausto.

—Es un asunto moral. En nombre de la moralidad, ¿cómo no vamos a intervenir?

—Es muy sensato lo que dice —replicó Bush—. El asesino ve las manifestaciones de gente respetable y cree que lo apoyan. Si los franceses lo hubieran presionado, ya se habría marchado. Leí sus opiniones sobre Auschwitz en el libro de Michael Beschloss.

En *The Conquerors*, que trata sobre las decisiones de Roosevelt y Truman en la segunda guerra mundial, Beschloss cita unas palabras de Wiesel donde expresa su deseo de que los aliados hubieran bombardeado los campos de concentración aunque hubieran matado a los prisioneros judíos. «Ya no nos daba miedo la muerte; al menos, no aquella muerte.»

Bush comunicó a Wiesel: «Si no desarmamos a Saddam Hussein, lanzará una arma de destrucción masiva en Israel y así conseguirán lo que quieren, pero nosotros tenemos que impedirlo.» La perspectiva de un enfrentamiento militar entre Iraq e Israel sería un desastre que obstaculizaría, sin duda alguna, toda posibilidad de que Jordania, Arabia Saudí y otros países árabes se sumaran a la campaña contra Saddam.

Wiesel señaló que en un panorama tan conflictivo, la neutralidad era imposible. La indecisión no hacía sino fomentar el mal y favorecer al agresor, no a las víctimas. «Estoy en contra del silencio.»

Durante los días siguientes, Bush repetía rutinariamente los comentarios de Wiesel. «Fue un momento muy significativo para mí —recordó posteriormente— porque me reafirmó en mis opiniones. Me dije: "¡Caramba! Si así piensa Elie Wiesel, que conoce bien el dolor y el sufrimiento y la agonía de la tiranía, seguro que otros piensan así también. Y por tanto no estoy solo."»

Frank Miller, director de la sección de Defensa del Consejo de Seguridad Nacional, tenía una de las misiones más delicadas en los preparativos de la guerra. Desde agosto de 2002 lideraba el denominado Grupo de Dirección Ejecutiva, creado para supervisar la coordinación interdepartamental en el asunto de Iraq, a instancias de Rice y Hadley. Miller, ex oficial de Marina con 19 años de experiencia en el Servicio Ejecutivo Superior del gobierno, el rango más elevado de los funcionarios civiles, trabajó sobre planes de guerra nucleares durante la etapa de Cheney en el Departamento de Defensa.

Para su sorpresa, Miller se percató de que una de sus principales tareas consistía en coordinar las diversas partes del Departamento de Defensa de Rumsfeld. La oficina presupuestaria del Pentágono, el tenderete político de Feith, la Junta de Jefes de Estado Mayor de Myers y el Mando Central de Franks operaban como feudos más o menos independientes. En opinión de Miller, demasiados miembros de rango medio o alto del Departamento de Defensa eran gentes de grandes ideas, muy proclives a los conceptos, el papel y el discurso, pero con muy poca experiencia de gestión. «No llegan a la fase de ejecución», informó a Rice y Hadley.

Miller tuvo que convocar a los representantes del interventor del Pentágono, la oficina política y la Junta de Jefes de Estado Mayor a su despacho, en el tercer piso del Old Executive Office Building, contiguo a la Casa Blanca. «Caballeros, dense la mano —dijo en una ocasión, al presentarlos entre sí—. Y ahora, ¿podemos resolver este tema?» Los asuntos eran diversos, desde la logística de orden práctico, como el recubrimiento de hormigón en las nuevas pistas de aterrizaje, hasta las cuestiones más delicadas de los prisioneros o crímenes de guerra.

Llegó a celebrar dichas reuniones tres veces por semana, y obligó a los participantes a elaborar esquemas en color rojo, amarillo o verde para indicar el avance en los 21 asuntos centrales, como la protección de los aliados regionales ante posibles ataques de misiles iraquíes, la definición de la victoria, las implicaciones del uso prematuro de las armas de destrucción masiva iraquíes contra Israel, las consecuencias de un atentado con armas de destrucción masiva en el escenario de las operaciones, el fundamento legal de la ocupación, la ayuda humanitaria y el reparto de recursos escasos como los misiles Patriot.

Miller informaba oficialmente al comité de suplentes y trasladaba los documentos y las decisiones políticas a los titulares de cada departamento, y también al presidente en caso necesario. Pero el caos era tal que debía celebrar cada semana una reunión independiente con Card, Rice, Hadley y Libby con el fin de revisar con ellos las principales cuestiones y llamarlos al orden para que, a su vez, presionasen a Rumsfeld o a otros.

Miller informó de que la comunicación entre los sectores civil y militar del Departamento de Defensa estaba irremediablemente rota. A través del contacto personal con almirantes y generales de tres o cuatro estrellas del Pentágono, averiguó que la Junta de Estado Mayor no confiaba en Rumsfeld y Feith y no quería inmiscuirse en el plan de guerra de Franks.

El asunto número 16 de la lista de Miller, por ejemplo, era el desarrollo de una fuerza iraquí independiente de 5 000 exiliados, que podría combatir junto a las tropas estadounidenses. Feith quería instruir a patrullas de reconocimiento o incluso a una brigada de combate para que se adentrasen en Iraq. La Junta de Estado Mayor emitió una orden de planificación el 12 de septiembre de 2002, el mismo día del discurso de Bush en la ONU, pero el entrenamiento real no comenzó hasta cinco meses después. Fue una pesadilla encontrar un lugar para los entrenamientos, investigar a los iraquíes para cerciorarse de que no fueran espías o simpatizantes del régimen, así como conseguir dinero y medios de transporte. Se encomendó la misión a un general de dos estrellas y al fin se localizó una zona adecuada para los entrenamientos en Hungría. Unos 800 militares estadounidenses trabajaron durante meses y gastaron millones de dólares en el programa, pero el resultado final fue un fracaso estrepitoso, casi cómico, pues sólo lograron formar a 70 iraquíes exiliados.

La mañana del lunes 24 de febrero, el presidente asistió a una reunión informativa secreta del Consejo de Seguridad Nacional bajo el epígrafe «Planificación de la infraestructura petrolífera iraquí: decisiones pendientes». El presidente y los demás asistentes comunicaron su esperanza de que la industria petrolífera iraquí, si quedaba liberada de las sanciones de la ONU, fuera la vía rápida de reincorporación del nuevo régimen a la economía mundial.

Pamela Quanrud, economista del Departamento de Estado que colaboraba con el personal del Consejo de Seguridad Nacional, comunicó al presidente que la cuarta parte de los 16 000 millones de dólares generados con el programa «Petróleo por Alimentos» de la ONU iba destinada a una cuenta de depósito en garantía de la ONU, con el fin de saldar los daños causados a Kuwait y Arabia Saudí por la guerra del Golfo de 1991, y el 15 por ciento iba dirigido a los kurdos del norte, de modo que quedaba un 60 por ciento para los iraquíes. Quanrud incidió en la necesidad de desenredar la maraña de resoluciones de la ONU que regulaba el programa «Petróleo por Alimentos».

Las estimaciones en caso de guerra eran inciertas. Quanrud señaló que podían hacer frente a un coste de entre 7 000 y 8 000 millones de dólares para reconstruir la infraestructura petrolífera si Saddam destruía los pozos, como ya hizo en 1991. Incluso si se producían daños escasos, los ingresos del primer año no superarían los 12 000 millones de dólares, que podrían aumentar hasta 22 000 millones en el segundo año, una cifra razonable teniendo en cuenta la producción histórica de Iraq.

Quanrud precisó que Estados Unidos no debía obstaculizar las decisiones del futuro gobierno iraquí en lo que respecta al sector petrolífero, es decir, no debía inmiscuirse en los contratos petrolíferos, actuales o futuros, ni en la OPEP. La recuperación se desarrollaría en tres fases. En primer lugar, el ejército protegería la infraestructura petrolífera. En segundo lugar, Estados Unidos colaboraría con una administración civil, progresivamente bajo control iraquí, para establecer una autoridad petrolífera temporal y reanudar la producción. La autoridad petrolífera estaría dirigida por un jefe de explotación iraquí y por una junta de asesores formada por expertos iraquíes e internacionales. Por último, cuando tomase posesión el nuevo gobierno iraquí, la gestión de la industria petrolífera sería responsabilidad exclusiva de los iraquíes.

«¿Aceptarán el petróleo las grandes compañías? —preguntó el presidente—. ¿Quién tiene títulos?» Así expresaba su preocupación por cómo sería recibido el petróleo iraquí en el mercado mundial tras años de sometimiento a las sanciones de la ONU.

El presidente manifestó la necesidad de recabar el apoyo de iraquíes y norteamericanos expertos en el negocio petrolífero para que contribuyesen a dirigir el sector. «Queremos poner una cara iraquí al frente de la administración petrolífera temporal —dijo— y darles pleno control lo antes posible.» Añadió que los ingresos iniciales irían directamente a los iraquíes. «El pago de la deuda debe ser lo último de la lista.» Rusia, Francia y Estados Unidos soportaban parte de la deuda, pero un porcentaje considerable correspondía a Arabia Saudí y otros estados del Golfo.

«Me preocupa la suficiencia del mercado petrolífero», declaró el presidente, revelando así su inquietud por la capacidad del mercado de absorber el déficit temporal de producción durante una guerra en Oriente Medio. La onda expansiva en la economía estadounidense podría ser enorme, y Bush preguntó cuál era la capacidad de sobreproducción de los Emiratos Árabes Unidos y Arabia Saudí. La política petrolífera saudí podía ser la tabla de salvación. Según el príncipe Bandar, Arabia Saudí esperaba ajustar los precios del petróleo durante diez meses con el fin de preparar la economía para el 2004. Bandar sabía que la clave estaba en las condiciones económicas anteriores a las elecciones presidenciales, no en las del momento de los comicios.

Desde hacía algún tiempo, Powell cuestionaba la conveniencia de contar sólo un puerto y aeropuerto importantes en Kuwait como vía de entrada de las fuerzas y los suministros. Si Saddam utilizase armas químicas o biológicas en dichos lugares, podía poner fin a la operación y a la cadena de reabastecimiento.

Franks siempre había sido partidario de la apertura de un frente al norte de Iraq, y los británicos proponían también el envío de fuerzas a través de Turquía.

«¿Pero cómo van a desembarcar en Gallípoli?», preguntó Powell sarcásticamente en una reunión del Consejo de Seguridad Nacional, aludiendo a la península turca donde las fuerzas británicas y australianas emprendieron una campaña catastrófica, con más de 100 000 muertos, en la primera guerra mundial, y a la película del mismo título de Peter Weir, estrenada en 1981, que se basa en aquel episodio histórico. «Hemos visto la película y eso no va a ocurrir.» Powell consideraba absurda la propuesta.

Posteriormente, se planificó otra estrategia, que consistía en introducir las tropas estadounidenses a través de Turquía. Al final, Franks aceptó el envío de un contingente de entre 30 000 y 80 000 soldados a través de Turquía si se contaba con tropas de apoyo y suministro. Rumsfeld envió buques de carga que transportaban carros de combate de la cuarta División de Infantería al Mediterráneo para su desembarco en Turquía.

Powell puntualizó que un contingente de tal magnitud requería todo tipo de acuerdos con Turquía. «¿Ochenta mil soldados pasando por Turquía? Pero hombre, Turquía es un nuevo gobierno islámico y no puede asumir todo eso.» Las cifras se redujeron a 40 000, y más tarde aumentaron a 62 000.

«Creo que [Turquía] puede aceptar que se sobrevuele la zona —comunicó Powell al Consejo de Seguridad Nacional cierto tiempo después—. Creo que pueden aceptar el tránsito por sus fronteras. Creo que pueden aceptar la parte aérea. Lo que no veo claro es lo de trasladar una división acorazada o mecanizada por tierra atravesando de punta a punta Anatolia [a Powell le gustaba utilizar los nombres antiguos, y éste designa la zona asiática de la Turquía actual], con un largo séquito detrás y gran cantidad de vehículos, con la intención de invadir otro país musulmán. Por mí, muy bien, pero me temo que se sale mucho de la escala aceptable para Turquía. No creo que lo consigamos, y nos arriesgamos a perderlo todo por probar esa vía. ¿Es necesario realmente?»

Rumsfeld y Franks lo consideraban esencial.

El 1 de marzo, el Parlamento turco rechazó la solicitud estadounidense de desplazar tropas por el país. Franks pensó después que la cuarta División de Infantería, que permanecía en los barcos frente a la costa turca, había sido una operación de engaño eficaz. A través de las fuentes de inteligencia de la CIA, se informó a la cúpula del gobierno de Saddam de que Turquía había acordado en secreto el paso de las fuerzas estadounidenses por su territorio, y de que la votación parlamentaria turca era una estratagema. Franks creyó que el engaño había inducido a Saddam a mantener once de sus divisiones regulares del ejército y dos divisiones de la Guardia Republicana en el norte, lo cual significaba que llegarían demasiado tarde a la defensa de Bagdad.

«Menuda tontería», pensó Powell.

A comienzos de marzo, Rumsfeld se reunió en su despacho con sus hombres más importantes: Wolfowitz, Feith, el general Myers, el general de la Marina Pete Pace, vicesecretario de la Junta de Jefes de Estado Mayor, así como Saul, de la CIA, junto con su círculo de confianza (Larry DiRita, principal asesor civil, y el teniente general John Craddock, ayudante militar).

Rumsfeld les preguntó cuánto iba a durar la guerra. Quería conocer sus mejores estimaciones. Habían dedicado más de quince meses a esta cuestión. ¿Cuánto se tardaría en conseguir el cambio de régimen?

Algunos se negaron a responder porque él siempre les advertía que no pronosticasen, que no previesen el calendario de las operaciones. Las predicciones son un delito. Los «cálculos aproximados», como los denominaban en el ejército, raras veces se cumplían, y con el tiempo la prensa solía desenterrar los errores. Habían aprendido aquella regla clave de Rumsfeld. Era tan malo como filtrar información. Hubo un momento de humor en la mesa al tratar este asunto grave y crucial.

«No, no y no», insistió Rumsfeld. Quería respuestas sobre este asunto. Era una reunión privada. Todos confiaban entre sí, tenían que confiar.

El general Myers dijo, con cierto optimismo, que las tropas estadounidenses tardarían dos o tres semanas en llegar a Bagdad, y la guerra duraría treinta días en total. Posteriormente, Myers declaró en una entrevista que no quería comentar su predicción porque era un sondeo de Rumsfeld. «Él es el experto en sondeos —declaró Myers—. Es el hombre Gallup.»

El general Pace, vicesecretario, declaró más adelante que Rumsfeld no solía hacer ese tipo de preguntas. Fue «la única vez que me preguntó mi opinión. Teníamos numerosas informaciones que indicaban que muchas divisiones iban a capitular. Por lo que recuerdo, le dije que si la información que teníamos era correcta, tardaríamos menos de un mes. Si no era correcta, tardaríamos dos o tres meses, dependiendo del tipo de contraataque que tuviéramos. Pero también dije que hasta que se empieza no se puede saber lo que va a ocurrir.»

Franks dijo que duraría semanas, no meses.

Saul vaticinó que duraría tres semanas. DiRita era más preciso: trece días. El general Craddock apostó por veintiún días. Wolfowitz preveía sólo siete días de guerra.

Cuando los demás miraron al secretario, el señor Gallup, a la espera de conocer su pronóstico, él les dijo: «¡Ni lo soñéis! ¿Creéis que estoy loco?» No pensaba jugar, a pesar de que había anotado la previsión de todos los reunidos en un papel que metió en un cajón. Los datos oscilaban entre siete y treinta días, lo cual reflejaba un notable optimismo entre las personas supuestamente mejor informadas.

El presidente afirmó con posterioridad que nunca llegó a conocer aquellas estimaciones. «Rumsfeld es demasiado prudente como para hacer eso. Demasiado inteligente. Rumsfeld no va a entrar en el Despacho Oval y decir: "Señor presidente, todo esto se acabará en nueve días."» Y presuponía, acertadamente, que Rumsfeld nunca daría a conocer su predicción a los demás. «Conozco a Rumsfeld. Lo conozco bien. No me sorprende.» Franks tampoco le ofreció ningún pronóstico. Bush aseguró que ni siquiera él mismo hizo ese cálculo mentalmente. Indicó que «sospechaba» que sería cuestión de semanas, no de meses; de todas formas, «estaba preparado para lo peor».

Franks comunicó a parte de su personal que creía que habría menos de 1 000 víctimas en el lado estadounidense, probablemente sólo unos centenares. El presidente dijo que sabía de este cálculo, pero que tenía otro motivo de preocupación. «Me preocupaba más que Saddam utilizase armas de destrucción masiva contra su propio pueblo. No contra nosotros. Contra su propio pueblo. Y a nosotros nos acusarían por provocar una catástrofe humana en el mundo.»

Pero no debía haber recuento de víctimas enemigas. Era uno de los venenos inoculados en los veteranos de la guerra de Vietnam, que ahora ocupaban los altos rangos de la jerarquía militar.

Habían aprendido la lección. El general Pace sirvió en la jungla de Vietnam cuando era un joven oficial de la Marina.

«En este edificio no hemos aportado cifras ni una sola vez —dijo Pace, hombre normalmente sosegado, en su despacho del Pentágono, el Anillo E, a propósito de los cálculos sobre víctimas enemigas—. Probablemente porque los hombres como yo, que hemos estado en Vietnam, sabemos lo que ocurre cuando se empieza a contar. Se distorsiona por completo la forma de pensar y actuar de los que intervienen sobre el terreno. Queremos que las tropas que están sobre el terreno entiendan que queremos que hagan su trabajo con la menor cantidad de muertes posible, pero con las necesarias para proteger la vida de nuestros chicos. Y si se piden recuentos de víctimas [...] la gente se centra en el 3 a 1, 5 a 1, 7 a 1.»

Pace parecía estremecerse al recordar aquella época, treinta y cinco años atrás, en que el secretario de Defensa, Robert S. McNamara, y los generales pensaban que ganarían la guerra si era suficientemente elevada la proporción de muertes de vietnamitas del norte en relación con las de norteamericanos. «La finalidad no era matar un número X de personas, sino derrocar un régimen. Si puedes hacerlo sin matar a nadie, ganas. Si matas a mil personas y no has conseguido cambiar el régimen, pierdes. Así que los números no cuentan.»

La pregunta es problemática también si se formula a un comandante. «Si la pregunta es "¿A cuántos han matado?", el mensaje que le transmito es "¡Ah! O sea que no tenía que llegar a la ciudad, sino que se supone que tenía que matar a gente". Y ésa no es la respuesta adecuada.»

No obstante, Franks ofreció más adelante un cálculo estimado de víctimas confidencial al presidente y los ministros.

Feith trabajaba en la planificación de la posguerra y, como de costumbre, generaba una gran cantidad de papeles. Durante más de un mes preparó un documento titulado «Estados Unidos y los objetivos de la coalición».

El 4 de marzo, Feith se dirigió a la Casa Blanca, donde celebró una reunión informativa secreta con el presidente y el Consejo de Seguridad Nacional. En la presentación en PowerPoint se mencionaban los siguientes objetivos:

— Se mantiene la integridad territorial de Iraq y mejora visiblemente la calidad de vida iraquí.

— Iraq avanza hacia la democratización de sus instituciones y sirve de modelo para la región.

— Estados Unidos y la coalición mantienen la libertad de acción para llevar a cabo la guerra global contra el terrorismo, la obtención de armas de destrucción masiva y las actividades destructivas.

— Conseguir la participación internacional en el proceso de reconstrucción.

— Lograr el apoyo del pueblo iraquí.

— Conseguir el apoyo político de la comunidad internacional, incluidos los Estados regionales, preferentemente a través de una resolución del Consejo de Seguridad de Naciones Unidas.

— Designar en breve al máximo número posible de iraquíes para los cargos de autoridad física.

— Cumplir con perentoriedad todos los puntos anteriores.

Un desafío fundamental era lograr el equilibrio adecuado entre la legitimidad, a través de las instituciones internacionales, y la eficiencia. Debían decidir qué grado de participación del partido Baas iban a permitir en el nuevo orden post-Saddam. La burocracia baasista existente era competente y experimentada. Feith dijo que esperaba alcanzar tanta legitimidad en la participación iraquí como en la coalición internacional.

Feith mostró los organigramas. Aquélla era una ciencia política muy abstracta, de manera que el presidente no tenía mucho que decir, al margen de comentar que quería ver información sobre la posición que ocuparían el ejército y los servicios de inteligencia.

Rumsfeld y Franks se reunieron con el presidente y el Consejo de Seguridad Nacional la mañana del miércoles 5 de marzo en la Sala de Situación. Las diapositivas en color y los documentos informativos, todos los cuales llevaban impreso «Alto Secreto/Polo Step», comenzaban con una página en la que ponía en grandes letras de cuerpo 25:

BORRADOR PREDECISIONAL

El término figuraba en la mayor parte de los documentos de planificación, ya que los abogados del Pentágono creían que con esa etiqueta evitaban la revelación de los documentos en el Congreso o se ajustaban a la ley de libertad de información. El argumento era que los documentos «predecisionales» formaban parte de las deliberaciones internas y no eran de revelación obligada. Era un subterfugio legal que otros abogados gubernamentales con experiencia probablemente considerarían insostenible ante cualquier tribunal.

Franks ordenó el envío de 208 000 soldados estadounidenses a la región, entre los cuales se incluía un ejército de tierra de 137 000. Todas las fuerzas navales estaban ya en la zona, y las de tierra y aire se aproximaban al lugar. En las dos semanas siguientes se preveía la llegada de unos 50 000 soldados más, casi todos de tierra, aunque Franks afirmaba que se podía iniciar la guerra cuando el presidente diera la orden. Las fuerzas de la coalición, principalmente británicas, rondaban los 44 000 soldados.

Una de las estimaciones cronológicas de Rumsfeld se denominaba «nocional», es decir, sin fechas reales asociadas a cada acontecimiento, puesto que el presidente todavía no había fijado la fecha de inicio. Sin embargo, presentaba la secuencia probable de un período de dos semanas. Una de las primeras acciones era una obra de ingeniería en el lado kuwaití de la frontera, que consistía en cortar cantidades ingentes de alambrada para que las fuerzas de Estados Unidos y de la coalición pudieran entrar en Iraq. Rumsfeld consideraba que debían lanzar un ultimátum público a Saddam, concediéndole un período de cuarenta y ocho a setenta y dos horas para dimitir. Este ultimátum se identificaba como el «punto central» de la cronología. El plan no mostraba ningún enfrentamiento bélico importante durante este período del ultimátum, sólo actividad de las fuerzas de operaciones especiales.

Por aquel entonces se reabrían las negociaciones con Turquía sobre las bases norteamericanas, y Franks debía decidir un plan de actuación para la cuarta División de Infantería, que aguardaba nuevas órdenes en 27 barcos frente a las costas turcas.

El presidente preguntó si estaban preparados para hacer frente a posibles sabotajes de puentes y pozos petrolíferos por parte de las fuerzas de Saddam. Le aseguraron que, según las fuentes de la CIA en Iraq y los servicios de inteligencia extranjeros, tales zonas estaban protegidas.

«En realidad no lo sabemos —dijo Rumsfeld, expresando una vez más su escepticismo respecto de los servicios de inteligencia—. Pueden estar mintiéndonos. Su seriedad con nosotros depende de sus opiniones acerca de lo serios que somos nosotros. —Dio a entender que los servicios secretos engañaban, con falsas esperanzas, a algunas fuentes o agentes—: En un momento dado, las cosas cambian y el timador puede ser timado.» La implicación era que el engaño o fraude podía traer una cosecha de mentiras, pero aquel rumsfeldismo no resultó muy convincente entre los reunidos.

«¿Por qué esperar dos días después del vencimiento del ultimátum para iniciar las operaciones?», preguntó el presidente.

Franks respondió que se precisaban dos días para que las Fuerzas de Operaciones Especiales cruzasen la frontera y se desplazasen por todas las regiones iraquíes para desmantelar los puestos de observación fronteriza, impedir los ataques de los Scud y proteger los pozos petrolíferos.

Rice preguntó: «Si se produjera una orden ejecutiva del presidente en ese período, ¿nos quedaríamos ahí encerrados?»

Powell precisó que todavía intentaba conseguir una segunda resolución.

«No, no nos quedaríamos encerrados —dijo Rumsfeld—. Debemos ser flexibles con el trabajo diplomático.» Añadió que las fechas podían posponerse, pero difícilmente podían adelantarse.

Franks informó de que tenían ya localizados 24 objetivos con un alto riesgo de daño colateral, que podían provocar la muerte de más de 30 civiles en caso de sufrir un bombardeo. Se había desarrollado un proceso muy complejo para evaluar cada uno de esos puntos. Franks tenía fotografías aéreas y por satélite de los 24 objetivos, pero dijo que la información global sobre algunos era insuficiente.

«No pienso elegir objetivos —replicó Bush. En la guerra de Vietnam, el presidente Johnson dedicó horas a la revisión y aprobación de objetivos—. Quiero que nos informéis sobre los objetivos que hay que atacar para asegurar la victoria y proteger a nuestras tropas.»

Franks continuó informando de los objetivos de alto riesgo colateral. Proyectó la fotografía de los barracones de la Guardia Republicana en Tikrit, localidad natal y bastión de Saddam, situada a 150 kilómetros de Bagdad en dirección norte. Franks señaló que el valor militar de aquel lugar era elevado. Se había bombardeado durante la guerra del Golfo. Franks mostró los seis puntos del edificio donde se preveía lanzar seis bombas o misiles. Aunque no estaban seguros, creían que los barracones albergaban también un centro de mando y control, de manera que podían morir más de 30 civiles. Expuso asimismo las principales características de los restantes objetivos con alto riesgo colateral, si bien sugirió a que Bush que no se detuviera mucho en ellos, salvo para preguntar algo.

—¡Ah! Veo que hay un colegio por ahí —dijo el presidente en un ejemplo.

—Por eso vamos a bombardear por la noche —repuso Franks—. Por la noche no habrá niños. —Y mencionó otro ejemplo en el que se proponía el ataque de una zona en horas diurnas, cuando la mayor parte de los civiles se desplazaba a otro lugar a trabajar.

—Nos reservamos el derecho de recurrir de nuevo a ti —dijo Rumsfeld al presidente— si creemos que hay otros objetivos necesarios con un alto riesgo de daños colaterales.

Franks quería saber exactamente qué tipo de advertencia debían transmitir al ejército iraquí para que no empleasen armas de destrucción masiva.

El presidente quería que fuera contundente y que se hiciera pública tanto en el país como en el exterior. Estaba dispuesto a incluir las advertencias en sus propias declaraciones.

Al final repasaron el plan de reuniones informativas que quería mantener el presidente durante la guerra: con qué frecuencia y a qué hora del día. Rumsfeld acordó programar este asunto con Card.

Después de la reunión, Card sintió que acababa de presenciar el legado de Vietnam. Sólo a partir de la guerra de Vietnam el ejército informaba al presidente sobre los objetivos con tanto detalle. Para el ejército era casi una forma de cubrirse las espaldas. Card trató el asunto con el presidente cuando estaban a solas. Card y Bush son casi de la misma edad, con un solo año de diferencia. Card prestó juramento en el Cuerpo de Entrenamiento para Oficiales de Reserva de la Marina después de sus estudios de enseñanza media; Bush hizo lo propio, después de la universidad, en la Guardia Aérea Nacional. Ninguno de los dos era proclive, en opinión de Card, a vestir la camiseta del movimiento antibelicista, pero ambos eran conscientes de la trampa en que pueden caer los políticos que juegan a la guerra.

Card comunicó al presidente que el Departamento de Defensa no quería asumir la responsabilidad de ningún problema. Querían una figura política que respaldase sus decisiones. Entre risas, añadió:

—Todo eso, por cierto, era para dejar constancia en los documentos del Departamento de Defensa de que «tú lo sabías».

—Sí, sí, ya lo sé —replicó Bush.

El 5 de marzo, después del almuerzo, Bush se reunió con un enviado especial del papa Juan Pablo II, que pretendía disuadirle de la campaña bélica en Iraq. El cardenal Pío Lagui, que había sido embajador del Vaticano en Estados Unidos y era viejo amigo de la familia Bush, le dijo que la guerra provocaría numerosas víctimas civiles e intensificaría el conflicto entre el mundo cristiano y el musulmán. No era una guerra justa, sino una guerra ilegal que no contribuiría a arreglar las cosas.

«Por supuesto que sí —replicó el presidente—, claro que arreglará las cosas.»

Al día siguiente, 6 de marzo, en la conferencia de prensa televisada a la hora nocturna de mayor audiencia, el presidente aseguró una vez más que Saddam no se estaba desarmando. «Los operativos iraquíes continúan ocultando los agentes químicos o biológicos para que los inspectores no puedan detectarlos —declaró—. Todavía nos encontramos en las últimas fases de la diplomacia. —Y luego añadió—: Estamos solicitando la votación de una segunda resolución en la ONU. Ya va siendo hora de que descubran sus cartas.»

El presidente avanzaba con tiento, insinuando que habría guerra pero sin decirlo abiertamente. Casi al final del discurso, en un despiste verbal que semejaba un plural mayestático, añadió: «Todavía no he aclarado nuestra posición sobre la acción militar.» Cheney, Powell, Rumsfeld y Rice sabían que no decía la verdad.

Aunque no quiso reconocer la contradicción, el presidente explicó sus ideas nueve meses después en una entrevista: «Ahora comprendo que cualquier fallo, en ese momento, de la política, crearía un Saddam mucho más fuerte. Esto significaría que no he cumplido con mi trabajo. Mi obligación solemne, por lo tanto, era esforzarme más en mi trabajo. O sea que fue una época preocupante. Sin tiempo para dudar. Estaba seguro de mi decisión de entrar allí para empezar. Era la táctica, era el camino, un camino muy sinuoso y arriesgado. Era como si navegásemos por un terreno muy difícil.»

El presidente recibía cada vez más críticas del sector conservador por no haber iniciado todavía la guerra. Ken Adelman, que defendía la guerra desde hacía más de un año, arremetió contra el presidente el 7 de marzo en *USA Today*: «Conceded a Saddam Hussein la última, última, última, última, última oportunidad. Por favor.» La administración había «cometido un tremendo error al esperar tanto tiempo. [...] Hemos desperdiciado el tiempo. La demora envanece a Francia y la lleva a actuar como si fuese un país importante.»

Rove acudió al Congreso en su ronda de negociaciones. El mensaje era: «Saddam es un peligro, hay que ir a por él, dejaos de rodeos.» Un grupo de conservadores de la Cámara comunicó a Rove durante el almuerzo que el presidente avanzaba demasiado despacio y que la situación se le iba de las manos. Comía regularmente con William Kristol, director de la revista conservadora *The Weekly Standard*, así como con el columnista del *Post* Charles Krauthammer y otros periodistas. El mensaje que transmitían a Bush era: «Déjate de pamplinas y hazlo de una vez.» Rove informó de todo esto al presidente, que respondió: «Prefiero que me critiquen por ir despacio que por ir demasiado rápido.» Sin embargo, como bien sabía Rove, el presidente iba a iniciar la guerra.

Aunque Bush insistía en que no leía los editoriales en la prensa, era consciente de que las presiones iban en aumento. «Empezaron a preocuparme las críticas internas de América: "Bush no va a actuar. El líder que creíamos fuerte y sincero y lúcido se encuentra en una posición en la que no puede actuar." Y no venían de la izquierda. Venían de la derecha.»

Capítulo treinta y uno

«Todo esto tiene buena pinta. Parece que va a empezar», informó una vez más Saul a Tim, que estaba destacado en la base de Kalachualan, en las montañas del norte de Iraq. Tim y su equipo de la CIA se sentían varados, perdidos en el tiempo y el espacio. Sí, no, sí, no, sí... sumado a «quizá». El frío y la incertidumbre los atormentaban. Tim tenía 87 ROCKSTARS distribuidos por el país, algunos informando ya con sus teléfonos Thuraya. Había establecido un centro de comunicaciones en lo alto de una montaña nevada de unos 3 000 metros de altitud, tres caravanas de los años setenta y unas cuantas cabañas Quonset cubiertas de plástico y atadas con cuerdas. Lo llamaron «Jonestown».

Los plásticos se rompían o volaban con el viento, el agua se filtraba en las cabañas y las temperaturas eran gélidas. Jonestown se convirtió en una ciénaga inhabitable, donde el ruido del viento y el golpeteo constante de los plásticos semejaban un demonio deseoso de expulsarlos de aquel lugar. Los dos hermanos acordaron desplazarse a Jonestown a diario para recibir las llamadas telefónicas de los ROCKSTARS que informaban con sus teléfonos Thuraya desde todas las regiones de Iraq. Se levantaban tarde; prestaban servicio desde las dos de la tarde hasta las 4.30 o 5 horas. Tim contaba con la protección de tres oficiales y dos hombres de las fuerzas especiales que prácticamente vivían en Jonestown. Escuchaban los informes que recibían los hermanos en árabe, y después los transmitían por la montaña a través de un sistema de radio seguro.

La base de Tim, Pistacho, estaba situada al pie de la montaña y distaba unos cinco kilómetros de Jonestown. El trayecto entre uno y otro punto se recorría en 15 minutos por un camino sinuoso, de fuerte pendiente, en tierra de nadie. Estaban desbordados de mensajes: «Pistacho, aquí Jonestown, nos informan de que [...].» Intentaban convertir los informes telefónicos en informes de inteligencia con la máxima celeridad posible para transmitirlos a la sede de la CIA. Luego respondían a la cumbre: «Jonestown, aquí Pistacho, ¿podéis [...]?» Tim siempre quería más detalles: clarificación y verificación.

En Jonestown disponían de una gran pantalla de dos por dos, de alta tecnología, que indicaba la localización exacta de cada llamada procedente del interior de Iraq. A los hermanos les aterrorizaba pensar que el servicio de seguridad de Saddam tuviera un sistema similar o pudiera localizar por radiogonómetro la dirección de Jonestown. Tim estaba seguro de que los iraquíes no los encontrarían, pero sabía que probablemente descubrirían a alguno de los ROCKSTARS dispersos por el país.

Los hermanos y el «papa» estaban nerviosos, seguros de que Saddam los mataría en cuanto empezase la guerra. Los kurdos de la UPK estaban irritados y hostigaban a los miembros del grupo, hasta el punto de propinar a algunos palizas terribles por adquirir todas las armas del mercado negro. Al margen de estas terribles condiciones, el flujo de información era cada vez mejor. Un guardaespaldas de Qusay, hijo de Saddam, se hizo ROCKSTAR y comenzó a informar por teléfono. Se sumaron también algunos oficiales SSO expertos en comunicaciones con la cúpula del régimen. En ocasiones, Tim pensaba que tenía el equivalente iraquí de los rotarios que espiaban para él, solícitos pero raros.

El «papa» y los hermanos presionaban al máximo a sus seguidores para que enviasen información de calidad. Llegó un informe sorprendente de un aspirante a ROCKSTAR, donde se indicaba que Saddam tenía submarinos pintados de blanco y rojo navegando bajo las aguas del Tigris. El informe tuvo que ser traducido del árabe. «¿Submarinos pintados como golosinas?», preguntó Tim. ¿Eran submarinos o barcos? ¿Con propulsor? ¿A qué se refería exactamente? Resultó ser una tontería. En el mar de rumores y cotilleos, Tim y los oficiales debían filtrarlo todo.

Un día recibieron una llamada de un ROCKSTAR que no estaba bien. El hombre hablaba bajo coacción. Después se puso una voz diferente que dijo algo como: «Sabíamos que erais la CIA.» Se interrumpió la comunicación. Uno de los ROCKSTARS había sido descubierto por algún miembro del servicio de seguridad de

Saddam. Luego el ROCKSTAR apareció en la televisión iraquí, con claros indicios de haber sido golpeado y torturado. «Me han descubierto. Soy una mala persona —declaró—. Soy un traidor.» Alguien uniformado exhibió el teléfono Thuraya ante las cámaras, advirtiendo que quien fuera descubierto con uno de esos aparatos era hombre muerto, al igual que todos sus hermanos varones y su padre. Un teléfono Thuraya pasó a ser una sentencia de muerte. La base de Kalachualan no volvió a recibir llamadas de 30 de los 87 teléfonos Thuraya.

El sábado 8 de marzo, Rice habló con David Manning, consejero de seguridad nacional de Blair. El primer ministro británico era objeto de severos ataques por su apoyo a la política de Bush en Iraq. La prensa británica lo calificaba de «perrito faldero de Bush». Blair había agravado la situación al afirmar que la suya era una posición moral. En una entrevista para el diario *The Guardian* la semana anterior, se había comparado indirectamente con Churchill. «La mayoría de las personas decentes y bien intencionadas decían que no era necesario enfrentarse a Hitler y que quienes lo hacían eran belicistas», declaró. Cuando le preguntaron por qué respaldaba a Bush con tanta devoción, respondió: «Es peor de lo que cree. Creo en ello. Estoy profundamente comprometido en este asunto, al margen de la posición de Estados Unidos. Si los norteamericanos no defendieran esta línea, los presionaría para que lo hicieran.»

Rice se familiarizó con la política británica. En el Parlamento había 413 miembros del Partido Laborista de Blair y 166 *tories*, lo cual le daba un amplio margen. Los conservadores defendían la guerra en Iraq, pero dado que unos 150 laboristas se desmarcaban de la posición de Blair, los conservadores podían tener la tentación de sumarse a los detractores laboristas con el fin de desplazar al gobierno de Blair en una moción de censura.

«Está dispuesto a dimitir si es necesario», dijo Manning a Rice. La impresión general era que si dimitía uno de los ministros de Blair, éste podía sobrevivir, pero si dimitían dos, casi con toda seguridad habría moción.

Al día siguiente, el domingo 9 de marzo, Rice comentó la situación de Blair con el presidente.

—¿Crees que puede perder el gobierno? —preguntó Bush.

—Sí.

—¿Serían capaces de hacer eso los británicos?

—Acuérdate de Churchill —replicó Rice, señalando que había perdido el gobierno después de ganar la segunda guerra mundial.

Desde la perspectiva de Bush, Blair era un tipo que había dado la cara, que había tenido los «cojones» de mantenerse firme en su posición. Si caía su gobierno, Bush no sólo perdía a su principal aliado, sino que, de rebote, Saddam saldría fortalecido. «¡Imagínate los titulares! Además —se decía Bush—, me echarán la culpa a mí.» Sería un doble revés.

El presidente estaba muy preocupado. Llamó a Blair para mantener una de las conversaciones habituales. Analizaron las posibilidades, sopesaron qué otros países del Consejo de Seguridad podrían apoyarlos en una segunda resolución.

—Si no nos apoyan —dijo Bush—, lo que sí te digo es que lo último que quiero es que caiga tu gobierno. No queremos que ocurra bajo ninguna circunstancia. Te lo digo de verdad.

Añadió que, si fuera necesario, estaba dispuesto a que Blair se saliera de la coalición; ya buscarían alguna otra vía para que el Reino Unido pudiera participar.

—Ya te dije que estoy contigo, insisto —replicó Blair.

Bush dijo que podían pensar en un nuevo papel para las fuerzas británicas, «una segunda oleada, fuerzas de pacificación o algo así. Prefiero ir solo que dejar que caiga tu gobierno».

—Te comprendo —respondió Blair— y te lo agradezco. Pero insisto, estoy contigo.

Bush reiteró que lo decía de verdad y que podía salirse de la coalición si fuera necesario.

—Cuenta con ello.

—Sé que es así —insistió Blair— y te lo agradezco mucho. Pero yo también creo en esto. Gracias. Te lo agradezco. Muy amable de tu parte. —Blair reiteraba su agradecimiento con un estilo muy británico—. Estaré ahí hasta el final.

En su recorrido por los programas televisivos de tertulia del domingo, Powell expresaba su optimismo sobre la posibilidad de que Estados Unidos y el Reino Unido obtuviesen mayoría en una segunda resolución del Consejo de Seguridad. En el programa «Meet the Press» de la NBC, afirmó que tenían «muchas probabilidades; creo que podemos conseguir los nueve o diez votos necesarios». Pero sólo España y Bulgaria se habían comprometido con la resolución británico-estadounidense, de modo que faltaban todavía cinco votos más, y Powell estaba al habla con tres países africanos a los que esperaba convencer.

Al día siguiente, la prensa amaneció con titulares contradictorios. *The Washington Post* afirmaba: «Powell se muestra optimista sobre el apoyo de la ONU; cree que hay "muchas probabilidades" de obtener un respaldo mayoritario.» En cambio, *The New York Times* declaraba: «Los esfuerzos diplomáticos no consiguen obtener nueve votos favorables a Estados Unidos en la ONU.»

El lunes 10 de marzo, a las 8.55 horas, en la reunión habitual del Consejo de Seguridad Nacional, Frank Miller, director de defensa del Consejo, informó sobre los últimos planes para el Iraq post-Saddam. «Quienes dirigen el Iraq de Saddam no pueden colaborar con nosotros y no pueden gobernar el futuro Iraq libre, pero necesitamos que el Estado siga funcionando», declaró. Los servicios secretos estadounidenses estimaban que había unos 25 000 representantes del partido Baas en puestos de poder, y Miller señaló que debían ser expulsados de sus cargos gubernamentales o de otros puestos influyentes. Indicó que representaban sólo el uno por ciento de los dos millones de funcionarios estatales iraquíes, de manera que su expulsión no dejaría las instituciones públicas sin liderazgo.

Miller comentó también que era necesario conservar todos los archivos y detener a los principales criminales de guerra. Consideraba que la policía y los juristas eran personal bien cualificado, que podía ser útil en el gobierno temporal que estableciese la coalición. «La instauración de un estado de derecho en el contexto inmediato posterior al conflicto es esencial para asegurar la estabilidad, lo cual permitiría la reconstrucción y la ayuda humanitaria, así como la rápida normalización de la sociedad iraquí.»

El presidente declaró: «Tenemos que convencer a los iraquíes de que confiamos en ellos.» Quería que algunos ministros del gobierno quedasen bajo control iraquí lo antes posible. «Los iraquíes han sufrido con Saddam Hussein —señaló Bush—, y probablemente tendrán algún resentimiento hacia aquellos iraquíes que permanecieron fuera del país durante el régimen de Saddam.» No quería seleccionar a los nuevos gobernantes; incidió en la idea de que Chalabi asumiría el poder y postergó la opción de un gobierno provisional. «Tenemos que contener el ansia de atar todos los cabos hasta que sepamos más», añadió.

Powell propuso definir una resolución específica de la ONU que sirviera de marco jurídico para la autoridad interina iraquí.

«Puede ser útil», dijo Bush.

Después, el secretario del Tesoro, John Snow, bosquejó el plan previsto para estabilizar una nueva moneda en Iraq. Había dos monedas en curso: el dinar suizo en el norte, y en el sur el dinar de Saddam, con la efigie del dictador en el anverso de los billetes. Snow señaló que, después de tomar el poder, debían asegurase de que no se imprimiesen más dinares de Saddam. Se confiscarían los billetes en circulación para evitar la hiperinflación. Cuando cayera Saddam, tendrían que pagar salarios para que siguiera funcionando la economía.

La opción preferida de Snow como alternativa monetaria durante el gobierno interino era el dólar estadounidense. En la primera guerra del Golfo, los bancos estadounidenses habían congelado casi 1 700 millones de dólares en activos iraquíes y, por ley, el presidente podía confiscar el dinero de forma permanente. Se requerían más de 747 aviones para transportar la moneda a Iraq.

Bush aprobaba la introducción del dólar estadounidense pero quería cerciorarse de que aumentasen los ingresos del pueblo iraquí, sobre todo los de los pensionistas, aunque no tanto como para distorsionar la economía. En lugar de Saddam, en los billetes aparecerían antiguos presidentes norteamericanos como Washington, Jackson, Lincoln y Grant, además de héroes de la historia americana como Hamilton y Franklin.

Aquella misma tarde, Bush se reunió en el Despacho Oval con Rice, Hadley, Card, Bartlett y Gerson. El futuro de la segunda resolución de la ONU era todavía incierto, pero el presidente tendría que pronunciarse públicamente al respecto. ¿Cómo iban a reaccionar después de la votación de la ONU? Bush podía lanzar un ultimátum a Saddam para que se dejara de engaños —expresión típica de la familia Bush— o podía sin más anunciar el comienzo de la acción militar porque Saddam no había cumplido la primera resolución, la 1441.

El presidente había dejado muy claro que habría un ultimátum. Preguntó a Rice cómo estaba el asunto de la ONU, y volvió a expresar su impaciencia ante aquel proceso interminable y caótico. El Reino Unido, Chile y España tenían algunas propuestas. Después de darle muchas vueltas al asunto, se decidió que Gerson elaboraría dos discursos: uno presuponía el veto de la segunda resolución por el voto negativo de Francia (o quizá también de algún otro país), y el otro partía de la reafirmación de la 1441.

Sin embargo, una de las claves del nerviosismo que suscitaban las resoluciones de la ONU era el futuro político de Blair. Bush tenía muy presente esta cuestión. En la administración norteamericana, todos sabían que la caída del gobierno de Blair sería un desastre estrepitoso.

Al día siguiente, 11 de marzo, en la conferencia de prensa del Pentágono, Rumsfeld declaró que cabía la posibilidad de que los británicos no participasen en caso de guerra. «Es un asunto que abordará el presidente en los próximos días, se supone», dijo Rumsfeld.

«¿Qué demonios estáis diciendo?», preguntó inmediatamente después un oficial de la embajada británica en Washington al departamento de Rumsfeld. Aquello era insultante. El ejército británico tenía 45 000 soldados destacados en la región, casi la mitad de las fuerzas de tierra totales de su ejército. Todos los medios informativos británicos llamaron de inmediato al Pentágono, a la embajada y al número 10 de Downing Street para preguntar qué significaba aquello, si los británicos iban a retirarse.

Rumsfeld emitió una aclaración personal donde señalaba que no tenía «ninguna duda» de que los británicos apoyarían plenamente cualquier intento de desarmar Iraq. «En caso de que se tome la decisión de emplear la fuerza, tenemos motivos para creer que contaremos con una significativa colaboración militar del Reino Unido.»

El 11 de marzo, Rice remitió a los titulares de cada departamento un «Resumen de las conclusiones», clasificado como secreto, lo cual significaba que contaba con el refrendo del Consejo de Seguridad Nacional desde aquella misma mañana. Así ningún secretario podía echarse atrás y solicitar revisiones si el informe no reflejaba lo que creían que se había decidido. El resumen describía el modo en que se instauraría, tan pronto como lo permitieran las circunstancias, la autoridad interina iraquí después de la liberación. En el gobierno participarían iraquíes, kurdos y la oposición exiliada. Se convocaría una conferencia en Bagdad «con el fin de ensanchar las bases», como ya se había hecho después de la guerra de Afganistán, además de nombrar a los líderes interinos y «contribuir a la instauración de un nuevo gobierno democrático». El documento sintetizaba las reuniones informativas del presidente sobre la unidad monetaria, el petróleo y la reforma burocrática.

El miércoles 12 de marzo, a las 7.15 horas, el presidente y Gerson discutieron dos borradores, ambos ultimátum. Todavía no se había redactado la tercera alternativa, que consistía simplemente en el anuncio de la acción militar. Bush dijo que era importante disponer también de ese tercer borrador.

Carl y Rice entraron para comprobar cómo iba el trabajo.

«Esto se tiene que acabar», comentó Bush. La ONU era ridícula. Quizá lo mejor era basar la acción militar en la Resolución 1441 sin necesidad de una segunda resolución. Tal vez debía lanzar el ultimátum a Saddam al día siguiente o al otro. Rice era partidaria del simple anuncio de la acción, sin ultimátum. Los discursos de ultimátum no eran fáciles de escribir y contenían una potencial contradicción: ambos borradores decían que la ONU no cumplía sus convicciones colectivas, pero en realidad ya había actuado en conformidad con la Resolución 1441.

«Blair dice que sigue teniendo problemas en el Parlamento —comentó el presidente— y que le preocupa perder la moción de censura sobre la guerra.» En efecto, Blair había expresado su profunda preocupación en las conversaciones telefónicas, casi diarias, que mantenía con Bush. Aun así, el presidente les dijo: «No creo que pierda el gobierno.»

El vicepresidente Cheney y Karl Rove debían contactar con los *tories* británicos para convencerles de que respaldaran la guerra y apoyaran a Blair.

Aquella misma mañana, en la reunión del Consejo de Seguridad Nacional, Dough Feith informó de los planes previstos para el Ministerio de Asuntos Exteriores, el ejército y los servicios de inteligencia iraquíes en la etapa posterior a la invasión. Por lo que se refiere al Ministerio de Asuntos Exteriores, señaló que el objetivo era «purgarlo de los líderes y oficiales del servicio de inteligencia del partido Baas». También era preciso tomar alguna decisión respecto de las 56 embajadas de Iraq en el extranjero. Debían solicitar a los gobiernos de los respectivos países la expulsión de los embajadores y oficiales de inteligencia sospechosos, así como la liberación de las cuentas bancarias iraquíes.

«De acuerdo —convino el presidente—, ¿y quién se va a encargar?»

Powell se ofreció a hacerlo él.

En lo que respecta al servicio de inteligencia iraquí, Feith dijo que debía ser completamente desmantelado de un modo transparente para los iraquíes y para todo el mundo.

¿Podían conservar la Guardia Republicana Especial? La respuesta fue negativa. «¿La Guardia Republicana?» «No.» «¿Los SSO?» «No.»

Cuando abordaron la cuestión del ejército oficial, la respuesta fue «quizá». Feith bosquejó su plan: reducir las fuerzas armadas, desmilitarizar la sociedad, crear unas fuerzas armadas despolitizadas y sometidas al control político, un control civil que representaría a todos los sectores étnicos y religiosos de Iraq. Añadió que era preciso desmantelar las milicias especiales, como Fedayeen Saddam, y desmovilizar a sus miembros.

Feith precisó que la autoridad interina dirigiría los campos de prisioneros donde se recluiría a los militares iraquíes de las compañías, batallones o incluso brigadas que se rindiesen. El plan consistía en «no desmovilizar y poner en la calle de forma inmediata a todo el mundo, sino en utilizarlos como fuerza de reconstrucción». Dijo que el núcleo del nuevo ejército tendría entre tres y cinco divisiones regulares.

Lo que no preveían era la posibilidad de que cientos de miles de soldados se fueran a casa y se diluyese la mano de obra necesaria para reconstruir el país.

Aquel mismo miércoles, 12 de marzo, Blair llamó a Bush para ponerle al corriente de la situación.

—Si no tenemos los votos —dijo Bush—, pasamos del tema.

Ya nos las arreglaremos. —Se le había agotado la paciencia en el asunto de las resoluciones.

—¿Por qué no lo intentas una vez más? —preguntó Blair, refiriéndose a los votos clave de Fox (México) y Lagos (Chile).

—Por supuesto —respondió Bush—. Lo haré encantado.

Bush llamó a Fox.

—Vicente, insisto en que mañana hay una votación en la ONU. ¿Podemos contar con tu voto?

—¿Cuáles son los términos exactos de la resolución? —preguntó Fox.

—Vicente, ya hemos debatido bastante el asunto. Está en juego la seguridad de Estados Unidos. Quiero tu voto.

Fox se comprometió a llamarlo más tarde. Durante la cena, Rice llamó a Bush para decir que había recibido una llamada en la que le comunicaban que Luis Ernesto Derbez, el ministro de Asuntos Exteriores, estaba ahora al frente de la política mexicana porque Fox había ingresado en el hospital para someterse a una operación de espalda.

«Interesante», dijo Bush. Y llamó al presidente chileno Ricardo Lagos, que en su opinión era un líder distinguido y, por lo tanto, merecía un trato cortés. Sin amenazas.

—¿Podemos contar con tu voto? —preguntó Bush al líder socialista chileno, de sesenta y cinco años.

—¿Estás seguro de que es el momento adecuado para lanzar la votación?

—Sí, Ricardo, es el momento. Ya llevamos demasiado tiempo con este debate.

—Pero estamos avanzando —replicó Lagos.

—Eso es sólo porque tenemos doscientos mil soldados en la zona. Si no estuvieran allí, aún habría habido menos avances diplomáticos. Y Saddam Hussein estaría menos preocupado. Esos avances que dices son ilusorios.

Entonces Bush expresó claramente sus intenciones:

—No voy a dejar nuestras tropas allí. O entran y eliminan a Saddam, o vuelven a casa, Ricardo.

Era un pensamiento aleccionador. Por motivos prácticos y políticos, traer de vuelta a las tropas sin resolver el problema de Saddam era impensable para Bush. La situación era similar a la que había vivido su padre en enero de 1991, cuando tenía 500 000 militares destacados en Oriente Medio. «Tenemos que ir a la guerra», dijo Bush padre a sus consejeros varias semanas antes de iniciar la guerra del Golfo. Y una vez más, un presidente Bush, esta vez con más de 200 000 soldados en Oriente Medio, había adoptado una posición en la que tenía que ir a la guerra.

Bush preguntó a Lagos:

—Ricardo, ¿cuál es tu voto?

—No —respondió el presidente chileno.

—Muchas gracias —replicó Bush.

Bush llamó a Blair y le puso al corriente de las conversaciones con Fox y Lagos. «Debes tener en cuenta estas dos conversaciones —dijo Bush—. No son buenas noticias. Se acabó.»

Capítulo treinta y dos

Cuando el presidente se reunió con el primer ministro irlandés, Bernie Ahern, la mañana del jueves 13 de marzo, salió el tema inevitable de la posición francesa en el conflicto. Bush dijo a Ahern: «Chirac ha ido tan lejos que ahora hay una gran reacción antifrancesa en Norteamérica. Chirac es blanco de todos los chistes. Se ha pasado de la raya.» El presidente norteamericano explicó que el problema radicaba en que no sólo estaba en juego el futuro de Saddam Hussein, sino también la supremacía política en Europa. La cuestión podía haberse resuelto pacíficamente si Alemania y Francia hubieran mostrado mayor interés por hacer frente a Saddam. Pero muy al contrario, sostenía Bush, el líder iraquí había recibido guiños de los dos dirigentes europeos, lo cual le había llevado a pensar que podía salir airoso, desacatando las resoluciones de la ONU, como siempre había hecho.

Bush calificó a Chirac de «chulo», sobre todo con los países de Europa del Este. Esto provocaba una reacción violenta y no ayudaba nada a Tony Blair, sostenía el presidente, porque los franceses parecían muy dogmáticos.

Aquel mismo día, Bush se reunió con sus consejeros y expresó su interés por celebrar una cumbre con Blair para mostrarle su solidaridad. En parte serviría para llenar el vacío. La guerra era segura, pero el circo diplomático no había terminado. ¿Qué podía hacer? No quería cruzarse de brazos sin más. Era una etapa lamentable, llena de incertidumbre. Pero a los laboristas británicos les preocupaba que su primer ministro saliese del país aunque sólo fuera durante ocho horas, a causa del precedente de Margaret Thatcher, que en 1990 salió al extranjero a pronunciar una conferencia y cuando regresó se topó con que había sido cesada

como líder del partido. Blair no quería que Bush pronunciase
ningún discurso ni lanzase el ultimátum. El primer ministro necesitaba elegir el momento adecuado para plantear la votación
parlamentaria. Así pues, convenía que el presidente norteamericano esperase al menos hasta el lunes siguiente para pronunciarse en
público. Y Bush decidió hacer todo lo necesario para ayudar al
gobierno británico.

El viernes 14 de marzo, a las 10 horas, en una rueda de prensa en el Jardín de las Rosas, Bush anunció el acuerdo alcanzado respecto del «mapa de carreteras» para la pacificación de Oriente Medio. Era otra concesión a Blair, que había presionado para no
postergar más el plan de paz, en teoría previsto para después de la
resolución del conflicto iraquí.

Poco después de mediodía, en la conferencia de prensa de la
Casa Blanca, Ari Fleischer anunció una cumbre con Blair y Aznar
en las Azores «para revisar la negociación diplomática ahora que se
acerca a su fin».

Aquella tarde, Hadley entregó a Gerson un documento confidencial donde se resumían los puntos clave que debían constar en
el discurso del ultimátum. Era el resultado de una reunión del gabinete en la que había prevalecido la posición de Rumsfeld, partidario de un ultimátum de sólo cuarenta y ocho horas.

El príncipe Bandar programó un encuentro con el presidente
Bush para transmitirle un mensaje urgente del príncipe heredero
Abdullah. El líder saudí todavía albergaba esperanzas de hallar una
solución de última hora que evitase la guerra; deseaba derrocar
a Saddam de forma encubierta. Pero la demora y los vaivenes de
la ONU eran más nocivos que la guerra, en opinión del gobierno saudí. El intento de ayudar a Blair estaba perjudicando a los
amigos de Norteamérica en Oriente Medio. El rey Abdullah de
Jordania estaba fuera de sí. «¡Venga! No puedo soportar esta situación», comunicó al gobierno de Arabia Saudí. El mensaje del
príncipe heredero saudí era sencillo: la evidente indecisión desfa-
vorecía a todos los países de la región. «¿En qué quedamos, hay
guerra o no?»

Cuando Bandar apareció en el Despacho Oval, Cheney, Rice y Card estaban allí. Card se sorprendió al verlo. El peso del embajador solía fluctuar bastante, y aquel día los botones de la chaqueta estaban tirantes. Parecía cansado, nervioso e inquieto. Sudaba profusamente. Su presencia era todo un espectáculo.

—¿Qué le pasa? —preguntó el presidente a Bandar—. ¿No tiene una cuchilla, algo con que afeitarse? —El príncipe solía llevar la barba bien recortada, pero aquel día su cara parecía un matorral descuidado.

—Señor presidente —dijo Bandar—, he hecho la promesa de no afeitarme hasta que empiece la guerra.

—Bueno, entonces se afeitará pronto.

—Eso espero —repuso Bandar—, pero creo que cuando empiece la guerra pareceré ya Bin Laden. —Con las manos indicó una barba de medio metro.

Bush se irritó. No le gustaba que se mofasen de él y no le hacía gracia aquella indirecta. Bandar sabía que Bush detestaba toda insinuación de que era un hombre indeciso.

—Ya le digo que no va a tener que esperar mucho —reiteró el presidente.

Bandar dijo que había oído que el comienzo de la guerra estaba previsto inicialmente para el 3 de marzo, pero llegó la fecha y no pasó nada. Después se suponía que sería el 10 de marzo, pero tampoco. Y ahora Bush supuestamente iba a lanzar un ultimátum a Saddam.

—No siga —ordenó el presidente.

—El príncipe heredero Abdullah...

—No —interrumpió Bush bruscamente—, ya sé. Que voy a la guerra ya. Lo digo en serio.

—Señor presidente...

—Mire, ya se lo he dicho, no siga por ahí. Voy ya, Bandar, confíe en mí.

—Bueno, entonces de acuerdo —contestó Bandar.

—Después del ultimátum, ¿cuánto tiempo cree que tardará en empezar la guerra? —preguntó el presidente.

—¿Me lo pregunta a mí?

—Sí —asintió el presidente.

—Usted sabrá cuánto tiempo.

—Dígame cuánto cree —inquirió Bush con dureza.

—Setenta y dos horas.

—Respuesta incorrecta.

Cheney se mostraba inquieto en la silla, como si quisiera transmitir tranquilidad a Bandar, diciéndole: «Relájese, mi hombre va a hacerlo.» Rice tenía cara de póquer, al igual que Card.

—De acuerdo —dijo Bandar.

Después de aquella entrevista, Bandar fue a ver a Rumsfeld. Era su tercer encuentro desde que comenzó el intento de obtener la segunda resolución de la ONU. Lo que más miedo le daba era que Saddam hiciera una oferta de última hora solicitando sólo unos días más, pues en tal caso Rusia y Francia la considerarían razonable y darían su aprobación.

—Señor secretario —dijo Bandar—, tengo tanto pánico como en 1991.

La situación se asemejaba a la víspera de la guerra del Golfo, cuando Saddam podía haber hecho la menor concesión, quizá una simple promesa de ordenar a su ejército la retirada de Kuwait, y habría bastado para que la ONU y Estados Unidos hubieran tenido que aplazar la guerra. Aunque Saddam casi siempre cometía alguna estupidez y no intuyó la posibilidad de demorar la guerra jugando la carta diplomática, Bandar dijo:

—Me preocupa mucho que pueda ocurrir lo mismo.

—Bueno, ya se ha reunido con el jefe esta mañana —dijo Rumsfeld—. ¿Qué le parece?

—Me parece que sigue rondándole la tentación, Don —respondió Bandar—. Pero creo que su hombre y mi hombre se han decidido al fin.

—No pasaría nada si se reafirmase en esa idea —replicó Rumsfeld.

El sábado 15 de marzo a las 7 horas, Saul descolgó su teléfono de seguridad en su casa de la periferia de Washington. Había estado levantado, tambaleándose somnoliento frente al ordenador durante varias horas. Al jefe de operaciones iraquíes de la CIA le costaba conciliar el sueño aquellos días.

—¡La han dinamitado! —informó a su jefe el oficial de la CIA que llamaba desde la sede—. Estamos esperando imágenes para confirmarlo.

—Mantenme informado por correo —dijo Saul.

—No te inquietes, porque no tenemos confirmación.

Saul esperó. Llegar a este momento, o *quizá llegar* a este momento, había costado varios meses de discusión y debate con Franks y su equipo. ¿Cuándo iba a poder iniciar la agencia el sabotaje activo en el interior de Iraq? En diciembre, a Franks le preocupaba que el sabotaje desatase una respuesta iraquí para la que no estaba preparado. Saddam podía interpretar el sabotaje, a cualquier escala, como una provocación e iniciar sus propias operaciones militares cuando Franks debía agotar aún la vía diplomática. Pero al fin dio su visto bueno.

Uno de los equipos de la CIA destacados en el norte de Iraq había dado explosivos a los kurdos, además de proporcionarles un oficial técnico para instruirlos en el manejo del material. El objetivo era la línea de ferrocarril de Mosul a Bagdad, una vía de enlace fundamental de más de 300 kilómetros. Se había ordenado a los kurdos que dinamitasen la línea férrea y después llamasen a la compañía ferroviaria para decir: «Hemos volado la línea férrea. No envíen trenes.» Era un mensaje claro, que respetaba la insistencia de Bush en reducir al máximo las víctimas civiles.

Hacia las 9 de la mañana Saul recibió la siguiente llamada del oficial de operaciones:

—Vale, tenemos las imágenes. Han volado la línea férrea.

El blanco era un punto situado unos 30 kilómetros al sur de Mosul.

—Estupendo.

—Y no llamaron por teléfono.

—¡No me digas! —replicó Saul—. ¿Y eso qué significa?

—Tenemos un tren descarrilado. —Había tanques de petróleo en la zona y algunos vagones de pasajeros habían descarrilado.

Saul había pasado ya por la guerra de la CIA a favor de la contra nicaragüense en los años ochenta, cuando la agencia tenía como objetivo el derrocamiento del régimen de la izquierda sandinista. Se acordaba de cuando la agencia minó los puertos, una medida que desató la ira del Congreso, que arremetió severamente contra el director de la CIA, Bill Casey, y otros agentes. «Bueno, al menos es sábado —pensó Said—. Aún tienes el domingo para preparar tu declaración del lunes por la mañana en el Capitolio. Porque van a pedirte que comparezcas.» Saul llamó al subdirector de operaciones, Jim Pavitt, jefe de todas las actividades clandestinas de la agencia.

—Jim, ya se ha realizado la primera operación.

—¿Qué ha ocurrido? —inquirió Pavitt.

—Hemos descarrilado un tren. Teníamos tanques de petróleo por toda la zona. Hay una mancha de petróleo del copón. Hay vagones de pasajeros. No sabemos si tenemos víctimas o qué.

Saul percibió un silencio ominoso, una pausa seca al otro lado del hilo, y supuso que Pavitt estaba a punto de echarle una bronca descomunal.

—Bueno, supongo que estas cosas pasan en la guerra. Mantenme informado —dijo Pavitt.

Saul llamó a sus chicos. «¡Adelante! No le ha molestado. ¡Venga!» Se pronunció la palabra: «comenzad» las operaciones.

Era un tren de militares y había víctimas. Los kurdos aprovecharon la situación para protestar y lanzar panfletos que instaban a la sublevación: ¡Rebelión popular! ¡La liberación al alcance de la mano!

Se sucedieron varias decenas de atentados. Explosionaron varios vehículos oficiales. La sede del partido Baas fue atacada, al igual que la de los servicios de inteligencia. De norte a sur, se pintarrajearon las estatuas, retratos y carteles de Saddam. Por la noche se ametrallaban los edificios gubernamentales desde vehículos en marcha. Los guardias de seguridad y de los servicios de inteligencia recibieron la orden de proteger los principales monumentos de Saddam, lo cual les impedía atender otras responsabilidades. Se repartían folletos que decían «Acabemos con Saddam» y «Abajo Saddam» en el lugar donde se había instituido el partido Baas.

Una granada propulsada por cohete se incendió en otro tren que transportaba combustible por la línea que unía Bagdad con Siria. En Kirkuk, cerca de la frontera con el territorio bajo control kurdo, unos 20 000 manifestantes protestaron ante la sede del partido Baas para exigir la caída de Saddam. Las pintadas y el vandalismo contra el régimen eran constantes. Básicamente el mensaje era: «Vete al cuerno.»

Saul comprendió que seguía habiendo un problema. Ahora que todo había empezado, más valía que el presidente no se echase atrás, porque la CIA ya no podía.

En realidad, el sabotaje no estaba pensado para debilitar el régimen, sino para atraer su atención hacia los asuntos internos y simular una sublevación en el territorio iraquí, algo que Saul, como todo el mundo, sabía que no era cierto.

En el frente de la obtención de información secreta, Saul consideraba que el progreso era significativo. Por supuesto, el núcleo principal eran los ROCKSTARS. Tenía otros infiltrados en las redes tribales del interior de Iraq, quizá dos docenas en total sin contar la red ROCKSTAR. Contó una docena de infiltraciones en el aparato de seguridad y otra docena en la Guardia Republicana y en el ejército regular, también dejando aparte a los ROCKSTARS.

La agencia había aportado a Franks alguna información secreta sobre la ubicación de los pocos misiles tierra-tierra restantes y las posiciones antiaéreas que habían sido confirmadas por las fotografías aéreas. Esos puntos serían bombardeados cuando empezase la guerra.

Hubo muchas más infiltraciones. Varios ingenieros iraquíes de los yacimientos petrolíferos habían accedido a colaborar con la CIA y lograron aportar información a tiempo real sobre todos los planes de Saddam para depositar explosivos en los pozos de petróleo. Un grupo de paramilitares de la CIA preparaba un plan para escoltar a las principales unidades militares estadounidenses que cruzarían la frontera entre Kuwait e Iraq, y se mantenía en contacto con los ingenieros, con la esperanza de evitar una catástrofe en los yacimientos de crudo.

Un recluta ROCKSTAR era el responsable de seguridad del puerto iraquí de Umm Qasr. La única salida de Iraq al mar es una pequeña bahía situada al final del golfo Pérsico, donde se encuentra Umm Qasr. Durante más de tres meses, el agente aportó detalles sobre el emplazamiento de las minas y de las fuerzas de seguridad, con el fin de que los marines estadounidenses prácticamente pudieran entrar y tomar el puerto.

Los altos mandos de las principales unidades militares de Iraq, unas seis divisiones, decidieron no participar en los combates, se rindieron y entregaron todas sus tropas. Esta medida infundió esperanzas de que fuera posible una estrategia de «capitulación», que preveía la utilización de dichas unidades en el proceso de estabilización interna después de la guerra.

Otra de las fuentes iraquíes de la agencia en la región del Golfo aportó los nombres de los agentes de inteligencia iraquíes destacados en media docena de países, que se estructuraban en equipos de entre dos y cuatro hombres, encargados de llevar a cabo atentados terroristas en objetivos estadounidenses de dichos países cuando estallase la guerra. Aportaron nombres y otros datos muy precisos. La CIA logró seguir de cerca y rodear a los agentes iraquíes.

Saul creía que la agencia estaba dirigiendo también algunas operaciones de engaño, potencialmente eficaces, contra Saddam. Normalmente, la CIA trabajaba con agentes dobles conocidos —la agencia sabía que un determinado espía trabajaba para el otro bando— con el objetivo de averiguar cómo se comunicaban los agentes iraquíes. «Dejémonos de tonterías», ordenó Saul. Los agentes dobles identificados a través del archivo de personal de los SSO en CD-ROM era mucho más útil si se les proporcionaba información falsa sobre las estrategias bélicas norteamericanas y sobre la fecha prevista para el estallido de la guerra.

Informaron a varios agentes dobles iraquíes de que la guerra sería una Tormenta del Desierto II, con una concentración descomunal de tropas. O en otro caso, uno o más presuntos agentes dobles iraquíes, que habían entrado voluntariamente para espiar, fueron interrogados acerca de los puestos fronterizos entre Irán e Iraq y muchos otros aspectos del territorio iraní. Esta estrategia servía para crear la falsa impresión de que el ataque podría provenir de Irán, enemigo declarado de Saddam.

También se difundió información falsa sobre los planes de ataque estadounidenses, que presuntamente preveían una ofensiva de dos divisiones desde Jordania.

Otro agente doble iraquí recibió información sobre falsos planes de guerra estadounidenses, según los cuales el ataque principal sería un asalto aéreo masivo en el Aeropuerto Internacional de Bagdad. La Guardia Republicana Especial trasladó a las pistas tanques y vehículos blindados para transporte de personal con el fin de bloquear el ataque previsto.

Una de las operaciones más imaginativas se diseñó para simular que Estados Unidos intentaba propiciar un golpe de estado y se había infiltrado en la Guardia Republicana Especial, encargada de la protección de Saddam. La CIA encargó una arriesgada misión a un agente doble conocido por la agencia. Le entregaron una piedra grande y le mostraron el equipo de comunicación que habían ocultado dentro de la piedra. Le dijeron que hacía transmisiones breves de bajo consumo a un satélite aéreo y que otro agente remunerado se encargaría de emitir periódicamente. Le dijeron que colocase la roca en un lugar específico, cerca de la zona residencial o los barracones de la Guardia Especial Republicana. La CIA preparó un espacio oculto en el coche del agente doble y le pagó una pequeña cantidad de dinero por su misión. El agente colocó la roca cerca de los barracones. El dispositivo de transmisión era peligroso en el pasado, pero la CIA estaba segura de que los iraquíes no lograrían descifrar el código. El aparato estaba programado para emitir en los momentos en que entraban y salían cientos de miembros de la Guardia Especial Republicana, aparentando así que alguno de los agentes iraquíes emitía señales en secreto a la roca.

Un informe de otro servicio de inteligencia extranjero señaló que se había reunido a los comandos de la Guardia Republicana Especial para informarles de que alguno de ellos conspiraba contra Saddam. Quien fuera sorprendido conspirando sería ejecutado. Los documentos obtenidos después de la guerra muestran que Saddam fue informado sobre la supuesta operación de la CIA y los iraquíes iniciaron una investigación para encontrar al traidor.

Otras acciones encubiertas pretendían que otros países congelasen las cuentas bancarias iraquíes en el extranjero. El espionaje iraquí no solía pagar a los agentes con dinero en efectivo, sino con contratos «Petróleo por Alimentos» de la ONU. Los espías podían ganar un millón de dólares con tales contratos. La CIA intentaba congelar el dinero iraquí en el Líbano, Jordania y Suiza. En un caso se congelaron 650 millones de dólares.

Los intentos de frenar la obtención ilegal de presunto material relacionado con las armas de destrucción masiva, tal como se indicaba en la orden presidencial de inteligencia datada el 16 de febrero de 2002, resultaron fallidos. La idea consistía en manipular en secreto las partidas de ordenadores introducidas en el país para que fallasen en las presuntas instalaciones de armas de destrucción masiva. Pero los ordenadores se acababan en la red de telecomunicaciones iraquí, que fallaba intermitentemente antes de la guerra.

Al entrevistar a varios oficiales y otras personas durante los preparativos de la guerra, tres fuentes me comunicaron confidencialmente que las informaciones secretas sobre armas de destrucción masiva no eran tan concluyentes como indicaban la CIA y el gobierno. Este dato resultaba preocupante, sobre todo en vísperas de la guerra. Hablé con Walter Pincus, colega de *The Washington Post*, que había escrito mucho sobre las inspecciones de armas y el espionaje en Iraq. Pincus me confirmó que numerosas fuentes le habían dicho exactamente lo mismo. En consecuencia, redacté los cinco párrafos que reproduzco a continuación y entregué en mano una copia a Pincus y al director de seguridad nacional del *Post*: «Según fuentes de toda solvencia, parte de la información estadounidense que fundamenta la conclusión de que Iraq tiene grandes alijos de armas de destrucción masiva parece un cúmulo de indicios circunstanciales, poco fiables si se examinan en detalle, si se someten a un análisis externo y a una verificación sobre el terreno.

»Un alto cargo de la administración de Bush informó el mes pasado de que, según los servicios secretos, la información era "muy pobre", tal vez suficiente para alcanzar el grado legal de "causa probable" en una acusación, pero insuficiente para una condena.

»Según otro alto funcionario de la administración, las fotografías por satélite y otras imágenes aéreas aportan claras pruebas de que los iraquíes están trasladando material. "Les hemos visto enterrar cosas —declaró el funcionario—, desenterrarlas, abrir las puertas y llevarse su contenido en contenedores especiales. Hemos visto un montón de cosas."

»A la pregunta de si el espionaje estadounidense sabía qué había dentro de los contenedores especiales, el funcionario respondió: "No. Pero seguro que es algo importante."

»El funcionario añadió que la administración no buscaba una arma humeante, una prueba irrefutable. "La intención que anima la Resolución 1441 y el modo en que está redactada nos liberan por completo de esa responsabilidad."»

También entregué a Pincus una copia de una carta que remitió Tenet al senador John Warner, secretario del Comité de Fuerzas Armadas, para comunicarle que los servicios secretos habían aportado a los inspectores de la ONU «información detallada sobre todos los sitios de valor alto y moderado», presuntamente relacionados con armas de destrucción masiva.

Pincus y el director de seguridad nacional consideraron que mi borrador era un poco fuerte. Les di la razón. A pesar de que las fuentes eran de toda solvencia, sólo aludían a la escasez de pruebas. Ninguna aseguraba que no pudieran encontrarse armas de destrucción masiva en Iraq después de la guerra. Pincus quería centrarse en la incapacidad de los servicios secretos estadounidenses para aportar información específica sobre la magnitud o la ubicación de las armas de destrucción masiva en Iraq. Escribió un artículo, que se publicó el domingo 16 de marzo en la página A17, titulado «Estados Unidos carece de información detallada sobre armas prohibidas». Me mencionaba entre las fuentes de información manejadas.

No puedo revelar todavía la identidad de las fuentes. Pero entonces no creía tener información suficiente para cuestionar las conclusiones oficiales sobre las presuntas armas de destrucción masiva iraquíes. A la luz de los acontecimientos ocurridos después, debería haber presionado para publicar un artículo en primera página, incluso en vísperas de la guerra, con el fin de presentar con mayor convicción lo que aseguraban nuestras fuentes. Me consta que varias de ellas expresaron sus reservas en sus respectivas organizaciones, pero tampoco disponían de datos suficientes para rebatir con firmeza las conclusiones establecidas. No tengo pruebas de que tales reservas llegasen a oídos del presidente.

Capítulo treinta y tres

Andy Card sugirió que la minicumbre de Bush, Blair y Aznar se celebrase en las Bermudas, pero quedaba demasiado lejos para Blair y demasiado cerca de Estados Unidos. Otra propuesta de la Casa Blanca era un viaje de Bush a Londres. Los asesores de Blair se opusieron, pues la presencia del presidente estadounidense en Londres en aquel momento habría provocado manifestaciones masivas. Al final eligieron el archipiélago portugués de las Azores, situado en el Atlántico septentrional, más cerca de Londres que de Washington. El primer ministro de Portugal, José Manuel Durão Barroso, que también apoyaba la guerra, fue el anfitrión de la cumbre. Los cuatro líderes y sus principales asesores se reunieron en una sesión, a puerta cerrada, en la base aérea de la isla de Terceira, el domingo 16 de marzo.

Bush comenzó resumiendo por qué estaban allí. «A lo mejor suena la flauta —dijo— y Chirac acepta nuestra resolución conjunta, pero no habrá negociaciones.» La negociación supondría una demora de «una semana, o dos o tres semanas». Expresó su determinación de iniciar la guerra en cuestión de días, no semanas. «Si hubiera algún retraso —precisó—, no mejorará la opinión pública, y en algunos países, como Estados Unidos, empeorará.»

Chirac había grabado para el programa «60 Minutes» de la CBS una entrevista que iba a emitirse aquella misma noche, y alguien entregó al primer ministro un resumen de las declaraciones de Chirac. Blair comunicó a los reunidos que Chirac era partidario de conceder otros treinta días a las inspecciones de armas de la ONU en Iraq.

«¡Ni hablar! —se negó Bush—. Es una táctica dilatoria.» Evidenciaba lo que Bush ya se temía: Francia se aferraría a un clavo ardiendo con tal de posponer la guerra. Los demás líderes coincidían en esa opinión.

Los cuatro revisaron los ya prolongados esfuerzos diplomáticos, que juzgaban a todas luces agotadores. Acordaron conceder a la diplomacia veinticuatro horas más, a pesar de la improbabilidad de un avance decisivo, antes de echar abajo formalmente la segunda resolución al día siguiente a las 10 de la mañana, hora de la costa este norteamericana.

Se discutió si tenían autoridad legal suficiente para emprender la guerra. Revisaron punto por punto la Resolución 1441 y concluyeron que las «graves consecuencias» les autorizaban a iniciar la guerra en caso de incumplimiento, y en su opinión, era evidente que Iraq no se había desarmado.

«Voy a tener que soltar un discurso —dijo Bush—. Voy a tener que dar a Saddam Hussein un ultimátum.» Saddam tendría cuarenta y ocho horas para salir de Iraq con sus hijos. «Eso es lo que voy a hacer, ¿de acuerdo? —No solicitaba su asesoramiento, sólo les informaba—. Para que todo el mundo lo sepa —añadió.»

Pasaron a la posibilidad de que Francia, Rusia u otro miembro del Consejo de Seguridad de la ONU presentase una contrarresolución para postergar las «graves consecuencias» y forzase la votación. Podía ser un problema. Acordaron que lo que harían en ese caso era llamar por teléfono a los indecisos para convencerlos de que se opusieran a una contrarresolución y votasen «no».

Blair se puso tenso. «Si otro país intentase presentar una nueva resolución con el único fin de retardar nuestros planes —afirmó—, tendríamos que considerarlo un acto hostil en sentido diplomático.»

Este punto los llevaba de nuevo a la cuestión de Francia. «Me gustaría vetar algo suyo —comentó Bush—. De verdad que me encantaría.»

La vía diplomática se había agotado. «Ya sabéis —dijo el presidente—, tenemos que planificar el futuro Iraq de posguerra, y todos estamos de acuerdo en los cinco principios básicos. La integridad territorial tiene que continuar. Necesitamos estar preparados con la ayuda humanitaria precisa para entrar y atajar inmediatamente cualquier crisis de alimentos o personas desplazadas.

»Tenemos que construir un consenso internacional para Iraq, un nuevo Iraq, en paz con sus vecinos, y volveremos a la ONU para otra resolución después de la guerra. La ONU puede ayudar en muchos asuntos, pero no debe dirigir el país.» Precisó que de eso se haría cargo la coalición. Después prepararon las declaraciones conjuntas que emitirían más tarde aquel mismo día.

«Gerson, ¿estás intentando desviar la atención?», preguntó el presidente a su redactor jefe de discursos a la salida de la reunión. Eso era exactamente lo que pretendía. Había acompañado al presidente en aquel viaje de ida y vuelta de 7 400 kilómetros para colaborar en el discurso del ultimátum, que todavía era secreto y provisional.

«¿Tienes una copia del discurso?», preguntó Rice a Gerson. Así era, pero en ella figuraban también sus notas, correcciones y otros garabatos.

«Está bien —replicó Rice—, me la quedo.» Y entregó el texto a Blair. Gerson se quedó con los ojos a cuadros. El documento estaba todo lo acabado que se podía, teniendo en cuenta las circunstancias, y definía el plazo definitivo para el comienzo de la guerra. Al tiempo, comprendió que todas las palabras del discurso de Bush podían tener una tremenda repercusión en la política británica, quizá de forma inmediata, puesto que Blair tenía pendiente una moción de censura en el Parlamento. Gerson observó que Alastair Campbell, consejero de comunicación y estrategia de Blair, leía atentamente el texto y tomaba notas.

A las 17.30 horas, Bush y los demás líderes iniciaron una conferencia de prensa en el salón de baile del centro cívico municipal, en la base aérea de Lajes.

El primer ministro portugués dio la bienvenida a los periodistas e intentó formular el mensaje. «Ésta era la última oportunidad para una solución política —comunicó a los reporteros—, aunque sea una en un millón.»

Bush salió a la palestra. «Hemos concluido que mañana es el momento de la verdad para el mundo», dijo, y declaró que la lógica de la Resolución 1441 «es ineludible: o el régimen iraquí se desarma, o será desarmado por la fuerza». Como si la guerra fuera ya una certeza y Saddam hubiera caído, se anticipó y delató sus intenciones al afirmar: «Presionaremos lo antes posible para tener una autoridad interina iraquí.» Pero rápidamente añadió: «si se requiere la fuerza militar».

Blair, por su parte, formuló el asunto de un modo ligeramente distinto: «El punto clave es nuestra responsabilidad de respetar la voluntad de la ONU, plasmada en la Resolución 1441 en noviembre pasado.»

Por su cuenta y riesgo, la coalición se erigió en brazo ejecutor del Consejo de Seguridad de la ONU. En efecto, los líderes estaban lanzando un ultimátum a la ONU y al proceso del Consejo de Seguridad. Se ponía de relieve el problema de una guerra preventiva y parecía revelarse la paradoja de la diplomacia coercitiva. Los periodistas se percataron de ello. Uno preguntó: «¿No vamos a la guerra, entonces?»

Bush dijo que la decisión estaba en manos de Saddam.

Otro periodista observó, en medio de una pregunta compleja e intrincada: «No hay salida posible a través de la ONU porque la mayoría no apoya una acción bélica.» Nadie rebatió sus palabras.

¿Se votaría al final la segunda resolución?

«Fue ese tipo el que dijo que debían votar —respondió Bush—. Francia ha mostrado sus cartas. [...] Ha dicho que iba a vetar cualquier cosa que exigiera cuentas a Saddam. Así que las cartas ya se han jugado, y sólo tendremos que hacer una valoración pasado mañana para determinar qué significaba esa carta.» Bush declaró que quería hablar sobre la importancia de la ONU: «En el Iraq post-Saddam, la ONU tendrá que intervenir, por supuesto. Y de esa forma puede empezar a recuperar su responsabilidad.»

En público no dijo lo que comunicó en privado a los otros líderes, a saber, que la ONU «no debe dirigir el país».

Gerson al fin recuperó el ejemplar del discurso prestado a los británicos. Éstos querían que el texto tuviera más oraciones condicionales, que incluyera de forma dispersa y reiterada la frase o concepto «si sobreviene la guerra». Aunque se sobreentendiese una referencia bélica, no debía ser un discurso de guerra. Todavía perduraba un último atisbo de esperanza en una solución pacífica. A Gerson no le importunaban los cambios propuestos. Ésa era también su posición en aquel momento. Tenía cierta confusión personal acerca del conflicto inminente.

Por sus firmes convicciones cristianas, Gerson tenía muy presente que estaban en Cuaresma, fechas de sacrificio y oración que preparan para la Pascua de Resurrección. Su hijo y él se privaban de dulces en Cuaresma. Llevaba ya dos días de ayuno, rezando para que ocurriera algo que evitara el conflicto.

Blair tenía que regresar pronto a su país para ocuparse de la política y la revuelta interna de su partido. Card pensó que Blair rezumaba angustia y determinación. No era la determinación de quien las tiene todas consigo. Card creía que era una seguridad nerviosa. A Rice le parecía que la situación británica era todavía muy crítica. Mientras contemplaba la marcha de la delegación británica, Rice comentó a Gerson: «Gee, espero no sea la última vez que los vemos.»

A bordo del *Air Force One*, Bush y Rice acordaron que ya sólo quedaba gestionar la política de la ONU y no descorchar la botella antes de que concluyera la votación en el Parlamento británico. Hughes y Bartlett se sumaron a la conversación y revisaron el discurso palabra a palabra. Tenía unos treinta párrafos. Por lo tanto, duraría unos quince minutos. Las sugerencias británicas eran aceptables, de modo que Gerson volvió a uno de los ordenadores del avión e introdujo los cambios.

El discurso recordaba los últimos doce años de diplomacia y atribuía toda la culpa a Saddam. «Nuestra buena fe no ha tenido compensación —debía decir Bush. E insistía—: Queríamos resolver el asunto por una vía pacífica.

»Si debemos iniciar una campaña militar...

»Si Saddam Hussein optase por la confrontación, el pueblo norteamericano debe saber que se han tomado todas las medidas para evitar la guerra —decía ahora el discurso—. Si Saddam Hussein intenta aferrarse al poder...»

Por otra parte, era un discurso de guerra con pocas concesiones. Planteaba crudamente la posibilidad de un ataque nuclear. «El régimen iraquí todavía posee y oculta algunas de las armas más letales que se han concebido.» Los terroristas con «armas nucleares obtenidas con la ayuda de Iraq» podrían matar a «cientos de miles de personas inocentes de nuestro país o cualquier otro».

En el discurso se aludía también al 11-S. Se aseguraba que en un plazo de entre uno y cinco años se multiplicaría la amenaza de Saddam. «Hemos optado por contener esa amenaza ahora, allá donde surja, antes de que aparezca de pronto en nuestros cielos y ciudades.»

El texto contenía también un tema recurrente en los discursos del presidente desde el 11-S, la idea de que aunque algunos crean que vivimos una era de terror, Bush lo convertirá en una era de libertad. Gerson sabía bien que aquél había sido un tema constante del presidente desde el 11-S: Estados Unidos iba a controlar todo lo que ocurre en el mundo, en lugar de ser controlado por las decisiones de otros. Lanzaba un dardo a Francia al declarar: «Esos gobiernos comparten nuestra valoración del peligro, pero no nuestra determinación de refrenarlo.»

Cuando Gerson acabó de introducir las correcciones, se reunió con el presidente y los demás, que llevaban unos diez minutos viendo la película de Mel Gibson titulada *La teoría de la conspiración*. Bush resumió en alto la trama, y durante el resto de la película se rió de ella porque era muy previsible.

Al final de la película, Bush entregó a Gerson unas cuantas correcciones estilísticas más.

A las 19.42 horas en la costa Este norteamericana, varias horas después al otro lado del Atlántico, Bush llamó al primer ministro australiano, John Howard, un aliado fundamental que no asistió a la cumbre. Australia aportaba 2 000 soldados.

—Vamos a esperar hasta mañana —dijo Bush. Powell iba a atender los teléfonos toda la noche—. Colin va a tantear a los aliados, los países árabes de la ONU, y ya veremos dónde estamos. Si no cambia nada, vamos a echar abajo la resolución. Voy a dar un discurso esa noche, vamos a dar a Saddam el ultimátum.

—¿Va a ser el discurso de la declaración de guerra?

—No, es un discurso de ultimátum

Howard, preocupado por la opinión pública australiana, afirmó:

—Necesito una última palabra oficial tuya antes del inicio de la guerra. Si no, el pueblo australiano pensará que el presidente norteamericano ha empezado la guerra sin decírselo siquiera a sus principales aliados.

—No, no —replicó Bush—, ésta no es la última llamada que vas a recibir de mí.

Capítulo treinta y cuatro

Al día siguiente, lunes 17 de marzo, de vuelta en Washington, Rice estaba al habla con el consejero de seguridad nacional de la India a las 7 horas. El primer ministro indio, Atal Bihari Vajpayee, había remitido una carta a Bush dos días antes, proponiéndole celebrar en su país una cumbre entre los cinco miembros permanentes del Consejo de Seguridad de la ONU (Rusia, Francia, China, el Reino Unido y Estados Unidos) para resolver los conflictos. Estados Unidos había insistido en la necesidad de entablar negociaciones sobre la India y sus peligrosas disputas con Pakistán, puesto que ambos países poseían armas nucleares. De manera que la oferta de Vajpayee debía ser rechazada con cuidado.

«Buena idea —dijo Rice con cortesía—, pero ahora no lo vemos claro. Gracias por su interés y ayuda. Agradecemos los esfuerzos del primer ministro, pero al menos un país ha clarificado su posición. —Francia iba a vetar la resolución—. Así pues, no vemos la utilidad de dicha reunión.»

El presidente se centraba en impedir una contrarresolución en la ONU, una medida que podía dar al traste con todo y restar legitimidad a la Resolución 1441. En una llamada telefónica a Aznar, Bush le pidió que mediase con el presidente de Chile, Lagos. La semana anterior Bush no había conseguido granjearse su apoyo para la segunda resolución, pero Aznar tenía más influencia. «¿Puedes llamar a Lagos e instarle a que no intente ninguna maniobra de última hora?», inquirió el presidente. En aquel momento era sumamente difícil mantener el equilibrio en el Consejo de Seguridad.

Aznar respondió que llamaría a Lagos y añadió también una petición: «Mira, me serías de gran ayuda si llamases a Juan Carlos.

Simplemente una llamada rutinaria.» El Rey Juan Carlos I, jefe de Estado español, a pesar de ser una mera figura decorativa, goza de gran popularidad y ejerce dominio en la designación del presidente del gobierno. Aznar quería tener contento al Rey. Y Bush accedió, ya que le parecía una buena idea.

En una conversación telefónica de quince minutos, Bush y Blair aunaron esfuerzos para cerciorarse de que no hubiera ninguna contrarresolución. Acordaron que era preciso negociar con Rusia en varios niveles.

Blair señaló que habían mejorado las perspectivas de la inminente votación en el Parlamento británico, pero que todavía no las tenía todas consigo. «Creo que puedo ganar —comentó Blair—. Me preocupa el margen de victoria. No quiero depender de los votos conservadores. Quiero ganar con la fuerza de mi propio partido. Sé que no me los voy a ganar a todos, pero no quiero que los conservadores puedan decirnos: "Sin nosotros, estáis perdidos"; y por eso estoy trabajando duro en el Partido Laborista para asegurarme una mayoría muy sólida de votos laboristas.»

A las 8.55 horas, Bush se reunió con el Consejo de Seguridad Nacional. Powell informó de que no había cambiado nada durante la noche. Francia no cedía.

El presidente comunicó a Franks que en un plazo de setenta y dos horas tendría que ejecutar el ahora llamado Op Plan 2003 V. «Todavía no te doy la orden final, pero tienes que estar preparado —ordenó el presidente—. Haz todas las cosas de última hora que necesites hacer.»

El presidente llamó al secretario de prensa, Ari Fleischer, y le ordenó: «Sal a las 9.45 horas y di que nuestros aliados han vuelto a debatir esta mañana y hemos retirado la resolución.» No iba a celebrarse la votación de la ONU.

Así pues, a las 9.45 horas, Fleischer apareció en la sala de prensa y anunció: «Naciones Unidas no ha logrado cumplir su propia exigencia de desarmar de inmediato Iraq. En consecuencia, se ha cerrado la ventana diplomática. El presidente se dirigirá a la nación esta noche a las ocho. Y dirá que para evitar el conflicto militar Hussein debe abandonar el país.»

La mitad de los periodistas acreditados salió de la sala para informar. Fleischer nunca había visto nada parecido en sus más de dos años al frente de la secretaría de prensa de la Casa Blanca. Pensó: «¿De qué otro modo podría librarme de ellos tan fácilmente?» La desbandada fue más notoria en el fondo de la sala. El personal de teletipos y de televisión, situado en las primeras filas, se quedó para sacar más jugo de Fleischer, en vista de que sus respectivos medios estaban conectados para enviar o transmitir los boletines.

Posteriormente, Bush devolvió el favor a Aznar y habló con el Rey de España durante cuatro minutos. «Su Majestad, sucede lo siguiente. Vamos a echar abajo la resolución y voy a hablar al pueblo norteamericano.» El Rey le agradeció cordialmente la llamada.

A las 11 horas, el presidente llamó al primer ministro de Bulgaria, Simeón de Sajonia-Coburgo. El líder búlgaro, que iba a conceder autorización para sobrevolar su territorio, además de enviar a la región un equipo de varias docenas de expertos en defensa en casos de guerra química y biológica, expresó su intranquilidad por la aparición de su nombre en una lista pública de miembros de la coalición.

—¿Qué quiere decir? —preguntó Bush—. ¿Va a enviar a gente, todo el mundo va a saber que ustedes van a estar ahí, pero no quiere aparecer en la lista?

El primer ministro expresó su malestar.

Rice intervino para clarificar:

—No está diciendo que no va a enviar a los hombres, ¿verdad?

—Oh, no, no, no, a los hombres sí que los mandamos.

Eso es lo que quería Bush. Quería que hubiera el mayor número posible de países en la coalición, por muy pequeña que fuera la aportación de cada uno. En cuanto a la difusión pública, Bush afirmó:

—Muy bien. Haga lo que tenga que hacer.

Rice habló entonces con el ministro de Defensa ruso Sergei Ivanov para comunicarle que Saddam iba a tener un margen de cuarenta y ocho horas y que la diplomacia se había acabado. «Esperamos que Rusia no introduzca una nueva resolución», le pidió con cortesía, y le preguntó si era cierto el rumor de que Igor Ivanov, el ministro de Asuntos Exteriores, pretendía elevar la siguiente reunión del Consejo de Seguridad de la ONU al nivel ministerial. A Rice le preocupaba que esa decisión forzase a Powell a comparecer —lo cual permitiría a los demás volver a presionar a

Bush y al propio Powell—, o bien a ser el único ministro de Asuntos Exteriores ausente.

—Por favor, no envíe a Igor a la ONU —insistió.

—No puedo asegurarle que no vaya —replicó Ivanov—, pero le prometo que si va, no hará ese gran ejercicio político. No va a utilizarlo como una oportunidad para hostigarles o avergonzarles.

Rice dijo que obraban en su poder algunos informes donde se aseguraba que los iraquíes habían comprado a Rusia gafas de visión nocturna y dispositivos GPS.

—No se preocupe, investigaremos todo eso. Por supuesto nosotros nunca les venderíamos esas cosas. La antigua Unión Soviética sí les vendía esos materiales. Pueden ser materiales viejos, sin más. Puede que haya recibido información confusa —le dijo. Después se refirió a la próxima visita de Rice a Rusia.

Rice llamó al Secretario General de la ONU, Kofi Annan.

—Si hay guerra, la ONU desempeñará un papel vital en la posguerra —afirmó Rice. La palabra «vital» era una de las que había recalcado la delegación británica, pero resultaba imprecisa—. Colaboraremos con vosotros en eso —añadió Rice, y volvió a dejar el «eso» como algo impreciso.

Su siguiente llamada fue al jefe de Estado Mayor de Putin, Alexander Voloshin.

—Por favor, no envíen a Ivanov a la ONU, por favor no intenten elevar esto a una reunión de ministros de Asuntos Exteriores —suplicó Rice, añadiendo a continuación un nuevo sesgo—: Si lo hacen, Powell no va a ir, para nosotros no tiene mucho sentido.

Voloshin vaciló unos instantes y dijo al fin:

—Nos encantaría que viniera de visita a Moscú.

Aquella mañana, Bush tuvo la primera de las dos sesiones de TelePrompTer para ensayar la lectura del discurso completo. La primera mitad fue bastante bien, pero cuando llegó a las frases de acción —«Saddam Hussein y sus hijos deben abandonar el país en las próximas cuarenta y ocho horas. En caso de no hacerlo, ello acarreará un conflicto militar, que comenzará cuando así lo decidamos»—, tenía una especie de nudo en la garganta.

Gerson sabía que uno de los motivos por los que convenía practicar el discurso era que así el presidente podía emocionarse con las palabras en la primera prueba. Después, en el segundo ensayo, podía sobrellevarlas, y en la tercera lectura ya las controlaba y se controlaba. Todavía se estremecía al oír las palabras, a pesar de haberlas escrito y haberlas oído en los ensayos.

A las dos de la tarde, Bush llamó al primer ministro australiano, Howard, para informarle de lo que iba a decir aquella noche en su discurso.

—George —dijo Howard—, si llegamos a esto, te doy mi palabra de que las tropas australianas lucharán si es necesario.

Bush llamó después al primer ministro israelí, Ariel Sharon.

—Ariel, te dije en el Despacho Oval que te avisaría con setenta y dos horas de antelación. Pues te aviso ahora.

—De acuerdo —replicó Sharon, y expresó su agradecimiento al presidente.

La llamada duró apenas tres minutos.

A las 16.45 horas, Bush ensayó por segunda vez la lectura del discurso en el Cross Hall, el vestíbulo formal con moqueta roja situado en el primer piso de la Casa Blanca, desde donde se transmitiría en directo el discurso tres horas después. Más tarde, cuando Gerson subió al estrado, Bush enrolló el texto y con él le dio en broma unos golpecitos en la cabeza a su redactor de discursos. Como era habitual en tales momentos, Bush estaba relajado, a veces incluso más de la cuenta.

El presidente había prometido mantener informado al Congreso, y en consecuencia, tenía previstas para aquella tarde dos reuniones con los principales representantes. Rice y otros miembros del gobierno, como Cheney y Fleischer, celebraron una reunión previa en el Despacho Oval para revisar la relación de asistentes. Era una rutina normal, pero había poco que decir. Todos eran conscientes de las extraordinarias dimensiones de lo que ocurría. «La parte más dura —les dijo Bush— era tomar la decisión de que puede ser necesario utilizar la fuerza.» Eso ya se había decidido seis meses antes, el 12 de septiembre de 2002, cuando Bush desafió a la ONU al declarar que o bien se resolvía el problema de Saddam en el marco de Naciones Unidas, o bien se encargaría él mismo de resolverlo. «La decisión de hoy de utilizarla no ha sido la más difícil.»

Bush saludó a los líderes del Senado y de la Cámara de Representantes en la Sala Roosevelt. Los presentes eran Dennis Hastert, portavoz de la Cámara, la líder demócrata Nancy Pelosi, y el líder demócrata del Senado Tom Daschle. El líder de la Mayoría del Senado, Bill Frist, llegó con retraso.

—Llegamos a la conclusión de que era imposible hacerlo por los franceses —explicó Bush, refiriéndose a la segunda resolución—. Todos coincidíamos en que ya era hora de avanzar. Hicimos todo lo que pudimos en la ONU. —Describió su discurso, el ultimátum de cuarenta y ocho horas—. Lo eliminaremos del poder, que era la ley de 1998 por la que muchos de vosotros seguramente votasteis a favor —señaló. A continuación añadió que Saddam podía aprovechar la oferta y marcharse.

—Por favor, diga que dispone de información secreta donde se dice eso —recalcó Pelosi.

—No —respondió Bush—. Tenemos gran cantidad de información secreta para afirmar que no está respetando las órdenes.

Hacia las 18.15 horas amplió la reunión para recibir también a los secretarios de las comisiones de Asuntos Exteriores e Inteligencia. «Los generales iraquíes son criminales de guerra —les dijo. Después añadió un nuevo matiz muy significativo—: Si Saddam Hussein se va, entraremos de todas formas. Así podemos evitar la limpieza étnica. Entraremos de manera pacífica, y habrá toda una lista de un país y otro y otro que están firmemente con nosotros en esta coalición.» Explicó que entrar en Iraq era importante para conseguir las armas de destrucción masiva y para controlar a la cúpula del partido Baas.

Bush continuó. «Al final, Turquía estará con nosotros. Erdogan va aprendiendo —afirmó, en referencia a Recep Tayyip Erdogan, el nuevo primer ministro elegido democráticamente—. Ganaremos sin Turquía. Estaría bien contar con Turquía. El asunto es cómo asegurarse de que no entren en el norte de Iraq.»

A las 18.26 horas, Bush se excusó y salió a prepararse para el discurso. Cheney y Rice se quedaron para responder a las preguntas.

Bush mantuvo una teleconferencia con Tom Ridge, secretario de Seguridad Interior, Powell, Tenet, el director del FBI Robert Mueller, el ministro de Justicia John Ashcroft y otros miembros del gobierno para comentar las medidas que debían tomarse con el fin de combatir la amenaza terrorista nacional. Se tomó la decisión de aumentar el nivel de alerta terrorista nacional en un grado, hasta el nivel Naranja/Alto, en previsión de atentados contra Estados Unidos en caso de guerra.

Entretanto, en la Sala Roosevelt, el senador Warner preguntó si se había agotado la vía diplomática y si alguien pensaba que Saddam iba a abandonar el país.

«Las probabilidades son escasas», respondió Cheney. Señaló que la cuarta División de Infantería habría sido útil si hubiera estado ya en la zona tres semanas antes, si Turquía le hubiera permitido entrar en Iraq; no obstante, siguiendo las indicaciones de Franks, añadió que las tropas habían «contribuido a inmovilizar a los iraquíes».

El senador Joseph Biden, representante demócrata en la Comisión de Relaciones Exteriores, preguntó por el futuro papel de la ONU.

«Creo que seremos recibidos como liberadores —respondió Cheney, eludiendo la cuestión— pero hay muchas cosas que arreglar. Son un pueblo muy combativo. Les daremos seguridad.»

Rice declaró que establecerían una autoridad iraquí interina para gobernar el país. «Queremos dejar la administración de Iraq en manos iraquíes lo antes posible.»

Cheney añadió que había hablado personalmente con los líderes turcos. «Por decirlo claramente, no queremos que entren.» Les había transmitido ese mensaje. «Creo que se comportarán. Tenemos que controlar también a los kurdos.» Hasta los amigos eran peligrosos.

«Israel no desempeña ningún papel, no forma parte de la coalición —precisó Cheney—, pero estamos colaborando con ellos estrechamente sobre su reacción.»

El senador Pat Roberts, republicano de Kansas y secretario de la Comisión de Inteligencia del Senado, dijo que cuarenta y ocho horas eran, en su opinión, un plazo excesivo.

«De ese tipo de cosas aún no puedo hablar», replicó Cheney. Comentó que la seguridad nacional era importante. Recordando la guerra del Golfo, cuando era secretario de Defensa, añadió que Saddam y sus servicios de inteligencia habían intentado organizar atentados dentro de Estados Unidos, pero resultaba casi cómico que fueran tan patéticos.

«No esperamos encontrar dificultades con Irán», precisó Rice.

El senador demócrata Robert Byrd, de West Virginia, leyó algunos comentarios preparados que, básicamente, se oponían a Bush y sus planes. «Respaldo firmemente a nuestro ejército. Apoyaré las partidas presupuestarias para nuestras tropas. La gente debe conocer los costes y los planes de reconstrucción, pero todavía hay preguntas sin respuesta. No apoyaré un cheque en blanco con planes grandiosos.» Advirtió del riesgo de expansión incontrolada de la misión, o posibles amenazas para la seguridad nacional. Por último, reprendió al presidente y al vicepresidente por no implicarse lo suficiente en el Congreso.

Mucho antes de las 20 horas, Bush se encontraba ya en la Sala Roja contigua al Cross Hall. Estaba irritado. Una cadena de televisión lo había filmado mientras jugaba en el jardín de la Casa Blanca con sus perros, *Barney* y *Spot*, tirándoles un palo. Sólo intentaba relajarse. La cadena había emitido el vídeo varias veces.

«¿No es una violación de las reglas?», preguntó el presidente a Bartlett y Fleischer. Sí, en efecto lo era. Aquel medio, que tenía acceso especial a los alrededores de la Casa Blanca, no estaba autorizado a filmar el jardín. El contrato definía algunas zonas estrictamente prohibidas. Bush no dejaba de pensar en la repetición continua del vídeo: el presidente jugando con sus perros, sobre todo aquel día. Era un mensaje que no quería enviar.

Gerson permanecía al margen, escuchando la conversación. No veía nada malo en aquel vídeo. Caminar y jugar con perros es lo que hacían los norteamericanos, pero no comentó nada.

—Gerson —dijo Bush, para distender la situación—, estás muy callado. —Se acercó al redactor de discursos—. ¿Estás nervioso?

—Pues sí —reconoció Gerson.

Bush le contó una anécdota sobre el primer debate de campaña televisado en que participó su padre, en 1988, cuando se enfrentó al candidato demócrata, el gobernador de Massachusetts Michael Dukakis.

—Un hermano mío y yo estábamos muy nerviosos. No podíamos ni verlo —relató Bush—. Así que nos fuimos al cine, porque es que el debate y todo lo que había en juego era demasiado. Pero la película no nos distrajo, y estábamos todo el rato saliendo al vestíbulo para buscar un teléfono y preguntar cómo iba el debate. Al final salimos del cine y nos fuimos a casa y papá llamó y preguntó: «¿Qué tal he estado?» «¡Tremendo!», dijimos los dos.

—Un minuto —gritó una voz, y el presidente se tomó un instante para serenarse.

Gerson sabía que lo importante era aquel discurso, que contenía el escollo más difícil. Curiosamente, el anuncio de la acción militar, previsto para los siguientes días, iba a resultar anticlimático.

—Compatriotas —recitó el presidente a las 20.01 horas—, los acontecimientos de Iraq han llegado a los días finales de la decisión.

En el inicio del discurso Bush reflejaba una torpeza que no es rara en él. Pero sus palabras y la situación magnificaban el momento. El país se había habituado a aquellos discursos nocturnos; se había acostumbrado incluso a ver a Bush en el cargo presidencial. Gerson pensaba que aquélla había sido una de las mejores actuaciones de Bush ante las cámaras.

Tom Shales, crítico de televisión de *The Washington Post*, señaló que Bush mostró una «solemnidad fúnebre y una aura de pesadumbre lastimera» en el discurso de quince minutos, y «ni rastro de bravuconería».

El martes 18 de marzo Bush inició algunos contactos diplomáticos. Llamó al nuevo presidente chino, Hu Jintao, a las 7.48 horas, para felicitarle. Le aseguró que la situación de Iraq no afectaría adversamente a las relaciones entre China y Estados Unidos, y le agradeció los esfuerzos de China en la búsqueda de una solución pacífica para la situación de Corea del Norte.

Más tarde, el presidente habló con Putin, y le explicó que la posición de Francia había generado un sentimiento antifrancés en Estados Unidos.

—No puedo hacer nada para arreglarlo. El pueblo norteamericano está furioso y con razón. Le doy las gracias por no fomentar el sentimiento antiamericano ni atacar personalmente a los líderes con los que no está de acuerdo. Me ayuda con la opinión pública norteamericana hacia Rusia. Ayuda a mantener fuerte nuestra relación.

Putin, que ya tenía suficientes problemas propios, le contestó básicamente:

—Hombre, ¡cómo voy a hacer algo así! —Si Igor Ivanov, su ministro de Asuntos Exteriores, iba a la ONU era sólo para hablar sobre las inspecciones de armas—. Ivanov no intentará marcarse un tanto propagandístico.

Acordaron que la ONU participaría en el Iraq post-Saddam, y Putin preguntó a Bush, una vez más, si iba a asistir a la cumbre prevista en San Petersburgo, ciudad natal de Putin, con motivo del 300 aniversario de la ciudad.

—Espero poder ir —respondió tímidamente Bush.

Aquella misma mañana, en la reunión de directores generales, se anunciaron dos novedades: se suspenderían las visitas guiadas por la Casa Blanca abiertas al público, y se organizarían equipos médicos de atención permanente para controlar el estrés.

En el Despacho Oval, el director de presupuestos, Match Daniels, comunicó al presidente que se requería la aprobación, por parte del Congreso, de una partida presupuestaria adicional de unos 73 300 millones de dólares para la guerra de Iraq y la seguridad nacional.

«Necesitamos una estrategia para reducirlo —afirmó Bush—, para excluir de ahí los proyectos menores.»

Rice habló con su homólogo canadiense, que se disculpó al declarar que no podían participar en aquella acción, si bien prometió no enardecer la retórica, o avivarla sólo lo suficiente para satisfacer a la opinión pública canadiense sin llegar a adoptar una posición beligerante ni provocadora.

Para Blair había llegado la hora de la verdad. Su discurso de una hora en el Parlamento aquel mismo día mereció críticas elogiosas hasta entre los principales detractores, que calificaron aquella alocución como una de las más firmes y apasionadas del primer ministro.

«En este dilema, ninguna opción es perfecta, ninguna causa es ideal —declaró Blair—. Pero de esta decisión depende el destino de muchas cosas.»

A las 13.30 horas, Bush llamó a Blair para felicitarle por el discurso. «Ahora sé que tengo los votos para ganar la resolución —dijo Blair— porque los encargados de llamar a filas han estado trabajando toda la noche. Y la única cuestión es el margen, pero tengo confianza.»

Hablaron sobre la necesidad de conceder a Rusia, Francia y Alemania una vía de vuelta al redil.

En el norte de Iraq se recibió la llamada habitual: «Pistacho, aquí Jonestown», para anunciar que se había recibido un informe de un agente ROCKSTAR, un oficial de los SSO que dirigía parte de las líneas de comunicación utilizadas por Saddam en sus desplazamientos entre palacios y otros lugares.

El agente había averiguado que las comunicaciones de Saddam se realizaban a través de un determinado sistema de cables y el monitor de control emitía una señal que indicaba la ubicación del líder iraquí. Las coordenadas se recibían en la sede de la CIA con cuarenta y cinco minutos o una hora de retraso, cuando Saddam a veces ya se había ido. La verificación con imágenes de satélite rastreaba los hechos al día siguiente, y mostraba el movimiento de los vehículos de seguridad.

Cuando Tenet recibió estos informes, se percató de que cada vez se aproximaban más a la localización de Saddam a tiempo real, viejo anhelo que hasta entonces se consideraba imposible.

El agente habría subcontratado a un ROCKSTAR llamado Rokan que se encargaba de la seguridad en Dora Farm, un complejo situado en el sureste de Bagdad, a orillas del Tigris, utilizado habitualmente por la mujer de Saddam. Dora Farm tenía asignado el código SSO *Umidza*, que significa «matadero» o «casa de matanzas». El 18 de marzo, Rokan informó a su jefe ROCKSTAR de que Saddam estaba en el «matadero». Tim solicitó más detalles y verificación. Pero Rokan tenía un teléfono Thuraya y podía ser geolocalizado en el monitor de Jonestown. Efectivamente, Rokan estaba en la finca donde aseguraba encontrarse.

Rokan dijo que convenía suspender la comunicación telefónica. La persona de guardia en Jonestown le gritó: «¡Manténgase al habla!» No fue una conversación muy serena. En otro momento, uno de los hermanos dijo a Rokan: «Si no se conecta al teléfono cada dos horas, está sentenciado a muerte.» Los hermanos solían creerse omnipotentes, y cuando uno de los ROCKSTARS no llamaba o respondía al teléfono, lo interpretaban como una grave ofensa personal. No querían mostrar debilidad ante Tim y la CIA.

Tim intentó ordenar la información que tenía. El panorama

era más que prometedor: la fuente SSO probada, su socio Rokan y la localización geográfica en Dora Farm.

Tim envió un informe a Saul para comunicarle que era posible que Saddam o su familia estuvieran en Dora Farm o a punto de desplazarse allí. En todo caso, había comunicaciones y otro tipo de actividad que indicaban una visita de alto nivel. Percibía al fin que la guerra estaba cerca, porque Jim Pavitt, jefe del brazo clandestino de la agencia, había enviado un telegrama a todas las estaciones y bases donde anunciaba: «En un futuro muy próximo, salvo improbable y extraordinario giro de los acontecimientos, nuestra nación se embarcará en una peligrosa misión para desarmar Iraq y derrocar a Saddam Hussein del poder.»

Tenet se dirigió a la Casa Blanca a las 16 horas para reunirse con el presidente y Rice. Mantenía informado a Bush sobre la actividad de los ROCKSTARS, con cuya colaboración la CIA iba a localizar pronto a Saddam. Comunicó a Bush que, en aquel momento, varios ROCKSTARS informaban, con detalles cada vez más precisos, sobre la posibilidad de que Saddam o su familia se encontrasen en Dora Farm o se desplazasen pronto allí. Tenet comentó que la situación era muy tentadora, pues los ROCKSTARS aportaban constantemente nuevos datos que coincidían con las localizaciones y otras informaciones secretas.

Bush nunca había prestado tanta atención a un debate o votación de un parlamento extranjero como a aquel que se celebraba en Londres. «¿Cuál es el recuento de votos?», preguntó reiteradas veces a lo largo del día. Al fin el Parlamento votó a las 17.15 horas, 22.15 horas en Londres. Blair ganó por 396 votos contra 217. Aunque perdió un tercio de los votos de su propio partido, los conservadores apoyaron la guerra. En una segunda votación sobre una resolución impulsada desde el gobierno ganó por un margen aún mayor, con escasas disidencias laboristas. Parecía que Blair y su gobierno habían exagerado las expectativas de una posible derrota para que la victoria pareciera aún más espectacular.

A las 18.15 horas, el ex secretario de Estado, Henry Kissinger, que tenía por aquel entonces setenta y nueve años de edad y llevaba veinticinco retirado de la política, se entrevistó con Rice durante quince minutos. Casualmente estaba en la ciudad. Recalcó su opinión de que cuanto más se postergase la decisión, más dudas albergaría la opinión pública acerca de la resolución gubernamental de emprender la guerra. «No se puede empuñar el arma como habéis hecho y no disparar el gatillo», dijo Kissinger. Rice le dio la razón.

El príncipe Bandar se sentía ninguneado. No le habían avisado antes de la emisión del discurso del ultimátum la noche anterior. La situación era muy inquietante. Bandar siempre había considerado a Bush un hombre abierto y sincero que decía lo que pensaba: blanco o negro, te quiero o te odio, bueno o malo. Las declaraciones privadas de Bush el viernes anterior eran tranquilizadoras —«Voy a [...]. Lo digo en serio [...]. Confíe en mí.»—, pero no definitivas. Bandar se preciaba de recibir información clara desde la cúpula de poder. Había conocido a muchas personas, incluidos muchos presidentes estadounidenses, que se retractaban de sus decisiones por motivos poco válidos o no conocidos con antelación. Nada ocurría hasta que ocurría, y todavía entonces Bandar dudaba. Solicitó a Rice un encuentro con Bush y se reunió con él desde poco antes de las 19 horas durante once minutos.

—Señor presidente, espero que no haya cambiado de opinión ahora que ha emitido el ultimátum —dijo Bandar a Bush.

—Mire, Bandar —replicó Bush—, no le puedo decir nada, pero le prometo que será el primero en saberlo [el primer gobierno extranjero]. No se preocupe. Tenga fe en mí, confíe en mí.

Bandar estaba casi desesperado

—Confío en usted, pero ¡por el amor de Dios!, ya es demasiado tarde para echarse atrás.

Capítulo treinta y cinco

El miércoles 19 de marzo, a las 7.40 horas, Bush tomó la decisión de iniciar la guerra de Iraq, con una llamada de veinte minutos de duración a Blair por el teléfono de seguridad. Ambos líderes estaban muy animados. Bush felicitó a Blair por el resultado de la votación.

«No sólo has ganado, sino que la opinión pública ha cambiado porque llevas ventaja», dijo Bush, expresando su profunda convicción de que los pueblos y los países seguirían tras la «estela», como lo denominó en otro momento, de los líderes que asumen una posición fuerte y definen sus objetivos. «Por eso la votación ha salido como ha salido. Liderar es cuestión de voluntad.»

Bush y Blair aludieron indirectamente a la posibilidad de que ocurriera algo que alterase el plan de guerra. También por la línea telefónica segura hablaban en clave.

—Los de intel me han dicho que alguien, uno de los nuestros, ha visto en la zona a un tipo que habló en contra de Saddam y le cortaron la lengua y lo dejaron morir ahí en público, desangrándose —dijo Bush.

—¡Dios! —exclamó Blair—, es horrible.

Aquella misma mañana, en la reunión de Bush con el director del servicio inteligencia, Tenet le comunicó que más tarde dispondrían de un dato de gran relevancia, pero que no quería decir más. Prefería no crear falsas expectativas el mismo día en que el presidente iba a ordenar el inicio de la guerra. Tenet no solía mostrarse tan impreciso, pero Bush sabía que los ROCKSTARS se acercaban cada vez más a Saddam.

Card advirtió que Tenet estaba emocionado, casi eufórico. Solía mostrarse bastante motivado, pero esto era muy raro, pensó Card.

Bush y Card comentaron la victoria desigual de Blair en el Parlamento británico, reflejo, en cierto modo, de las votaciones del Senado y la Cámara de Representantes que habían autorizado a Bush a emprender la guerra por un estrecho margen.

Sin embargo, la mente del presidente había volado al piso de abajo, a la Sala de Situación donde iba a dar la orden de guerra a Franks y las tropas.

Al cabo de un rato, cuando se reunió con el Consejo de Seguridad Nacional en la Sala de Situación, preguntó: «¿Tienen algún comentario, recomendación o idea de última hora?»

Nadie dijo nada.

Entonces se estableció una videoconferencia segura con Franks y nueve de sus comandantes de alto rango. Quizá era la primera vez que un presidente se disponía a hablar directamente con sus comandantes de operaciones en vísperas de la guerra.

Franks, que se encontraba en la base aérea Prince Sultan en Arabia Saudí, empezó explicando que iba a instruir a cada comandante para que informase directamente al presidente.

—¿Tiene ya todo lo que necesita? —preguntó Bush al teniente general T. Michael «Buzz» Moseley, comandante del ejército del aire, responsable de las operaciones aéreas fuera de Arabia Saudí—. ¿Pueden ganar?

—Mi mando y control están en orden —respondió Moseley—. He recibido y distribuido las reglas de combate. No tengo problemas. Estoy preparado y en posición. —Evitó cantar victoria antes de tiempo—. Tengo todo lo necesario para ganar.

—Estoy preparado —dijo el teniente general David D. McKiernan, el comandante del ejército de tierra—. Estamos avanzando hacia las posiciones de ataque. Nuestra logística está lista. Tenemos todo lo necesario para ganar.

El vicealmirante Timothy J. Keating dijo que contaba con 90 buques de la Marina estadounidense, además de los 59 barcos de la coalición.

—Todo en orden —afirmó.

Bush repitió estas preguntas a cada uno de los comandantes. Todas las respuestas fueron afirmativas, y cada vez más breves.

—Ya se han distribuido las reglas de combate, mando y control —informó Franks—. Las fuerzas están preparadas para empezar, señor presidente.

En un breve discurso que había preparado, el presidente dijo:

—Por la paz mundial y por el bien y la libertad del pueblo iraquí, ordeno ejecutar la operación Libertad Iraquí. Que Dios bendiga a las tropas.

En este punto, el plan de guerra exigía explícitamente cuarenta y ocho horas de operaciones furtivas, período a partir del cual este componente invisible entraría en una nueva etapa alrededor de las nueve de la mañana, hora de la costa este estadounidense, cinco de la tarde en Iraq, mientras los primeros equipos de operaciones especiales franqueaban la frontera desde Jordania hasta el oeste de Iraq, para encontrar e interceptar misiles Scud.

—Que Dios bendiga Estados Unidos —replicó Franks.

—Estamos preparados —anunció el presidente—. Adelante, vamos a ganar.

Alzó la mano para saludar a sus comandantes, y luego se levantó bruscamente y se volvió antes de que los demás pudieran despegarse de su asiento. Las lágrimas inundaron los ojos del presidente y de algunos otros.

El presidente salió presuroso de la sala y regresó al Despacho Oval, donde sólo estaba Card, que se le apegaba como un velcro.

—Están preparados —dijo a su jefe de Estado Mayor— y acabamos de ordenar la ejecución.

Traspasó la puerta del Despacho Oval para dar un paseo en solitario por el jardín.

Un tiempo después, Bush recordaba así aquel momento: «Fue muy emocionante para mí. Rezaba mientras daba vueltas al círculo. Rezaba para que las tropas estuvieran a salvo, protegidas por el Todopoderoso, para que hubiera una mínima pérdida de vidas humanas.» Rezó por el país y por todos los que iban a arriesgar su vida. «Al entrar en esta etapa, rezaba para tener fuerzas para cumplir la voluntad del Señor. [...] Desde luego, no voy a justificar una guerra basada en Dios. Tienen que comprenderlo. Con todo, en mi caso rezo para ser el mejor mensajero posible de la voluntad de Dios. Y luego rezo también, por supuesto, para que me dé fuerza personal y perdón.»

Después del paseo, el presidente efectuó una serie de llamadas telefónicas seguras a líderes de los países de la coalición para transmitirles, esencialmente, que todo estaba en marcha.

Karl Rove, Dan Bartlett y Ari Fleischer se reunieron después en el Despacho Oval. Card quería asegurarse de que quienes conocían los detalles no comentasen nada ni filtrasen datos a los restantes miembros de la administración. «Yo no estaba dispuesto a decir nada, pero entre los que estaban informados corría la adrenalina», conjeturaba Card. Lo veía en Bush y él mismo lo sentía también. Rove se quedó después de la reunión, y el presidente le dijo que había ordenado iniciar la guerra.

«Pistacho, Pistacho, aquí Jonestown.» Tim recibió esta llamada en la base de Kalachualan, al norte de Iraq. En Jonestown acababan de recibir un informe del ROCKSTAR responsable de las comunicaciones de los SSO donde se informaba sobre Dora Farm. La fuente, que llamaba desde un teléfono Thuraya, dijo que acababa de conocer, a través de otro ROCKSTAR que había colaborado en las comunicaciones de la granja, un dato significativo acerca de la seguridad del lugar. Estaban haciendo acopio de alimentos y suministros. Parecía una reunión familiar. Tim transmitió esta información a Saul y a la sede central de la CIA.

Saul no distribuía gran parte de la información de los ROCKSTARS porque no era crucial para los planes militares, que consideraba prácticamente acabados. Le preocupaba que una difusión excesiva pusiera en peligro la tan preciada red de espionaje. Poco después de las 10.15 horas revisó la última fotografía aérea de Bagdad. ¡Quién lo iba a decir! Bajo las palmeras de Dora Farm había 36 malditos vehículos de seguridad. Era un número considerable, no para una o dos personas. La granja estaba ocupada por la mujer de Saddam, Sajida, y Saul sabía que Saddam la había utilizado también.

Bush se reunió con el secretario Ridge y el alcalde de Nueva York, Michael Bloomberg, hacia las 10.30 horas.

«Estamos al borde de la guerra —dijo el presidente— y puesto que la ciudad de Nueva York es un posible objetivo, es importante que nos reunamos.» Elogió los esfuerzos del municipio en la preparación ante eventuales atentados, pero aconsejó al alcalde que se centrase en los principales objetivos potenciales de los terroristas. «Vigile sobre todo los túneles, puentes y la comunidad judía.»

A las 11.30 horas, hora de Washington, un segundo comando de las fuerzas especiales penetró en territorio iraquí, en este caso desde Arabia Saudí.

El presidente se reunió con altos consejeros en materia de energía a las 13.05 en la Sala Roosevelt. En la reunión estaban Cheney, Powell, Rice y Card. Las cuestiones se centraron en el flujo internacional de petróleo. ¿Qué otros varapalos podría sufrir el mercado? Venezuela, que vivía una etapa de agitación política, ya había recortado drásticamente la producción. ¿Era conveniente que el presidente utilizara la reserva estratégica de petróleo?

Bob McNally, experto de la Casa Blanca en materia de energía, informó de que los precios del crudo ya habían caído de 37 a 31 dólares por barril. Eran buenas noticias. Un rápido incremento del precio elevaría los costes de las empresas y de los consumidores de todos los sectores.

Arabia Saudí había prometido estabilizar el mercado petrolífero con el incremento de la producción y el almacenamiento del crudo en petroleros previamente emplazados en el Caribe o que se dirigían a esa zona.

Por lo que se refiere a la situación del petróleo en el mundo, McNally señaló que el exceso de oferta era de entre 1,5 y 1,9 millones de barriles diarios. Ese drástico incremento de la oferta abarataba los precios.

El secretario de Energía, Spence Abraham, afirmó que Arabia Saudí solventaría la pérdida de petróleo iraquí aumentando la producción a 10,5 millones de barriles diarios durante treinta días, una promesa extraordinaria. En diciembre suministraban sólo ocho millones de barriles diarios, y en febrero, menos de nueve millones.

El secretario de Comercio, Don Evans, explicó que unos dos tercios de los campos petrolíferos iraquíes estaban situados en una misma zona, y los servicios de inteligencia no sabían todavía cuántos habían sido preparados para su detonación.

El presidente, en un alarde de conocimiento técnico adquirido en su trayectoria anterior en la empresa petrolífera, dijo que si los explosivos estuviesen colocados en lo alto del pozo, el incendio sería relativamente fácil de sofocar, pero si la explosión se producía en el fondo de los tanques, se tardaría siglos en apagar el fuego. «Si ponen una bomba a los yacimientos petrolíferos, será más de un mes. Si realmente los vuelan, estaremos hablando de años», sentenció.

Poco después de las 12.30 horas (20.30 horas en Iraq), Tim recibió un informe de un ROCKSTAR en el que se afirmaba que Rokan había logrado ver a Saddam, que había salido del matadero unas ocho horas antes para asistir a reuniones, pero que volvería a dormir a Dora junto con Qusay y Uday. Era ciento por ciento seguro que Saddam «debía» regresar. Tim sabía que, en aquel contexto, «debía» significaba «quizá», pero tenía que informar de lo que le habían comunicado. Le pareció que no tenía otra elección cuando aludió a la persona que querían eliminar. Envió un informe a Saul para decir que su agente principal aseguraba que Rokan había visto a Saddam, que iba a volver a dormir a la granja. Era una hipótesis, pero Tim declaró que la probabilidad era del 99 por ciento. Nada es ciento por ciento seguro. Toda la situación era turbia, pero aquéllos eran informes de dos oraciones, sin espacio para los matices.

A las 13 horas, al menos 31 equipos de las Fuerzas de Operaciones Especiales habían entrado en Iraq por el oeste y el norte.

—Están en el terreno, han entrado —informó Card al presidente en un aparte.

—Así debe ser —replicó el presidente. Se mostraba tal vez demasiado tranquilo.

Card y el presidente estaban deseando ver las noticias de Al-Jazira o la CNN, o cualquier otra cadena que aportase noticias sobre las maniobras militares.

A las 13.45 horas, el presidente habló con Aznar durante veinte minutos.

«Tenemos que hablar en una especie de clave —dijo Bush por la línea segura—. Las cosas están cambiando. Puede que no lo veas, pero el ritmo es diferente.»

Hacia las dos de la tarde todavía no había filtraciones a la prensa.

Card se acercó a la Sala de Situación para verificar los últimos datos.

—Los polacos han entrado —informó al presidente—. Tienen la plataforma.

Un equipo polaco de fuerzas especiales había entrado muy temprano y había logrado controlar uno de los objetivos fundamentales, la plataforma petrolífera del sur.

Bush charló brevemente con el presidente polaco Kwasniewski.

—Los australianos han entrado —añadió Card. Un comando australiano había penetrado en la región occidental de Iraq.

A las 15.06 horas, Bush habló con el primer ministro danés, Anders Rasmussen, quien le comunicó que estaban elaborando una resolución parlamentaria que permitiría a Dinamarca participar en la guerra con el envío de un submarino y una fuerza naval.

—No voy a hablar esta noche —dijo el presidente—, pero ya sabe que le mantendré informado por correo.

Tenet, McLaughlin, Saul y otros agentes de la CIA habían acudido al Pentágono con el informe de Tim y las fotografías por satélite.

Rumsfeld había seguido los informes de inteligencia de los ROCKSTARS y consideró que merecían la atención del presidente. Lo probable era que el grupo fuera veraz; los espías estaban arriesgando la vida. Sin embargo, al igual que la mayor parte de los informes de inteligencia, éste era imperfecto. Rumsfeld habló con Franks, que pensaba que Dora Farm era un buen objetivo, y el secretario le pidió que se cerciorase de que las tropas estuvieran listas para atacar aquel lugar.

Hacia las 15.15 horas, Rumsfeld llamó a Card. «Hemos hecho algunos avances, y quiero pasarme para hablar sobre todo ello.»

Card transmitió la petición de Rumsfeld al presidente, que acto seguido llamó a Rice.

—Don Rumsfeld acaba de llamar —informó Bush—, y quiere pasarse con George Tenet. Dice que tiene algo importante de que hablar, y que va a venir. Vente para aquí.

Tenet telefoneó a Steve Hadley.

—Voy para allá —dijo crípticamente el director de la agencia estadounidense de espionaje—. No voy a decir ni una palabra por teléfono. Quiero decírselo a Don en presencia del presidente. Antes de eso, nada.

Rumsfeld, McLaughlin, Tenet, Saul y los otros dos hombres de la CIA llegaron al Despacho Oval y entraron en el comedor del presidente.

—Tenemos a dos muchachos que siguen de cerca a Saddam —informó Tenet.

Brevemente resumió lo que habían averiguado el encargado de seguridad, Rokan, en Dora, y los otros ROCKSTARS que colaboraban en las comunicaciones. Tenet mostró fotografías por satélite donde se veía el emplazamiento de la granja, cerca de Bagdad, a orillas del Tigris. Había varias casas en la granja.

—Saddam y los dos chicos han estado aquí, y probablemente van a volver, si es que no están ya allí —siguió. La CIA se mantenía en comunicación directa con ambas fuentes.

Bush les preguntó acerca de las fuentes. ¿Quiénes eran? ¿Eran buenas?

Saul explicó que un elemento clave de la red ROCKSTAR era el oficial SSO de comunicaciones, que vigilaba de cerca a las fuentes de Dora. Los contactos y reclutas de los SSO en la red habían resultado ser muy buenos.

—De todas las fuentes iraquíes que dirigimos —dijo Saul al presidente—, consideramos que él es uno de los mejores, una de las fuentes más fiables.

Era uno de los primeros ROCKSTARS que habían llegado a la base de Kalachualan. Trabajaba para ellos desde hacía meses y gran parte de sus informes se habían verificado, sobre todo a través de SIGINT.

—Muy bien —respondió el presidente—. Todo esto tiene muy buena pinta.

—Bueno —dijo Saul—, nunca podremos estar seguros al ciento por ciento, pero la organización ha demostrado ser fiable. —Anunció también que en aquel momento tenían a una de las fuentes, Rokan, indagando a fondo para averiguar si Saddam se encontraba ya allí o se disponía a regresar en breve—. Ahora mismo —añadió Saul— la información es segura en un setenta y cinco por ciento.

La decapitación de la cúpula del régimen parecía ahora más segura. Meditaban sobre el impacto que podría causar el derrocamiento de Saddam y sus hijos. ¿Quién tomaría las decisiones dentro de Iraq? Todo el mundo estaba acostumbrado a recibir órdenes desde la cúpula. En el mejor de los casos, todo ello conllevaría la caída del régimen, de modo que la guerra sería innecesaria. Era improbable, pero posible.

—¿Qué clase de armas piensan utilizar? —preguntó el presidente.

El general Myers, que se había sumado al grupo, respondió que el arma prevista eran los misiles de crucero Tomahawk, y propuso emplear unos quince o diecisiete en aquel ataque.

Bush se mostraba escéptico. Preguntó: «¿Quién está en cada edificio?» «¿Dónde se alojaría Saddam?» «¿Sus hijos tienen niños?» «¿Dónde está la mujer?» «¿Saddam está con su mujer?» «¿Estamos seguros de que no es el lugar donde se alojan los niños?»

En el norte de Iraq, Tim se puso una chaqueta sobre la larga ropa interior y se calzó sus botas enlodadas. Era un ritual de respetabilidad ante los kurdos. Por muy mugrientos que estuvieran, en Jonestown los hermanos llevaban siempre su abrigo y su corbata. Tim saltó a su Cherokee y recorrió los cinco kilómetros de Pistacho a Jonestown para estar presente en el escenario donde se recibían los informes de los ROCKSTARS. Estaba todo nevado y le preocupaba que el Jeep resbalase por la colina, pero al final logró llegar a la cumbre. El ambiente de Jonestown era frenético. Los hermanos no paraban de gritar. «¡No cuelgue! ¡Manténgase al habla! ¡No cuelgue!» Clic. Tim decidió que lo mejor que podía hacer era gritar también a los hermanos.

—¡El destino de su país está en sus manos! —exclamó Tim—. Pero yo voy a arrebatárselo, y si ahora me dejan en la estacada, no tendrán ningún sitio en la mesa.

La fuente principal telefoneó para emitir un informe improvisado, junto con los últimos datos recibidos de las dos subfuentes de Dora Farm: Uday y Qusay estaban en la granja con toda seguridad, y se preveía el regreso de Saddam hacia las 2.30 o 3 de la mañana, hora iraquí. Las fuentes que se encontraban en el lugar informaban también sobre las casas. El complejo contaba también con un *manzul*, según decía el informe. *Manzul* podía traducirse como «lugar de refugio» o «búnker». Tim optó por este segundo término. El informe aportaba algunos datos sobre el «búnker»: la distancia desde las casas principales, así como los metros de grosor del cemento y la profundidad bajo tierra. Ni corto ni perezoso, Tim envió a la CIA un mensaje urgente donde resumía esta información.

El presidente tenía más dudas.

—¿Esto va a interferir en el plan de Tommy? —preguntó.

Habían invertido un año en dicho plan. ¿Cuál iba a ser la repercusión? ¿Daría al traste con el factor sorpresa? Las fuerzas de operaciones especiales que habían entrado en el país debían estar ocultas por el momento. ¿Podría este ataque ponerlas en peligro?

—¡Pregúntaselo a Tommy! —ordenó a Rumsfeld.

El general Myers localizó a Franks.

—¿Qué piensas sobre la posibilidad de atacar este objetivo de Dora Farm? —preguntó Myers.

Franks había estado observando en detalle los objetivos inminentes, y la noche anterior había averiguado que la CIA había seguido de cerca los movimientos de Saddam, que quizá se encontraba en los alrededores de Dora Farm. Parecía un objetivo adecuado para los misiles de crucero Tomahawk, de manera que Franks había ordenado a la armada estadounidense la preparación de los misiles. Ordenó que se trabajara en ello toda la noche, si bien añadió que no iban a disparar. Todavía se encontraban en el período de veinticuatro horas que fijaba el ultimátum presidencial lanzado a Saddam Hussein y sus hijos para que saliesen del país. Franks se lo tomaba muy en serio, y había aconsejado a Rumsfeld que no abriesen fuego durante ese tiempo. Era una especie de período de gracia. Franks consideraba moral no disparar a alguien que podía, aunque fuera improbable, marcharse por la puerta de atrás.

—¿Podrás hacerlo dentro de dos horas? —preguntó Myers.

Franks respondió que sí. Los Tomahawk estaban listos para el ataque.

Poco después de las 16 horas (medianoche en Iraq), llegó el último informe de los ROCKSTARS a la Sala de Situación, que fue transmitido inmediatamente al Despacho Oval.

—¡Dicen que están con él en este momento! Los dos hijos están allí —anunció Tenet.

Sus mujeres también se encontraban allí, al igual que las familias respectivas. Se aguardaba la llegada de Saddam hacia las

2.30 o 3 de la mañana, es decir, menos de dos horas después. Había un búnker, y uno de los ROCKSTARS midió la distancia que lo separaba de los restantes edificios, entró en él y tomó las medidas aproximadas del lugar.

—¿Puedes indicarme dónde está el búnker? —preguntó Hadley a Saul.

Saul no estaba seguro, pero analizaron las fotografías aéreas y Hadley intentó dibujar un boceto del lugar. McLaughlin bosquejó en poco tiempo un croquis improvisado.

Powell era el único miembro del gobierno ausente en aquel momento, y hacia las 17.15 horas, el presidente dijo a Rice: «Será mejor que llames a Colin.»

Rice localizó a Colin en el Departamento de Estado y le ordenó que viniera a la Casa Blanca. Su orden era abrupta y sin explicación alguna. Cuando llegó Powell unos minutos después, le resumieron el estado de la cuestión. En un primer momento, Powell se abstuvo de expresar su opinión, pues se trataba de un asunto fundamentalmente militar. Pero muy pronto valoró los pros y los contras: daños colaterales, posibilidad de no acertar en el objetivo, que era Saddam.

—Si tenemos probabilidades de acabar con ellos, vale la pena —declaró al fin.

Rumsfeld recomendaba a todas luces el ataque, y Cheney estaba de acuerdo, aunque prefería reservarse su opinión.

Bush, que llenaba el tiempo con preguntas, en un momento inquirió:

—¿Están seguros de lo que buscan y saben con certeza que aquello es lo que buscan?

—Mejor, imposible —respondió Tenet—. No puedo decir que sea seguro al ciento por ciento, pero desde luego, mejor, imposible.

A Bush le preocupaba todavía la suerte de las mujeres y los niños. Aquello podía ser una fábrica de leche infantil o algo por el estilo, comentó, recordando un incidente ocurrido en la guerra del Golfo de 1991, cuando los iraquíes declararon que una presunta planta de armas biológicas que había sido bombardeada en realidad se dedicaba a la producción de leche infantil. «Saltarían por los aires mujeres y niños muertos —dijo Bush—, y las primeras imágenes serían víctimas civiles a gran escala.» Preguntó si Iraq podía utilizar aquello como un ejercicio de relaciones públicas. Podía inspirar simpatía hacia Saddam. La muerte masiva de bebés, niños y mujeres sería una pesadilla. Y sin duda alguna constituiría un mal modo de empezar.

Rumsfeld y Myers dijeron que probablemente daba igual cuál fuera el objetivo del primer ataque porque la maquinaria propagandística iraquí iba a decir, de todas formas, que Estados Unidos mataba a niños y mujeres. Y si fuera necesario, los iraquíes ejecutarían a mujeres y niños sólo para decir que lo había hecho Estados Unidos.

Sin duda, aquél era un inconveniente importante. Sin embargo, los demás —Cheney, Rumsfeld, Tenet e incluso Powell— veían la botella medio llena, pues consideraban aquel ataque como un atajo para la victoria.

Myers planteó un problema serio. Si había un búnker en Dora Farm, tal como sospechaban, los misiles de crucero no penetrarían en él. Necesitarían bombas de mil kilogramos, capaces de horadar un búnker, para alcanzar ese punto. Myers salió a hablar con Franks.

Durante un momento, el grupo sopesó los inconvenientes. Habían prometido defender a Israel, y la defensa total de aquel país no estaba preparada. ¿Qué otras consecuencias podían desencadenarse? ¿Y si los iraquíes utilizaban el ataque como pretexto para prender fuego a los pozos petrolíferos? ¿Y si lanzasen misiles Scud contra Israel o Arabia Saudí? Los efectos de un primer ataque eran imprevisibles. El plan de guerra preveía iniciar la campaña aérea dos días después.

Hacia las 17.40 horas, Cheney salió un instante y conversó con Libby. El vicepresidente comentó lo que acababan de recibir.

—Parece información bastante fiable, pero como todos los informes de inteligencia, podría ser un montaje —comentó Cheney—. Pero no hay tiempo para formarse una opinión clara.

Libby volvió al Despacho Oval con Cheney.

—¿Vosotros lo haríais? —preguntó Bush mientras caminaba por la sala.

—Yo lo haría, señor presidente —aseguró Card.

Era una buena oportunidad que no convenía desperdiciar. Rumsfeld estaba a favor.

Powell pensaba que era una información muy detallada que

no parecía errónea, aunque resultaba un poco curioso que las fuentes de la CIA que respondían al otro lado de la conexión telefónica por satélite hubieran averiguado tantos datos.

—Si tenemos probabilidades de acabar con ellos, vale la pena —reiteró Powell.

Rice y Hadley dudaban de la fiabilidad de las fuentes, pero eran partidarios del ataque.

Myers localizó a Franks por una línea telefónica segura y le preguntó si podía cargar un caza de combate furtivo con un par de bombas EGBU-27, capaces de destruir el búnker.

—Desde luego que no —respondió Franks—. No tenemos preparados los F-117.

Los F-117 Nighthawks, cazas de combate indetectables, con un solo asiento, solían llevar dos de esas bombas cuando estaban plenamente cargados.

Franks siguió indagando. El ejército del aire había seguido las últimas informaciones y la noche anterior había preparado un F-117. El escuadrón de las fuerzas aéreas en Qatar había recibido aquel día información de que las bombas podían lanzarse por pares, aunque era un procedimiento no ensayado hasta entonces.

Franks preguntó cuál era la probabilidad de que un único F-117 lograse lanzar las dos bombas sobre el objetivo. Aunque era sigiloso y no detectable por los radares, el F-117 debía penetrar antes de la eliminación de la defensa aérea iraquí, por débil que ésta fuera. El avión entraría sin protección. La respuesta de las fuerzas aéreas fue que las probabilidades de éxito eran del 50 por ciento.

—Prepare dos bombarderos —ordenó Franks, suponiendo que así aumentarían las probabilidades.

En Qatar, el escuadrón del ejército del aire logró cargar un segundo F-117.

Franks informó al Despacho Oval de que la operación era posible, pero necesitaba una decisión final antes de las 19.15 horas para que los F-117 pudieran entrar y salir del espacio aéreo iraquí mucho antes del amanecer.

Rumsfeld, Myers y los hombres de la CIA entraban y salían presurosos del Despacho Oval, en busca de teléfonos de seguridad en el Ala Oeste de la Casa Blanca. A Card le preocupaba que se redujera el margen de probabilidades. ¿Habían comprendido bien la información secreta? ¿Era necesario cambiar las armas? Myers intentaba averiguar cuánto tiempo tardarían en cargar los F-117, y luego en despegar, volar de Doha a Bagdad y regresar. ¿Cuántos aviones cisterna tenían para repostar?

—¿Dónde está el sol? —preguntó alguien—. ¿Cuándo sale el sol en Iraq?

Surgió otra cuestión. Si se autorizaba la operación, ¿saldría el presidente en televisión aquella noche para anunciar el comienzo de la guerra (discurso previsto inicialmente para el viernes)?

—A ver, ésta es una operación en curso —dijo Cheney—. No anunciamos que entrarían las fuerzas especiales. No anunciamos que los polacos tomarían la plataforma. No anunciamos que los australianos avanzarían hacia el embalse. No tenemos que anunciarlo todavía. No se debe anunciar nada hasta que estemos preparados para anunciarlo.

Rumsfeld estaba en parte de acuerdo.

—Si debe salir alguien, ése probablemente soy yo —señaló. Pero luego añadió, dirigiéndose a Bush—: O quizá podía ser el presidente.

Powell planteó el efecto CNN. El ataque se vería en el acto. Los reporteros establecidos en el hotel Rashid de Bagdad estaban a una distancia suficientemente corta como para verlo u oírlo. Decenas de misiles de crucero y bombas antibúnker. La prensa estaba deseosa de proclamar: «¡Ha empezado! ¡Ha empezado!» Por todas partes se dispararían las trazadoras de las baterías antiaéreas. La guerra iba a empezar con aquel acontecimiento.

—Si hay vidas en peligro —dijo el presidente—, tengo que anunciarlo.

Cheney le recordó que las vidas ya estaban en peligro y no se había anunciado nada todavía.

—¿Debo esperar hasta mañana por la mañana? —preguntó el presidente. De este modo Franks dispondría de doce horas más antes del comunicado oficial.

Bush solicitó la presencia de Karen Hughes y Dan Bartlett en el Despacho Oval. Pidió a Saul que resumiese la información.

Después, el presidente dijo que probablemente iba a dar la orden de ataque.

—¿Cómo lo hacemos? —preguntó a Hughes y a Bartlett—. ¿Salgo por televisión?

No sabía si debía informar al pueblo norteamericano antes, durante o después del ataque, ni si debía hacerlo el secretario de Defensa. Todo el mundo recurría a Hughes. Sabían que Bush confiaba mucho en ella.

—No, debe hacerlo usted, señor presidente —respondió Karen—. El pueblo norteamericano no debe saberlo por la prensa, no debe saberlo por ninguna otra persona. Debe informarles usted directamente, y explicarles el qué y el porqué.

Si mataban a civiles o mujeres y niños, el presidente debía estar preparado. Hughes añadió una observación típica suya:

—No podemos ir siempre a la zaga.

Bartlett dio la razón a Hughes, pero Cheney tenía sus reservas:

—¿Qué consecuencias traerá todo ello para Israel, Turquía, Arabia Saudí? ¿Tenemos las defensas preparadas para Israel? Prometimos defender a Israel. El plan de Tommy prevé esa defensa, pero todavía no se ha ejecutado plenamente.

Powell no podía entender que se desencadenase una guerra sin un comunicado presidencial previo.

—Prometí al pueblo que les avisaría del inicio de la guerra —dijo Bush—. Y si las vidas [...]. La guerra empieza esta noche, las vidas estarán en peligro, tengo que decirle al pueblo norteamericano que he enviado a las fuerzas militares estadounidenses a la guerra.

A Cheney no le hacía muy feliz la idea.

—Deben saberlo por mí —continuó Bush—. Y voy a hacerlo. —Comentó que aquel ataque supondría el inicio de la guerra—. No nos engañemos.

Hacia las 18 horas, Card llamó a Gerson.

—¿Está todo preparado? —preguntó Card. Sólo faltaba un discurso.

—Dentro de cinco minutos lo tendré listo —respondió Gerson.

—Quiero que se reúna conmigo en la parte exterior del Despacho Oval a las seis y media con varios ejemplares del discurso.

Gerson bajó al Despacho Oval y se sentó en una de las dos sillas de la zona exterior.

Pronto apareció Card.

—En seguida estaremos contigo. Siéntate —le dijo.

Card tomó los ejemplares del discurso y dejó a Gerson impaciente, a la espera. Era evidente que ocurría algo, pero Gerson ignoraba de qué se trataba. Tenet y su gente entraban y salían constantemente para telefonear desde las líneas de seguridad.

En el interior del Despacho Oval, el presidente paseaba por la sala mientras preguntaba a todos los ministros si estaban de acuerdo. Llegó a ponerlos casi entre la espada y la pared para que diesen su aprobación. Y así lo hicieron.

Bush se dirigió a Saul:

—Bueno, ¿qué le parece?

Saul negó con la cabeza. Nunca había participado en una discusión como aquélla, y desde luego nunca le habían pedido su opinión. Le preocupaban los pilotos de los F-117. La información secreta que había aportado iba a poner en riesgo vidas norteamericanas. Los aviones iban a entrar sin medidas electrónicas de protección, sin escolta de cazabombarderos, sin la previa eliminación de la defensa aérea iraquí.

—Le pido disculpas por ponerle en una situación tan difícil —dijo Saul al presidente—. Realmente siento que tenga que tomar esta decisión.

—No lo sienta —replicó Bush—. Es mi trabajo. Yo tomaré la decisión.

—Bueno, señor —dijo Saul—, entonces yo sería partidario de atacar.

El presidente echó a todos del Despacho Oval, excepto a Cheney.

—¿Qué piensas tú, Dick?

—Es la mejor información secreta que hemos tenido sobre el paradero de Saddam —respondió Cheney—. Si lo capturamos, se evitará la pérdida de muchas vidas y se acortará la guerra. E incluso si no lo conseguimos, dejaremos muy tocada aquella ratonera, y puede que perturbemos la cadena de mando. Vale la pena el esfuerzo. —A continuación, declaró con rotundidad—: Creo que debemos emprender el ataque.

Volvieron a entrar los demás. Al fin, a las 19.12 horas, el presidente dio la orden: «¡Allá vamos!» Faltaban sólo tres minutos para la hora límite fijada por Franks.

Powell advirtió en silencio que las cosas no se decidían hasta que el presidente se reunía en privado con Cheney.

Myers se dirigió a los teléfonos de seguridad para informar a Franks.

Rumsfeld salió y dijo a Gerson:

—Acabo de destrozar tu discurso.

El presidente lo llamó:

—Gerson, entra.

Hughes y Bartlett estaban de pie en la sala.

—Vamos a por ellos —explicó Bush.

—No entiendo —replicó Gerson.

—La información es buena —prosiguió Bush, y aclaró que tenían a tiro a Saddam y sus hijos—. Esperemos no equivocarnos —añadió, con un nudo en la garganta.

El «destrozo» del discurso anunciado por Rumsfeld era simple. Quería que el presidente dijera que se encontraban en las «primeras fases» de las operaciones militares y que aludiera de nuevo, en el segundo párrafo, a las «fases de inicio» de la guerra.

—Quiero verlos en la residencia cuando estén preparados —dijo Bush a Gerson y Hughes, en referencia a los cambios que se habían decidido.

Ambos se dirigieron al despacho de Gerson, en el segundo piso, y en unos minutos introdujeron los cambios en el texto. A Gerson le alegraba que se hubiera decidido restaurar la línea suprimida en el discurso del ultimátum del lunes anterior. Decía lo siguiente, en referencia a Saddam y a sus supuestas armas de destrucción masiva: «Afrontamos la amenaza ahora, con nuestro ejército, las fuerzas aéreas, la armada, los guardacostas y los marines, para no tener que afrontarla en un momento posterior con ejércitos de bomberos, policías y médicos en las calles de nuestras ciudades.» Gerson consideraba que era muy impactante esa formulación. Era evidente la insinuación de que se quería evitar un nuevo 11-S.

Rumsfeld leyó textualmente el discurso a Franks por un teléfono de seguridad para cerciorarse de que no tuviera ninguna objeción o sugerencia antes de darlo por zanjado. Y no tenía nada que añadir.

A las 19.30 horas, Rice efectuó una breve llamada a Benjamin Netanyahu, el ministro de Finanzas israelí, a propósito de otro asunto. Netanyahu dijo que ya tenía conocimiento de la guerra y que deseaba que fuera rápida e «incruenta».

Rice despertó a Manning, el consejero británico de seguridad nacional.

—David, hay un pequeño cambio de planes. Siento decirte esto, pero lo mejor será que despiertes al primer ministro y se lo digas.

Bush se desplazó a la residencia. Card se sentó con él en la Sala Amarilla.

—¿Se siente cómodo? —preguntó el jefe de Estado Mayor—. ¿Está preparado para pronunciar el discurso? Quería distinguir ambas cosas, la decisión de perseguir a Saddam y el discurso.

—Sí —respondió el presidente—, es lo que debemos hacer. Sin duda. Hay que aprovechar la oportunidad.

—¿Cuánto tiempo llevan volando los F-117? —preguntó el presidente—. ¿Cuándo llegan allí?

El siguiente informe decía que se encontraban ya en el espacio aéreo iraquí. Después ya no iban a enviar nuevos informes preliminares para evitar la transmisión de señales de radio en Iraq.

Hughes, Bartlett y Gerson se dirigieron a la residencia. Como no sabían con certeza si el presidente quería verlos o sólo recibir el discurso final, pidieron al ujier que lo averiguase. Si Bush estaba cenando, no querían interrumpir. Poco después volvió el ujier y los acompañó hasta la Sala del Tratado, el despacho privado de Bush. Gerson pensó que Bush estaba lánguido y un poco pálido. Por primera vez tuvo la impresión de que el presidente comenzaba a acusar la carga de toda esta responsabilidad. Bush tomó el discurso y empezó a leerlo en alto: «Queridos conciudadanos, en este momento las fuerzas estadounidenses y de la coalición se encuentran en las primeras fases de las operaciones militares para desarmar Iraq, para liberar a su pueblo y defender al mundo de un grave peligro.»

Leyó los diez párrafos y dijo que le parecía estupendo. No quería introducir ningún cambio. Los acompañó hasta el ascensor.

En voz baja, como si quisiera tranquilizarse, Bush reiteró: «La información secreta es buena.»

Rice llamó al príncipe Bandar.

—¿Puedo verle a las ocho menos cuarto? —le preguntó.

—Condi —respondió Bandar—, tenemos que acabar con estas reuniones... a esta hora. La gente luego cotillea.

Normalmente, las reuniones celebradas después de las 18.30 horas se consideraban una suerte de clave secreta cuyo significado era que Bandar se entrevistaba con el presidente. Y las 19.45 horas era ya muy tarde, una hora antes de la que el presidente solía irse a la cama. Aquella noche Bandar había reservado todo un restaurante árabe de Georgetown para cenar con su mujer, su familia y algunos amigos. Dijo a su mujer que fuera ella primero. Él llegó al vestíbulo del Ala Oeste de la Casa Blanca y advirtió la presencia de un fotógrafo. Era algo extraño. Cuando al fin lo hicieron pasar a las 20.28 horas, Rice salió a la parte exterior de su despacho para saludarlo. ¡Flas!

—Espero que trabaje para usted —dijo sobresaltado Bandar.

—Sí, sí, no se preocupe.

Se disponían a tomar asiento cuando el fotógrafo disparó de nuevo la cámara, y cuando se sentaron les sacó una tercera fotografía.

—El presidente ha... —empezó a decir Rice.

—Me ha pedido que le diga —interrumpió Bandar, completando la frase de Rice— que empezamos la guerra.

Era evidente, por el límite del período fijado en el ultimátum y por la presencia del fotógrafo.

—Llevo dos años reuniéndome con usted en este despacho y nunca ha habido fotógrafos. No me jubilo, así que nadie va a hacerme fotografías de despedida. Usted tampoco se retira. ¿Ha informado a algún otro extranjero, aparte de a mí?

—No —respondió Rice, aunque los israelíes ya lo sabían.

—Entonces esa fotografía es importante para mí —comentó Bandar—. En los anales figuraré como el primer extranjero que recibe comunicación oficial de la noticia.

—Hacia las nueve de la noche liberaremos el infierno —dijo Rice—. Y su amigo, el presidente, ha insistido en que se lo comunique de inmediato.

—Dígale que la próxima vez que lo vea... —replicó Bandar, pero interrumpió la frase cuando la experiencia de veinte años en Washington le infundió, de pronto, una profunda suspicacia—. La próxima vez que lo vea, si ha empezado la guerra, me habré afeitado.

Los dos se rieron.

Pero la levedad duró sólo un instante. Bandar sentía la atmósfera densa. Rice, directa y habitualmente jovial, tenía aquel día un semblante serio que casi decía: «Contén la respiración, allá vamos, nadie sabe lo que va a ocurrir en los próximos 45 minutos, cómo va a cambiar el mundo, para bien o para mal.»

—¿Dónde está ahora el presidente? —preguntó Bandar.

—Está cenando con la primera dama y ha decidido que quiere estar solo después.

—Dígale que lo tendremos presente en nuestras plegarias y en nuestro corazón —dijo Bandar—. Que Dios nos ampare.

El teléfono de Rice sonó a las 20.29 horas.

—Sí, sí, señor presidente —contestó Rice—. No, se lo he dicho... Está aquí... Sí, está conmigo. Se lo he dicho. Bueno, dice que lo tendrá presente en sus oraciones.

—Ha dicho que gracias —informó Rice a Bandar después de colgar—. Que no deje de rezar.

Bandar, que se precia de su acceso privilegiado al presidente estadounidense, razonó que si Bush hubiera dicho «Pásese a verme», o si hubiera charlado por teléfono, el momento no sería tan duro como cabría imaginar. ¿Acaso toda la verdad había hecho mella en Bush? Qué más daba quién hacía qué a quién. Bush era el responsable último de la eventual masacre, derrota, humillación o gloria. Sólo el que toma la decisión última puede describirla. Así pues, Bandar se disculpó y se fue. El recorrido desde el Ala Oeste hasta su coche le pareció eterno. El aire frío le laceraba la cara, pero de pronto empezó a sudar y sintió escalofríos.

Qué distinto era aquel conflicto de la guerra del Golfo de 1991. Esta vez estaban diciendo a Saddam que querían su cabeza. Bajo las reglas del combate a muerte, Bandar consideraba que si Saddam valía algo, todas las armas químicas, biológicas o del tipo que fueran estarían atacando, en menos de una hora, Israel, Jordania, Arabia Saudí o cualquier otro país. Sin duda alguna, las utilizaría. Bandar sentía que su pecho estaba a punto de sufrir un colapso. Se alegraba de acabar al fin con aquel bastardo, pero con todo, tenía la sensación de que la historia experimentaba un giro profundo hacia algo que no podía imaginar ni prever. Entró en el coche e indicó al chófer que lo llevase a casa. Llamó a casa y ordenó:

—Que vuelvan a casa inmediatamente quienes estén en el restaurante. Y los que estén en casa, que no salgan. Los que estén de camino, que den la vuelta, llamen a la casa y se reúnan allí conmigo.

Había establecido una clave para avisar al príncipe heredero Abdullah en cuanto tuviera noticias; se trataba de una alusión a Roda, un oasis situado a las afueras de Riad.

—Esta noche la previsión meteorológica dice que lloverá fuerte en Roda —comunicó Bandar desde el teléfono de su coche a Arabia Saudí.

—¿Ah, sí? —replicó el príncipe heredero—. Ya... ¿está seguro?

—Estoy muy seguro —respondió Bandar, y añadió que los norteamericanos tenían grandes medios, satélites y de otro tipo, para predecir el tiempo.

—Dígamelo otra vez.

Bandar lo repitió.

El príncipe heredero respiró profundamente.

—¡Que Dios nos ampare y decida lo mejor para todos nosotros! —Después preguntó en voz muy alta—: ¿Sabe cuándo va a empezar la tormenta?

—Señor —respondió Bandar, que corría el riesgo de reventar la seguridad operativa si alguna embajada extranjera, o cualquier otra entidad con los medios necesarios, interceptaba aquella comunicación—, no lo sé. Mire las noticias de televisión.

«Fue un día muy largo —declaró el presidente, recordando aquel día—. Me levanto y subo al piso de arriba, no puedo dormir. Porque llevo despierto una hora y media.» No quería hablar hasta que los bombarderos se hubieran retirado de los objetivos. «Intentaba dormir un poco.» Volvió a llamar a Rice. No había noticias. Intentó dormir o leer o inventar algo que hacer, pero no pudo, de modo que volvió a llamar a Rice.

—Señor presidente, acaba de llegar un informe de la persona que está sobre el terreno. Un convoy ha entrado en el complejo.

—¿Va lleno de niños el convoy? —preguntó Bush. Le conmovía que no hubiera vuelta atrás.

Los bombarderos estaban entrando en primer lugar, seguidos por 36 misiles de crucero. Habían duplicado el contingente de misiles de crucero Tomahawk. Éstos, que habían sido lanzados contra el objetivo de Dora Farm una hora antes, no tenían mecanismo de autodestrucción, de modo que colisionaban con cualquier cosa.

—No —respondió Rice—, él piensa que parece el tipo de convoy que suele transportar a Saddam Hussein.

Una hora después, el presidente bajó al Despacho Oval y leyó el informe. Gerson se alegró al ver que el presidente tenía ya otra cara más animosa. La transformación del hombre, antes apesadumbrado, era bastante sorprendente. Después del ensayo, Bush se dirigió a su estudio, junto al Despacho Oval.

Fleischer pululaba por allí, consciente de que aquella reunión extraordinariamente larga significaba algo, sobre todo con tanto trasiego de ministros y la presencia de unas cuantas caras poco familiares. Nunca había visto tantos teléfonos en la Sala de Situación. Decidió que debía ir con tiento. En situaciones así, al final del día guardaba silencio, y comunicaba a los periodistas de la Casa Blanca que aquella noche no había más noticias.

Al fin, Card entró en el despacho de Fleischer.

—Va a empezar esta noche —anunció Card—. Son las fases iniciales. Tenemos un objetivo de gran relevancia y han enviado un caza indetectable para que vaya a por él.

—¿Enviamos algo más?

—Te he dicho todo lo que debes saber hasta el momento —respondió Card. El ataque sería al sur de Bagdad. En breve se eliminarían las baterías antiaéreas iraquíes.

Rice, Card, Bartlett y Fleischer se reunieron ante el televisor en el despacho de Rice. A las 21.30 horas se supo que se habían apagado las sirenas de alerta de ataques aéreos de Bagdad. Poco después empezó el bombardeo antiaéreo.

—Salga —ordenó Rice a Fleischer.

Fleischer subió al estrado a las 21.45 horas y comunicó lo siguiente:

—Han comenzado las fases iniciales de desarme del régimen iraquí. El presidente se dirigirá a la nación a las diez y cuarto.

Myers informó a Hadley de que los F-117 habían logrado arrojar las bombas, pero los pilotos todavía no habían conseguido salir del territorio hostil. Hadley se dirigió al estudio contiguo al Despacho Oval, donde estaban maquillando al presidente, y transmitió la noticia a Bush y Rice.

—Recemos por los pilotos —dijo Bush.

A las 22.16 horas, el presidente apareció en televisión con las banderas de rigor y las fotografías de familia de fondo. Declaró que habían comenzado las «primeras fases» de la campaña militar contra Saddam, pero no ofreció más detalles. «Más de 35 países nos brindan su apoyo crucial. Una campaña en el terreno pantanoso de un país tan grande como California podía ser más larga y más difícil de lo previsto.» Era un momento de «gran riesgo» y «peligro». «Nuestras fuerzas volverán a casa en cuanto acaben su trabajo —declaró Bush—. No será una campaña de medias tintas.»

Al terminar, preguntó a Rice cómo había ido el discurso.

—Uno de los mejores —respondió Rice.

Hadley llamó a Myers, quien a las 23 horas le informó de que los pilotos habían salido del espacio aéreo hostil y se disponían a aterrizar. Rice llamó al presidente.

—Los pilotos están fuera de peligro —dijo Rice.

—Bien, gracias a Dios.

Antes de las ocho de la mañana, hora local en el norte de Iraq, medianoche en Washington, Tim remitió un informe donde se decía que, según el ROCKSTAR principal, Saddam y sus dos hijos se encontraban en Dora Farm cuando se atacó el lugar con bombas y misiles, pero no se sabía en qué estado se encontraban. A mediodía —antes del amanecer en Washington—, envió otro telegrama donde transmitía también la información de los ROCKSTARS, pero esta vez no estaba seguro porque recibía mensajes entrecortados de los ROCKSTARS que huían del lugar. Rokan, su fuente, había resultado muerto por el impacto de un misil de crucero. Uno de los hijos de Saddam, no se sabía exactamente cuál, había salido gritando: «¡Nos han traicionado!» Y acto seguido, disparó a otro ROCKSTAR en la rodilla. El otro hijo había emergido de entre los escombros, desorientado y sanguinolento, pero no estaba claro si se trataba de sangre propia o ajena. Saddam había resultado herido, según un testigo ROCKSTAR, y tuvo que ser rescatado de los escombros. Estaba azul. Estaba gris. Le suministraron oxígeno, lo tumbaron en una camilla y lo introdujeron en una ambulancia, que media hora después salió de la granja cruzando un puente.

Hacia las 4.30 horas, Tenet llamó a la Sala de Situación y comunicó al oficial de guardia:

—Dígale al presidente que tenemos al cabrón.

No querían despertar al presidente. Y hacia las 6.30 horas de aquel jueves, 20 de marzo, cuando llegó Bush al Despacho Oval, ya no estaban tan seguros. Parecía que Saddam había sobrevivido.

A las 11 horas, Bush llamó a Blair y le dijo:

—Gracias por comprender el cambio de planes. Mi opinión es que si el ejército propone una opción y la recomienda mucho, todo el mundo tiene que adaptar el plan. Y eso es lo que ocurrió.

Aquel día Blair estaba expansivo. Había llevado a la guerra a un país disconforme con tal decisión, pero las perspectivas inmediatas parecían bastante buenas. «Tengo la sensación de que las decisiones que se tomen en las próximas semanas determinarán el destino del resto del mundo durante muchos años —declaró Blair—. Por ser los principales actores, tenemos la oportunidad de modelar los asuntos que ya hemos discutido. Los dos contaremos con un enorme capital y mucha gente estará con nosotros.»

Epílogo

El 20 de marzo el primer día completo de guerra, el general Franks informó de que las fuerzas especiales tenían control parcial de la vasta zona desértica occidental —el 25 por ciento del territorio iraquí, lo cual les capacitaba para impedir los ataques de misiles Scud—, así como de los yacimientos petrolíferos del sur. El contingente militar ya presente en la región estaba formado por 241 516 estadounidenses, a los que se sumaban unos 41 000 británicos, 2 000 australianos y 200 polacos. El ejército de tierra de Estados Unidos y la coalición estaba constituido por unos 183 000 militares, en su mayoría dispuestos a avanzar hacia el norte desde Kuwait para penetrar en territorio iraquí y, desde ahí, recorrer los 400 kilómetros restantes hasta Bagdad.

Durante los dieciséis meses de planificación de la guerra, Franks había reducido continuamente el período de operaciones aéreas que debían efectuarse antes de la invasión terrestre. El Plan Híbrido estipulaba inicialmente dieciséis días de bombardeos antes de la invasión, de acuerdo con la opinión tradicional de que la superioridad aérea estadounidense ablandaría y destruiría todo lo posible al enemigo antes del ataque por tierra. Franks había recortado la fase aérea inicial a cinco días, y después al plan final de sólo nueve horas de «impacto e intimidación» con bombas y misiles, desde la una de la tarde, hora de Washington, del viernes 21 de marzo, antes de la principal incursión terrestre, prevista para las 22 horas de aquel mismo día.

Esto era posible porque Franks disponía de información secreta de calidad sobre el lugar donde estaban situadas las formaciones tácticas iraquíes. Las fotografías aéreas y por satélite, las comunicaciones interceptadas y la información secreta aportada por los agentes de la CIA, como los ROCKSTARS, indicaban que Saddam no había dispuesto sus fuerzas con el fin de contrarrestar un ataque terrestre. Lo más increíble es que, a pesar de toda la publicidad difundida sobre la concentración de fuerzas militares, Franks había concluido que todavía era posible una sorpresa táctica de gran relevancia.

Había otros dos factores en juego. En primer lugar, Franks había sabido que Saddam había desplazado varios obuses y tanques hacia los yacimientos petrolíferos. Por imperativo estratégico, Estados Unidos debía garantizar la seguridad de los pozos. En segundo lugar, el presidente ya había puesto en marcha la parte visible de la guerra con el ataque contra Dora Farm.

Franks proponía entonces un cambio aún más radical, que consistía en adelantar la invasión terrestre hasta veinticuatro horas antes de la guerra aérea. Estaba preparado para iniciar el ataque terrestre a las 22 horas del jueves, coincidiendo con el amanecer en Iraq. «Como si alguien me hubiera dado una imagen visionaria, ordené a las tropas terrestres que permaneciesen en alerta veinticuatro horas para poder atacar primero por esa vía», dijo. La campaña aérea comenzaría, tal como estaba previsto, a las 13 horas del viernes, después del anochecer en Bagdad.

Rumsfeld dio su aprobación al nuevo plan. Había presionado para que las campañas terrestre y aérea coincidiesen en el tiempo. El presidente estaba informado, pero lo consideraba una decisión táctica que era responsabilidad de Rumsfeld y Franks, no suya.

Wolfowitz estaba encantado, pensando que todo esto compensaría la imagen de la guerra estadounidense en Oriente Medio como una campaña de bombardeos masivos, con sus inevitables daños colaterales, pensada para facilitar la labor a las tropas terrestres. «¿Por qué empezar con una fea campaña aérea si se puede conseguir el éxito estratégico?», argumentaba.

A las 17 horas del jueves, Cheney y Libby se entrevistaron con Bush en la residencia. Rice y Card estaban allí. Por el teléfono de manos libres Rumsfeld leyó un resumen optimista del plan. Cheney afirmó que era fundamental que Estados Unidos se mostrase fuerte en aquel momento, y recordó una discusión anterior que habían tenido Libby y él sobre la importancia de ganar con rotundidad. Manifestó que la primera guerra mundial se había terminado con un armisticio, y a algunos alemanes les pareció que no habían sido derrotados. En esta guerra, era esencial asegurar una victoria sin ambigüedades.

A las 6 de la mañana, hora iraquí, del viernes 21 de marzo, la primera División de la Marina atravesó la frontera entre Kuwait e Iraq, seguida poco después por la tercera División de Infantería del ejército de tierra. La invasión terrestre recorrió unos 100 kilómetros por territorio iraquí. La resistencia era débil. Las primeras víctimas fueron cuatro militares norteamericanos y ocho británicos que fallecieron en un accidente de helicóptero.

Aquel día, el presidente no tenía decisiones importantes que tomar, de modo que pasó la mayor parte del tiempo recibiendo informes y conversando con los líderes de la coalición. Comentó a Blair: «Yo diría que ya tenemos, por lo menos, el cuarenta por ciento del país y el ochenta y cinco por ciento de los yacimientos petrolíferos, y son logros increíbles para un solo día.» En una llamada a Aznar, Bush relató cómo habían dado la orden de guerra durante una videoconferencia con Franks y los comandantes, dos días antes.

—Nunca se sienta solo en momentos así —dijo Aznar—. Ya sabe que muchos estamos con usted.

—Lo tengo muy presente —replicó Bush.

—Cada vez que se siente a pensar, recuerde que estamos con usted. Siempre tendrá un bigote a su lado —añadió el bigotudo líder español.

El sábado, 22 de marzo, Franks informó por videoconferencia al presidente y al gabinete de guerra reunido en Camp David. Les dijo que la columna principal de la tercera División de Infantería había recorrido ya 250 kilómetros por el territorio iraquí. En una llamada posterior a Blair, el presidente le comunicó: «El lenguaje corporal de Tommy y todos los comandantes es muy positivo. Están encantados con los avances, encantados de que no nos hayan disparado todavía con las armas de destrucción masiva, y estamos buscando y acabaremos encontrando todo eso.» Añadió que había algunas deserciones en el ejército iraquí, pero hasta el momento no se registraba ninguna rendición masiva, y Estados Unidos no estaba capturando prisioneros de guerra.

—Son miles los que dejan el uniforme y se largan a casa —comentó el presidente.

—Sí, se están esfumando —dijo Blair.

—Se están esfumando —repitió Bush.

Franks, en su cuartel general de alta tecnología de Doha (Qatar) seguía el avance del campo de batalla en una gran pantalla de plasma que reproducía en tiempo real, en color rojo, los movimientos de las fuerzas enemigas y en azul, los de las fuerzas estadounidenses. Este «rastreador de fuerzas azules» contenía indicadores específicos para las unidades azules pequeñas, medianas y grandes de la coalición. Varios días después del comienzo de la guerra, a medida que las fuerzas de tierra avanzaban hacia Bagdad, todos los códigos de designación parecían mezclarse de pronto en algo que semejaba una mancha azul gigante o una concentración masiva. Según Franks, aquello representaba un objetivo ideal para un ataque de Saddam con armas químicas o biológicas.

—¡Se nos avecina un gran desastre! —exclamó Franks—. ¡O se arregla o tendré que relevar a todo el mundo!

Un ataque con armas de destrucción masiva es lo que Franks denominaba «dislocación estratégica», que obstaculizaba la marcha hacia Bagdad.

—Tenemos que dispersar esta maldita formación en cuanto sea posible porque ahora representamos un objetivo de oro para el enemigo, justamente en el peor momento.

Un helicóptero de las precarias fuerzas aéreas iraquíes, con cuatro litros de armas químicas o biológicas, podía detenerlos en seco.

—¡Quiero que todos los aviones y helicópteros sean destruidos inmediatamente! —ordenó. Pero pronto se tranquilizó al percatarse de que las fuerzas azules no estaban tan juntas como indicaba la pantalla de plasma.

El lunes 24 de marzo por la mañana, Putin llamó a Bush.

—Esto va a ser terriblemente difícil para usted —dijo el presidente ruso—. Lo siento por usted. Lo lamento.

—¿Por qué? —preguntó Bush.

—Porque va a haber un enorme sufrimiento humano —respondió Putin.

—No —replicó Bush—, tenemos un buen plan. Pero gracias por su interés.

Mientras hablaban, Bush comprendió que Putin, que estaba inmerso en una guerra con los rebeldes chechenos, expresaba su preocupación por el coste personal que podría suponer para él aquel conflicto.

—Bueno, gracias por llamar —se despidió finalmente Bush—. Ha sido muy amable.

Posteriormente, recordó así aquella conversación: «Fue una llamada de verdad. No era un paripé. Era una llamada amistosa. Y la agradecí mucho. —Añadió—: Aquélla fue la única llamada que recibí en esos términos, por cierto.»

Rice pensaba que la llamada era rara, y uno o dos días después entregó a Bush un artículo de un general ruso jubilado que había visitado Bagdad. En él sostenía que Bush ganaría la guerra, pero para ello tendría que realizar un bombardeo de saturación sobre Bagdad.

El presidente recordaba que le afligía el hecho de que no se hubiera comprendido que Estados Unidos había encontrado un modo de combate que reducía al máximo las víctimas civiles, evitaba los daños colaterales y apuntaba a la cúpula del gobierno, a sus medios bélicos y demás recursos para aferrarse al poder. Las guerras de aniquilación, los bombardeos masivos, las bombas incendiarias sobre núcleos urbanos debían ser cosa del pasado, según Bush.

Durante la semana siguiente, las fuerzas estadounidenses y británicas se reunieron con la resistencia de las milicias no convencionales, como la de Fedayeen Saddam, liderada por el hijo de Saddam, Uday. El tiempo espantoso y las tormentas de arena también ralentizaban el avance. Algunos generales, como el comandante de las fuerzas del ejército de tierra, el teniente general William S. Wallace, señalaban que la guerra podía durar más de lo esperado, incluso meses. Aquél fue un período negro para Bush; las fuerzas militares se estancaron, decenas de norteamericanos murieron, algunos fueron capturados y hechos prisioneros, y el tratamiento periodístico del conflicto era muy crítico con la posición estadounidense.

En una reunión con un grupo de veteranos en la Sala Roosevelt, celebrada el viernes 28 de marzo, el presidente declaró: «No presto mucha atención a la prensa. Parece... no sé lo que parece. Yo me informo a través de Tommy Franks. —Añadió—: Lo importante es ganar la paz. No espero que venga Thomas Jefferson a salvarnos de esto, pero creo que el pueblo será liberado.»

Al día siguiente, en una reunión del Consejo de Seguridad Nacional, Bush volvió a tratar estos temas.

—Sólo importa una cosa: ganar. Hay un montón de conjeturas sobre el mundo post-Saddam. Nuestro trabajo es hablar al pueblo norteamericano, decirle lo orgullosos que estamos de nuestros soldados; al mundo, para decirle que cumpliremos esta misión; a todos nuestros aliados europeos, gracias por su ayuda; al pueblo iraquí, volveremos para liberar a todo el país. —Y luego añadió—: No se preocupen por las críticas y las conjeturas. Estén por encima de todo eso, tranquilícense, recuerden a sus electores.

—No podemos permitir que la prensa nos lleve a comentar cada episodio del campo de batalla —afirmó Powell—. Concéntrense en el panorama general.

—No es cuestión de horarios —repitió Bush—, es cuestión de victoria.

El miércoles 2 de abril Rumsfeld comunicó al Consejo de Seguridad Nacional: «Tenemos 116 000 hombres en Iraq, 310 000 en el escenario de operaciones.» El 55 por ciento de los bombardeos de aquel día iba dirigido a tres divisiones clave de la Guardia Republicana, la principal fuerza de combate leal a Saddam. Se había disparado ya la mitad del arsenal de misiles de crucero Tomahawk. Los principales elementos de la Tercera infantería se encontraban a 15 kilómetros de Bagdad, y las fuerzas estadounidenses habían abierto un segundo frente de paracaidistas al norte de Iraq. El Mando Central informó al presidente de que dos divisiones de la Guardia Republicana estaban ya fuera de combate.

Bush volvió a hablar con Aznar: «Estamos perdiendo una parte de la guerra, y es la propaganda», dijo. Iraq empleaba furgonetas móviles para mantener las emisiones de la televisión estatal, aunque Bush precisó que ya habían hallado y destruido esas unidades. El presidente había asumido el papel de animador oficial de los líderes mundiales y relató a Aznar una conversación reciente con Franks. «Le dije: "Tommy, ¿tiene todo lo que necesita?" Y me contestó: "Sí, señor presidente." Y yo le dije: "Tommy, ¿cómo lo ve?" Y me respondió que vamos camino de la victoria. Conozco muy bien a Tommy. Somos de la misma parte de Texas. Sé cuándo me dice la verdad y cuándo me está soltando alguna mentira típica de Texas, y en este caso me dice la verdad.»

Bush comentó al primer ministro australiano, John Howard, que después de una semana de mala prensa, la situación iba a mejor. «Creo que todo el mundo empieza a animarse ahora. Hay una especie de curva en esta operación. Tuvimos una euforia inicial y después la etapa de incertidumbre y ahora volvemos a la fase de trabajo. Es una pauta previsible, pero ahora estamos en el pico de la onda. El modo en que describiría yo la psicología en Iraq es que Saddam rodea con sus dedos el cuello del pueblo iraquí y le faltan dos dedos y nosotros intentamos soltarle el resto.

»En cada discurso que pronuncio les recuerdo las atrocidades del régimen sólo para insistir en que actúan como terroristas. Los abogados dicen que no deberíamos decirlo, por las connotaciones.» No debía prejuzgar a personas que al final podrían ser juzgadas como criminales de guerra. «Puedo decir que es una actividad similar a la terrorista. —Añadió—: Los abogados son terribles.»

La mañana del miércoles 9 de abril Franks dio al presidente y al Consejo de Seguridad Nacional las últimas noticias por vídeo. «Hemos tenido una semana muy buena. Las tropas están concentradas, la moral alta, la gente local responde muy bien», dijo. Explicó la situación de cada ciudad: al sur todas las formaciones enemigas habían sido destruidas. En Basra quedaban algunos francotiradores. En Nasiriyah empezaban a aparecer los líderes locales. En la región central, el 90 por ciento del equipo de las fuerzas iraquíes había sido destruido. En el norte, el ejército regular estaba tocado, a un 50 o 60 por ciento de sus fuerzas.

Lo más sorprendente eran las omisiones: no se hablaba de la fortaleza de Bagdad, ni de la crisis de los refugiados, ni del uso de armas químicas o biológicas.

En un determinado momento, Franks afirmó: «Se calcula que hay ya unas 30 000 víctimas iraquíes.»

Rumsfeld procuraba que no se aportase ninguna cifra. Posteriormente declaró: «Recuerdo que intervine para sugerir que esa persona probablemente no conocía el número exacto y que, en mi opinión, no era de gran ayuda que alguien saliera de la sala con esa cifra en la cabeza.»

«En otras palabras, los íbamos masacrando mientras entrábamos en el país», comentó posteriormente el presidente en una entrevista. Dijo también que había indagado si se trataba de civiles o militares, y que le habían dicho que eran militares. Le indiqué que algunos generales calculaban que habían muerto unos 60 000 militares iraquíes, pero nadie sabía por qué no se habían encontrado los cuerpos. «Eso es lo que yo pregunté —dijo Bush—. ¿Dónde están los cuerpos? Y respondieron: con las divisiones uniformadas entierran los cuerpos inmediatamente. Es la tradición musulmana, supongo.»

Al final de la reunión informativa, Bush sacó el tema del Iraq posterior a Saddam. Dado que Saddam había arruinado su país durante veinte o treinta años, llevaría cierto tiempo reparar los daños. La reconstrucción no debía compararse a los comienzos de una ciudad norteamericana o europea occidental. «Todavía tenemos mucho trabajo que hacer. No se dejen llevar por las celebraciones.»

Aquel día, 9 de abril, representaba el final simbólico del régimen de Saddam. Su gobierno cayó cuando el ejército estadounidense ocupó las orillas del Tigris y los marines llegaron al centro de Bagdad y ayudaron a un grupo de iraquíes a derribar una estatua de Saddam de seis metros de altura, por medio de un vehículo blindado, una cadena y una polea. Aquel esfuerzo prolongado fue retransmitido en directo por televisión. Al ver parte de estas imágenes entre reunión y reunión, el presidente advirtió que la multitud congregada no era masiva. Pero en toda la ciudad, miles de iraquíes tomaron las calles para celebrar la noticia. Parecía el tipo de acogida festiva que habían previsto.

A las 11.27 horas, Bush habló con Aznar. «La estrategia está teniendo su compensación —informó el presidente—, pero a nosotros no nos verán cantar victoria ni nada, porque en el tercio norte del país, Mosul, Kirkuk y Tikrit todavía están en manos enemigas. Aún tenemos mucho que hacer dentro de Bagdad, encontrar

líderes de valía.» Dos días antes, habían bombardeado un restaurante donde creían que se encontraban Saddam y sus hijos, a pesar
de que no tenían pruebas de que hubieran sobrevivido a los ataques de la primera noche. «Personalmente creo que hemos matado
a Saddam Hussein dos veces. Creo que matamos el primer día al
verdadero y ayer a su doble.» Por lo que se refiere a las armas de
destrucción masiva, el presidente manifestó: «Hay una cantidad
masiva de túneles y cuevas. Tenemos que controlar las expectativas
en eso. Llevará tiempo sacar los escombros y averiguar dónde guardaban el material.»

Al día siguiente, 10 de abril, Ken Adelman publicó un articulo de opinión en *The Washington Post* titulado «De nuevo pan comido», donde más o menos se refocilaba de lo que parecía una victoria rápida, y recordaba a los lectores que catorce meses antes
había escrito que la guerra sería «pan comido». Reprendía a quienes habían previsto una debacle. «Uno de los agoreros que llevaban
la voz cantante» era Brent Scowcroft. Adelman añadía que su confianza se basaba en que había trabajado con Rumsfeld en tres ocasiones y en que «conozco a Dick Cheney y Paul Wolfowitz desde
hace muchos años».

Cheney telefoneó a Adelman, que estaba en París con su mujer, Carol. «¡Qué columna tan inteligente! —comentó el vicepresidente—. Los has machacado.» Le dijo que Lynne y él organizaban
una cena privada el domingo 13 de abril para charlar y celebrar los
acontecimientos. Los demás invitados eran Libby y Wolfowitz.
Adelman comprendió que aquél era un gesto de agradecimiento,
por parte de Cheney, de manera que su esposa y él regresaron de
París un día antes para asistir a la cena.

Cuando Adelman entró en la residencia del vicepresidente
aquel domingo por la noche, estaba tan feliz que se le saltaban las
lágrimas. Abrazó a Cheney por primera vez en treinta años de
amistad. En los últimos días se habían conocido informes sobre fosas comunes y abundantes pruebas gráficas de torturas ordenadas
por el régimen de Saddam y, por lo tanto, se alegraba de haber contribuido a liberar a 25 millones de personas.

—Estamos todos juntos, sin protocolo. Se trata de charlar
como amigos —dijo Cheney cuando se sentaron a cenar.

Wolfowitz comenzó a recordar la guerra del Golfo de 1991 y
el error que había supuesto permitir que los iraquíes sobrevolasen

la zona con helicópteros después del armisticio. Saddam los había utilizado para aplacar las revueltas.

Cheney dijo que entonces no era consciente del trauma que había supuesto aquello para los iraquíes, sobre todo para los chiítas, que sentían que Estados Unidos los había abandonado a su suerte. Comentó también que, por la experiencia anterior, los iraquíes temían que esta vez la guerra no pusiera fin al régimen de Saddam.

—¡Déjalo! ¡Déjalo! —interrumpió Adelman—. Hablemos sobre esta guerra del Golfo, la de ahora. Es estupendo celebrarla.

Afirmó que él sólo era un asesor externo, alguien capaz de enardecer los ánimos de la opinión pública.

—Es tan fácil para mí escribir un artículo que diga esto. Para Paul es mucho más complicado defenderlo. Paul y Scooter, vosotros dais consejos internos y el presidente escucha. Dick, tu asesoramiento es el más importante, el Cadillac. Para vosotros es mucho más difícil defender una posición. Pero al final, lo que dijimos no era más que un consejo. El presidente era quien tenía que decidir. Me ha maravillado lo resuelto que es. La guerra ha sido terrible. Así que sólo propondré un brindis, sin ponerme demasiado sensiblero, por el presidente de Estados Unidos.

Todos levantaron la copa. ¡Salud, salud!

Adelman comentó que se preocupó mucho cuando pasaba el tiempo y parecía que no iba a haber guerra.

—Después del 11-S —dijo Cheney—, el presidente sabía lo que había que hacer. Primero debía ir a Afganistán, cada ataque a su tiempo, pero después de Afganistán, muy poco después, el presidente sabía que tenía que ir a Iraq.

Cheney añadió que estaba seguro de que después del 11-S todo saldría bien. Adelman intervino para decir que fue una operación muy audaz:

—Cuando John Kennedy resultó elegido por un margen muy exiguo comunicó a todos los miembros de la administración que los grandes puntos del programa, como los derechos civiles, debían relegarse al segundo período presidencial. Sin duda era todo lo contrario de Bush.

—Sí —asintió Cheney—, y fue así desde los primeros minutos de la presidencia, cuando Bush declaró que íbamos a toda máquina. Hay una tendencia tan grande a contenerse cuando el resultado electoral es muy justo, a hacer lo que sugieren y predicen el *New York Times* y otros expertos... Este muchacho es totalmente diferente. Simplemente decidió: «Esto es lo que quiero, y voy a hacerlo.» Es un tipo muy resuelto. Y muy centrado.

—¡Callaos ya, venga! —pidió Lynne Cheney, dirigiéndose a Cheney, Wolfowitz y Adelman—. A ver qué piensa Scooter.

Libby, sonriente, sólo dijo que pensaba que lo ocurrido era «maravilloso».

Todos coincidieron en que era un triunfo bastante sorprendente, sobre todo teniendo en cuenta la oposición a la guerra. Ahí estaba, por ejemplo, Brent Scowcroft, el pilar de la política exterior, situado en el polo opuesto, y considerado como una suerte de vicario del padre del presidente. También Jim Baker había recalcado la necesidad de formar una coalición mayor de países. Y Lawrence Eagleburger, secretario de Estado en el último semestre de la administración de Bush padre, salía constantemente en televisión para decir que la guerra sólo estaba justificada si había pruebas de que Saddam se disponía a emprender un ataque inmediato contra Estados Unidos. Eagleburger había tildado a Cheney de «fanfarrón».

Alguien mencionó a Powell, y hubo risitas en toda la mesa. Cheney y Wolfowitz comentaron que Powell era una persona siempre pendiente de los sondeos de opinión, un político que siempre se jactaba de su popularidad. Varias semanas antes, en una entrevista radiofónica por una emisora nacional pública, Powell había dicho: «Si consultaran algún sondeo reciente de Gallup, verían que el pueblo americano parece bastante satisfecho con el trabajo que hago como secretario de Estado.»

—Le gusta ser popular —comentó Cheney.

Wolfowitz señaló que Powell daba credibilidad al gobierno y que su presentación en la ONU sobre la información secreta relativa a las armas de destrucción masiva había sido muy importante. En cuanto Powell comprendió lo que quería el presidente, según Wolfowitz, pasó a ser un miembro leal del equipo.

Cheney movió la cabeza y mostró su disconformidad con tal opinión. En su opinión, Powell era un problema. «Colin siempre mostraba reservas sobre lo que intentábamos hacer.»

Luego pasaron a Rumsfeld, el hermano desaparecido. Los dos Cheney comentaron algunas anécdotas cariñosas de los años sesenta, cuando se aliaron con Rumsfeld.

Adelman recordó el tormento que suponía la redacción de discursos para Rumsfeld durante su primera etapa como secretario de Defensa.

—Yo estaba trabajando en un discurso, la versión número doce o algo por el estilo, y volvía a revisar una y otra vez sus reescrituras, sus garabatos, sus estampaciones, porque apenas sabe escribir. Y yo miré el papel, se lo llevé y le dije: «Don, puedes cambiar lo que escribo y lo que tú mismo escribes o dices, pero ¡por el amor de Dios!, te he dado una gran cita de Pericles. No puedes cambiar a Pericles.» Don cogió el borrador y pintorreó en él más garabatos. Lo miré y vi que conservaba el texto reescrito del gran general ateniense, y al lado había añadido: «como debería haber dicho Pericles».

Cheney dijo que acababa de comer ese día con el presidente.

—La democracia en Oriente Medio es un asunto muy importante para él. Es lo que le impulsa a actuar.

—Quería preguntaros —apuntó Adelman—, antes de que esto se convierta en un culebrón. Me sorprende que no hayan encontrado armas de destrucción masiva. —Había varios centenares de miles de soldados y otras personas peinando el país, pero por el momento no se había hallado nada.

—Las encontraremos —aseguró Wolfowitz.

—Sólo han pasado cuatro días, en realidad —comentó Cheney—. Las encontraremos.

El presidente Bush no se aplicó su propio consejo de no cantar victoria y no dejarse llevar por la celebración. El 1 de mayo, el ex piloto de la Guardia Nacional Aérea de Texas se puso su uniforme de vuelo y aterrizó en el portaaviones estadounidense *Abraham Lincoln*, que se encontraba fondeado frente a la costa de San Diego. En un discurso dirigido a la nación desde la cubierta de vuelo, proclamó: «Las principales operaciones de combate en Iraq han concluido.» Aunque sus palabras eran también técnicamente correctas y cautelosas —«Todavía nos queda un trabajo difícil por hacer en Iraq»—, no cabía duda de que era un discurso victorioso. Mientras hablaba, al fondo pendía un gran estandarte que decía: «MISIÓN CUMPLIDA.»

El redactor de discursos, Gerson, había desplegado todos los recursos retóricos. «El tirano ha caído e Iraq ya es libre», declaró el presidente desde la cubierta soleada. Era una «causa noble» y «un gran avance moral» que él relacionaba con Normandía e Iwo Jima, las «cuatro libertades» de Franklin Roosevelt, la «doctrina Truman», el desafío de Reagan al imperio del mal y su propia guerra contra el terror, iniciada el 11-S. «En las imágenes de las estatuas caídas, hemos presenciado la llegada de una nueva era.» La guerra contra el terror no era eterna. «Hemos visto ya el cambio de la marea.»

En mayo de 2003, el general Garner fue sustituido por L. Paul «Jerry» Bremer III, jefe de la Autoridad Provisional de la Coalición, que debía supervisar la reconstrucción de Iraq y la transición hacia la democracia.

Al equipo de Bush no le quedaba mucho tiempo para experimentar esa sensación de vacío que sobreviene a menudo después de la conquista. Aunque en muchos aspectos la guerra era una victoria militar sorprendente, la posguerra se convirtió pronto en una sucesión de acontecimientos marcados por la violencia y la incertidumbre.

Franks fue el primero en retirarse. Muchos de sus generales subordinados y otras personas pensaban que él había menoscabado las operaciones de estabilidad. La Oficina de Reconstrucción y Ayuda Humanitaria, inicialmente dirigida por Jay Garner, no dependía de Franks, sino que tenía un estatus equivalente. Franks, pese a disponer de todas las tropas y de gran experiencia, no estaba al frente de la Oficina. No la defendió ni luchó por ella. «Yo tengo que librar una guerra», declaró en numerosas ocasiones. Creía haber presionado a Rumsfeld, Wolfowitz y el general Myers en los planes de posguerra todo lo posible, y sostenía que no podían hablar de aquellos asuntos sólo de boquilla. Había advertido que las operaciones de combate decisivas iban a ser muy rápidas, y que era preciso centrarse en el día después. Pero Rumsfeld y los demás sólo se preocupaban por la guerra.

En mayo, cuando concluyó la parte más importante de la guerra, Franks estaba agotado y se tomó un permiso. Rumsfeld quería que fuera jefe de Estado Mayor del ejército, una promoción sólo nominal. El comandante combatiente es el rey, y Franks no quería convertirse en uno de esos cabrones de cargo X. Dejó el Mando Central en julio y se retiró del ejército en agosto. Según comentó a los amigos, ganó un millón de dólares pronunciando conferencias en sus primeros meses de retiro, y firmó con una editorial un contrato millonario para escribir una autobiografía. A los editores les dijo que no tenía ninguna crítica contra Rumsfeld, que era colega y amigo. De ningún modo pensaba ofender a su principal patrocinador. Su libro iba a ser una autobiografía seria, no un relato de cotilleos.

Powell pasó los meses siguientes a la defensiva casi todo el tiempo. A quienes pensaban que debía haberse opuesto a la guerra con mayor firmeza les respondía que había adoptado la mejor actitud posible. A sus socios les dijo que no había engañado a nadie. En agosto y septiembre de 2002 había defendido que el presidente debía seguir dos vías paralelas: el plan de la guerra y la diplomacia a través de Naciones Unidas. Bush podía recorrer esas dos vías hasta que se encontrase una bifurcación. Una de las dos ramificaciones era la guerra. «Él es el presidente —dijo Powell a sus socios—, y él es quien tomó la decisión; así pues, mi obligación era recorrer con él la vía elegida.»

Durante los 16 meses siguientes, mientras progresaba el plan de guerra, Powell observó que cuanto más fácil parecía la guerra, menos se preocupaban Rumsfeld, el Pentágono y Franks del día después. Era como si pensasen que Iraq era una copa de cristal y que lo único que tenían que hacer era darle un golpe y romperla. Pero en realidad resultó ser una jarra de cerveza. Ahora eran dueños de la jarra de cerveza.

Cuando Powell visitó Iraq en el otoño de 2003, vio las fosas comunes y escuchó a los testigos de la tortura y la opresión. Estaba contento de que hubieran desaparecido Saddam y el régimen corrupto. Fue un alivio. La decisión de ir a la guerra no era ciento por ciento errónea. La historia, al fin y al cabo, aún no había determinado si se trataba de un acierto o un error.

Armitage se impacientaba cada vez más. Creía que el sistema de política exterior, que supuestamente estaba coordinado por Rice, era esencialmente disfuncional. Tal disfunción tenía su utilidad mientras Powell y él pudieran demorar la guerra. Pero aquel intento acabó en fracaso. A finales de 2003, cada vez que había discurso presidencial o algún conflicto con la Casa Blanca, sobre todo en relación con Oriente Medio, Armitage decía a Powell: «Diles que se jodan.»

La respuesta de Powell era seguir al pie del cañón.

Varios meses después del comienzo de la guerra, Rice preguntó a Armitage a qué se debía su evidente disconformidad. Él le respondió, sin rodeos, que el sistema del Consejo de Seguridad Nacional era disfuncional, y el comité de suplentes no afrontaba todas sus responsabilidades. La política no se coordinaba suficientemente, no se debatía nada antes de tomar decisiones. Para ser una consejera de seguridad fuerte, para poder imponer disciplina en su departamento, Rice debía dominar la técnica del acoso y derribo.

Rice replicó que trataba con pesos pesados, como bien sabía Armitage. Cheney, Powell y Rumsfeld no eran precisamente hombres apocados, y el presidente quería asegurarse de que cada uno de ellos aportase su opinión.

A comienzos de octubre, el presidente concedió a Rice nueva autoridad y responsabilidad para coordinar la tremenda tarea de estabilizar y reconstruir Iraq.

El 12 de octubre de 2003 *The Washington Post* publicó un largo artículo en primera página, titulado «Según fuentes ministeriales, Rice no logra reparar las fisuras: su labor se complica por las rivalidades internas del gobierno». El artículo, firmado por Glenn Kessler y Peter Slevin, los dos principales periodistas de este diario para asuntos del Departamento de Estado, reflejaba la crítica de Armitage de manera muy precisa, aunque no se mencionaba el nombre de ningún alto cargo de la administración actual, ni siquiera el de Armitage.

Rice comunicó su preocupación a Powell, quien defendió a su subordinado. «Si quieres, puedes echarle la culpa a Rich —manifestó Powell—. Rich tuvo el valor de hablar contigo directamente sobre esto, así que no creo que él sea la fuente.» Powell añadió que lo que había declarado Armitage reflejaba la opinión general de Washington y de los especialistas en política exterior. «No estamos bien avenidos y estas cosas no las resolvemos bien. Y te guste o no, ésa es una opinión que se oye por la ciudad. Siento que se culpe de ello al Consejo de Seguridad Nacional.» Powell pensaba que a Rice le preocupaba más encontrar alguien a quien atribuir la responsabilidad ante la opinión pública que solventar el problema.

Cheney seguía siendo la bestia negra de Powell. En las reuniones con los miembros del gobierno, Cheney perfeccionaba, según Powell, su técnica de no revelar su posición, insistiendo en que no se había formado ninguna idea concreta o en que podía cambiar de opinión al cabo de media hora. Powell logró descifrar la técnica. Concluyó que debía escuchar atentamente, porque los desmentidos de Cheney solían ser, al final, los puntos en que no cambiaba de opinión.

La relación entre ambos llegó a ser tan tensa que Powell y Cheney ya no comían juntos ni discutían sus discrepancias. Nunca.

Powell pensaba que ahora que Bush y la administración tenían que convivir con las consecuencias de sus decisiones sobre Iraq, defendían de modo cada vez más inflexible tales posicionamientos, lo cual comportaba un serio riesgo. Nadie en la Casa blanca podía intervenir para abogar por un replanteamiento realista. No había ninguna Karen Hughes capaz de decirle a Bush: «Cuidado, tienes problemas.» Powell creía que lo más difícil era volver a los fundamentos y cuestionar las propias opiniones, y no había ningún indicio de que eso fuera a ocurrir. Así pues, siguió al pie del cañón, una vez más, contra corriente.

Rumsfeld había sido el organizador global, el interrogador mordaz, el tecnócrata de defensa que había entregado al presidente el plan de ataque. Cheney calificaba el típico modo de actuar de Rumsfeld como «gestión hasta en la sopa». Powell, que había visto en Cheney una conducta febril, nunca detectó ese mismo síntoma en Rumsfeld. Si Bush se hubiera opuesto a la guerra, Powell estaba seguro de que Cheney, Wolfowitz y Feith se habrían desesperado y quizá se habrían vuelto locos. Pero Rumsfeld, no.

Franks conocía también ese aplomo de Rumsfeld, pero detectaba, asimismo, cierto desapego, como si a veces estuviese ausente y contemplase la sala desde fuera, por la ventana.

Cuando entrevisté a Rumsfeld en el otoño de 2003, le pregunté si quería una guerra.

—Por Dios, no —respondió—, de ninguna manera. Nadie con sentido común quiere conflictos.

—¿Recomendó usted que se iniciase la guerra?

Hizo una pausa.

—Es una pregunta interesante. Sin duda alguna, me mostré de acuerdo con el planteamiento del presidente y con su decisión. Si hubo algún momento formal en que él me preguntase «¿Crees que debo iniciar la guerra?», no lo recuerdo.

El presidente declaró posteriormente que no lo había consultado con Rumsfeld. Sin embargo, Rumsfeld afirmó que el presidente le planteó otras preguntas cruciales que entraban dentro de sus responsabilidades de secretario, tal como él las concibe. «Recuerdo que me preguntó: "¿Debo confiar en el general Franks? ¿Debo confiar en el plan de guerra? ¿Y debo confiar en estas informaciones?"» Recurría a Rumsfeld por ser un experto en materia bélica. «Debía confiar en que esta institución, que es su instrumento, el instrumento del país, había analizado meticulosamente estas cosas.» Y el presidente debía decidir a quién le concedía una correa más larga y a quién se la acortaba. «Bush actuaba como un magnífico ejecutivo en estos procesos —dijo Rumsfeld—. No se dedicaba a la microgestión. Este presidente tiene en gran parte las mismas cualidades de Ronald Reagan, que era capaz de mirar a lo lejos, al horizonte, y establecer ahí un parámetro de referencia hacia el que podía apuntar después.»

Puesto que la decisión de lanzar una guerra preventiva es responsabilidad muy importante, le pregunté si el presidente había discutido ese asunto con él.

—No —respondió Rumsfeld.

—¿Nunca hubo...?

—Nunca —repuso Rumsfeld—. Él asume sus responsabilidades muy bien.

Según Rumsfeld, al presidente no le preocupaban las decisiones importantes porque siempre dedicaba mucho tiempo a sopesar qué quería y por qué. Alguien que no actúe así, «tiende a sentirse incómodo con las decisiones y puede estar a merced de los vientos... a merced de los vientos y cambiar de opinión y preocuparse y angustiarse. Y en el caso de Bush, su preocupación y análisis venían antes del hecho, no después del hecho».

Tim, el jefe de la base de la CIA en el norte de Iraq, se percató de que se había cumplido el sueño de todo oficial de operaciones. Había actuado a sus anchas —sin el control del Departamento de Estado, sin militares, sin nada—, sólo él y el dinero.

El 24 de marzo de 2003, cinco días después del comienzo de la guerra, Tim se dirigió a Dora Farm. El lugar había quedado bastante vacío. Parecían los restos de un mercadillo. La gente todavía seguía recogiendo sus cosas. Había cráteres y era evidente que el lugar había sufrido un bombardeo. Registró todos los rincones. No había ni rastro de ningún búnker. Encontró una despensa subterránea para almacenamiento de comida junto a la casa principal. Tal vez era el escondite al que se referían los agentes ROCK-STARS. Todo aquello resultaba misterioso y desconcertante. ¿Es posible que *manzul* no fuera ni un lugar de refugio, ni un búnker, sino una simple despensa?

Tim localizó al fin a algunos agentes ROCKSTARS que habían informado aquella noche. Los dos aseguraban que los agentes de Saddam habían capturado y torturado a sus respectivas mujeres, arrancándoles las uñas. Otro decía que habían demolido su casa. Había ciertos indicios que fundamentaban tales afirmaciones, pero Tim no estaba seguro.

Pronto Tim fue destinado de nuevo a la sede de la CIA para trabajar clandestinamente en otros asuntos. Saul y otros superiores solicitaron a Tim y a los miembros de su equipo que reconstruyeran la secuencia de acontecimientos de los días 19 y 20 de marzo de 2003. Querían un informe muy preciso y veraz. A medida que Tim iba haciendo memoria y revisaba los escasos documentos a su disposición, comprendía que todo era muy turbio. Todos habían estado muy estresados en aquellas fechas. Los ROCKSTARS destinados en el lugar no querían decepcionar a nadie, y como era de esperar, temían ser capturados o asesinados.

Tim se esforzó en describir lo ocurrido de un modo coherente. Ensayó una primera versión. ¿Tenía el 40 por ciento? ¿O el 62 por ciento? ¿O el 83 por ciento? Le rondaban estas dudas. ¿Qué porcentaje de verdad podía recordar? ¿Qué se le escapaba? ¿Qué datos eran falsos? Probó varias veces más. No era blanco o negro, y desde luego no era una línea recta. ¿Se acercaba a la verdad o se alejaba de ella? Nunca llegó a escribir una versión definitiva. La mayor pregunta sin respuesta era si Saddam y su entorno más directo estaban en la granja aquella noche.

El 2 de octubre de 2003 David Kay, experto en armamento especial del equipo de Tenet, que supervisó el grupo de inspección de Iraq, formado por 1 400 hombres, emitió un informe público preliminar sobre los tres primeros meses dedicados a la búsqueda de armas de destrucción masiva en territorio iraquí. Decía que habían realizado «avances considerables», pero la destrucción selectiva de documentos y discos duros de ordenador dificultaba su trabajo. Sostenía, con rotundidad, que Iraq había infringido las resoluciones de la ONU de un modo que no se preveía antes de la guerra. Pero el titular declaraba: «No hemos encontrado todavía arsenales.»

Rice creía cada vez más en la importancia de los resultados a largo plazo. Le parecía importante esperar pacientemente el desenlace final de Iraq, no sólo en materia de armas de destrucción masiva, sino también en cuanto al acuerdo político. Y eso podía ocurrir mucho tiempo después. Le tranquilizaba que el presidente se mantuviese firme y pensase a largo plazo. En su visita a Japón en octubre de 2003, Bush había comunicado al primer ministro Junichiro Koizumi: «Si no hubiéramos intervenido en 1945 y contribuido a construir un Japón próspero y democrático, nuestra conversación, entre un primer ministro japonés y un presidente de Estados Unidos, no podría tener lugar. Algún día, un presidente de Iraq y un presidente de Estados Unidos se sentarán juntos para intentar resolver algún problema, y entonces dirán que están contentos de que creásemos un Iraq próspero y democrático.»

Mientras tanto, proseguían la violencia y la sublevación en el interior de Iraq, donde morían centenares de iraquíes y militares estadounidenses.

La primera entrevista que hice al presidente Bush para la preparación de este libro se celebró el miércoles 10 de diciembre de 2003, por la tarde, en el despacho del presidente en la residencia de la Casa Blanca, durante más de una hora y media; la segunda fue la tarde siguiente en el Despacho Oval, durante más de dos horas. Rice y Bartlett estaban presentes durante las entrevistas.

Le había remitido una cronología de 21 páginas donde mencionaba las reuniones concretas, las decisiones o los momentos cruciales sobre los que quería preguntar. El presidente manifestó que había podido revisar algunos datos antes de la entrevista. El núcleo de mis preguntas era la decisión de iniciar la guerra, y sus respuestas detalladas y resúmenes de acontecimientos concretos y momentos decisivos han quedado reflejados en el relato de este libro. Las preguntas y respuestas más generales se han omitido.

Conversamos durante cierto tiempo sobre el vicepresidente Cheney. Además de señalar que, en su opinión, el vicepresidente no tenía una conducta febril u obsesiva en lo que respecta a Al Qaeda o Iraq, el presidente afirmó: «No le gusta que lo vean ni como un héroe ni como un malvado. Quiere que lo consideren un vicepresidente leal. Que es lo que es. Y ya sabe, tiene opiniones. La gente valora sus opiniones porque Dick es de esa clase de personas que no hablan mucho. Pero cuando habla, da la impresión de que es una persona sensata.»

Le dije que Cheney había aparecido inicialmente como una especie de Howard Hughes, el hombre recluido detrás de los escenarios, que no respondía preguntas.

«Eso es lo que le dije», comentó Bush. Señaló que Cheney debía salir en más entrevistas. Cuando uno es tan callado, «hay peligro de parecer mucho más fuerte de lo que eres, mucho más débil de lo que eres. Y ninguna de las dos cosas».

Las preguntas detalladas «le asustaban» y «le daban mucho miedo», según el presidente. La tendencia circunspecta del vicepresidente era admirable. Y añadió: «Por eso queremos a Cheney.» Luego precisó también que a Cheney le daba mucho miedo que se malinterpretasen sus declaraciones sacadas de contexto o exageradas. «Cheney no quiere estar en medio de las intrigas y codazos. Conozco bien a Cheney. Y por cierto, es muy buen vicepresidente.

»Quiere ser anónimo desde esa perspectiva y así debe ser. Por otra parte, era una roca. Quiero decir, era inquebrantable y firme en su opinión de que Saddam era una amenaza para América y de que debíamos hacer algo con él.

»Ahora ve que se va a publicar este libro en plenas elecciones y otra vez le preocupa bastante, para ser sincero con usted.»

Pasamos a la cuestión de las dudas. Cité lo que había mencionado recientemente Tony Blair en el congreso anual del partido: «Yo no falto al respeto a nadie que discrepe conmigo.» Blair también aseguraba haber recibido cartas de personas que habían perdido hijos en la guerra y le escribían para decirle que lo odiaban por lo que hizo en Iraq. Cité a Blair:

—Y no creáis a nadie que os diga que no le entran dudas cuando recibe cartas así.

—Sí —replicó el presidente—, yo no he tenido dudas.

—¿En serio? —pregunté—. ¿Ninguna duda?

—No. Y puedo transmitir eso al pueblo, a quienes han perdido a sus hijos en la guerra. Espero ser capaz de transmitir eso de una forma humilde.

Le pregunté por su padre:

—Hay un ser humano que ocupó este mismo cargo y tomó la decisión de emprender una guerra. No sería creíble que usted no le hubiera preguntado en ningún momento: «¿Cuáles son los ingredientes para hacer esto bien?» O bien: «¿Qué te parece? Tengo que hacer frente a este problema.»

—Si no sería creíble —replicó Bush—, entonces me inventaré una respuesta.

—No, no —le dije—, soy duro y directo porque...

—No, no, no. Debe ser así. Mire, por supuesto que hablo con él. No recuerdo ningún momento en que me dijera: «No hagas esto» ni «haz esto». No recuerdo ningún momento en que me dijera a mí mismo: «A lo mejor él puede ayudarte a tomar la decisión.» Porque como comprenderá, la decisión no es una cosa tan repentina como si hubiera de pronto una amenaza en Kuwait, y ¡bum! Forma parte de una obligación que llegó el 11 de septiembre de 2001. Forma parte de un tipo de guerra diferente y más grande. Es como un frente.

—¿Le dijo alguna vez: «Papá, ¿cómo debo hacer esto? ¿Qué piensas sobre aquello?»

—Creo que no —respondió Bush.

—¿Deliberó con él en alguna ocasión?

—Estoy seguro... claro que sí. Estoy intentando recordar. Es una historia increíble que un padre y un hijo libren una guerra en el mismo escenario. Esto no había pasado nunca. O quizá sí... no, nunca. Bueno sí, los Adams. —El hijo de John Adams, el segundo presidente, era John Quincy Adams, el sexto presidente—. John Q. nunca volvió a la guerra. Pero ésta es una guerra diferente. Fíjese, es una guerra diferente. No estoy intentando eludir la pregunta. Es que no lo recuerdo. Podría preguntarle si él recuerda algo. Pero cómo se puede preguntar a alguien si le parece bien que se envíe gente a la muerte. Recuerdo... ya lo hice, para empezar, en Afganistán. Las conversaciones eran más sobre la táctica. ¿Cómo estamos? ¿Cómo nos va con los británicos? Él sigue las noticias. Así que yo le informo de lo que veo. Ya sabe, no es el mejor padre para recurrir a él en materia de fortaleza. Hay otro padre supremo al que sí recurro.

El presidente aceptaba que aquél era un momento «fantástico» de la historia.

—Pero no lo oculto. Es que no recuerdo ningún momento conmovedor. Seguro que ocurrió, seguro que él me dijo: «Hijo, esto debe de ser terriblemente duro para ti. Sólo quiero que sepas que te queremos; mantente firme ahí.»

Comentó también que su padre intentaba tranquilizarlo.

—No era tanto: «Así es como hay que hacer las cosas, cuidad bien del chico», sino «Yo he pasado por esto y sé lo que está ocurriendo y por tanto te quiero». Éste sería un modo más exacto de describirlo.

Señalé que uno de mis jefes de *The Washington Post* me había sugerido una pregunta algo dura sobre las armas de destrucción masiva:

—¿Engañaron al presidente...?

—No —respondió Bush.

—¿... con informaciones secretas falsas o engañó el presidente al país?

—No —respondió el presidente con rotundidad—. La respuesta es no, en absoluto.

—¿Qué ocurrió, entonces?

—¿Qué quiere decir con eso de «qué ocurrió»?

—Me refería a las armas de destrucción masiva y la «canasta clavada» que había prometido Tenet.

El presidente comentó que, si los numerosos incumplimientos de las resoluciones de la ONU mencionados por David Kay en octubre de 2003 se hubieran conocido antes de la guerra, habrían constituido una infracción suficiente para justificar la guerra. «Pero creo que todavía es demasiado pronto para entender la historia completa.» La información secreta era suficientemente sólida para que la ONU aprobase varias resoluciones, y fue «suficientemente sólida» para que el ex presidente Clinton decidiese atacar Iraq en 1998, cuando lanzó 650 operaciones de combate con bombarderos o misiles.

—Pero no hemos encontrado armas de destrucción masiva —recriminé.

—Hemos encontrado programas armamentísticos —dijo el presidente— que podrían ser reconstituidos.

—Puede ser. De acuerdo —apunté.

El presidente comentó que, en la actualidad, una arma podía construirse muy rápido.

—Y por lo tanto, en vista de que es así, aunque eso sea lo mínimo que tienes, ¿cómo no vas a actuar contra Saddam Hussein? Ésa es mi respuesta.

Le dije que después del 11-S, él había sido la «voz del realismo», la voz que comunicaba al país, tras el catastrófico atentado, que aquélla iba a ser una guerra larga y difícil. Por los viajes que he realizado, sé que mucha gente, incluidos sus propios adeptos, sostenía que Bush ya no era una voz tan realista, por no declarar y no reconocer que las armas no habían aparecido todavía.

—No quiero que la gente diga: «¿Ves? Ya te lo dijimos.» Quiero que sepan que es un proceso en curso —respondió el presidente. Y añadió que nadie le había aconsejado hacer tal declaración—. Pero usted se mueve en círculos diferentes de los míos. Mucho más elitistas.

—Son un montón de grupos empresariales —precisé.

—El realismo —dijo el presidente— es poder entender la naturaleza de Saddam Hussein, su historia, el daño potencial que puede causar a América.

Le dije que sólo intentaba tratar el simple hecho de que no se hubieran encontrado armas de destrucción masiva.

—No hemos encontrado probetas borboteantes —dije.

Se rió entre dientes.

—Pero el informe de situación —añadí— de los últimos seis o siete meses dice que no hemos encontrado armas. Eso es todo.

—Cierto, cierto, cierto —convino Bush. Sostenía que se habían encontrado suficientes pruebas—. La persona que quiere que el presidente se levante y declare eso públicamente es también la persona que quiere decir: «No debíamos haberlo hecho.» Y en mi mente no hay ninguna duda de que debíamos haberlo hecho. No sólo por nuestro propio bien, sino por el de los ciudadanos iraquíes.

Dijo que el informe inicial de Kay bastaba para probar que Saddam era peligroso.

—De repente parece que me estoy poniendo increíblemente a

la defensiva —añadió con frialdad. El hecho de que no se hubiera encontrado «la probeta borboteante» no convertía a Saddam en un ser «benévolo».

Le dije que le planteaba aquellas preguntas porque en el libro quería mostrar en qué estado se encontraba, a su parecer, la búsqueda de armas de destrucción masiva en Iraq.

—¿Por qué necesita tocar ese asunto en el libro? —inquirió Bush. ¿Qué tiene que ver?

Le dije que quería tratar todas las consecuencias de la guerra y que, por lo tanto, ésa era una cuestión esencial. El presidente replicó que quería tener la certeza de que, si reconocía que no se habían hallado armas de destrucción masiva hasta el momento, el dato no se publicaría en *The Washington Post* hasta que el libro estuviera en la calle. «En otras palabras, que no voy a leer un titular del estilo de "Bush dice que no hay armas".»

Le prometí que eso no ocurriría, si bien menos de dos meses después Bush lo reconoció públicamente, cuando declaró, el 8 de febrero de 2004, en el programa «Meet the Press» de la NBC: «Esperaba que hubiera grandes arsenales» y «Pensábamos que tenía armas».

¿Creía el presidente que se había calculado erróneamente el tiempo que se tardaría en estabilizar y pacificar Iraq después de la guerra?

—No —respondió—, creo que estaba bastante preparado para recorrer un camino largo y difícil. Han ocurrido muchas cosas positivas.

Señaló que los yacimientos petrolíferos iraquíes estaban a buen recaudo, que se había evitado el hambre de la población, y que se había introducido una nueva moneda, lo cual ya era en sí «una proeza impresionante».

—Los principales conflictos con los que pensábamos que nos íbamos a encontrar no se produjeron —reconoció.

Comentó que la violencia sólo se daba en el 5 por ciento o el 10 por ciento de Iraq. «Es peligroso, porque todavía quedan bastantes matones y asesinos que pueden liquidarte en menos de nada. [...] Pero todavía es duro. Todavía hay pérdidas de vidas.» Comentó que veía el panorama con optimismo. «Es cuestión de tiempo. Es cuestión de evolución de la sociedad. Es cuestión de desarrollo de una soberanía», cuando el gobierno sea devuelto al pueblo iraquí. En su opinión, la liberación estaba «cambiando la mentalidad de la gente». Muy pronto los iraquíes iban a «estar en el frente del trabajo policial» y serían ellos quienes perseguirían a los asesinos, junto con los militares iraquíes. Lamentó que algunas de las cosas buenas que sucedían en Iraq no se reflejasen en las informaciones mediáticas estadounidenses. Destacó que lo importante es «que surja una sociedad libre donde la gente comprenda que su vida ha mejorado. Y donde superen sus traumas para poder disfrutar del momento». Al final de nuestra primera entrevista, el presidente declaró que la guerra y sus secuelas «son la historia del siglo XXI».

Luego comentó la breve visita que realizó a Iraq dos semanas antes. Manifestó que «cuando me desplacé allí en Acción de Gracias, fui a dar las gracias a las tropas, pero también a decir al pueblo iraquí que aprovechasen el momento, que ése es su país». Durante la transición hacia el autogobierno, la clave estaba en los derechos de las minorías, de los grupos y tribus que no eran chiítas, así como en «una clara convicción de que la venganza y los recelos no van a regir la vida».

El presidente afirmó que creía que los anales de la historia reflejarían que él, Rumsfeld, Franks y los demás militares desarrollaron un plan de guerra que apuntaba a Saddam, la cúpula del partido Baas, el círculo más allegado al presidente y los medios de que se valían para conservar el poder. La guerra iba expresamente dirigida a ellos y al aparato gubernamental: el ejército, los servicios de seguridad, la policía secreta. En la medida de lo posible, se procuraba evitar la pérdida de vidas civiles. En su opinión, era un proyecto de gran relevancia histórica, que «permitiría a otros líderes, en caso de que quisieran emprender una guerra, evitar la muerte de ciudadanos inocentes».

El relato de ese plan era uno de los principales motivos por los que Bush concedió aquella entrevista específica sobre la guerra, y por los que quería que Rumsfeld y los demás miembros de la administración respondieran a mis preguntas. «Pero para mí, la gran noticia de todo esto no es cómo toma decisiones George W. Bush. Para mí la gran noticia es que América ha cambiado la forma de librar y ganar una guerra, y por tanto facilita el mantenimiento de la paz a largo plazo. Y ésa es la relevancia histórica de este libro, en lo que a mí respecta.»

El presidente me recordó que en su despacho personal conserva un ladrillo que trajo la unidad de fuerzas especiales encargada del primer ataque militar en Afganistán ocurrido después del 11-S. Provenía del complejo residencial del mulá Omar, líder talibán. Era un recordatorio de que cuando puso los pies en el terreno y ordenó la intervención, parte de los militares estadounidenses iban a morir. No era la guerra antiséptica de los misiles de crucero que protegen a los militares. «Si disparas misiles Tomahawk desde los submarinos, no pones a nadie en peligro», añadió.

«Un presidente debe armarse de valor para hacer frente a las pérdidas que inevitablemente se derivan de una estrategia orientada a ganar una guerra —dijo Bush—. Y quiero decir que habrá muertes, y sobre todo que lo que se pretende es liberar a todo un país. Habrá muertes.» En Iraq, con casi 200 000 militares estadounidenses destacados en la zona, «sabía que habría víctimas. Y ese ladrillo me lo recuerda».

Dos días después, el 13 de diciembre, los militares estadounidenses capturaron a Saddam Hussein, greñudo y aparentemente desorientado, en una galería subterránea situada en las proximidades de una granja, a las afueras de Tikrit. Al día siguiente, el domingo, el presidente se dirigió a la nación. «La captura de este hombre ha sido crucial para instaurar un régimen libre en Iraq —declaró Bush—. Representa el final de un camino para él y para todos los que acosaban y mataban en su nombre. —Añadió—: Ha concluido una era oscura y dolorosa.» Pero advirtió también: «La captura de Saddam Hussein no significa el fin de la violencia en Iraq.»

La malograda búsqueda de armas de destrucción masiva y la continua violencia e inestabilidad en el interior de Iraq, junto con el hecho de que la guerra no hubiera acabado realmente, constituían un motivo de preocupación importante, incluso para los verdaderos creyentes en la causa, entre los que destacaba Wolfowitz, que durante muchos años había sido un ferviente defensor del derrocamiento de Saddam.

El propio Wolfowitz se planteaba a veces si la guerra había merecido la pena. La duda se agudizó en el funeral del teniente general Chad Buehring, que fue asesinado en el piso situado justo debajo de la habitación de Wolfowitz, cuando el hotel donde se alojaba en Bagdad fue atacado a finales de 2003. Las tribulaciones aumentaban también cuando visitaba a los militares heridos, ingresados en los hospitales, protocolo que siguió en más de una decena de ocasiones. Intentaba expresarles su gratitud por la valentía y sacrificio que habían demostrado. Las trayectorias personales de los muertos o heridos ponían de manifiesto cuál era el «coste real» de la guerra.

Pero a pesar de la inquietud que le producía la violencia continua, Wolfowitz se aferraba a la creencia de que la guerra estaba justificada y merecía la pena, y de que la decisión era un acto de valentía personal del presidente. Después del 11-S estaba convencido de que el terrorismo ya no era un mal controlable. Era preciso atacar no sólo sus redes internacionales, sino también los Estados que lo amparaban. El régimen de Saddam debía haber sido derrocado mucho tiempo antes, pero después del 11-S la necesidad de eliminar a Saddam justificaba que algunos norteamericanos arriesgasen la vida por la causa.

Wolfowitz visitó tres veces Iraq en nueve meses después del final de las principales operaciones de combate, y le conmovieron la resistencia y tenacidad que observó en los soldados. Un coronel comunicó a sus hombres que lo que habían hecho era equiparable a lo que lograron sus abuelos en Alemania y Japón, y sus padres en Corea. Para Wolfowitz, el partido Baas de Saddam era una organización pronazi de gángsteres y sádicos. Su derrocamiento no sólo suponía la erradicación de una amenaza para Estados Unidos, sino la apertura de un camino hacia un mundo mejor.

Wolfowitz pensaba que la guerra había sido una campaña militar brillante. Había logrado el objetivo con menos víctimas americanas de las que cabía esperar, sin involucrar a Israel. No se habían empleado armas de destrucción masiva, ni se habían destruido los yacimientos petrolíferos iraquíes, no había habido intervención exterior de Turquía o Irán, ni conflictos étnicos significativos en el norte entre turcos, kurdos y árabes. Si alguien se hubiera atrevido a pronosticar este resultado antes de la guerra, se le habría tildado de optimista extremo.

Creía que se habían logrado grandes avances para Iraq y Oriente Medio, aunque la recuperación llevaría tiempo. «La libertad es una aspiración humana universal, no sólo norteamericana», pensaba Wolfowitz. Estados Unidos debía apoyar a los musulmanes moderados y a los iraquíes más capaces en la construcción de instituciones libres. A pesar de las predicciones, había visto la expansión de la democracia por Asia oriental, y el mundo había visto lo que había ocurrido en Europa del Este en los últimos quince años. Así que Wolfowitz estaba seguro de que, al cabo de diez o veinte años después, esta guerra se consideraría una fase esencial en el avance hacia la libertad humana, la democracia y la derrota del terrorismo, circunstancias que beneficiarían también a los norteamericanos.

El senador Bob Graham, demócrata de Florida que en 2003 compitió en el proceso de designación del candidato presidencial, pensaba que la guerra de Iraq era uno de los errores más garrafales de la política exterior estadounidense desde la segunda guerra mundial. Era como si Estados Unidos hubiera declarado la guerra a la Italia de Mussolini en 1941, en lugar de a la Alemania de Hitler. Graham consideraba que los Hitler del terrorismo eran Al Qaeda y Hezbolá, grupos extremistas respaldados por Irán. En su opinión, ambas organizaciones representaban una amenaza mucho mayor que Iraq; tenían los medios y la intención de atacar, y contaban con una presencia encubierta en el interior de Estados Unidos.

Graham pensaba que la guerra de Iraq se había centrado en objetivos distintos de Al Qaeda, que entretanto se había regenerado y representaba en ese momento una amenaza aún mayor. La consecuencia de todo ello era que Estados Unidos se encontraba ahora en una situación más arriesgada que antes de la guerra.

En el asunto de las armas de destrucción masiva, Graham opinaba que la CIA había obtenido información errónea y que la administración, incluido el propio presidente, la había manipulado y exagerado. Creía que Tenet debía haber dimitido, o tal vez deberían haberlo cesado. Le sorprendió que Bush no hubiera tomado medidas para ensayar una reforma inmediata de la CIA. Consideraba que el presidente debería haber asumido la responsabilidad de los errores. En las elecciones de 2004, esperaba que los electores norteamericanos decidiesen eliminar a Bush del gobierno.

A comienzos de 2004, Cheney estaba seguro de que la guerra de Iraq sería uno de esos acontecimientos que hacen historia. No se arrepentía de su análisis sobre el terrorismo ni de sus afirmaciones acerca de Saddam. La gran amenaza para el país era una Al Qaeda provista no sólo de cúteres y billetes de avión, sino de una arma nuclear en medio de cualquier ciudad norteamericana. Se había acusado a la administración de no haber previsto la amenaza antes del 11-S. ¿Cómo podían ignorarla después del 11-S? No era difícil verla.

Cheney creía que, en vista de las informaciones secretas que indicaban la existencia de antiguos vínculos entre Iraq y Al Qaeda, así como la presencia de armas de destrucción masiva en Iraq, nadie sensato que estuviese en la posición de Bush podía ignorar la gravedad de la situación. Cheney pensaba que las estimaciones nacionales de inteligencia de 2002 eran muy buenas.

En conjunto, pensaba que Bush había entendido que convenía centrarse e invertir tiempo en lo verdaderamente esencial e importante. El presidente no malgastaba el tiempo en trivialidades. Durante los dieciséis meses que precedieron a la guerra se había centrado en el plan militar. Cheney había visto cómo las preguntas del presidente rodaban por el Departamento de Defensa y el ejército. En una ocasión comentó a un socio: «Saben que van a tener que contestar preguntas difíciles del Hombre.»

Cheney estaba convencido también de que Bush tenía una fe inquebrantable en que si se concedía al pueblo libertad y democracia, en Iraq comenzaría un proceso de transformación que en los años siguientes cambiaría Oriente Medio. Había una dimensión moral. Uno de los historiadores militares favoritos de Cheney, Victor Davis Hanson, sostiene que los líderes y naciones pueden llegar a ser «cómplices del mal por la inacción». Bush había actuado. Cheney pensaba que lo que había hecho el presidente era mucho más relevante y más audaz que todo lo que había visto en otras administraciones donde había trabajado, la de Ford y la de Bush padre.

Se criticaban demasiado las consecuencias del conflicto y la planificación de posguerra. Cheney pensaba que al final no importaría. Todo aquel ruido se diluiría en la historia, siempre y cuando lograsen lo que se habían propuesto. Lo importante era el resultado final. Consideraba que la historia trataría muy bien a Bush, aunque reconocía que los acontecimientos estaban aún en tela de juicio.

Karl Rove acabó apreciando a Cheney. Casi todos los presidentes se han enfrentado a los vicepresidentes con futuro, real o imaginario. Hasta el propio Bush padre, el vicepresidente leal, rompió públicamente su relación con Reagan en varias ocasiones cuando lo consideró políticamente necesario; por ejemplo, cuando la administración de Reagan mantenía negociaciones con el líder panameño Manuel Noriega, Bush se distanció de los acuerdos con aquel tirano repulsivo.

Pero Cheney había manifestado que no aspiraba a la presidencia. Rove comprendía que era casi un lujo inusitado tener un vicepresidente que no pisaba los talones del presidente. A Cheney no parecía preocuparle demasiado salvar su propia cara, fenómeno extraño en política. Sus consejos no obedecían a ningún interés personal que Rove pudiera identificar. El presidente no siempre hacía caso a Cheney, a pesar de que la perspicacia de éste era más que notable. Sabía cómo se pensaba en Washington, aunque en opinión de Rove, sus ideas al respecto no siempre eran exactas. Los filtros de Cheney eran sus tendencias y actitudes personales. Una de las que advirtió Rove era la obsesión con Al Qaeda, «una obsesión verdaderamente febril», valoración que compartía con Powell.

A Cheney le intranquilizaba estar en el mismo lugar que el presidente, y le preocupaba que Al Qaeda cometiera otro atentado y decapitase al gobierno. De modo que en ocasiones se ausentaba o se recluía en lugares que no revelaba. A veces Rove y el presidente comentaban los rumores de que Cheney movía los hilos y conspiraba a sus espaldas, una idea que preocupaba al personal de comunicaciones de la Casa Blanca. Bush se reía. Tanto Rove como el presidente sabían lo deferente que era Cheney. «Sí, señor presidente» o «No, señor presidente». Y el trato no variaba cuando Bush y Cheney estaban solas.

Cuando el presidente se ausentaba, Cheney se refería a él como «El Hombre», con frases como «El Hombre quiere esto», o «El Hombre piensa aquello». Cheney era un defensor pertinaz y contundente de Bush, pero quien tomaba las decisiones era el presidente. La prueba más clara de esta conducta es la objeción de

Cheney con respecto a la idea de solicitar en la ONU nuevas resoluciones sobre la inspección de armas. El presidente no siguió sus consejos, pero pese a todo, Cheney aplaudió la decisión final.

Rove sostenía que la política basada en la tesis «ya se encarga Cheney» les favorecía. Primero, porque quien creyera aquello ya no estaba con ellos desde hacía tiempo. Segundo, porque Rove quería que se siguiera hablando de eso, quería que la campaña se centrase en esa maraña. Creía que el ciudadano común no se lo tragaría. El 67 por ciento de la población sostenía que Bush era un líder fuerte, y en dicho porcentaje se incluía un tercio de los ciudadanos que desaprobaban su gestión gubernamental. Un líder fuerte no rendía pleitesía a su vicepresidente, y Bush no parecía sumiso en público.

A comienzos de febrero de 2004, Rove veía que Iraq se convertía en una traba potencial. Continuaba la violencia en la zona. El ejército estadounidense tenía más de 100 000 militares destacados en la zona y se preveía que, durante mucho tiempo, el contingente debería ser igual o incluso mayor. La tasa de mortalidad de los soldados norteamericanos era muy elevada, y no habían logrado la estabilidad política. La entrega del gobierno a los iraquíes parecía arriesgada. El hecho de que no se hubieran encontrado armas de destrucción masiva y, por otra parte, las declaraciones públicas de Tenet y Bush sobre los fracasos de los servicios de inteligencia representaban reveses potenciales de gran envergadura.

Anteriormente, Rove sostenía que se regodeaba ante la posibilidad de que los demócratas designasen al ex gobernador de Vermont, Howard Dean, como candidato para las elecciones presidenciales de 2004. Pero Dean perdió, superado por el senador John Kerry, demócrata de Massachusetts, que ganó 12 de las 14 primeras elecciones primarias demócratas, y parecía destinado a la designación final. La política es un juego de recuperación, adaptabilidad y optimismo. De modo que Rove tenía un nuevo frente abierto.

«La buena noticia es que Dean no es el elegido», comentó entonces Rove a su socio, en su despacho del segundo piso del Ala Oeste. La oposición incondicional de Dean a la guerra de Iraq podía haber sido enérgica en el enfrentamiento con Bush. «Uno de los puntos fuertes de Dean era que podía decir que no formaba parte de esa gentuza.» En cambio, Kerry sí que formaba parte de esa gentuza de Washington que había votado a favor de la resolución de guerra. Rove sacó su archivador de cinco centímetros de grosor titulado «A por todas», donde guardaba todas sus investigaciones sobre la trayectoria de Kerry en el Senado durante diecinueve años. Las páginas 9-20 de la sección de Iraq eran las más relevantes.

El dato más importante era que Kerry había defendido las más diversas posiciones. Cual actor del método de Stanislavski que se cree su papel, Rove leyó en alto parte de las declaraciones de Kerry.

«Iraq ha desarrollado la capacidad de producir armas químicas», manifestó Kerry en octubre de 1990, según consta en las actas del Congreso. Saddam ha estado «trabajando para» desarrollar armas de destrucción masiva o «tenía esa capacidad», declaró en enero de 1991. (Por supuesto, este dato era cierto, pues lo descubrieron los inspectores de armas de la ONU después de la guerra del Golfo.) En 1998, en calidad de miembro de la comisión de inteligencia, Kerry afirmó que Saddam estaba «desarrollando un programa para construir armas de destrucción masiva», y en octubre de 2002 declaró: «Estoy dispuesto a exigir cuentas a Saddam Hussein y a destruir sus armas de destrucción masiva.» Además, declaró: «La amenaza de Saddam Hussein con las armas de destrucción masiva es real. [...] Ha seguido construyendo esas armas.»

Rove arqueaba constantemente las cejas mientras leía. «Mi cita favorita —comentó, citando una declaración de Kerry del 19 de marzo de 2003, el día en que comenzó la guerra— es ésta: "Creo que las armas de destrucción masiva de Saddam Hussein representan una amenaza, y por ello he votado a favor de exigirle cuentas y desarmarlo".»

«¡Ah, sí!», exclamó Rove. Aquellas declaraciones se habían emitido a través de la Radio Pública Nacional. Lo tenía todo registrado en cinta. Así pues, aquel miembro de la Comisión de Inteligencia del Senado decía que Saddam tenía armas. Y el principal argumento de la campaña de Bush iba a ser el siguiente: «Si buscas la misma información que el presidente y llegas a la misma conclusión, y luego lo acusas de engañar al pueblo norteamericano, ¿qué sentido tiene? ¿Acaso estás diciendo que me engañaron?»

Rove señaló también que cuando las secuelas de la guerra se pusieron feas, Kerry comenzó a retractarse, como no podía ser de otro modo, y llegó a sostener que no había votado a favor de la guerra, sino a favor de conceder al presidente el poder necesario para amenazar con la guerra. De forma aún más descarada, Kerry había declarado en el programa «Meet the Press», en agosto de 2003, que la resolución del congreso «que aprobamos no autorizaba al presidente a cambiar el régimen, sólo le autorizamos a que respetara las resoluciones relevantes de Naciones Unidas». Rove y el resto del país sabían que la resolución otorgaba al presidente autoridad para utilizar la fuerza militar en Iraq.

Rove estaba radiante. «¡Está en la cinta! —exclamó—. Y hemos hecho la prueba: si la pones y sigues la secuencia de sus declaraciones, cuando dice todo esto, y luego pasas a la entrevista con Chris Matthews, cuando afirma que está en contra de la guerra, la gente dice: "¡Qué pedazo de hipócrita!"»

Kerry podía tener respuestas, y de hecho las tenía. Su principal respuesta era que Bush no presionó a la ONU lo suficiente ni durante el tiempo necesario, que no organizó una coalición internacional legítima, que no planificó el día después y que se precipitó al iniciar la guerra cuando Saddam ya estaba aislado y débil.

Sin embargo, Rove creía que podían dejar seco a Kerry si revelaban que primero había dado luz verde al presidente para la guerra y después se había echado atrás, bien porque no le gustaron las consecuencias de la guerra o bien porque entrevió una oportunidad política en ese cambio.

En cualquier caso, parecía que Rove creía poder involucrar al presidente en una campaña contra Kerry centrada en el asunto de la guerra de Iraq. Estaba por ver, pero Rove iba a intentarlo.

Powell y Armitage todavía estaban preocupados por la influencia del líder iraquí en el exilio, Ahmed Chalabi, dirigente del Congreso Nacional Iraquí. Aunque el presidente había declarado que no iba a intervenir en la jerarquía política ni pensaba seleccionar a los nuevos líderes de Iraq, parecía que Chalabi contaba con el apoyo de Bush, pues había sido elegido miembro del Consejo de Gobierno. Se había sentado cerca de Laura Bush durante el discurso del presidente sobre el Estado de la Unión el 20 de enero de 2004, pero posteriormente, el presidente declaró que no estaba contento con alguien a quien había concedido poder en el gobierno iraquí. En ocasiones, Powell pensaba que Chalabi era el mayor problema que tenían en Iraq. Según los informes que Armitage recibía de Iraq, la mayoría de los iraquíes consideraba que Chalabi era un cabeza de chorlito. Y a pesar de que otros miembros de la administración lo negaban, Armitage creía que Chalabi había proporcionado información secreta distorsionada sobre armas de destrucción masiva, información en la que se habían basado Bush y Cheney para tomar la decisión de iniciar la guerra. De ahí que la CIA y el Congreso hubieran resuelto investigar el papel de Chalabi en el fracaso de los servicios de inteligencia.

Para Armitage, seguir adelante a toda costa tenía sus límites. Powell y él oponían resistencia, e intentaban a cada paso suavizar la apariencia —y realidad— de unilateralismo y arrogancia de la política exterior de la administración Bush. Pero Armitage no creía que Powell o él fueran a ser condecorados como soldados del año, ni siquiera del mes.

Un nuevo asesor del secretario de Estado, que había trabajado para uno de los gabinetes estratégicos conservadores en Washington, fue a ver a Armitage el primer día, y le dijo:

—Creo que con mis contactos podré arreglar la relación y servir de puente entre Defensa y Estado.

—Forma parte de nuestro equipo —replicó Armitage, consciente de que estaba reprendiendo al hombre—. No cometa la imbecilidad de hacer de puente. Conozco a esos cabrones desde hace treinta años. No cometa esa imbecilidad.

Al cabo de tres semanas, el nuevo asesor volvió a entrevistarse con Armitage.

—Y bien, ¿qué tal va todo? —preguntó Armitage.

—Estupendamente, señor.

—Es mucho más duro de lo que pensaba, ¿no?

—No tenía ni idea —respondió—. Es un trabajo que entontece. —Y describió cómo los «cabrones» de Defensa habían intentado obstaculizar las negociaciones diplomáticas con la ONU.

Un buen amigo de Armitage en el Congreso le contó que Powell y él habían fracasado. Gracias a ellos, gracias a que aportaron una tapadera y una apariencia de sensatez a las decisiones gubernamentales, Cheney y Rumsfeld actuaban a sus anchas. Armitage pensaba que su amigo congresista estaba en lo cierto. En los instantes de desaliento, recordaba sus tres años en el Departamento de

Estado y sólo hallaba consuelo en su relación con Powell, cuando ambos intentaban resolver los problemas por la vía diplomática, en lugar de la guerra.

Armitage pensaba que de la guerra de Iraq se derivaban dos problemas graves y duraderos. Aunque creía que al final lograrían ganar y aplacar las sublevaciones, el ejército estadounidense iba a pagar un alto coste durante más de diez años. El ejército de tierra, en concreto, estaba demasiado dividido. En realidad libraba tres guerras simultáneas: la de Afganistán, la de Iraq y la guerra continua contra el terrorismo. En opinión de Armitage, no era ni lógico ni posible lograr tales objetivos con una fuerza del mismo tamaño que la que existía durante la administración de Clinton en tiempos de paz. Pero eso es lo que intentaba el gobierno de Bush.

El segundo problema era político. Armitage no veía qué podía ocurrir en Iraq, o en cualquier otro lugar, durante los ocho meses anteriores a las elecciones presidenciales para que se alterase la impresión de que Bush estaba en un atolladero. Los amigos republicanos de Armitage en el Senado, que a finales de 2003 pensaban que podrían ganar dos o tres escaños más en noviembre de 2004, ahora temían que el control del Senado, e incluso la Casa Blanca, pudiera pasar a manos demócratas.

El miércoles 28 de enero de 2004 David Kay, que recientemente había dimitido de su cargo al frente del grupo de inspección de Iraq, comentó al Comité de Fuerzas Armadas del Senado: «Casi todos estábamos equivocados, y sin duda yo también me incluyo.» Dijo que el 85 por ciento del trabajo estaba concluido y que no esperaba encontrar nunca arsenales de armas de destrucción masiva en Iraq. «Habrá que realizar una investigación externa para averiguar por qué fracasaron los servicios de inteligencia en el asunto de las armas de destrucción masiva.» Sostenía que era «importante reconocer el fracaso» y que, sólo si se realizaba dicha investigación, el Congreso y la opinión pública confiarían en la información secreta que llega al presidente y los principales cargos gubernamentales.

Tanto los demócratas como los republicanos presionaron para que se iniciase una investigación independiente. Bush en un principio se negó, pero posteriormente Cheney, Rice, otros miembros de la Casa Blanca y el propio presidente comprendieron que se trataba de una necesidad y una oportunidad. Decidieron adoptar la iniciativa y propusieron una comisión bipartidista independiente, designada por el presidente. Añadían dos condiciones. La primera era que la comisión analizaría los problemas de las armas de destrucción masiva y los servicios de inteligencia desde una perspectiva más amplia, no sólo restringida a Iraq, sino extensiva también a Irán, Corea del Norte y Libia. En segundo lugar, la comisión no pensaba informar hasta cierto tiempo después de las elecciones presidenciales.

Cheney convocó a algunos miembros de las comisiones de inteligencia del Senado y la Cámara de Representantes con el argumento de que una investigación durante el período electoral sería una parodia y que se iban a politizar los asuntos relativos a los servicios de inteligencia. Al actuar rápidamente y adelantarse a la curva, como siempre aconsejaba Karen Hughes, la Casa Blanca modeló de antemano la noticia. «Fuentes oficiales afirman que Bush aprueba investigar los datos de Iraq», rezaba el titular de *The Washington Post*, que reveló la primicia el domingo 1 de febrero. Los periodistas observaban que «el cambio de posición de Bush representa un esfuerzo por apartarse del asunto, posiblemente peligroso, que amenaza con enturbiar su apuesta por la reelección».

El lunes 2 de febrero, después de una reunión del consejo de ministros, un periodista preguntó al presidente: «¿Cree usted que el país merece una explicación del fracaso de los servicios de inteligencia en Iraq antes de las elecciones para que los votantes dispongan de esta información cuando elijan al nuevo presidente?»

«En primer lugar, quiero conocer todos los datos», dijo Bush. Precisó que no disponía de toda la información, y al final no respondió a la pregunta.

A Powell le sorprendió que Kay no hubiera actuado con discreción. Tenet le había dicho que Kay iba a permanecer como consejero de la CIA y que la agencia iba a «mantenerlo en el redil». Pero Kay había escapado del granero en llamas. Powell dedicó cierto tiempo a revisar la transcripción de la comparecencia de Kay ante la comisión de las fuerzas armadas. Sin duda, mostraba que Saddam tenía la intención y la capacidad de producir armas de destrucción masiva.

Pero la ausencia de arsenales de armas químicas o biológicas era un grave problema que no podía eludirse fácilmente.

Tal vez era su vieja mentalidad militar, pero si los datos en los que había basado la decisión cambiaban, Powell creía que debía, al menos, reconocer que convenía replantear la decisión en cuanto se dispusiera de nuevos datos. Ahora que Kay manifestaba, con toda la autoridad del mundo, que habían cometido «un grave error» en el asunto de los arsenales, la administración debía hacer frente a la nueva realidad. Había cambiado por completo la situación en uno de los principales asuntos que sirvieron para justificar la guerra.

Después de la reunión del consejo de ministros celebrada el 2 de febrero, Powell se reunió con un grupo de redactores y periodistas de *The Washington Post* que querían entrevistarlo. Llevaba consigo la transcripción de la declaración de Kay, llena de anotaciones. Él no asistió.

Powell defendió la decisión de Bush de ir a la guerra, porque «era lo más sensato».

—Si Tenet hubiera dicho antes de la guerra lo que ahora declara el doctor Kay sobre la inexistencia de arsenales —preguntó uno de los entrevistadores—, ¿ usted habría recomendado de todas formas la invasión?

—No lo sé —respondió Powell—, porque el arsenal es lo que determinaba que la situación fuera un peligro real y una amenaza para la región y para el mundo. —Añadió—: La ausencia de arsenales cambia el cálculo político. Cambia la respuesta.

Los comentarios del secretario fueron la noticia principal del diario al día siguiente: «Powell afirma que los nuevos datos podrían haber influido en la decisión de la guerra.»

Powell sabía que la Casa Blanca contenía la respiración cada vez que hablaba con los medios y que Rice releía los periódicos cada mañana muy temprano. Se irritaba con las noticias que no coincidían con la posición del presidente. Rice ya había comentado con el presidente las declaraciones de Powell cuando lo llamó aquella mañana.

Tanto ella como el presidente estaban «furiosos», dijo Rice al secretario de Estado. Powell había otorgado «a los demócratas una arma estupenda». El presidente había declarado públicamente que el asunto de las armas de destrucción masiva estaba aún en tela de juicio, que quería conocer bien los hechos antes de pronunciarse al respecto.

Cuando Rice le transmitía algún mensaje del presidente, no le hacía mucha gracia que le tratase con condescendencia alguien diecisiete años más joven que él y que ocupaba el mismo puesto que había ostentado él quince años antes. «¿Y sabes qué otra cosa dije? —replicó Powell—. Fue estupendo.» Powell no pensaba que, al enfrentarse a una situación completamente diferente en uno de los factores determinantes de la guerra, pudiera dejar de replantearse la cuestión.

Tanto Rice como Powell sabían que éste nunca había recomendado abiertamente la guerra al presidente, pues nunca le habían consultado su opinión. Ese dato no aparecía en la entrevista del *Post*.

El mensaje de Rice era claro: «Vuelve al redil.»

A las 10.45 horas de esa mañana, cuando Powell salía del Departamento de Estado para reunirse en la Casa Blanca con el presidente y el secretario general de la ONU, Kofi Annan, los periodistas le preguntaron acerca de sus declaraciones publicadas en el *Post*.

No las repitió. Declaró que Saddam en su momento tenía la intención y conservaba la capacidad de desarrollar armas de destrucción masiva. «Lo esencial es que el presidente tomó la decisión correcta.» Y repitió tres veces que la decisión era «correcta». Sorprendentemente, añadió que aunque hubieran tenido «otra información», quizá algo semejante a la evaluación de Kay, no habrían cambiado la decisión de la guerra. «Era algo en lo que todos estábamos de acuerdo, y probablemente habríamos defendido lo mismo en cualquier otra circunstancia.»

Para Powell, varios aspectos de la conducta del presidente eran evidentes: su estilo y todo lo que Powell había aprendido de Bush. El presidente no iba a dejar a nadie de lado, ni a Powell ni a Tenet. El presidente había declarado también que nadie iba a saltar del barco. El precedente de Kay ponía de relieve los peligros de tal decisión.

Bush estaba seguro de que habían tomado la decisión correcta al derrocar a Saddam. Así lo había resuelto el Consejo de Ministros. Formaban un equipo. El mensaje de fondo era evidente: cerrar filas.

Tenet había tardado mucho tiempo en comprender la gravedad de su problema. Un mes después de la conclusión de los principales combates, no le preocupaba no haber hallado todavía armas de destrucción masiva. Tarde o temprano aparecerían, aunque se tardase varios meses. En septiembre de 2003, después de seis meses de búsqueda infructuosa, opinaba que tal vez se requerirían diez años para encontrar los arsenales. Consideraba que la información secreta era buena, y no pensaba cambiar sus estimaciones aunque tuviese ocasión. En noviembre, Tenet sostenía que quizá nunca resolverían el enigma de las armas de destrucción masiva. Los saqueos y la destrucción de documentos en el interior de Iraq habían sido tan generalizados que en el Iraq del 18 de marzo, víspera del inicio de la guerra, ya no existían.

El asunto de las armas de destrucción masiva pesaba en el ambiente durante los diez meses que precedieron a la dimisión de Kay y a su declaración de que se habían equivocado. Este giro dejó a Tenet en una situación difícil. La CIA y él se preciaban de sus sólidos análisis y conclusiones. El listón estaba muy alto y el error no era aceptable. En privado, Tenet había criticado duramente las noticias que tergiversaban o exageraban un posible atolladero en la guerra de Afganistán a finales de 2001. En su opinión, cuando los medios se equivocan, «nunca pagan el pato». También señaló que si el director de la CIA hubiera entregado al presidente una información tan mala como aquélla, habría «sido cesado de una patada en el culo» inmediatamente.

Pero en la CIA nadie pagaba el pato ni se responsabilizaba de lo que parecía un error, y Tenet fue quien tranquilizó a Bush al declarar que el asunto de las armas de destrucción masiva era «una canasta clavada».

La agencia estaba revisando toda la información, con el fin de averiguar dónde estaba el error. Para ello empleaba incluso técnicas inversas, que partían de la presunta inexistencia de armas de destrucción masiva e intentaban determinar qué dato era erróneo o se había malinterpretado.

Tenet acordó con el subdirector, John McLaughlin, que debían aceptar el posible error para esclarecer el origen del problema. Es más, creía que la CIA tiene lo que denomina «el deber de advertir», una responsabilidad de señalar cualquier posible peligro. La tendencia a resaltar en exceso los peligros se agudizó a raíz de las investigaciones posteriores al 11-S, que revelaron que se había pasado por alto la amenaza de Al Qaeda y no se había previsto un posible ataque. Ningún miembro de la CIA, y mucho menos Tenet, quería volver a caer en el mismo error.

«No soy ningún insensato», dijo Tenet a sus socios, y a continuación señaló que el fracaso en el asunto de las armas de destrucción masiva era «extraño». Sabía que su cabeza podía rodar en cualquier momento. Las comisiones de inteligencia del Senado y la Cámara de Representantes estaban investigando lo ocurrido, y sus líderes habían declarado que iban a emitir informes sumamente críticos.

Tenet decidió lanzar una estrategia defensiva. El 5 de febrero de 2004, primer aniversario de la presentación del informe de Powell sobre armas de destrucción masiva en la ONU, pronunció un curioso discurso en la Universidad de Georgetown.

«En absoluto hemos acabado el ochenta y cinco por ciento —señaló en relación con la búsqueda de armas de destrucción masiva, en contra de las declaraciones de Kay—. Cualquier dato que aporte hoy es necesariamente provisional. ¿Por qué? Porque necesitamos más tiempo y más datos.» Declaró también que habían descubierto que Iraq tenía programas de investigación y desarrollo, además de toda la capacidad necesaria para producir armas químicas y biológicas. A medio discurso reconoció que no habían encontrado ni armas químicas ni biológicas.

Tenet apuntó que la CIA estaba revisando y analizando todas las piezas del puzzle con el fin de mejorar la eficacia de la agencia, y había descubierto que una de sus fuentes «inventó» información. Los espías humanos de la CIA habían aportado datos que condujeron a la detención de destacados líderes de Al Qaeda, incluido Khalid Sheik Muhammad, cerebro de los atentados del 11-S, y habían desempeñado un papel clave en el descubrimiento de la red secreta de proliferación nuclear de Abdul Qadeer Khan, padre del programa nuclear pakistaní, que además había contribuido al desarrollo de los programas nucleares de Libia, Irán y Corea del Norte. Tenet advirtió que en el curso de las investigaciones y análisis debían proceder con meticulosidad. «No podemos permitir un entorno de trabajo en el que a los analistas les dé miedo efectuar una llamada, donde se reserven las opiniones por temor a estar equivocados.»

En cierto sentido, Tenet pedía que el coste del error fuera escaso o nulo. Tras los atentados del 11-S y la existencia de una continua amenaza de Al Qaeda, la CIA había adoptado una mentalidad de advertencia a toda costa. Durante años, el problema había radicado en atraer la atención de los politólogos y la opinión pública. Por supuesto, una cosa era equivocarse al advertir de un posible atentado contra Estados Unidos. Tenet y todos los altos cargos de la CIA sabían con certeza que Al Qaeda iba a atacar otra vez. El subdirector de operaciones, James Pavitt, comentó a sus socios a comienzos de 2004: «Van a volver a atacarnos. Todavía vamos a sufrir algún ataque masivo. Sin duda. Sin duda. —Pero añadió—: Si pasan cinco años, seis años, siete años y no sufrimos ningún atentado, me sentiré satisfecho y a gusto por haberme equivocado.» No obstante, equivocarse en la información de que Saddam poseía armas químicas y biológicas, el fundamento de la guerra, no dejaba a nadie satisfecho ni a gusto.

A medida que Tenet revisaba la información secreta disponible, reconocía a su equipo que la CIA y él deberían haber declarado, en las estimaciones nacionales sobre inteligencia y en otros documentos, que las pruebas no eran concluyentes, que no habían encontrado el «arma humeante».

«¡Maldita sea!», exclamó Powell para sí mientras leía un ejemplar del discurso de Tenet. El director de la CIA afirmaba que las tuberías de aluminio que inicialmente identificaban con centrifugadores para la producción de uranio enriquecido eran, posiblemente, armazones para artillería regular. Powell recordaba que les había cuestionado aquel dato antes de su presentación en la ONU, el año anterior. John McLaughlin había detallado entonces el grosor de las paredes de los tubos y la velocidad a la que giraban, lo cual indicaba que se trataba de centrifugadores. Y en cambio, ahora Tenet declaraba: «Tenemos que recopilar más datos y cuestionar más fuentes», y esta agencia «quizá ha sobredimensionado» el progreso de Saddam en el desarrollo de armas nucleares. Powell se sintió traicionado.

Tenet se desdecía también de anteriores declaraciones donde se aseguraba la existencia de presuntos laboratorios biológicos móviles. La CIA, según recordaba Powell, había señalado que tenía cinco fuentes humanas que lo confirmaban. Y ahora Tenet decía que no había consenso: «Y debo decirles que estamos encontrando discrepancias en algunas afirmaciones realizadas por fuentes humanas sobre la producción móvil de armas biológicas antes de la guerra.»

Powell profirió otro «¡Maldita sea!». Sabía muy bien que Tenet había dicho al presidente «con el desparpajo típico de Nueva York», como lo describió Powell en una ocasión, que el asunto de las armas de destrucción masiva era una «canasta clavada».

El presidente era el ejemplo más palpable de alguien que había apostado. Powell era el segundo, y comprendió que podían prescindir de él. Sabía que Tenet no se sentía a gusto y que, como director, velaba por el buen nombre de la CIA. Pero todo aquello era un desastre. Powell intentó recordar lo que dijo la CIA, bien en público, bien en reuniones privadas con él.

Powell no compartía la preocupación de Armitage de que ambos habían permitido a Cheney y Rumsfeld desarrollar su política de ultraderecha. Cuando ordenó todos los asuntos, Powell pensó que el Departamento de Estado había hecho un buen trabajo y que no se le reconocían suficientemente sus méritos, como el de haber mejorado las relaciones con China y Rusia.

Cada vez que alguien insinuaba que Powell debería tener remordimientos por la guerra, él replicaba que había hecho todo lo que estaba en su mano. En agosto de 2002 estuvo a punto de echarlo todo a perder cuando expuso ante el presidente todas las dificultades que conllevaba la guerra: las posibles consecuencias e inconvenientes. Era un momento en que pensaba que el presidente no se formaba una idea global de la situación. La decisión era del presidente, no suya. Ahora Estados Unidos controlaba el territorio iraquí. Bush lo controlaba. Pero Powell sentía que el mérito era suyo.

Después del discurso de Tenet, el presidente tenía un mensaje para su jefe de los servicios de inteligencia. «Has hecho un gran trabajo», felicitó Bush a Tenet por teléfono.

Para Rice, el proceso de la guerra había sido duro, y pensaba que así debía ser. El día después era preocupante, sobre todo por no haber hallado las armas de destrucción masiva.

Rice sabía que las informaciones secretas no son hechos o datos fiables. Por su larga experiencia en contacto con los servicios de inteligencia, que se remonta a la época en que vigilaba a Rusia en el Consejo de Seguridad Nacional, durante el gobierno de Bush padre, era consciente de que sólo confiaban en las informaciones secretas cuando no tenían otra cosa. Aunque la información secreta de la CIA sobre las armas de destrucción masiva iraquíes era de las más sólidas que había visto, sabía que ese tipo de fuente siempre tiene sus limitaciones como fundamento de decisiones políticas. Sirve como sugerencia, refleja posibilidades e indicios, más que certezas. Había interrogado personalmente al funcionario nacional de inteligencia de la agencia acerca de las conclusiones sobre las armas de destrucción masiva en Iraq, y en un determinado momento le había preguntado si las afirmaciones eran hechos u opiniones. A lo que el funcionario le había respondido que se trataba de opiniones.

En calidad de asesora nacional de seguridad, Rice no se atrevía a ejercer influencia en las estimaciones nacionales de inteligencia de la CIA, pero dada su proximidad a Bush, si alguien podía haber advertido al presidente de que moderara sus declaraciones categóricas sobre las armas de destrucción masiva, era precisamente Rice.

Sin embargo, Cheney se había adelantado el 26 de agosto de 2002, cuando declaró que «sin duda» Iraq tenía armas de destrucción masiva. Y el presidente incorporó a su propio discurso aquella misma certeza, incluso antes de que se emitieran en octubre las estimaciones nacionales de inteligencia de la CIA.

En el año 2004, a medida que se agudizaba la controversia por las armas de destrucción masiva, el presidente comenzó a expresar sus reservas a Rice. Airear todos los problemas de la CIA podía tener dos efectos negativos que quería evitar. Primero, la polémica podía motivar el inicio de investigaciones específicas en el Congreso, similares a las de Church y Pike en 1975-1976, que revelaron que la CIA había investigado a ciudadanos estadounidenses, además de realizar pruebas con fármacos y urdir tramas de asesinato contra líderes extranjeros. No quería una nueva caza de brujas, puesto que tenía muy presente la historia de las investigaciones que, a su parecer, habían desmoralizado al personal y habían provocado la renuencia de la CIA a correr riesgos innecesarios. En segundo lugar, Bush no quería que un futuro presidente pusiese trabas si se requerían aplicar acciones preventivas contra una nueva amenaza.

A las 13.30 horas del viernes 6 de febrero, el presidente compareció en una rueda de prensa para anunciar algo que ya era conocido. Declaró que iba a designar una comisión de nueve miembros para analizar los medios de la inteligencia estadounidense y los datos de los servicios secretos sobre armas de destrucción masiva en todo el mundo. El objetivo era determinar por qué algunas informaciones secretas de preguerra sobre las supuestas armas de destrucción masiva de Iraq no se habían confirmado sobre el terreno. Bush elogió la labor de los agentes que trabajan en los servicios secretos como «profesionales entregados que se implican en una labor difícil y compleja. Los enemigos de Estados Unidos son herméticos. Son implacables y muy astutos. Y con el fin de perseguir e impedir sus actividades, nuestro país debe emplear todos los instrumentos y medios a su alcance». A continuación, el presidente añadió: «Los miembros de la comisión emitirán su informe antes del 31 de marzo de 2005.»

Un tema que se reiteró en las entrevistas al presidente, así como en los cientos de horas dedicados a entrevistar a sus hombres más próximos o a quienes participaron en las decisiones de la guerra de Iraq, es la convicción de Bush de que tomó la decisión correcta.

En la segunda entrevista con Bush, celebrada el 11 de diciembre de 2003, el presidente dijo que en una ocasión comentó a Rice: «"Estoy dispuesto a arriesgar mi presidencia con tal de hacer lo que creo correcto." Iba a intervenir. Y si el coste era la presidencia, era plenamente consciente de ello. Pero sentía que aquello era lo que tenía que hacer y lo que estaba dispuesto a hacer.»

Le pregunté si, tal como había oído, era cierto que en una de las reuniones previas a la guerra había declarado: «Me gustaría ser un presidente de dos mandatos, pero si al final sólo estoy un mandato, está bien.»

—Es verdad —respondió el presidente—. Ésa es mi actitud. Sí, sin duda.

Señaló que las cosas podían haber salido mal sobre el terreno, o en el período previo, o podían haberse encallado en las inacabables inspecciones de armas de la ONU.

—¿Y si esta decisión le cuesta la reelección? —le pregunté.

—La presidencia... es así —dijo Bush—. Estoy completamente preparado para eso.

Aquel día, al cabo de dos horas, nos levantamos y salimos del Despacho Oval para dar un paseo. Comenzaba a anochecer. Las inminentes elecciones presidenciales eran tal vez la evaluación más inmediata de la guerra, pero sin duda no la última. Le pregunté cómo iba a juzgar la historia aquella guerra de Iraq.

En opinión de Bush, a corto plazo era imposible valorar la repercusión histórica de aquellos acontecimientos. Se tardaría unos diez años, aproximadamente, en comprender el impacto y la verdadera significación de la guerra.

—Probablemente habrá ciclos —propuse. Y le recordé que, tal como señalaba Karl Rove, toda la historia se mide en función de los resultados finales.

Bush sonrió.

—La historia... —dijo, mientras se encogía de hombros, sacaba las manos de los bolsillos y me tendía una para despedirse, insinuando que se había acabado el tiempo—. Nunca lo sabremos. Estaremos todos muertos.

Agradecimientos

Simon & Schuster y *The Washington Post* me han brindado, una vez más, todo su apoyo al concederme el tiempo y la independencia que requería la preparación de este libro.

Alice Mayhew, que es mi editora de Simon & Schuster desde hace treinta y dos años y ha publicado doce libros míos, dedicó como siempre toda su atención y extraordinaria capacidad a este proyecto, además de procurar que saliese a la luz lo antes posible después de la redacción. En los trabajos contrarreloj, Alice es una fuerza de la naturaleza, llena de ideas, preguntas y correcciones grandes y pequeñas.

Leonard Downie Jr., director de *The Washington Post*, y Steve Coll, director ejecutivo, me han aportado el respaldo y la flexibilidad necesarios para poder desarrollar proyectos extensos y monográficos. Don Graham, presidente del *Post*, y Bo Jones, el editor, se cuentan entre los directivos de medios de comunicación que mejor entienden el periodismo y la importancia de llegar al fondo de la noticia.

Bill Hamilton, director adjunto del *Post* para la empresa (que quiere decir todo), una de las mejores personas del sector empresarial de la prensa, dedicó varias semanas a la corrección y selección de fragmentos del libro para su publicación en el periódico. Le agradezco especialmente sus sabios consejos.

Un libro tiene la ventaja de poder utilizar todo lo que se ha publicado antes. Este trabajo se basa en mis propios artículos, aunque he utilizado también material que me han proporcionado otras fuentes, así como información recogida en noticias publicadas anteriormente en algún medio. Debo mucho a todos aquellos que han escrito o informado sobre el proceso previo a la guerra de Iraq, el desarrollo del conflicto y sus consecuencias. En general, todos han hecho un gran trabajo. Los centenares de periodistas que se sumaron a las unidades militares destacadas en la zona durante la guerra merecen una mención especial. Más de diez perdieron la vida; entre ellos, Michael Kelly y David Bloom.

Mis colegas del *Post* me han ayudado mucho, no sólo en su excelente cobertura periodística diaria, sino también de modo más informal, con numerosas sugerencias e ideas. Entre ellos deseo mencionar a Walter Pincus, Dana Priest, Thomas E. Ricks, Karen DeYoung, Mike Allen, Dana Milbank, Vernon Loeb, Bradley Graham, Glenn Kessler, Peter Slevin y Barton Gellman. Liz Spayd y Michael Abramowitz, responsables de recursos humanos de la sección nacional, han sido tan gentiles y amables como de costumbre.

Una parte significativa de la información e interpretación proviene del personal de exteriores de *The Washington Post*. Este grupo de periodistas de gran valía, hábilmente coordinados por Phil Bennett y David Hoffman, está formado por Anthony Shadid, Rajiv Chandrasekaran, Rick Atkinson y otros muchos.

Olwen Price transcribió muchas entrevistas, a menudo bajo la premura de los exiguos plazos, y por ello merece nuestro más sincero agradecimiento.

Joe Elbert y su equipo de fotógrafos del *Post*, que sigue siendo el mejor, me aportaron muchas de las imágenes de este libro. Deseo expresar un agradecimiento muy especial a Michael Keegan y Laris Karklis por el mapa.

En Simon & Schuster, Carolyn K. Reidy, la presidenta, y David Rosenthal, el editor, coordinaron todos los recursos humanos y sistemas necesarios para que el libro pudiera llegar a las librerías con la máxima celeridad que permite la edición del siglo XXI. Gracias a Roger Labrie por su ayuda. También deseo dar las gracias a Jack Romanos, presidente y consejero delegado; Elisa Rivlin, abogado general; Victoria Meyer, directora ejecutiva de publicidad; Aileen Boyle, directora de publicidad; Jackie Seow, directora artística y diseñadora; Linda Dingler, directora de diseño; y Mara Curie, editora de producción que organizó, con gran competencia, un calendario acelerado.

Gracias, muy especialmente, a John Wahler, director de producción, por la meticulosidad y dominio con que trató todos los datos, desde los más relevantes hasta los de menor importancia.

Asimismo, Mark Malseed y yo deseamos expresar nuestro agradecimiento a Fred Chase, que nos ayudó con la corrección de *Bush en guerra* en 2002, por volver de Texas para revisar también este texto y proporcionarnos una lectura muy aguda e incontables sugerencias de gran relevancia.

El núcleo de este libro proviene de más de 75 fuentes. La mayoría acordó proporcionar información siempre que no se revelase su identidad. A todos esos colaboradores, anónimos o no, les expreso mi más sincera gratitud. Muchos conversaron conmigo durante horas, a veces más de diez, para aportarme sus conocimientos.

También me han sido de gran ayuda los informes y análisis publicados en *The New York Times*, *The Wall Street Journal*, *Newsweek*, *Time*, *U.S. News & World Report*, *Los Angeles Times*, *The New Yorker*, *National Journal*, Associated Press y muchas otras organizaciones. El sitio web de la organización no lucrativa GlobalSecurity.org es un recurso valiosísimo para asuntos militares, de inteligencia o de seguridad nacional.

Robert B. Barnett, mi agente y abogado, de nuevo me aportó sus mejores consejos, en calidad de asesor y buen amigo. Dado que representa a destacados demócratas como el ex presidente Bill Clinton y a la senadora Hillary Rodham Clinton, así como a destacados republicanos, entre los que se cuentan Karen Hughes y el ex senador Bob Dole, no vio el libro hasta que estaba publicado.

Gracias, una vez más, a Rosa Criollo, Norma Gianelloni y Jackie Crowe.

Mis dos hijas, Tali, que es periodista de *The San Francisco Bay Guardian*, y Diana, que estudia el primer curso de la licenciatura, soportaron gentilmente el proceso de elaboración y redacción de este libro.

Elsa Walsh, mi mujer y mejor amiga, una vez más me brindó su apoyo, lucidez y asesoramiento en relación con este libro, que es ya el noveno en quince años de matrimonio. La intensidad que requiere escribir libros sobre temas muy actuales, que se desarrollan y cambian casi a diario, conlleva una fuerte tensión en la vida familiar. Elsa se adapta con cortesía poco común, y sólo comenta con sorna que el último año de su vida ha versado «todo el tiempo sobre Iraq». Por todo ello y mucho más, por la excelente calidad de vida que aporta a nuestra familia, le dedico este libro.

Índice onomástico y de materias